"21世纪人类学习的革命"译丛 第二辑

人是如何学习的
大脑、心理、经验及学校 扩展版

How People Learn
Brain, Mind, Experience,
and School: Expanded Edition

[美国] 学习科学发展委员会
约翰·D·布兰思福特 安·L·布朗 罗德尼·R·科金等◎编著

[美国] 学习研究与教育实践委员会
M·苏珊娜·多诺万 约翰·D·布兰思福特 詹姆斯·W·佩勒格林诺◎协助

程可拉 孙亚玲 王旭卿◎译

高 文◎审校

华东师范大学出版社
·上海·

How People Learn: Brain, Mind, Experience, and School (Expanded Edition)

Chinese Translation Copyright © 2012 by East China Normal University Press Ltd.

This is a translation of **How People Learn: Brain, Mind, Experience, and School (Expanded Edition)**, Committee on Developments in the Science of Learning with additional material from the Committee on Learning Research and Educational Practice, National Research Council © 2000 National Academy of Sciences. First published in English by National Academy Press.

All rights reserved.

上海市版权局著作权合同登记　图字：09-2002-538号

"21世纪人类学习的革命"译丛(第二辑)

名誉主编:高　文

丛书主编:任友群、裴新宁、赵　健、郑太年

仅以此书纪念

安·L·布朗

(1943—1999)

学者和科学家

儿童以及儿童教育工作者的卫士

她的梦想是

将学习研究引入课堂

"21世纪人类学习的革命"译丛(第二辑)总序

关于第一辑译丛

首发"21世纪人类学习的革命"译丛之一的《人是如何学习的》中译本,是在2002年秋天,华东师范大学丽娃河畔,在"建构主义教育国际研讨会"上,该书主编、时任Vanderbilt大学教授的John Bransford和他的同事们来到现场,揭开了中文版封面上的红绸带。

这几乎也是个"学习"的十年:学习型组织、学习型社会、学习共同体、学习型家庭、服务性学习等概念逐渐走进各个领域,"学习"成为一个广具包容性的关键词。然而在惯于宏大叙事的国内教育界的研究分野中,学习一度(甚至现在依然)是个既"微"且"窄"的领域,几乎就是教育心理学中的一个子领域。但是与此同时在西方教育界,被置于多学科视野中予以考察的人类学习机制,却正在成为反思教育系统、启迪教与学的新关系和新技术的强大基础。对学习的假设的质疑,成为世纪之交对教育的传统、学校的组织和课堂的惯习最大、最根本的质疑之一。进入新世纪以来,随着脑科学、心理科学、信息科学与技术等交叉学科的发展,人的学习的建构本质、社会协商本质和参与本质越来越清晰地显现出来,在认识论、认知神经科学、信息技术、社会学、人类学等多学科的支持下,学习科学作为一个新兴的学科广受关注,并开始在教育界兴起各种教学模式、教学技术的"设计研究"。

我的博士生导师、华东师范大学终身教授高文博士有着对苏联教育和心理学研究的深厚积淀,尤其欣赏维果茨基学派关于心理发展的社会文化基础的深刻洞察。更让人感叹的是,她于20世纪90年代中期开始,敏锐地捕捉到欧美学者在学术方向上的共识,在自己学术生涯的后半期,摒弃"画地为牢"的治学藩篱,跨进一个新的、多学科的研究领域。她成为国内教育界系统介绍、阐释建构主义和学习科学的主要学者,是呼吁基于脑科学的教育、跨越信息技术和学校教育鸿沟的早期倡导者,也是在中国本土的中小学尝试建构主义和学习科学实证研究的先驱者。然而,高文教授对自己最大的身份认定一直是"学习者"。

我们有幸与高文教授一起追踪了建构主义的理论争论,也目睹了学习科学的兴起浪潮。这种追踪和目睹的直接成果之一,就是高文教授主编的这套"21世纪人类学习的革命"译丛,今天我们可以称之为第一辑译丛。从2002年9月《人是如何学习的》、《学习环境的理论基础》、《教育中的建构主义》、《美国课程与教学案例透视——贾斯珀系列》的出版,到2004年3月的《情景学习:合法的边缘性参与》和《创设联结:教学与人脑》的出版,第一辑译丛问世已经十个年头了。

笔者作为主要译者之一,对第一辑译丛在我国产生的影响进行太多的主观评价似乎并不合适。为此,我特意查询了两组数据。一是向出版社询问了一些印刷销售的记录,《人是如何学习的》和《教育中的建构主义》都是四次印刷,印数都接近两万;《学习环境的理论基础》是三次印刷,印数12 200册;《情景学习:合法的边缘性参与》和《美国课程与教学案例透视——贾斯珀系列》都是两次印刷,印数一万上下;《创设联结:教学与人脑》也印刷了6 000册。这六本书目前在出版社的库存已接近零。出版社告诉我,作为纯学术类译著,这样的印量和销量让他们觉得相当满意。二是我请华东师范大学图书馆梳理了一些引用方面的数据,截止到2012年3月7日,国内CSSCI和CNKI两大数据库扣除重复后的引用情况是,《教育中的建构主义》1 361次,《学习环境的理论基础》1 245次、《人是如何学习的》368次,《情景学习:合法的边缘性参与》77次,《美国课程与教学案例透视——贾斯珀系列》59次,《创设联结:教学与人脑》33次。这样的引用情况似乎不太均衡,仿佛从一个侧面说明了前几年我国教育界对国外先进的具体案例关注不够,对脑科学的介入也不够敏感。不过综合以上数据,我们还是可以产生这样的感觉,即我国学者对这套译丛整体上有着较高的关注。

时至今日,不论是世界还是中国的教育界,关于建构主义的争论还在延续,关于学习设计的实践方兴未艾,但毫无疑问的是,这套译丛还是给中国教育界带来了一些新鲜空气,并且帮助国内学者建立了有关学习研究的对话平台。

时光荏苒,高文教授已经于2007年退休,目前享受着天伦之乐。我们这些当年大多是博士生、硕士生的主要译者,现在则大多是具有高级职称的高校教师,也指导着自己的博士生或硕士生。虽然遇到了各种各样的困难和挫折,我们的团队仍然坚持着学习科学的研究;我们也高兴地发现,近年来国内同行对学习科学的关注越来越多了。

关于本领域进展

我们知道,学习科学的诞生是以 1991 年第一届学习科学国际会议(The International Conference of the Learning Sciences,ICLS)的召开和《学习科学杂志》(*Journal of the Learning Sciences*,JLS)的创刊为标志的。这 20 年来,特别是近 10 年来,虽然缺乏对会议数量的精确统计,教育界不同分支的学术共同体都了解和参与了很多以学习科学为主题的国际国内会议;而对论文的分析相对比较容易量化,根据 2010 年的数据,《学习科学杂志》已经跻身为社会科学引文索引(SSCI)教育类期刊中被引最高的五大期刊(五年影响因子为 3.644)[①]。

如果说高文教授在 2002 年撰写第一辑译丛总序时尚没有正式启用"学习科学"这个概念,那么今天,以学习科学为代表的对学习的研究已经有了相当的气象,高文教授所总结的学习科学对于知识的建构性、社会性、情境性、复杂性和默会性的判断已经得到国内外学者的普遍认同。第一辑译丛所涉及的诸如 HPL("人是如何学习的"的英文缩写)、元认知、学习共同体、学习环境、情境认知、分布认知、知识建构、合法的边缘参与、非正式学习、设计研究等词汇已经为我国教育界所接受并传播,成为国内研究共同体的共享概念平台。

经过 20 余年的发展,学习科学研究取得了令人瞩目的成就。通过对《学习科学杂志》19 年的载文分析[②],我们可将国际学习科学的主流研究与发展归结为如下几大特点:

1. 学习科学研究共同体在世界范围内不断发展壮大,影响力不断攀升,学习科学内部以及学习科学与其他学科的协作研究不断增强。

2. 学习科学的主流研究集中关注真实情境下的认知与学习。虽然对非正式学习的关注逐年上升,但正式的学校学习场景仍是研究主阵地,尤其关注科学和数学学科相关学习领域基于理解与设计的实践。

3. 围绕"认知、设计和社会境脉"三大领域,一是概念转变、问题解决、推理与迁移(认知取向)等传统认知科学概念,仍是学习科学研究者的重要研究对象。二是问题解决等新型学习方式(软设计)和技术支持的学习(如 CSCL)研究(硬设计),得到学习科学的

---

① 2010 汤森路透杂志引用报告(Thomson Reuters Journal Citation Reports)(http://www.isls.org/journals.html)。

② 学习科学主流发展的分析及其启示——基于美国《学习科学杂志》(1991—2009)19 年内容分析研究[J]. 远程教育杂志. 2012(2)。

高度重视。三是学习交流实践中的话语、表征与中介,学习共同体与知识建构(社会境脉取向),正日益彰显学习科学研究的特色与活力。以上主题内容共同构成了当今学习科学研究"核心中的核心",同时,对方法论的重视与关注促进了学习科学不断走向成熟。

4. 学习科学研究崇尚经验(empirical)研究,追求基于证据(evidence-based)的评价,对量的研究、质的研究和理论研究都有应用并在不同情况下各有侧重。在设计研究方法论的导引下,混合研究成为趋势,而且学习科学研究者正在积极探索和实践着适合新型学习环境的各种新方法和新技术,这正是学习科学迅猛发展的动力之源。

关于第二辑译丛

近年国内教育投入在不断增长,教育改革的呼声也持续升高。教育研究在从传统的以教为主的研究转向以教与学并重的研究的同时,教育信息化得到了各级教育主管部门和学术共同体前所未有的关注,不少教育官员和本来非教育技术学科的学者都投入到对教育信息化的研究和实践中。教育改革越来越多地与教育信息化和对学习的深入研究联系起来。正是在当前这种国情下,又兼国际上教育技术与学习科学也一直是这种"你中有我、我中有你"的交融格局,我们认为,保持学习研究的国际前沿的视野是非常必要的。因此,我们从2011年开始策划第二辑译丛,经过多次讨论并确认了版权等事宜,我们确定了第二辑译丛的第一批书目,后继的书我们仍在遴选中,在这里简单介绍一下第一批的六本。

《心智的构建:脑如何创造我们的精神世界》(Making up the Mind: How the Brain Creates Our Mental World)

本书出自世界知名认知神经科学家 Chris Frith 之手,将带领读者进入一个神奇的脑构建的精神世界,揭开有关脑、心智、行为与外界世界交互机理的神秘面纱,是面向普通读者所写的关于心理过程生物学基础的一部出色的入门书。

全书以一个虚构的认知神经科学家作为第一人称(叙述者"我")与英文教授、物理学家等不同角色进行辩论的形式,通过详实的实验数据和证据,生动有趣而又科学精妙地阐述了人脑是如何与物质世界建立联系进而创建我们的精神/心智世界的,揭示了脑如何产生我们所不知的错觉,脑如何通过预测、创建世界模型和心智模型与世界交互,以及脑如何创建文化进行分享的生物学机制。

全书隐含着许多有关学习的新解释和新观点,为我们打开了一扇从神经科学视角理解学习的新窗口。而它所采集的脑和行为的数据为我们提供了解释学习的强有力证据,丰富了我们关于学习是怎样发生的理解。用诺贝尔奖得主 Eric R. Kandel 的话来说:"对于所有想了解脑是如何产生与我们生活相关心理现象的人们来说,这是一本必读书!"

《技术时代重新思考教育:数字革命与美国的学校教育》(Rethinking Education in the Age of Technology: The Digital Revolution and Schooling in America)

本书是 Allan Collins 和 Richard Halverson 两位作者以在美国西北大学执教的一门关于教育改革历史的课程为基础撰写的。

作者认为,学校为社会发展会不断作出贡献。但学校教育对于绝大多数人而言只包括 5 岁到 18 岁或 21 岁的这个年龄段。即使学生在学校里学习,他们教育中的很大部分也发生在校外。而美国正在推进的教育改革可能是 200 年前将我们从学徒制带入普遍学校教育的那场革命之后的又一次革命。它是由最近这些年所发明的所有新技术引起的。技术已经改变了更广泛的社会,在阅读、写作、计算和思考等学校教育的主要关注点上都处于中心地位。然而目前技术依然被置于学校的边缘,大部分只是用于专门课程中。所以,技术和学校之间存在着很大的不协调。技术对学习的主要影响开始发生在校外,从而对学习发生的主要场所学校教育构成了挑战。

作者指出,教育政策领导者必须重新思考学校内和学校外的教育,学校要适应和容纳技术驱动的学习这股新生力量。如果教育者不能成功地将新技术整合进学校中,那么在过去 150 年间发展起来的长期认同的学校教育的面貌将发生改变,有手段和能力的学生会在公共学校之外进行学习。

《课堂环境中基于网络探究的科学教育》(WISE Science: Web-Based Inquiry in the Classroom)

本书三位主要作者 James Slotta、Marcia Linn 和 Carol Lee 在系统介绍 WISE (Web-based Inquiry Science Environment)科学探究学习环境的研究成果的基础上,全面探讨了如何在网络探究学习环境中开展科学教育的方法和途径,具体内容包括技术在教育中的挑战和机会、WISE 学习环境的概述、理论框架("脚手架知识整合")、课程开发模式、WISE 的成效、WISE 课程和评估的伙伴关系方式、细节操作、教师的专业发展、分享和交流等。本书的特点是通过案例分析详细介绍了 WISE 的实践应用问题。

WISE 为科学探究活动提供一种有价值的基础环境，内容涉及科学探究的不同方面，如通过探究可视化和模型的使用，帮助学生对地球科学概念形成更深层次的理解。WISE 的技术环境和相关材料已经翻译成多种文字，包括挪威语、荷兰语、德语、希伯来语、日语、中文和韩语。

WISE 是教育中极少数的跨界研究项目，将学校、教师和学生融入到一个世界里。WISE 的这种生存能力为我们提供了新的研究机会。仅仅从采用基于 WISE 自然科学课堂应用的教师数量上来谈，该项目取得了巨大成功。在美国，从 6 年级到 12 年级(11 岁到 17 岁)的自然科学课程全面使用了 WISE，超过 20 万学生以及一千多教师参与到 WISE 探究项目中。

《人是如何学习的：大脑、心理、经验及学校》(扩展版)(*How People Learn: Brain, Mind, Experience and School, Expanded Edition*)

美国杰出的心理学家 John Bransford、应用心理学家 Ann Brown、发展与认知心理学家 Rodney Cocking 会同来自人类学、心理学、教育学和计算机科学、文化与学校教育、数学、科学、物理、历史、视觉与表演艺术等研究领域的 16 位研究人员组成的学习科学发展委员会，受美国教育部教育研究与改进办公室的委托，对人类学习的科学知识基础及其在教育中的应用进行评估，以便向教师、学校行政人员、家长和政策制定者等传递来自认知科学、发展心理学、神经科学、人类学，以及学科(诸如科学、数学和历史)学习研究的最及时、有用的研究成果。《人是如何学习的：大脑、心理、经验及学校》(第一版)正是这一项目的总结报告，书中汇集了新的学习科学出现以来最为重要的思想和理论，是学习科学这个新兴的跨学科研究领域第一本集大成的论著，正是这本书将许多人带入了学习科学这个新的领域。

第一版出版后，美国国家研究院(NRC)成立了学习研究与教育实践委员会，目的在于继续前一研究项目，探索更好地将学习科学方面的研究发现与实际的课堂教学连接起来的关键问题。本书作为第一版的扩充版，更进一步地扩充了在第一版中提出的一些基础研究项目的结果，并进一步探讨了将学习科学应用于课堂教学实践的有效途径和未来研究方向。

《学习环境的理论基础(第二版)》(*Theoretical Foundations of Learning*

Environments, the Second Edition)

David H. Jonassen是教学设计领域的国际著名学者。由他和Susan M. Land主编的第二版《学习环境的理论基础》是将最新学习理论应用于学习环境设计和分析的全面回顾和总结。作为我们译丛第一辑中的一本,第一版的《学习环境的理论基础》首次为学习环境的这些新观念提供了一个易于掌握的总结。在过去的十年中,以学生为中心的学习环境的概念日趋成熟。学术界已经对学习的建构主义和情景观点进行了详尽阐述。在第一版的基础上,第二版展现了包括元认知、基于模型的推理、概念转变、辩论、涉身认知、学习共同体和实践共同体的理论基础新视野。第二版是用来向教学设计者、课程专家、数学和科学教育者、学习心理学家和任何对当前理论发展水平有兴趣的读者介绍这些以学生为中心的学习环境的附加理论基础。尽管并不存在一个统一的学习理论,这本书在增强书中所述理论的一致性方面仍然值得称道,它们共同提供了关于建构主义学习的一致性的元理论。

令人痛心的是,David H. Jonassen,这位写过37本书、182篇文章、67篇章节的,在29个国家做过400多场报告的,敬业、勤奋、多产的学者于美国中部时间2012年12月2日早晨6:30因病去世,享年65岁,不算高寿。

《学科学和教科学:利用技术促进知识整合》(Science Learning and Instruction——Taking Advantage of Technology to Promote Knowledge Integration)

本书作者Marcia C. Linn和Bat-Sheva Eylon以此书作为对美国正在进行中的科学教育改革第四次浪潮的回应。

本书提出,科学教育质量提升的关键是对科学的一致性理解,即必须借助在科学素养方面的"生产机制",使学习者既能够意识到科学观念之间的联结性,也能够将观念联系到一起,并运用到身边的情境之中。这是一种知识整合,其包括有意识地并努力地解释所观察的现象,就科学和技术问题作出决策,以及寻求解决难题的路径;这是一种根本性的学习,区别于对信息的记忆或吸入。

本书作者之一的Marcia C. Linn是加州大学伯克利分校教授。她及其领导的"技术增进的科学学习"(TELS)团队所创建的"基于网络的科学探究环境"(WISE),展现了学科学和教科学的革命性路径,并为当下科学教育改革的丰富实践和创意提供了无限可能。作为学习科学、技术设计与学科教育有机整合的成功范例,WISE被美国学习科学家们广泛誉为"强大的高技术在线平台","有力支持了学生的科学学习和教师的课程设计"。

关于翻译出版

随着我国高等教育国际化进程的发展,越来越多在高校供职的本领域研究者具备了直接阅读英语原著的能力。对这些学者而言,阅读翻译作品的需要在不断下降,而他们作为翻译者的可能性却在增加。

但是,我国基础教育领域中,广大电教馆、信息中心、教育装备部门的从业人员和一千多万中小学教师则无疑仍然对阅读翻译的著作有着现实的需求。

目前中国学术书籍翻译存在一些问题。一方面,低端的、商业化的翻译越来越多,不少好书刚问世就给一些非本领域的出版社买断了版权并组织职业翻译者(而非本领域的专业翻译者)来翻译,有些出版社往往会把学术书往畅销书的路子上引;老实说,译者、作者、出版社各方都希望书能更畅销,不过应该在保证质量并尊重原作的结构和风格的前提下做到这一点,这种坚持在目前的情况下更加可贵。另一方面,纯学术的翻译越来越艰难,翻译在成果认定上一直地位不高,而且随着国内出版社改革力度加大,纯学术出版的空间还是有被压缩的危险,国外出版社索要的版权费似乎也越来越高。

在前辈学人的指导下,在我们自身学术信念的支撑下,在出版社以及我们所在学术单位的支持下,我们这么一群愿意坐冷板凳的译者还是走到了一起。虽然译者们大都还算是青年学者,但比起十年前,我们成熟和自信了许多。随着自身学养、国际视野和国际学术交流水平的提升,我们在翻译过程中都与原著者建立了稳定的联系,并就翻译中的问题进行了多次沟通,其中一些原著者都受邀访问过中国,或是在本国接待过我们到访的部分译者。

我们仍然需要更好的外译中的作品,我们已经开始有了中译外的需求。也许,一个中国教育界与国际教育界平等对话的时代就在不远的将来。

对于第二辑译丛的出版,我们团队的裴新宁、赵健、郑太年等以及我个人都要感谢高文教授的指导,感谢各位译者的辛勤工作,感谢华东师范大学出版社王焰社长和负责本译丛编辑的教育心理分社彭呈军社长。

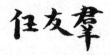

2012年初春成稿,2013年元旦修订于沪南静庐

简明目录

译者序 / 1
学习科学发展委员会成员 / 5
学习研究与教育实践委员会成员 / 7
再版前言 / 9

第一部分　导论

第一章　学习：从猜测到科学 / 3

第二部分　学习者与学习

第二章　专家与新手的差异 / 27
第三章　学习与迁移 / 45
第四章　儿童是怎样学习的 / 70
第五章　心理与大脑 / 101

第三部分　教师与教学

第六章　学习环境设计 / 115
第七章　有效教学：历史、数学、科学示例 / 137
第八章　教师的学习 / 170
第九章　技术支持下的学习 / 184

第四部分 学习科学未来发展走向

第十章 结论 / 211
第十一章 后续研究 / 224

参考文献 / 251
学习科学发展委员会成员的个人简介 / 286
学习研究与教育实践委员会成员的个人简介 / 290
志谢 / 293
索引 / 297

目 录

译者序 / 1
学习科学发展委员会成员 / 5
学习研究与教育实践委员会成员 / 7
再版前言 / 9

第一部分　导论

第一章　学习：从猜测到科学 / 3

第二部分　学习者与学习

第二章　专家与新手的差异 / 27
　　　有意义的信息模式 / 28
　　　知识的组织 / 33
　　　情境与知识提取 / 38
　　　顺畅提取 / 39
　　　专家与教学 / 39
　　　适应性的专门知识 / 40
　　　小　结 / 43

第三章　学习与迁移 / 45
　　　促进初始学习的因素 / 48
　　　影响迁移的其他因素 / 55

学习是原有经验的迁移 / 60
　　学校和日常生活之间的迁移 / 65
　　小　结 / 68

第四章　儿童是怎样学习的 / 70
　　婴儿的能力 / 70
　　特惠领域的早期能力 / 74
　　学习和元认知策略 / 84
　　儿童的智力观和学习观：学习和理解的动机 / 90
　　指导儿童的学习 / 92
　　小　结 / 99

第五章　心理与大脑 / 101
　　大脑：学习的基础 / 102
　　经验与环境对大脑发展的影响 / 105
　　教学在大脑发展中的作用 / 107
　　记忆与大脑加工 / 109
　　小　结 / 111

第三部分　教师与教学

第六章　学习环境设计 / 115
　　教育目标的变化 / 115
　　学习者中心环境 / 118
　　知识中心环境 / 119
　　评价中心环境 / 123
　　共同体中心环境 / 127
　　电　视 / 132
　　一致的重要性 / 134
　　小　结 / 135

第七章　有效教学：历史、数学、科学示例 / 137
　　历　史 / 139

数　学 / 146

科　学 / 153

小　结 / 168

第八章　教师的学习 / 170

一线教师的学习机会 / 171

学习机会的质量 / 172

行动研究 / 178

职前教育 / 179

小　结 / 182

第九章　技术支持下的学习 / 184

新课程 / 185

支架和工具 / 191

反馈、反思和修改 / 195

把课堂和社区联系在一起 / 203

教师学习 / 204

小　结 / 207

第四部分　学习科学未来发展走向

第十章　结　论 / 211

学习者与学习 / 211

教师与教学 / 216

学习环境 / 219

第十一章　后续研究 / 224

主　题 / 226

教育材料的研究和开发 / 228

对职前和在职教育的研究 / 235

教育政策研究 / 240

舆论和媒体 / 244

超出《人是如何学习的》范围 / 245

研究知识的交流 / 249
　　　　小　结 / 250

参考文献 / 251
学习科学发展委员会成员的个人简介 / 286
学习研究与教育实践委员会成员的个人简介 / 290
志谢 / 293
索引 / 297

译者序

世界进入以信息技术为中心的高新技术发展时期,继信息高速公路之后,一种新的经济形态——知识经济已经给人类社会各个领域带来了冲击。为了迎接挑战,联合国教科文组织将四种基本"学会"作为 21 世纪教育的四大支柱,即学会认知、学会做事、学会共同生活和学会生存。可以说,学习已经成为当今研究的热门话题。正是在这种背景下,受美国教育部教育与改进办公室的委托,由 16 位美国学习研究专家组成的学习科学发展委员会对人类学习的科学基础及其在教育中的应用进行了分析研究。该研究历时两年,最后以论著的形式发表——《人是如何学习的:大脑、心理、经验及学校》。第一版出版后,国家研究院(NRC)成立了第二个委员会,即学习研究与教育实践委员会,目的在于继续前一研究项目,探索更好地将学习科学方面的研究发现与实际的课堂教学连接起来的关键的问题。《人是如何学习的》(扩展版)是国家研究院(NRC)行为与社会科学以及教育两个委员会的研究成果,是在原来的基础上更进一步地扩充第一版中提出的一些基础研究项目的结果。

本书的新颖之处在于吸收了认知心理学、发展心理学、神经科学、人类学等领域的重要观点和例证。认知心理学的研究加深了人们对能力表现的本质和知识组织原则的理解,而这是构成人类解决学科问题的能力基础;发展心理学的研究向我们展示了儿童能够理解大量的生物学基本原理、自然界因果关系、数字概念、故事和个人的意图;学习和迁移的研究揭示了构建学习经验的重要原理,这促使人们在新的情境中积极运用以往的经验去组织信息、建构理解;社会心理学和人类学的研究成果清楚地表明,所有的学习离不开特定的文化模式、社会规范和价值期望,这些情境以强有力的方式影响着学习和迁移;神经科学的发展日益为从实验室研究中获得学习原理提供证据,揭示了学习是如何改变大脑的生理结构和大脑的组织机能的;对学习环境设计和评价的合作研究为教师了解不同情境的教学本质提供了新见解;技术的研究使创设真实的学习情景和对话空间成为可能,为支架式学习铺平道路。这些真知灼见开阔了我们的视野,加深了我们对"人是如何学习的"的理解,使我们能够更加从容地面对学习革命的挑战。

人们对有效学习的观念已经发生了根本性的变化,教学研究的重点已从如何教转向如何学,从结果转向过程,从机械操练转向知识的理解和运用。学生不再被看成是接受知识的容器,而是知识的建构者和生成者。学习者带着丰富的先前知识、机能、概念、信仰和习惯进入正规教育,而这些已有知识极大地影响着他们的记忆、推理、解决问题、获取新知识的能力。教师只有把学习者带到学习任务中的已有知识和观念作为新学习的起点,并给予学生多一点学习和建构的机会,才能促进学生的学习。本书并不否认事实对于思维和问题解决的重要性,但是研究也清晰地说明了"有用的知识"并非是对无关事实的简单罗列。专家的知识是围绕重要概念或"大观点"来联系和组织的,直接指向知识的应用场景,支持理解性学习和知识的迁移,而不仅仅局限于对事实的记忆。既然人们重视理解,那么他们就必须学会把握理解和获取更多信息的时机。他们应该学会自我调控,学会评价他们对他人意图的理解,选择支持他人观点的理据,并能依据现象提出假设和验证理论。

对学习环境的设计意味着人们需要重新考虑教什么,怎样教以及怎样评价学习的问题。有效的教学始于学习者带入教学环境的已有知识,包括文化实践和信仰,也包括学科内容知识。人们也许获得了知识,但是却不能在特定的环境中有效地激活所学知识。学习者中心环境试图帮助学生把其先前知识和当前的学习任务联系起来。评价问题也代表了看待学习环境设计的重要视角。反馈对学习来说是最基本的,但是课堂上的反馈并不常见。学生的测验和论文可能得到分数的评定,但这些都是学习结束时的终结性评价,还需要形成性评价,为学生提供修正或改进思维和理解的机会。

本书强调技术是人类学习革命的重要成分和催化剂。由于许多技术都具有交互性,因此现在我们可以很容易地创设教学环境,在这种环境中学习者能够通过实践来学习、获得反馈和不断地改进个人理解以及建构新知识。技术能够帮助人们把那些难以理解的概念直观化,如区别热度和温度。学生们还可以使用校外环境中使用的类似工具——直观性软件和建模软件来提高他们对概念的理解,并使学校环境向非学校情境迁移成为可能。技术为我们打开了通向巨大的信息源的通道,人们可以从数字图书馆、数据库,以及其他能够提供信息、反馈和启示的人那里获得大量的信息。技术还可以促进教师、管理人员和学生的学习,增强学校、社区与家庭之间的联系与沟通。

本书认为未来的学习研究应关注学习科学的研究基础、科学学习的基础、学习科学的新方法论、学习科学研究中的合作、学习技术的研究和教师的专业发展。在学习科学的研究基础方面,建议加强认知、学习、教学方面的基础研究,技术、神经认知、社会文化因素、学习与学习环境、教与学之间的相互关系的研究,以及形成性评价体系的研究。在科学学习的基础方面,建议关注研究性课程以及在真实环境中影响研究知识向有效教学方法转换的因素,帮助学龄前儿童发展表征结构,组织合作学习环境,确定能够有效测量科学学习的评价类型。在学习科学的新方法论方面,建议开发一些原创性的(特别是以加强学习科学方法论基础为目的)支持性机制。在学习科学研究中的合作方面,建议政府机构和研究基金组织应明确地支持在学习科学领域进行多学科的合作。在技术的研究方面,建议建立国家数据库以鼓励合作。在教师的专业发展方面,需要研究来决定各种类型的专业发展活动的效能,包括职前、在职研讨、工作坊、暑期学院等形式。我们还应该开发和测试新的课堂教学工具,培训教师和管理者的技能,进一步研究人的学习以及应用技术。这些能够提供动力机制,来把人是如何学习和教学的研究进展融入不断协调和改进的循环体系中。从改进教育的利益出发,通过这些合力把研究和实践结合在一起。

总而言之,过去的十年见证了人类有史以来学习理论发生的最本质与革命的变化,人类已经进入创建学习科学的新纪元。正如高文教授所描述的,"当今世界正面临着一场'学习的革命',我们将彻底改革几个世纪以来人们已经习以为常的、旧的、传统的教育观念和教学模式,创造出一种在真正意义上尊重人的主体性、激发人的创造性、相信并注意开发人的潜力、便于人与人交际与合作的崭新的教育观念和学习模式。"

本书译者的具体分工如下:译者序,程可拉撰写;再版前言、志谢,孙亚玲译;第一章,王旭卿译;第二章、第三章、第四章、第五章,程可拉译;第六章、第七章、第八章,孙亚玲译;第九章、第十章、委员会成员的个人简历,王旭卿译;第十一章、索引,程可拉译。最后由程可拉整理,高文教授统校。

程可拉

2012年1月27日

学习科学发展委员会成员

约翰·D·布兰思福特(JOHN D. BRANSFORD)(联合主席),范德比尔特大学学习技术中心

安·L·布朗(ANN L. BROWN)(联合主席),加利福尼亚大学伯克利分校教育研究院

约翰·R·安德森(JOHN R. ANDERSON),卡内基梅隆大学心理学系

罗切尔·盖尔曼(ROCHEL GELMAN),加利福尼亚大学洛杉矶分校心理学系

罗伯特·格拉泽(ROBERT GLASER),匹兹堡大学学习研究与发展中心

威廉·T·格里诺(WILLIAM T. GREENOUGH),伊利诺斯大学乌尔班纳分校贝克曼学院和心理学系

格洛丽亚·拉德森-比林斯(GLORIA LADSON-BILLINGS),威斯康星大学麦迪逊分校课程与教学系

巴巴拉·M·米恩斯(BABARA M. MEANS),加利福尼亚门洛帕克国际SRI学习技术中心

乔斯·P·梅斯特(JOSE P. MESTER),马萨诸塞大学阿姆赫斯特分校天文物理学系

琳达·内森(LINDA NATHAN),马萨诸塞州波士顿艺术学院

罗伊·D·皮(ROY D. PEA),加利福尼亚门洛帕克国际SRI学习技术中心

佩内罗珀·L·彼得森(PENELOPE L. PETERSON),西北大学教育与社会政策学院

巴巴拉·罗格弗(BABARA ROGOFF),加利福尼亚大学心理学系

托马斯·A·龙伯格(THOMAS A. ROMBERG),威斯康星大学麦迪逊分校国家数学教育研究中心

塞缪尔·S·瓦尼博格(SAMUEL S. WINEBURG),华盛顿大学教育学院

罗德尼·R·科金(RODNEY R. COCKING),研究主任

M·珍妮·菲利普斯(M. JANE PHILIPS),高级项目助理

学习研究与教育实践委员会成员

约翰·D·布兰思福特(JOHN D. BRANSFORD)(联合主席),范德比尔特大学皮博迪教育与人类发展学院

詹姆斯·W·佩勒格林诺(JAMES W. PELLEGRINO)(联合主席),范德比尔特大学皮博迪教育与人类发展学院

大卫·伯利纳(DAVID BERLINER),亚利桑那州立大学教育学院

默娜·S·库尼(MYRNA S. COONEY),IA雪松拉佩兹,塔夫脱中学

亚瑟·艾森克拉夫特(ARTHUR EISENKRAFT),NK贝德福德,贝德福德公立学校

赫伯特·P·金斯伯格(HERBERT P. GINSBURG),哥伦比亚大学教师学院人类发展系

保罗·D·戈伦(PAUL D. GOREN),芝加哥约翰·D和凯瑟琳·T·麦克阿瑟基金会

约瑟·P·梅斯塔尔(JOSÉ P. MESTRE),马萨诸塞大学阿姆赫斯分校物理与天文系

安玛丽·S·佩林科萨(ANNEMARIE S. PALINCSAR),密歇根大学教育学院

罗伊·D·皮,加利福尼亚门洛帕克国际SRI学习技术中心

M·苏珊妮·多诺万,研究主任(M. SUZANNE DONOVAN)

温德尔·格兰特,高级项目助理(WENDELL GRANT)

再版前言

《人是如何学习的》(扩展版)是国家研究院(NRC)行为与社会科学以及教育两个委员会的研究成果。1999年4月出版的第一版是学习科学开发项目委员会为期两年的研究成果。第一版出版后,国家研究院(NRC)成立了第二个委员会,即学习研究与教育实践委员会,目的在于继续前一研究项目,探索更好地将学习科学方面的研究发现与实际的课堂教学连接起来。出版于1999年的《人是如何学习的——架起研究与实践之间的桥梁》基本上达到了这个目的。现在的这一版在原来的基础上更进一步地扩充我们在第一版中提出的一些基础研究项目的结果。

在研究进行的过程中,我们失去了一位把学习科学应用到课堂教学实践中最具有发言权、最关键的人物。教育界的同仁们沉痛地悼念加利福尼亚大学伯克利分校教育研究院的安·L·布朗女士,她是学习科学发展委员会的联合主席,《人是如何学习的》一书的编辑。我们将怀念她,尤其是她的关于通过科学方法提高教育质量的真知灼见。

约翰·D·布兰思福特
学习科学发展委员会
学习研究与教育实践委员会联合主席

第一部分

导 论

第一章 学习：从猜测到科学

事物的本质、宇宙的起源和人类心理的特性，这些都是几个世纪来思想家们致力于探求的深奥问题。直到现在，理解心理（即理解基于心理的思维和学习）仍旧是一个令人难以捉摸的谜，这部分地是由于缺乏强有力的研究工具。当今世界已出现了异常丰富的科研成果，这些成果集中于对心理和大脑的研究、对思维过程和学习过程的研究、对发生于思维和学习中的神经中枢活动过程的研究，以及对能力发展的研究。

最近三四十年发生的心理研究的革命对教育产生了重要的意义。正如我们所描述的，一种新的学习理论逐渐受到人们的关注，它所提供的课程设计方法、教学方法和评价方法与我们在今天的学校里所见的相去甚远。同样重要的是，跨学科探究的发展和新的科研合作形式的出现，使人们更清楚地看到了把基础研究应用于教育实践的希望，尽管目前还很难实现。三十年前，教育工作者们很少关注认知科学家的工作，在认知科学研究的初期，研究者们的工作是远离课堂的。今天，认知研究者们更多的是与教师合作，在真实的课堂情景中检验和改进他们的理论，因为只有在教室里，他们才能看到不同的课堂情境和不同的课堂互动是如何影响他们的理论在课堂中的应用的。

目前，最引人注目的可能是各种各样已经开发出来的研究方法和研究技巧，以及来自不同科学分支领域的研究证据日趋融合的方法。现在我们可以谈论的有关学习的话题远比以前丰富，有望在下一阶段有较大的发展。例如：

- 来自认知心理学的研究加深了人们对能力表现的本质和知识组织原则的理解，它们是构成人们解决包括数学、科学、文学、社会研究和历史在内的各种学科领域问题的能力的基础。
- 发展心理学的研究者们则向人们展示了，儿童能够理解大量的生物学基本原理和自然界因果关系，能够理解数字、故事和个人的意图，儿童的这些能力使我们可以开发一种创新课程，为发展儿童早期的高级推理能力引入重要的概念。
- 有关学习和迁移的研究揭示了构建学习经验的重要原理，这使人们能够在新的情境中运用以往的经验。
- 在社会心理学、认知心理学和人类学方面的研究成果清楚地表明，所有的学习离不开特定的文化模式、社会规范和期望，这些情境以强有力的方式影响着学习和迁移。
- 神经科学的发展日益为从实验室研究中获得的学习原理提供证据，它正逐步揭示学习是如何改变大脑的生理结构和大脑的机能性组织的。
- 在认知和发展心理学家和教育工作者中，对学习环境的设计和评价的合作研究已提出对发生在不同情境中的教与学的本质的新见解。而且，研究者们正设法从那些能够分享专业知识的成功教师的"实践箴言"中学习。
- 新兴技术正带领人们去开发许多引导和增强学习的新机会，这在几年前是不曾想象的。

学习研究领域的所有这些进展已将科学与实践的关系带入一个新时代。简而言之，在基础研究上的投资正在实际应用中得到回报。考虑到人们期待的国家教育体制将发生的变化，理解人类是如何学习的这些进展具有重要意义。

在20世纪初期，教育的重点放在文化技能的获得上：简单的读、写、算能力。教育体系的普遍准则并不是要去培训人们进行批判性地思考和阅读，清晰地、有说服力地表达自己的观点，以及解决科学和数学中的复杂问题。在20世纪末，为了成功地适应现代生活的复杂性，几乎人人都需要掌握这些高级素养。由于组织机构和劳动者需要不断应对工作环境带来的竞争压力，因此对工作的技能要求也大大提高。随着人们关注的焦点已从地方转向国家、全球，理智地参与民主化进程也变得日益复杂。

综上所述，信息和知识快速增长的速度超过了人类历史上的任何一个时期，正如诺贝尔奖获得者赫伯特·西蒙（Herbert Simon）曾明智地指出，"识知"（knowing）的意义已从能够记忆和复述信息转向能够发现和使用信息（Simon, 1996）。人类的知识急剧增长使教育无法面面俱到，而且，人们更多地认为教育的目的是帮助学生发展习得知识所必需的认知（智力）工具和学习策略，使他们能够富有成效地思考有关历史、科学技术、社会现象、数学和艺术方面的内容。对学科知识的基本理解包括如何制定和提出有关各学科领域的有意义问题，这有助于个体形成对学习原理更本质的理解，并帮助他们成为自我维持的终身学习者。

焦点：人、学校和学习的潜能

有关认知、学习、发展、文化和大脑的科学文献浩如烟海。学习科学开发项目委员会在成立之初就做出了三个组织性决定，为我们的研究提供了框架，这将反映在本书的内容中。

- 第一，我们主要关注于人类学习的研究（虽然对动物学习的研究为我们提供了重要的、间接的信息），包括来自神经科学的新进展。
- 第二，我们特别重视对设计正规教学环境（从幼儿园、小学到中学和大学）有启发意义的学习研究。
- 第三，与第二点相关，我们还将强调有助于所有个体充分发挥个人潜能的可能性研究。

关于促进学习的方法和有关谁是最善于学习的人的一些新观念，会有力地影响人们生活的质量。在历史的不同时期，学者们曾担忧正规的教育环境一直侧重于选拔人才，而非培养人才（参见，Bloom，1964）。如果关于有效教学实践的新观念早就付诸实施的话，许多学习有困难的人可能会获得成功。此外，如果使用了新的教学实践，即使那些在传统教育环境下学得好的学生也将发展他们的技能、知识和态度，这肯定会极大地提升他们的学业水平。

学习研究表明，有一些新方法可以向学生介绍数学、科学、历史和语文等传统学科，这些新方法能够使大多数学生形成对重要学科知识的深入理解。本委员会对与之相关的理论和数据特别感兴趣。人们期望新方法能够使大多数学生形成对重要学科知识从中等到深入的理解。

学习科学的发展

本报告是以19世纪后期的研究为基础的，当时人们通过科学的方法系统地研究了人类心理。在那以前，心理一直是哲学和神学的研究领地。一些最具影响的早期研究出自莱比锡威廉·冯特（Wilhelm Wundt）实验室。威廉·冯特和同事们试图通过内省法要求知觉主体反思他们的思维过程，试图对人类的意识进行精确的分析。

世纪之交之时,一个新的学派——行为主义诞生了。作为对内省法中内在主观性的回应,行为主义者主张对心理的科学研究必须限制在可观察的行为和能加以控制的刺激条件上。1913年约翰·B·华生(John B. Watson)发表了一篇颇具影响的论文,扼要地提出了行为主义观点:

> ……除了行为主义学派,所有的心理学学派都主张"意识"是心理学的研究对象。相反,行为主义认为人类心理学的研究对象是人类的行为或活动,"意识"既不可定义,也非实用,它只是远古时期"心灵"说的替代词。旧心理学因而被一种微妙的宗教哲学所控制。(p.1)

在批判经验主义传统的基础上,行为主义者把学习的概念定义为在刺激和反应间建立联结的过程。学习的动力被认为主要由内驱力(如饥饿)和外部力量(如奖励和惩罚)来驱使(例如,Thorndike, 1913; Skinner, 1950)。

在一个由爱德华·L·桑代克(1913)主持的经典行为主义研究中,"迷箱"中的饥饿小猫必须学会拉动悬挂于其中的一根绳子,才能打开箱门,逃出箱子,获取食物。小猫在逃出箱子的行为中学到了什么?桑代克的结论是,小猫不是先思考如何逃出箱子,然后再付诸实施,相反,其活动涉及到一连串的尝试—犯错(试误)行为;参见背景资料1.1。有时,迷箱中的小猫在玩耍的时候不小心拉动绳子,就把门打开了,小猫也就得以逃出。但这一事件显然并没有使小猫增长见识,因为当它被再次关进迷箱里时,小猫不会立即拉动绳子逃出箱子,相反,经过无数次的尝试,通过试误小猫终于学会了逃出箱子。桑代克认为奖励(例如食物)增强了刺激和反应间的联结。因此,对看上去很复杂的问题解决现象(从棘手的迷箱里逃出)的解释无需依赖诸如思维那样不可观察的心理活动。

早期行为主义的局限在于它强调可观察的刺激条件和与这些条件相关的行为。这种倾向使它很难去研究诸如理解、推理和思考这些对教育来说极其重要的现象。随着时间的推移,激进行为主义(常被称为带有大写B的行为主义)让位于折中的行为主义(带有小写b的行为主义),折中的行为主义保留了将行为用作数据的科学精确性,也允许对内部的"心理"状况做出假设,因为这些假设可以成为解释各种学习现象的必要要素(例如,Hull, 1943; Spence, 1942)。

背景资料 1.1 小猫的学习

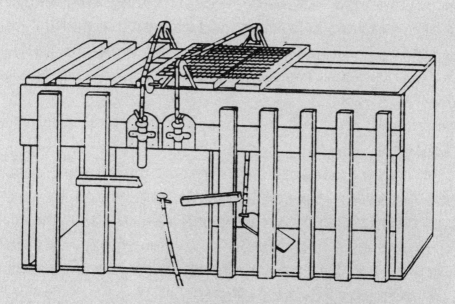

当小猫被关进箱子里时,它会有不舒服的表现和想逃出禁闭的冲动。小猫试图从任何空隙中钻出来;它抓、咬电线;它从空隙中伸出爪子,并且抓取它够得着的每一样东西……小猫不太留意外面的食物,但似乎它这样做,只是出于本能,为了逃出禁闭……小猫在冲动挣扎的过程中可能会抓到开门的绳子或者环扣或者按钮。后来逐渐地,所有不成功的冲动被剔除,而促使成功行为的那种冲动被愉悦的结果所保留,直到这时,经过无数次的尝试之后,当小猫再次被关进箱子时,它会立即以明确的方式抓住按钮或环扣。

在20世纪50年代末,人们越来越清楚地认识到人类及其生存环境的复杂性,从而导致了一个新的领域——认知科学的诞生。从它诞生的那一天开始,认知科学就从多学科的视角来研究学习,涉及到人类学、语言学、哲学、发展心理学、计算机科学、神经系统科学和心理学学科(Norman,1980,1993;Newell and Simon,1972)。新的实验工具、方法论和假设理论的方法(postulating theories)使科学家能够开始对心理功能进行认真的研究:检验他们的理论,而不只是对思维和学习进行猜测(参见,例如,

Anderson，1982，1987；deGroot，1965，1969；Newell and Simon，1972；Ericsson and Charness，1994)。近年来，人们形成了学习的社会情境观和文化情境观(如，Cole，1996；Lave，1988；Lave and Wenger，1991；Rogoff，1990；Rogoff et al.，1993)。采用严格的质性研究方法为人们提供了有关学习主题的各种观点，补充和丰富了实验研究传统(Erickson，1986；Hammersly and Atkinson，1983；Heath，1982；Lincoln and Guba，1985；Marshall and Rossman，1955；Miles and Huberman，1984；Spradley，1979)。

理解性学习

新学习科学的一大特色就在于它强调理解性学习。在直觉上，理解是完美的，但是我们一直很难从科学的角度来研究它。同时，学生常常很少有机会去理解或搞懂主题，因为许多课程总是强调记忆，而不是理解。教科书充满了要求学生记住的事实，大多数的测验也只是评估学生记忆事实的能力而已。例如，当学生在学习动脉和静脉时，他们可能被要求记住动脉比静脉粗、更有弹性，运送来自心脏的血；静脉则把血送回心脏。测试这些信息的题目类似于如下的题目：

1. 动脉
   a. 比静脉更有弹性
   b. 运送从心脏泵送出去的血
   c. 比静脉的弹性差
   d. a 和 b
   e. b 和 c

新学习科学并不否认事实对于思维和问题解决的重要性。对于在某些领域(例如，国际象棋、历史、科学和数学)的专业知识的研究表明专家思考和解决问题的能力主要依赖于有关学科领域的大量知识(例如，Chase and Simon，1973；Chi et al.，1981；deGroot，1965)。但是，这些研究也清晰地表明"有用的知识"不同于一连串无联系的事实。专家的知识是围绕重要概念而联系和组织起来的(例如，牛顿的第二运动定律)；它"有条件地"指明了知识可使用的情境；它支持理解和迁移(到其他情境)，而不仅仅是记忆能力。

例如，熟悉动脉和静脉的人不仅知道上面所提及的事实，他们还理解动脉和静脉其各自的特性。他们知道从心脏流出的血是喷射而出的，动脉的良好弹性有助于适应压力的变化。他们知道来自心脏的血需要向上流动（到大脑），也需要向下流动，动脉的良好弹性使它能够担当一个单向通道角色，每一次血喷射完后就关闭，防止血的回流。由于他们理解动脉、静脉的结构与功能之间的关系，所以对此非常了解的人更可能使用他们已学习的内容来解决新问题——这表明发生了知识的迁移。例如，假如让你来设计一个人造动脉，它必须要有弹性吗？为什么？对动脉特征成因的理解表明有弹性不是必需的——或许问题解决方法是这样的：可以通过建立一个足够坚固的管道来承受从心脏喷射出来的血压，它也可以作为一个单向的通道。理解了动脉和静脉并不能保证人们能够对这个设计问题做出解答，但它却有利于人们思考问题的各种解决方案，仅凭记忆事实却很难做到这一点(Bransford and Stein, 1993)。

已有的知识

对理解的强调，使之成为新学习科学的主要特征之一：新学习科学关注认知的过程（如，Piaget, 1978；Vygotsky, 1978）。人类被看作是由目标指引、积极搜寻信息的行动者，他们带着丰富的先前知识、技能、信仰和概念进入正规教育，而这些已有的知识极大地影响着人们对周围环境的关注以及组织环境和解释环境的方式。反过来，这也影响着他们记忆、推理、解决问题、获取新知识的能力。

即使婴儿也是积极的学习者，他们把自己的观点带入学习情境(learning setting)。他们走进的世界不是一个"乱哄哄的地方"(James, 1890)，不是一个任何刺激都同等重要的场所。相反，婴儿的大脑优先接受特定的信息：语言、数字的基本概念、物理特征，以及静态和动态物体的运动。从最一般的意义上说，现代学习观就是人们用他们已知道和相信的知识去建构新知识和对新知识的理解（例如，Cobb, 1994；Piaget, 1952, 1973a,b, 1977, 1978；Vygotsky, 1962, 1978）。有一个经典的儿童故事说明了这一点，参见背景资料1.2。

背景资料 1.2 鱼就是鱼

鱼就是鱼(Lionni, 1970)讲的是，有一条鱼，它很想了解陆地上发生的

> 事,却因为只能在水中呼吸而无法实现。它与一个小蝌蚪交上了朋友。小蝌蚪长成青蛙之后,便跳上陆地。几周后青蛙回到池塘,向鱼汇报它所看到的。青蛙描述了陆地上的各种东西:鸟、牛和人。这个故事呈现了鱼根据青蛙对每一样东西的描述所创作的图画:每一样东西都带有鱼的形状,只是根据青蛙的描述稍作调整——人被想象为用鱼尾巴走路的鱼、鸟是长着翅膀的鱼、奶牛是长着乳房的鱼。这个故事说明了在人们基于自己已有的知识建构新知识中,创造性的机遇和危险并存。

新知识的建构必须来源于已有知识,对这一教学观的合理引申就是教师需要关注学习者在学习给定主题时随之带来的不完整理解、错误观念和对概念的天真解释。教师还需要依据这些概念来帮助每个学生达到更成熟的理解。如果忽视学生的初始概念、观点,他们获得的理解可能与教师预期的想法大相径庭。

考虑一下教师所面临的挑战:孩子们认为地球是平面的,而教师要试图帮助他们理解地球是球体的。当老师告诉孩子地球是圆的的时候,他们会把地球描绘成一个煎饼,而不是一个球体(Vosniadou and Brewer, 1989)。如果再告诉他们地球是圆的,像一个球体,他们会从自己的平面地球的观念出发来理解有关球体地球的新信息,把地球描绘成一个里面或顶部像煎饼一样的平面球体,人们站在煎饼的上面。孩子们对地球所建构的新理解是与他们的地球模型相一致的,这个地球模型帮助他们解释人是怎样站在其表面上或在上面行走,球体形的地球与孩子们心理上的地球模型是不一致的。正像"鱼就是鱼"的故事一样,孩子们听到的每一件事都与他们的先前观念融合在一起。

"鱼就是鱼"不仅与儿童有关,而且与所有年龄的学习者都相关。比如,大学生经常依据他们的经验来建立有关物理学现象、生物学现象的观念,而不是依据这些现象的科学论述。我们必须让他们意识到他们的前概念,他们才能改变自己的观念(如,Confrey, 1990; Mestre, 1994; Minstrell, 1989; Redish, 1996)。

有关识知"建构主义"理论的一个通常的误解(利用已有知识来建构新知识)是,教师不应该直接告诉学生任何事情,相反,应该让学生自己建构知识。这一观点混淆了教育(教学)理论与识知理论。建构主义者认为不管如何教一个人,所有的知识是基于已有的知识而建构起来的(如,Cobb, 1994)——即使聆听一个包含积极尝试建构新知识的演讲。"鱼就是鱼"故事（Lionni，1970）和教孩子地球是圆的的尝试（Vosniadou and Brewer，1989）都表明了，为什么简单的讲授常常不起作用。但是，在人们首先按照他们自己的想法理解问题之后，有时"讲授式教学"还是很有效的（例如，Schwartz and Bransford，出版中）。然而，教师仍然需要关注学生的理解，并在必要时给予指导。

有许多证据表明，如果教师关注学习者带到学习任务中的已有知识和观念，将这些知识当作新教学的起点，并在教学过程中监控学生概念的转化，那么就可以促进学生学习。例如，在一个市郊学校里，接受探究式物理教学的六年级学生，比起在同一个学校体系中接受常规方法教学的 11 年级和 12 年级的学生，在回答物理的概念性问题时完成得更好。另一项研究是以 7 至 9 年级的城市学生与 11 年级和 12 年级的市郊学生相比，研究表明接受探究式教学的低年级学生更好地掌握了基本物理原理（White and Frederickson，1997，1998）。为小学生开设的新课程也取得了令人鼓舞的效果：比如，一种教几何的新方法有助于 2 年级学生学会表征和呈现三维图形，其表征和可视化的方法远在作为对照组的一流大学学生的技能之上（Lehrer and Chazan，1998）。同样，低年级学生已学会了展示早期几何普遍性（Lehrer and Chazan，1998）和科学普遍性（Schauble et al.，1995；Warren and Rosebery，1996）的高效方式。

主动学习

学习科学的新进展也强调帮助人们对学习进行自我调控的重要性。既然理解受到重视，那么人们就必须学会把握理解和获取更多信息的时机。人们会用什么策略来评价他们是否理解他人的意图？人们需要什么类型的证据，才能确信别人的观点？人们怎样针对现象建立自己的理论并对理论进行有效的检验？

在"元认知"的主题下，人们已经对支持主动学习的许多重要活动展开了研究，关于元认知的话题在第二、三章有详细介绍。元认知是指人们预测他们在各种任务中表现的能力（如，他们能够记住各种刺激的程度）以及对目前的理解和掌握程度进行监控的能力（如，Brown，1975；Flavell，1973）。适合于学习的元认知方法的教学实践包括那些关注理解、自我评价和对已教授的、需要改进的内容进行反馈。这些实践表明学生将所学知识迁移到新情境、新事件的程度得到增强（如，Palincsar and Brown，1984；Scardamalia et al.，1984；Schoenfeld，1983，1985，1991）。

假设有三位教师，他们的教学影响着学生是否学会调控他们自己的学习（Scardamalia and Bereiter，1991）。第一位教师的目标是让学生完成作业；通过他的监督、检查学生所完成作业的数量和质量来达到这个目标。他的重点在于活动,从过时的作业到最流行的太空时代项目等任何一种活动。第二位教师对学生开展活动时所学到的内容负责。第三位教师也不例外,但是他增加了学习目标——不断地把更多的学习过程交给学生。当你走进教室时,不能立即分辨出这三种类型的教师。或许你会看到学生们以小组为单位,制作视频或多媒体演示。你可能发现老师从一个小组走到另一个小组,检查学生作业的进展情况,解答学生的问题。然而,经过几天的教学,第一位教师和第二位教师的差别开始显现。第一位教师将重点完全放在完成作业的过程和所完成的作业(作品)上——学生是否参与了、每个学生是否得到平等的待遇和他们是否出色地完成了作业。第二位教师也参与了整个过程,但他还关心学生从经历中所学到的知识,并采取措施确保学生消化所学的内容,而不仅仅是关注学生的表现。但是,为了区分第二位教师和第三位教师,你可能需要回到媒体制作项目的过程。它首先引发了什么?它是否从一开始就被认为是一个学习活动?或者是否从学生致力于建构自己的知识开始才算是学习活动?在第三位教师的教室里有一个引人注意的例子,学生们一直在研究蟑螂,通过阅读、观察,他们对蟑螂是如此的了解,以至于他们想与学校的其他班级分享所学到的知识;于是他们就制作出一盘录像带供其他班级学习(Lamon et al.,1997)。

因此,在看上去是相同的学习活动中所蕴藏着的差异是相当深远的。在第一位教师的教室里,学生在学习有关媒体制作方面的内容,但媒体制作很可能从学习其他方面的途径中学到。在第二位教师的教室里,教师的教学在于确保达到活动的初始教育目的,它不把教学仅仅沦为一个媒体制作练习。在第三位教师的教室里,媒体制作与学习相伴,而且是学习的直接结果,学习体现在媒体制作中。第三位教师的大部分教学工作在媒体制作的观念产生以前就已经完成了,他所要做的只是帮助学生在做项目时始终看到他们的学习目的。

这三位假设的教师是抽象的模型,当然仅仅部分地与真实的教师相符合,有时更像真实的教师。然而,我们从中粗略地看到了重要的事实——学习目标与教学实践之间的联系会影响学生达到学习目标的能力。

教育的含义

综上所述,新学习科学正开始提供知识来显著地提高人们成为主动学习者的学习能力,这样,人们就可以探寻对复杂学科知识的理解和为把所学的知识迁移到新问题、新情境做好充分的准备。要做到这一点是一个巨大的挑战（例如，Elmore et al.，1996），但并非空中楼阁。新兴的学习科学强调反思，即反思教什么、如何教、如何评价学习，这些理念在整个报告中会逐步展开。

一个不断发展的科学

本书综合了学习的科学基础。科学成果包括对如下要点的更全面理解：(1) 记忆和知识的结构；(2) 问题解决和推理；(3) 学习的早期基础；(4) 对学习的调控过程，包括元认知；(5) 如何从学习者的文化和所在群体中产生符号思维。

反映学习能力的这些关键特征并非是对人类认知和学习的深挖细究。人们所了解的对学习的某些方面起指导作用的原理并不能完全涵盖支配所有学习领域的全部原理。虽然科学基础本身不是肤浅的，但是它表示了人们只在某个层面上完整地理解了该学科。正如本书所反映的，我们仅仅对学习的某些方面进行了深入的研究，诸如交互技术这样新兴领域（Greenfield and Cocking，1996）是对以前研究的挑战性概括。

随着科学家持续地研究学习，出现了一些新的研究步骤和研究方法，这可能会动摇目前的学习理论观点，例如计算建模研究。科学研究涉及到学习、记忆、语言和认知方面的广义的认知和神经科学问题。例如，并行分布式处理研究（McClelland et al.，1995；Plaut et al.，1996；Munakata et al.，1997；McClelland and Chappell，1998）把学习看作是通过参与的神经元间的适应连接而发生的。这项研究被设计用来开发明确的计算模型，以修改和扩展基本原理，并且通过行为实验、计算机模拟、功能性的大脑成像和数学分析将这个模型应用于大量的研究问题。因此，这些研究有利于改进理论和实践。新模型还包括了成人阶段的学习，为科学的知识基础增添了一个重要的维度。

主要发现

本书提供了有关学习与学习者和教师与教学的主要研究概述。下面强调了三个发现，原因在于它们是支持上述方面的坚实的研究基础，而且也对我们如何教学具有重要的意义。

1. 学生带着有关世界如何运作的前概念来到课堂。如果他们的初期理解没被卷入其中，那么他们也许不能掌握所教的新概念和信息，否则他们会为了考试的目的而学习它们，但仍会回到课堂之外的前概念。

有关早期学习的研究表明理解世界的过程开始于婴幼期。儿童在学前开始发展他们对周围现象的复杂理解(不管正确与否)(Wellman,1990)。这些初期的理解对新概念和信息的整合具有强大的影响。有时候,这些理解是正确的,提供了建构新知识的基础。但有时它们是不正确的(Carey and Gelman,1991)。在科学上,学生常常具有对不能容易观察的物理特征的错误概念。在人文科学上,他们的前概念常常包括刻板印象或简单化,如历史被理解为好人与坏人之间的争斗(Gardner,1991)。有效教学的主要特征就是从学生那儿抽取出所教学科知识的前拥理解和提供建构——或挑战——初期理解的机会。敏斯屈儿(James Minstrell)是一个中学物理教师,他描述了如下的教学过程(Minstrell,1989:130-131):

> 学生有关力学的初期观念像一根根纱线一样,有些毫不相关,有些松散地混杂。教学行为被看作是帮助学生拆开单独的观念之线,标记它们,然后把它们编织到一个更完整理解的结构中。教师可以通过帮助学生区分他们的现有观念和把它们整合到更像科学家所具有的理性信念中,这种教学方式更好,它不是拒绝观念的相关性。

儿童带入课堂的理解在早期就已经很强大。例如,人们发现一些儿童通过把圆形地球想象为煎饼形状来坚持地球是平坦的前概念(Vosniadou and Brewer, 1989)。对这个新理解的建构是由一个帮助儿童解释人们如何在地面上站立或行走的地球模型来引导的。许多年幼的儿童很难放弃八分之一大于四分之一的观念,因为八比四大(Gelman and Gallistel, 1978)。如果儿童是白板,告诉它们地球是圆形的或四分之一大于八分之一应该是足够的。但是由于他们已经具有有关地球和数字的概念,那么必须直接考虑这些概念以便转变或扩展它们。

抽取前拥理解并与前拥理解打交道对任何年龄的学习者都是重要的。许多研究实验表明年长学生中对前拥理解的固执甚至延续至教了与幼稚理解相矛盾的新模型之后。例如,在一个对来自杰出的、科技型学院的学物理的学生的研究中,安德烈亚·迪塞萨(Andrea DiSessa)(1982)教他们玩一个计算机游戏,这个游戏需要他们指挥一个被叫做动态海龟的计算机模拟物体,以便海龟能够击中目标,并且需要他们在碰撞中用最小的速度来完成这个游戏。游戏开始前,实验者向参与者介绍这个游戏,让他们动手尝试,用小木棍击打几次桌上的网球。同样的游戏也让小学生来玩。迪塞萨发现两组学生都惨淡失败了。要想获得游戏的胜利,应该表现出对牛顿运动定律的理解。尽管他们都经过培训,大学学物理的学生像小学生一样,直接瞄准目标上运动的动态海龟,而没有考虑动力。对参与这项研究的一个大学生的进一步调查发现,她知道相关的物理特征和公式,但是在游戏的情境中,她却重回物理世界是如何运作的未经培训的概念上。

各种年龄的学生都坚持季节是由地球与太阳的距离而不是地球的倾斜引起的观念(Harvard-Smithsonian Center for Astrophysics,1987),或者他们认为一个已抛到空中的物体具有重力和施加于物体之上的手的抛掷力,尽管他们已参与培训去接受与此相反的观念(Clement,1982)。为了使科学理解替换幼稚理解,学生必须把幼稚理解呈现出来,并有机会了解它们的缺陷。

2. 为了发展在探究领域的能力,学生必须(a)具有事实性知识的深入基础,(b)在概念框架的情境中理解事实和观念,和(c)用促进提取和应用的方式组织知识。

这个原理来自比较专家和新手的表现的研究和对学习和迁移的研究。不管是哪个领域,专家总是利用极其丰富的结构化信息基础;他们不仅仅是"优秀的思考者"或者"聪明人"。有些能力,如规划任务、注意模式、生成有道理的论点和解释以及与其他问题类比,都与事实性知识更紧密地联系起来,超过以前所认为的那样。

但是拥有大量不相关的事实性知识是不够的,为了发展在探究领域的能力,学生必须要有理解性学习的机会。对学科知识的深入理解可以把事实性信息转换成有用的知识。专家与新手之间一个明显的差异就是专家掌握了形成他们对新信息理解的概念:这允许他们看清对新手而言不是显而易见的模式、关系或差异。他们不必拥有超越其他人的更好的全面记忆力。但是他们的概念性理解使他们可以从对新手而言不明显的信息中抽取出一层意义,这有助于他们挑选和记住相关的信息。专家也能够顺畅地获得相关的知识,这是因为他们对学科知识的理解允许他们快速地辨识什么是相关的。因此,他们的注意力不会因复杂事件而超负荷。

在中小学教育的大多数研究领域中,学生从新手开始;他们具有有关所学学科的非正规观念,并且他们所获得的大量信息会发生改变。教育事业可以被看作在更正规的理解(或更多的专业知识)的引导下促进学生理解。这就需要深化信息基础和发展学科知识的概念框架。

地理可以被用来表明专业知识围绕支持理解的原理而组织的方式。学生可以通过记忆州、城市、国家等来学会在地图中填空,并高度精确地完成这一任务。但是如果边界被移除,问题就变得困难得多,没有了支持学生已有信息的概念。理解了边界形成的原因的专家会容易地胜过新手,这些原因包括自然现象(像大山或水体)、分离的人和大城市常常在允许交易的地方产生(沿河流、大的湖泊和沿海港口)。越是从概念上理解了城市的需求和吸引人们去那里的资源基础,地图就会变得越有意义。如果他们所教的地理信息被置于适当的概念框架中,学生就会变得更有经验。

学习和迁移文献中的主要发现是把信息组织成可以更多"迁移"的概念框架;也就是它让学生把所学的知识应用于新情境和更快速地学习相关的信息(参见背景资料1.3)。以概念框架方式学会了美国地理信息的学生可以用有助于引导对新信息获取的问题、观念和期望来解决学习全球其他部分的地理的任务。理解密西西比河在地理上的重要性为学生理解尼罗河在地理上的重要性打下了基础。当强化了概念,学生可以把学习迁移至课堂外,例如观察和探究一个已参观的城市的地理特征,从而有助于解释它的位置和大小(Holyoak,1984;Novick and Holyoak,1991)。

背景资料1.3 将标枪投掷到水中

有一项著名的早期研究,它把学习一个过程的效果与理解性学习加以比较,在此项研究中,两组儿童练习将标枪投掷到水中的一个目标(在 Judd,1908 中描述;参见由 Hendrickson 和 Schroeder,1941 的概念复制品)。一组儿童学习了有关光的折射的解释,知道了光的折射导致目标的明显位置具有欺骗性。另一组只是练习投掷标枪,没有任何解释。两组儿童在进行水下 12 英寸目标的练习任务中做得同样好。但是已接受抽象原理教学的小组在他们必须迁移至一个目标仅是水下 4 英寸的情境时做得更好。因为该小组接受了有关光的折射的教学,他们理解了自己正在做的事情,所以能够根据新任务调节他们的行为。

3. 教学的"元认知"方法可以帮助学生通过定义学习目标和监控达到目标的学习过程来学会控制他们自己的学习。

在与专家一起工作的研究中,专家被要求描述他们工作时的思考,研究揭示了他们可以仔细地监控自己的理解,会记录针对理解何时需要去获取额外的信息、新信息是否与他们已知的内容保持一致以及做什么样的类比可以促进他们的理解。这些元认知监控活动是所谓的适应性专业知识的重要组成部分(Hatano and Inagaki, 1986)。

由于元认知常常采用内部对话的形式,因此人们容易认为个体会发展自己的内部对话。但是我们用以思考的许多策略反映了文化规范和探究方法(Hutchins, 1995; Brice-Heath, 1981, 1983; Suina and Smolkin, 1994)。研究已表明我们可以把这些策略教给学生,包括预测结果的能力、向自己解释以改进理解的能力、记录理解上失败方面的能力、激活背景知识的能力、预先规划的能力以及分配时间和记忆的能力。比如,交互式教学(Reciprocal teaching)是一种用来提高学生阅读理解的技术,帮助他们在阅读过程中说明、阐述和监控他们的理解(Palincsar and Brown, 1984)。使用元认知策略的模型最初由教师提供,在学生学习使用这些策略时他们练习和讨论策略。最终,学生能够在没有老师支持的情况下提示自己并监控他们自己的理解。

元认知活动的教学必须结合到学习所学的学科知识中(White and Frederickson, 1998)。这些策略不是跨越不同学科的一般性内容,把它们作为一般性内容来教学的尝试会导致迁移的失败。在情境中教授元认知策略已经表明可以改进在物理(White and Frederickson, 1998)、写作(Scardamalia et al., 1984)和数学问题解决的启发方法(Schoenfeld, 1983, 1984, 1991)方面的理解。元认知实践已经表明可以提高学生迁移至新情境和新事件的程度(Lin and Lehman, in press; Palincsar and Brown, 1984; Scardamalia et al., 1984; Schoenfeld, 1983, 1984, 1991)。

这里的每一种技术共享着对过程进行教学和建模的策略,即产生不同的方案(形成写作中的一个想法或者支持解决数学问题的策略)、在帮助达到目标和监控达到目标的过程中评估它们的优点。使用课堂讨论可以支持以独立性和自我调控为目标的技能发展。

教学的含义

以上所描述的三个核心原则,虽然它们看上去简单,但是对教学事业和教师培养具有深刻的意涵。

1. 教师必须抽取前拥理解并与学生带来的前拥理解打交道。这就需要:
- 把儿童当作是用教师提供的知识来填满的空容器的模型必须替换。与此相反,教师必须积极地探究学生的思维,创建可以揭示学生思维的课堂任务和条件。

这样,学生的最初概念可以提供对建构学科知识的更正式理解的基础。
- 评价的作用必须拓展,超越传统的测试概念。使用经常性的形成性评价有助于学生把他们的思维展示给自己、他们的同伴和他们的教师。这就提供了修改思维和提炼思维的反馈。考虑到理解性学习的目标,评价必须利用理解而不仅仅是重复事实或实施孤立技能的能力。
- 教育学院必须向初任教师提供学习的机会:(a)承认学生可预见的前概念,它们使特定学科知识的掌握具有挑战性,(b)抽取出不可预见的前概念,和(c)与前概念打交道,以便儿童依据它们建构知识、挑战它们,并在适当的时候替换它们。

2. 教师必须深度地教授一些学科知识,提供相同的概念在其中运作的许多范例和提供事实性知识的坚实基础。 这就需要:
- 必须用少量主题的深度覆盖去替换学科领域中对所有主题的表面覆盖,这些少量主题使得学科中的关键概念得以理解。当然,覆盖的目标不必被完全放弃。但是必须有足够数量的深度研究案例让学生掌握学科中特定领域的界定概念。此外,一个领域中的深度研究常常需要学生在将非正规的观念转变为正规的观念前携带观念超过一个学年,这就需要在整个学年中积极协调课程。
- 教师必须带着他们自己对学科领域深度研究的经验来教学。在教师能够开发强大的教学工具前,他必须熟悉探究的过程和学科中的对话术语,以及理解信息与概念之间的关系,而概念则有助于组织学科中的信息。但是同样重要的是,教师必须把握学生对这些概念进行思考的成长和发展。后者对发展教师的专业知识而不是学科中的专业知识来说是很重要的。因此,它需要专为教师设计的课程或课程补充。
- 问责制目的的评价(例如,全州范围的评价)必须测试学生对知识的深刻理解而不是表面知识。评价工具往往是通过其去追究教师责任的标准。如果一位教师被要求针对深刻的概念性理解来教学,那么他就陷入困境,这样做会产生在标准化测试中表现更糟糕的学生。除非新的评价工具与新的教学方法相一致,否则后者就不可能调动来自学校和有选举权的家长的支持。这一目标很重要,正如它很难实现一样。标准化测试的形式可以有助于测量事实性知识而不是概念性理解,但是它也有助于产生客观的分数。对理解深度的测量会引起对客观性的挑战,我们需要做大量的工作,使评价深度和客观性的评价之间达到平衡。

3. 元认知技能的教学应该整合到各种学科领域的课程中。 由于元认知采取内部对话的形式,许多学生可能没有意识到它们的重要性,除非教师明确强调这些过程。对元认知的强调需要伴随每个学科中的教学,这是因为所需的监控类型会发生变化。例如,在历史学科中,学生可能会问自己,"谁写了这个文档,这对事件的解释有何影响?"而在物理学科中,学生可能监控他对潜在发生作用的物理原理的理解。

- 将元认知的教学与基于学科的学习整合可以提高学生的学业成绩并发展学生独立学习的能力。它应该有意识地结合各种学科和不同年龄水平。
- 发展强大的元认知策略和学习在课堂环境中教授这些策略应该是教育学院的课程的标准特征。

研究证据表明当这三个原理融合到教学中,学生的成绩就能提高。例如,用于在互动计算机环境中教授物理的"思考者工具课程"(Thinker Tools Curriculum)关注了基本的物理概念和特征,允许学生测试他们在建立模型和开展实验活动过程中的前概念。这个程序包括有助于学生监控他们在探究过程中所处位置的一个"探究循环",这个程序询问学生的反思性评价和允许他们回顾对同伴学生的评估。在一项研究中,用"思考者工具"学习物理的市郊学校的六年级学生在解决概念性的物理问题上胜过同一所学校用传统方式学习物理的十一年级学生和十二年级学生。另一项研究再次将七至九年级的城市学生与十一、十二年级的市郊学生比较,说明用探究方法教学的低龄学生更好地掌握了物理的基本原理(White and Frederickson,1997,1998)。

将有序带向混沌

强调人是如何学习的优势在于它有助于将有序带向看上去有杂音的选择上。考虑一下在教育圈和媒体中有争议的许多可能的教学策略。图1.1用图示描述了它们:讲授式教学、文本式教学、探究式教学、技术增强式教学、围绕个人组织教学与围绕合作小组组织教学,等等。这些教学技术是否比其他更好呢?讲授法是否像许多人声称的那样是一个拙劣的方法呢?合作学习就有效吗?使用计算机(技术增强的学习)的尝试是有助于提高还是降低学业成绩?

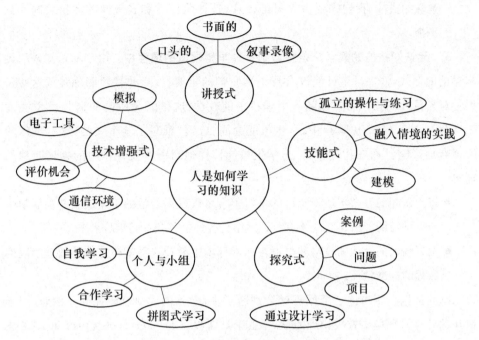

图 1.1 利用人是如何学习的知识，教师可以从完成特定目标的方法中更有目的地进行选择。

本书指出以下这些都是错误的问题。问哪一种教学方法最好与问哪一种工具最好是类似的——榔头、螺丝刀、刀或钳子。在像木匠活一样的教学中，挑选工具依赖于手边的任务和所使用的材料。书籍和讲授可以是用于学习、激起想像力、磨练学生的批评性能力和传输新信息的很有效的模式——但是人们会选择其他类型的活动来抽取学生的前概念和理解水平，或者帮助他们看到使用元认知策略来监控他们学习的力量。动手实验可以是为自然而然产生的知识提供依据的有力方法，但是他们并不会单独引发人们对有助于归纳的基本概念的理解。总之，不存在普适性的最好的教学实践。

如果出发点是一组核心的学习原理，那么教学策略的选择（当然是中介的，根据学科知识、年级水平和期望的结果）可以是有目的的。这样，许多可能性就可以成为教师从中建构教学流程的一组丰富的机会，而不是一堆混乱的竞争性选择。

关注人是如何学习也会帮助教师超越已困扰教育领域的二元对立。这样的一个问题就是学校是否应该强调"基本"，还是应该强调教授思维技能和问题解决技能。本书表明这两者都是必要的。当学生与有意义的问题解决活动联系起来、当帮助学生理解这些事实和技能为什么相关、何时相关和怎样相关时，他们获取几套已组织的事实和技能的能力实际上得到了增强。没有强大的事实性知识基础来教授思维技能的努力不会促进问题解决能力或者支持向新情境的迁移。

设计课堂环境

本书第六章提出了一个有助于设计和评价可以优化学习的环境的框架。利用了上述讨论的三个原理，它假定了需要培育的四个学习环境的相关属性。

1. 学校和课堂必须是学习者中心的。 教师必须密切关注学生带入课堂中的知识、技能和态度。这与已讨论的有关学科知识的前概念结合，但是也包括更广泛地理解学习者。例如：

- 文化差异会影响学生合作学习与独立学习的舒适水平，它们反映在学生带入新学习情境的背景知识中（Moll et al.，1993）。

- 学生对智慧意味着什么的观点会影响他们的表现。研究表明认为智慧就是固定实体的学生更可能以表现为导向而不是以学习为导向——在学习中他们想要看上去成功而不是冒犯错的危险。当任务变得困难时，这些学生尤其可能放弃。相反，认为智慧是可塑的学生更愿意与挑战性任务抗衡，他们更从容地与风险相处（Dweck，1989；Dweck and Legget，1988）。

在学习者中心的课堂中的教师也要密切关注每个学生的个体发展和设计适当的任务。学习者中心的教师要向学生呈现"刚刚能处理的难题"，即足够的挑战性以维持参与，但是不要太难导致学生气馁。因此，他们必须理解学生的知识、技能水平和兴趣（Duckworth，1987）。

2. 为了提供知识中心的课堂环境，必须关注教什么（信息、学科知识）、为什么教（理解）和掌握什么能力。 正如前面提及的，以下几章中讨论的研究明确地表明专业知识包括支持理解的精心组织的知识，并且理解性学习对于发展专业知识很重要，这是因为它使得新学习更轻松（如支持迁移）。

理解性学习往往比简单记忆更难取得成功，而且它更费时。许多课程不能支持理解性学习，原因在于他们在较短时间内呈现了太多的彼此不相联系的事实——即"一英里宽一英寸深"的问题。测试经常强调记忆而不是理解。知识中心环境提供了研究的必要深度，评估学生的理解而不是事实性记忆。它要与进一步促进未来学习的元认知策略教学结合起来。

知识中心的环境也看上去超越了参与,而参与是成功教学的主要指标(Prawaf et al.,1992)。学生的兴趣和参与任务显然是重要的。然而,它并不保证学生将习得支持新学习的那种知识。鼓励动手做的任务和项目与那些鼓励理解性做的任务和项目存在重要的差别;知识中心的环境强调后者(Greeno,1991)。

3. 形成性评价——设计用来将学生的思维呈现给教师和学生的持续的评价——是很重要的。它们让教师去把握学生的前概念、理解学生在从非正式到正式思维的"发展性通道"中所处的位置并相应设计教学。在评价中心的课堂环境中,形成性评价有助于教师和学生监控学习过程。

在课堂中,评价的一个重要特征是它们是与学习者友好的:它们不是那种前一晚要记忆信息的周五测验,也不是那种给学生评分并根据同班同学的分数进行排名次的测验。而是这些评价应该给学生提供修改和改进思考的机会(Vye et al.,1981b),帮助学生看到经过几周或几个月他们自己的进步,帮助教师识别需要补救的问题(没有评价,问题可能没法显现)。例如,一个研究民主原则的中学班级,可能看到这样的一个情景,一群侨民刚刚在月球上定居,他们必须建立一个政府,来自学生的有关对这类政府的界定特征的提案以及他们对政府建立过程中所预见的问题的讨论,都向教师和学生展现了学生思维更进步和更退步的方面。这个练习不是一个测验,而是一个指示器,它显示了探究和教学应该聚焦的方面。

4. 学习以基本的方式受发生于其中的情境的影响。共同体中心的方法需要开发用于课堂或学校的规范和建立与校外世界的联系,以支持核心的学习价值观。

在课堂中建立的规范对学生的成绩有强大的影响。在有些学校,规范被表达为"没被发现不知道某事"。其他人鼓励学术冒险和犯错误、获得反馈和更正的机会。显然,学生要展现他们有关学科知识的前概念、他们的疑问以及他们走向理解过程中的进步,学校的规范应该支持他们这样做。

教师必须参与设计课堂活动和帮助学生用促进智能情谊和态度的方式组织他们的活动,这种智能情谊和态度是面向建立共同体感的学习的。在这样的共同体中,学生会相互帮助解决问题,他们通过建构各自的知识、提出问题以澄清解释和对推动小组面向目标不断进步提出建议(Brown and Campione,1994)。问题解决中的合作(Evan,1989;Newstead and Evans,1995)和在这样一个智能共同体中学生的争论(Goldman,1994;Habermas,1990;Kuhn,1991;Moshman,1995a,1995b;Salmon and Zeitz,1995;Youniss and Damon,1992)可以增强认知发展。

必须让教师建立学习者共同体并鼓励他们建立学习者共同体(Lave and Wegner, 1991)。这些共同体可以建立一种质疑而不是寻求答案的舒适感,而且他们能够发展起一个依赖个体成员的贡献创建新观念的模型。他们能够产生一种学习的兴奋感,然后这种兴奋感迁移到课堂,在他们把新观念应用于理论和实践时赋予新观念的主人翁感。

学校还需要开发课堂学习与学生生活其他方面相联系的方法。使家长支持核心学习原理和家长在学习过程中的参与是极其重要的(Moll, 1990; 1986a, 1986b)。图1.2说明了在一个学年中,在大型学区中的学生在学校度过的时间百分比。如果他们校外时间的三分之一花在观看电视上,那么显然学生每年观看电视花费的时间会超过上学所用的时间。只关注学生目前在校所用时间会忽视许多在其他情境中开展引导性学习的机会。

图1.2 学生仅有14%的时间在学校里度过。

将设计框架应用于成人学习

以上总结的设计框架假定学习者是儿童,但是这些原理同样适用于成人学习。这点尤其重要,原因在于将本书的原理与教育实践结合将需要大量的成人学习。教授成人的许多方法一贯地违反了优化学习的原理。例如,教师的专业发展计划往往如下:

- 不是学习者中心的。不是询问教师需要哪些帮助,仅仅期待他们参加预先安排的工作坊。
- 不是知识中心的。只是向教师介绍一些新方法(像合作学习),而没有给教师一些机会去理解为什么、何时、何地和如何做对他们可能是有用的。尤其重要的是需要把所教的课程的活动结构与课程内容相整合。
- 不是评价中心的。为了让教师改变他们的实践,他们需要在他们的课堂中尝试和获得反馈的机会。大多数的专业发展机会没有提供这些反馈。此外,他们往往关注于作为目标的教学实践的改变,但是却忽视发展教师一些能力,即判断将技能成功迁移至课堂的能力或者判断技能对学生成绩产生影响的能力。

- 不是共同体为中心的。许多专业发展的机会是单独进行的。当教师将新观念融合到他们教学中去时，持续的联系和支持机会很有限，但是如果可用适当设计的工具和服务，如快速普及的因特网访问就提供了保持这种联系的现成途径。

学习的原理和它们设计学习环境的意涵同样适用儿童和成人学习。它们提供了用以考察当前实践的透镜，考察是根据中小学教学以及根据研究与发展议程中教师的培养来进行的。当我们考虑诸如政策制定者和公众的其他群体时，这些原理同样相关，因为这些群体的学习也需要针对教育实践而改变。

第二部分

学习者与学习

第二章　专家与新手的差异

所谓专家就是指在特定领域中具有专业知识的人，他们能够有效地思考该领域的问题。对专业知识的了解是十分重要的，它能够使人们洞察思维和问题解决的本质。研究表明，专家与新手的差异不仅仅表现在一般能力（如记忆力或智力）上，也不是一般策略应用的差别。相反，专家获得了宽厚的知识，这些知识会影响到他们所关注的事物，影响到他们在环境中如何组织、再现和理解信息。反过来，又会影响到他们记忆、推理和解决问题的能力。

本章介绍一些重要科研成果，这些成果是从对国际象棋、物理、数学、电子和历史等领域已具备专业知识的专家们的研究中获得的。对这些例证的讨论并不是期望所有的学生将来都能成为这些或其他领域的专家，而是想通过对专业知识的研究，弄清成功的学习结果会是怎样的。后面几章将探究人们对最终能导致专业知识形成的学习过程到底知之多少。

首先让我们认真思考以下几条有关专家知识的重要原则及其对学与教的潜在意义。

1. 专家能识别新手注意不到的信息特征和有意义的信息模式。

2. 专家获得大量的内容知识，这些知识的组织方式反映专家对学科的理解深度。

3. 专家的知识不能简化为一些孤立的事实或命题，而应反映应用的情境，也就是说，这些知识受一系列环境的制约。

4. 专家能够毫不费力地从自己的知识中灵活地提取重要内容。

5. 尽管专家谙熟自己的学科，但这不能保证他们会教导他人。

6. 专家应付新情景的方法灵活多样。

有意义的信息模式

对专业知识的早期研究表明,对相同刺激的感知和理解因个人应用于情景的知识而异。德格鲁特(deGroot, 1965)致力于研究世界级国际象棋大师是如何一直能够战胜对手的。他给国际象棋大师和缺乏经验但十分出色的棋手呈现对弈棋局,要求他们作为下棋的一方在决定走每一步棋时出声思维(参见背景资料2.1)。德格鲁特的假设是,相对非职业棋手而言,国际象棋大师更有可能:(A)在走一步棋之前先认真思考各种各样的可能性(更广的搜索面);(B)在决定下一步棋之前先考虑对手可能的应招(更深的搜索面)。在这一开创性的研究中,国际象棋大师的确展示了他们思考问题的深度和广度,但低级别的棋手亦不例外。他们并非把所有的可能性都面面俱到。然而,国际象棋大师对每一步棋的可能性的思考在质量上要高于没有多少经验的棋手。造成下棋水平差异的原因并非源自于棋手在一般策略上的差异,似乎另有所属。

> **背景资料2.1　专家看到的**
>
> 在一项研究中,给一位国际象棋大师,一位A级棋手(优秀但并非大师级)和一名新手5秒时间观看一盘中局对弈国际象棋棋盘布局,见图2.1。5秒后,把棋盘盖上,要求每位参加者尝试在另一棋盘上复现棋子位置。这一过程尝试多次直到每个人都得到满意的效果为止。第一次试验中,大师级棋手复位棋子的数目比A级棋手多,而A级棋手比新手多,分别是16,8和4。
>
> 然而,产生这些结果的条件是棋子的布局与有意义的国际象棋比赛相符。当棋子布局随机打乱后呈现5秒时,象棋大师和A级棋手的回忆能力与新手的能力是一样的——只能复位2至3步棋,正常和随机排位的中局复位测试数据见图2.2。

图 2.1 在记忆实验中使用的国际象棋棋盘布局。

资料来源:摘自 Chase and Simon (1973)。

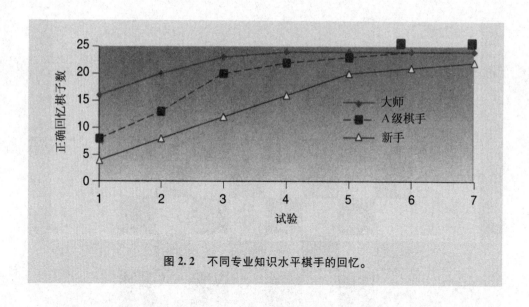

图 2.2 不同专业知识水平棋手的回忆。

德格鲁特的结论是,经过数万小时对弈而获得的知识使国际象棋大师能够击败对手。具体地说,大师更有可能识别有意义的国际象棋布局,意识到这种情景的策略性启示。这种识别使他们能够想出高于对手的可能招数。显然大师已具备这些有意义的模式。德格鲁特(1965:33—34)写道:

> 众所周知,在某一具体领域(如国际象棋)不断获取的经验和知识,使那些在前期必须经过抽象或推导出的东西(特征等)在后期更容易被迅速知觉。就更大的范围来说,抽象被知觉取代,至于这是如何发生的以及其界限何在,人们还知之甚少。作为替代的结果,一个所谓"给定"的问题情境事实上并未设定,因为专家对此的看法与缺乏经验者的知觉不一样……

德格鲁特出声思维的方法使人们能够详细分析专业化学习的条件,并据此得出某种结论(参见 Ericsson and Simon,1993)。从出声思维的原始记录中产生的假设通过采用其他方法亦得到了交叉证明。

专家的超常回忆能力,如背景资料所示,被解释为他们把一个结构中的不同成分组合成模块的能力,而这些成分是通过基本功能和策略相连接的。由于人的短时记忆信息容量有限,只有通过把信息组合到相似的模式中才能提高短时记忆的能力

(Miller，1956)。国际象棋大师能够知觉有意义的信息模块,这会影响到他们所目睹事物的记忆。在一个由竞赛策略成分所支配的布局中,国际象棋大师能够把一些象棋套路组合成模块。由于在这一领域中缺乏层次分明的、组织完备的结构,新手不可能应用组块策略。值得注意的是,人们不必非要成为世界级专家,也能从他们对有意义的信息模块的编码能力中受益:有国际象棋经验的10岁、11岁儿童能够记忆的象棋套路多于非棋手的大学生。相反,如果给大学生呈现其他刺激,如一连串数字,其情况就大不一样了(Chi，1987；Schneider et al.，1993),参见图2.3。

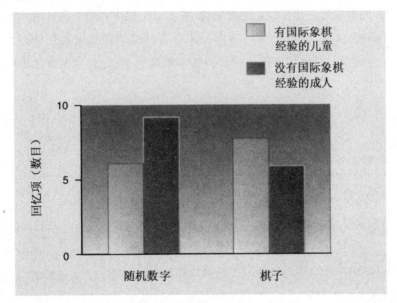

图2.3 数字和棋子的回忆。

资料来源:摘自Chi(1978)。

类似于国际象棋大师的技能已在其他领域的专家身上得到证实,包括电子回路(Egan and Schwartz，1979)、辐射学(Lesgold，1988)和计算机编程(Ehrich and Soloway，1984)领域。在每个案例中,某一领域的专业知识有助于增加人们对有意义的信息模式的敏感度,而这些模式对新手来说是陌生的。例如,电子技术员只要观看几秒钟就能再现大部分复杂的电路图,而新手则是办不到的。专家式电路技术员把若干个电路元件(如电阻和电容)组块,使其起到放大器的作用。通过记忆一个典型的放大器的结构和功能,专家能够回忆构成"放大器模块"的许多个体电路元件的组合。

数学家也能很快识别信息模式,如某些涉及具体数学解题的特定问题类型(Hinsley et al., 1977; Robinson and Hayes, 1987)。物理学家识别水流问题和飞机的逆风、顺风问题,也涉及到类似的数学原理,如相对速度。作为构成识别问题类型能力的基础,专家知识涉及到有组织的概念结构或图式的发展,这些结构或图式说明问题的表征和理解的方式(如 Glaser and Chi, 1998)。

经证明专家教师也具有类似于国际象棋和数学方面的图式。给专家教师和新手教师播放一堂录像课(Sabers et al., 1991)。实验由三幕组成,分别呈现整个教室(左、中、右)同时发生的事件。在上课期间,要求专家教师和新手教师大声谈论他们所目睹的事情。随后,向他们提一些有关课堂事件的问题要求他们回答。总的说来,专家教师对他们所观察事件的理解与新手教师大相径庭,参见背景资料 2.2 中的例子。

背景资料 2.2　专家与新手教师的关注

在观摩一节录像课时,专家与新手教师的关注大相径庭。

专家 6:在左边的监视器上,学生在做笔记,这表明他们已见过这样的作业,以前也是这样做的;这是相当有效的因为他们习惯他们正在采用的方式。

专家 7:搞不明白,为什么学生不能够自己发现这些信息而是让别人告诉自己,因为如果你观看他们多数人的面部表情,在头二三分钟,开始注意刚发生的事情,然后就游离开了。

专家 2:……我没有听到铃声,但学生已经各就各位,似乎是在进行有目的的活动。这时我认为他们一定是快班的学生因为他们进入教室之后便开始做事,而不是坐在那里交谈。

新手 1:……我不知道他们在做什么。他们在准备上课,但我不知道他们在做什么。

新手 2:她设法与他们谈论某事,但我不能确定是什么事。

另一位新手:要看的东西很多。

专家能识别新手没有注意到的特征和模式的观点，对改进教学具有重要的潜在意义。观看课文、幻灯片和录像带时，新手所注意的信息与专家的差别极大（如 Sabers et al.，1991；Bransford et al.，1988）。获得更大能力的一个方面似乎是要增加感知场的能力（学会如何观察）。对专业知识的研究表明，为学生提供尤其能提高他们识别有意义的信息模式的学习经验的重要性（如 Simon，1980；Bransford et al.，1989）。

知识的组织

现在谈论一下专家的知识是如何组织的，又是怎样影响理解和表征问题的能力的。专家的知识不仅仅是对相关领域的事实和公式的罗列，相反它是围绕核心概念或"大观点"（big ideas）组织的，这些概念和观点引导他们去思考自己的领域。

在一个物理学的例子中，要求专家和具有潜能的初学者（大学生）口头描述他们用以解决物理问题的方法。专家常常提到能够用来解决问题的主要原理或定律，连同为什么这些定律用在这个问题上和如何应用这些定律的理据（Chi et al.，1981）。反之，具有潜能的初学者极少用到物理学上的主要原理和定律，而是非常典型地描述他们所应用的等式和等式运算的方法（Larkin，1981，1983）。

专家似乎围绕物理学上的大观点思考问题，如牛顿的第二定律及其应用，而新手则倾向于把物理问题的解决知觉为记忆、回忆和求解的公式运算。在解决问题时，物理专家往往先画一张简明的定性表——而不仅仅是把数字代入公式，为了寻找有效的解决问题的途径，该表常常需要精心设计（如，参见 Larkin et al.，1980；Larkin and Simon，1987；Simon and Simon，1987）。

让物理专家和新手根据所采用的解决问题方法去梳理索引卡上的问题，他们在解题方法上的差异是显而易见的（Chi et al.，1987）。专家根据解决问题的原理对问题进行分类，新手则根据表面特征对问题进行归类。例如，在物理学的分支学科力学方面，专家的分类是按照能量守恒原理进行的，而新手则是按斜面来分类的，参见图 2.4。依照问题的表面特征做出反应不太管用，因为解决具有相同物体和相似特征的两个问题的途径实际上可能大相径庭。

一些对物理专家和新手的研究指向个体不同组别的知识结构组织（Chi et al.，1982），参见图 2.5。在表征斜面图式方面，新手的图式主要涵盖斜面的表面特征。相反，专家的图式直接把斜面的概念与物理法则和法则应用的条件联系起来。

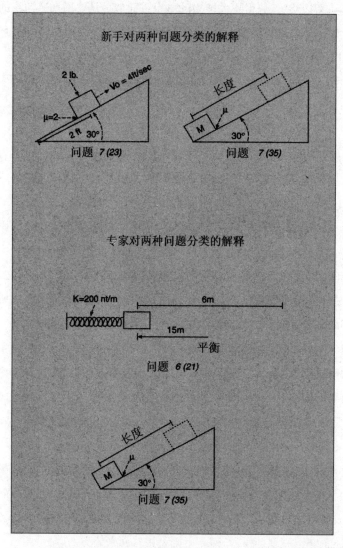

图 2.4 新手与专家将物理问题分类的例子,以上的每一幅图表征一个图解。该图解摘自物理学导论课本中的物理问题图例。在这项研究中,让新手与专家将问题按解决方法的相似性进行分类。专家与新手的分类方案形成了鲜明的对照。新手倾向于依照解决方法的相似性、表面雷同来将物理问题分类(也就是拥有相同的表层特征),而专家则根据能运用于解决问题的主要原则来分类。

资料来源:摘自 Chi et al. (1981)。

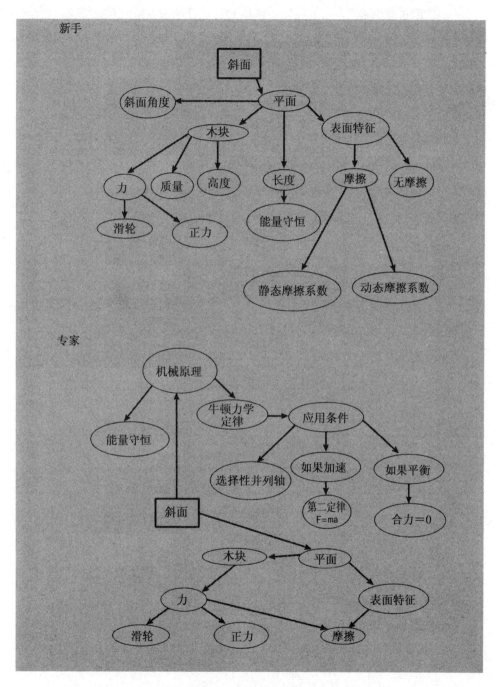

图 2.5 新手与专家对斜面图的网络表征。

资料来源：Chi et al.（1982；1958）。

停顿次数也被用来推断诸如在国际象棋和物理领域的专家的知识结构。物理专家似乎能够回忆起一系列相关的方程式,一个方程式的回忆能立即激活其他需要提取的相关方程式(Larkin,1979)。相反,新手用大致相同的时间提取每个方程式,这说明他们应用了记忆的系列搜索。专家在加工有效的知识组织时,采用意义的联系方式把相关成分组合成相关的单元,这些单元受基本概念和原理所支配,参见背景资料 2.3。在专业知识的图例中,"知道得越多"意味着在记忆中拥有的概念模块就越多,界定模块的关系或特征也越多,模块间的联系以及有效提取相关模块的方法和在问题——解决情景中应用这些信息单位的步骤也越多(Chi et al.,1981)。

背景资料 2.3　理解和解决问题

在做数学题时,专家比新手更倾向于首先去理解题目,而非仅仅把数字代入公式。在一项研究中(Paige and Simon,1996),要求专家与新手解决代数应用题,如:

> 把一块木板锯成两块。一块的长度是整块的三分之二,但比第二块短四英尺。问木板在锯开前的长度是多少?

专家立刻意识到所述问题在逻辑上是不可能的。尽管有些学生也能意识到这一点,但是其他学生只能运用公式计算。结果得出一个负长度的答案(负数)。

另一个相似的例子来自一项对成人和儿童的研究(Reusser 1993),他们被问到:

> 船上有 26 只羊,10 只山羊。船长年纪多大?

大部分成年人具备足够的专业知识,能意识到这个问题是无法解答的,但是许多学龄儿童没有意识到这一点。在研究中,有四分之三以上的儿童试图用数字来解答这些问题。他们反问自己,这到底是加法、减法、乘法还是除法问题,而不是问这个问题是否有意义。正如一个五年级学生在给出答案"36"之后,解释说:"噢,你需要使用加法或减法或乘法,而这个问题用加法来算最好。"(Bransford and Stein 1993:196)

有关专家与非专家在组织知识方面的差别在诸如历史领域也有例证(Wineburg,1991)。首先让一组历史学家与一组资质好,在历史分班考试中取得高分的高中学生参加美国革命史实的考试。具备美国历史知识背景的历史学家熟悉大多数题目。然而,一些专业与此无关的历史学家只会做三分之一的题目。有几位学生在史实知识考试中成绩超过某些历史学家。该项研究比较历史学家与学生是如何解读历史资料的。结果表明,无论实际采用何种标准,其差异颇具戏剧性。历史学家在理解的详尽性方面表现出色。也就是说,这种详尽性在他们对事件做出选择性解释的能力和对实证的运用中得到了发展。在理解的深度上,亚洲史专家和中世纪史学者与美国史学家没有什么差别。

让专家和学生在三张图片中选出一张最能反映他们对列克星敦(Lexington)战役理解程度的图片,历史学家与学生的差异大相径庭。历史学家十分细致地比较书面文件集与三张战场图片的关系。对他们来说,图片选择任务是最典型的认识性练习,也是一项探究历史知识局限性的任务。他们明白,单凭一份文件或一张图片是不能了解历史事件的。因此他们对选择绞尽脑汁。反之,学生一般只是看一下图片,便当机立断、不附带任何条件地做出选择。对学生来说,这一过程与多项选择题没有什么两样。

总而言之,尽管学生在史实方面成绩突出,但是他们对真正历史思维的探究模式十分陌生。他们还没有具备解读矛盾论点的系统方法。面对一大堆需要梳理的有争议性的论点并要形成合理的解释,学生总的来说处境不妙。他们欠缺专家那种对历史文件形成合理解释的解读深度。在其他社会科学领域的专家也是以大观点为中心组织其问题的解决的(如 Voss et al.,1984)。

专家的知识是围绕重要观点或概念来组织的,这意味着课程亦应按概念理解的方式组织。许多课程设计的方法使得学生难以进行有意义的知识组织,通常在转入下一主题前,只能触及到一些表面性的事实知识。没有时间形成重要的、组织起来的知识。历史课文有时仅强调事实知识,而没有提供理解的支持(如 Beck et al.,1989,1991)。许多传授科学的方法也过分强调事实性知识(美国科学促进会,1989;国家研究院,1996)。

第三期国际数学与科学观察杂志(TIMSS)(Schmidt et al.,1997)对课程持批评态度,认为课程有"一英里宽,一英寸深",这在美国比大多数国家更成问题。专业知识的研究显示,这一领域中的许多主题涉及面不深,不利于培养学生为未来学习和工作做准备的能力。帮助学生组织其知识的观点也表明,新手或许可以从反映专家如何应付问题解决的模式中受益,特别是接受相似策略的指导(Brown et al., 1989；这一问题在第三章和第七章有详细讨论)。

情境与知识提取

专家具备与其领域或学科相关的巨大知识库,但是只有子集知识才与具体问题关联。专家为了找到相关知识,并非把所有知识都搜寻一遍,这种方法超出了其工作记忆的负荷(Miller, 1956)。例如,上述的国际象棋大师仅考虑子集的可能走法,但这些走法一般比低级棋手的要高超。专家不但获得知识,而且能熟练提取与具体任务相关的知识。用认知科学家的话来说,专家的知识是"条件化的"——它包括对有用的情景的具体要求(Simon, 1980; Glaser, 1992)。非条件化的知识常常指"惰性"知识,尽管关联,但未被激活(Whitehead, 1929)。

条件化知识的概念对课程设计、教学和有效学习评估的实施有启示意义。许多课程和教学无助于让学生的知识条件化:"教科书在阐明数学或自然法则方面要比说明这些法则何时会有利于解决问题更加直接明了"(Simon, 1980:92)。要生成解决新问题所需的条件——活动规则的任务主要地落在学生的身上。

帮助学生掌握适用条件的方法之一,就是让学生去解决应用题,这需要用到恰当的概念和规则(Lesgold, 1984, 1988; Simon, 1980)。如果设计恰当,这些问题有助于学生学会何时、何地和为什么使用他们所学过的知识。然而,有时学生可以解决一大堆习题,但却不能把知识条件化,因为他们知道这些问题出自何章,故能自动应用这些信息去取舍相关的概念和规则。使习题固化于作业本上也会有问题。有时,那些认为自己的作业做得很好且相信自己是在学习的学生,在面对测试中的那些随机呈现的、无具体出处而是从整门课中提取的问题时,感到十分愕然(Bransford, 1979)。

条件化知识的概念对设置能提供学习反馈的评估实施有着十分重要的意义。许多考试无助于教师和学生评估学生知识的条件化程度。例如,让学生判断测量质量与能量的公式到底是 $E=MC$，$E=MC^2$，或是 $E=MC^3$。正确的回答不需要借助在什么条件下应用公式的知识。同样地,让学文学的学生解释熟悉的谚语的含义,诸如"稍纵即逝"或"厨子多打烂锅"。能解释每个谚语的含义并不能说明学生知道每个谚语的使用条件。这方面的知识尤为重要,因为把谚语单独作为命题来看,谚语常常是自相矛盾的。为了有效地使用谚语,人们需要了解应用这些格言"厨子多打烂锅"与"人多力量大"或"稍纵即逝"与"欲速不达"的时间和原因(参见 Bransford and Stain,1993)。

顺畅提取

人们提取相关知识的能力差异表现为"费力"、"相对不费力"(顺畅)和"自动化"三个层面(Schneider and Shiffrin,1977)。自动化和顺畅提取是专业知识的重要特征。

顺畅提取并不是意味着专家总是比新手更快地完成一项任务,因为专家试图理解问题而非立即跳到解决问题的策略上,他们有时耗时要比新手多(如 Gezels and Csikizentmihalyi, 1976)。但是,在问题解决的整个过程中,对专家来说,还包含一些子过程,即从顺畅到自动化的过程。顺畅是十分重要的,因为这种加工很少需要意识的参与。由于人一次所关注的信息容量有限(Miller,1956),要是在处理任务的某些方面能够驾轻就熟,那么他便能腾出更多的精力来关注任务的其他方面(LaBerge and Samuels,1974;Scheider and Shiffrin, 1985; Anderson, 1981, 1982; Lesgold et al., 1988)。

学开车便是顺畅和自动化的一个例子。初学开车时,新手不可能做到边开车边谈话。有了经验之后,就很容易做到这一点。同样地,词义理解有困难的新手读者很难把注意力集中到阅读的内容上(LaBerge and Samuels, 1974)。顺畅对学与教的理解十分重要。许多教学环境无助于培养学生的顺畅能力,而这是成功地完成认知任务必不可少的(Beck et al., 1989; Hassellbring et al., 1987; LaBerge and Samuels, 1974)。

学习的一个重要方面是顺畅地识别特定领域的问题类型,诸如牛顿第二定律或效率与功能概念的问题,这样人们便能轻而易举地从记忆中提取合适的解决办法。加快模式识别速度的教学步骤,其应用前景十分诱人(如 Simon, 1980)。

专家与教学

在某一特定领域具有专业知识的人不能保证他就能教会别人学习。事实上,专业知识有时对教学是有害的,因为许多专家忘却了学生学习的难易。意识到这一点后,设计教育资料的小组把内容领域的专家与在其他专业知识领域的"优秀新手"配对:他们的任务是不断挑战专家,直到他们开始理解专家的教学观点为止(范德比尔特大学认知与技术小组,1997)。

对某一学科专业知识所需的内容知识,必须有别于有效的教学所需的教育教学知识(Redish,1996;Shulman,1986,1987)。后者包括学生在学习某些主题时所遇到的典型困难方面的信息;学生要获得理解就必须跨越传统路径;教师必须拥有一些能帮助学生克服困难的潜在策略,舒尔曼(Shulman,1986,1987)认为教育教学知识不等同于一个学科领域的内容知识加上普通的教学策略。相反,不同的学科,教学策略是不一样的。专家教师了解学生可能面对的困难类型,知道如何挖掘学生已有知识以便使新的信息有意义,他们知道怎样评价学生们的进步。专家教师不但掌握了内容知识,而且还习得了教育教学知识(见背景资料2.4)。在教育教学知识缺失的情况下,教师常常得依赖教科书的出版者,让他们来决定如何最好地为学生组织学习科目。为此,他们不得不按缺席的课程开发者的处方行事(Brophy,1983),这些人对每一位教师课堂上的每个独特学生的情况一无所知。要使教学更为有效,教育教学知识是教师需要学习的主要部分(此话题在第七章中有更详细的论述)。

适应性的专门知识

对教育工作者来说,重要的问题是在帮助人们对新情境保持弹性和适应性方面,某些知识的组织方式是否比其他的更佳。例如,对比两位日本寿司专家(Hatano and Inagaki,1986):一个是以固定的食谱来做寿司见长,而另一个拥有"适应性的专业知识",能够创造性地加工寿司。这似乎是两种不同类型专业知识的例子,一个相对地按部就班,而另一个富有弹性,更加能够适应外部的要求。专家被刻画成:"仅有技能的"与"有高创造力的",用更富有色彩的话语来说就是"工匠"与"艺术大师"(Miller,1978)。显然,这种差异在大多数工种中是存在的。

一项研究从信息系统设计的视角来审视这种差异(Miller,1978)。信息系统设计者严格按顾客所列的具体要求去设计。设计者的目标是建构出让人们能有效地储存和提取相关信息的系统(通常借助于电脑)。工匠专家自动地鉴别顾客所需要的功能,趋向于接受顾客所提出的问题和限制。他们处理新问题的手法是,把问题看成是运用已有的专业知识更有效地完成同类任务的机会。重要的是必须强调工匠的技术常常是广泛的,不应低估。相反,艺术大师专家很尊重顾客所提的要求,但他们把这看作"设计探究的起点"(Miller,1978)。他们把顾客的要求看成是探究和拓展目前专业知识水平的机会。米勒也观察到,艺术大师根据其经验展现他们的实际特色,而置原来的训练于不顾,因为训练通常会把他们的能力局限于技能上。

背景资料2.4 讲授哈姆雷特

有两位教英文的新教师,叫杰克和史蒂文。他们具有相同的学科背景,都毕业于著名的私立大学,开始到中学讲授哈姆雷特(Grossman, 1990)。

在教学中,杰克用7周的时间逐句讲解课文,重点放在"语言的反身性"概念和现代主义的问题上。他的作业包括独白的深层分析、大段内容的记忆和最后形成有关哈姆雷特语言的重要性的论文。杰克的教学模式是自己大学学科学习的翻版,没有自己知识的传授,只不过是把课组合成适合50分钟容量的模块。杰克想象学生所做出的反应,其实就是,作为一名喜欢读莎士比亚作品并热衷于对文章做细致分析的学生——他自己的反应。结果,当学生反应不够热情时,杰克无法理解他们的困惑:"到目前为止,我在教学上所遇到的最大问题是,无法了解九年级学生的心理状况……"

史蒂文在开始教哈姆雷特单元时,连剧名都没有提及。为了让学生掌握剧本中的问题和主题的原始梗概,他让学生设想自己的处境:父母刚离婚,母亲与一个陌生人搭上了关系,这个陌生人替代了父亲的位置,"听说是他撵走父亲的"(Grossman, 1990:24)。然后,史蒂文让学生设想一个能够使他们疯得要杀人的情景。只有在他们冥想苦思这些问题并把它们记录下来之后,史蒂文才开始向他们介绍剧本。

适应性专业知识的概念在对历史专家的研究中探究过(Wineburg, 1998)。让历史专家和一组未来教师解读一套关于亚伯拉罕·林肯和他的奴隶观的文件。这是一个十分复杂的问题,它涉及到已颁布的法律(宪法)、自然法(写进独立宣言的)和人权法(关于基本权利的假设)之间的冲突。其中一位历史学家是研究林肯的专家,第二位历史学家的专业知识不属此类。林肯专家在阅读文件时应用了详细的内容知识,很容易理解文件;而另一位历史学家对文件内的某些一般性主题较为熟悉,但涉及到具体细节时便茫然不知所措。事实上,在任务的起始阶段,第二位历史学家的反应与面对同一任务的未来高中教师的反应雷同(Wineburg and Fournier, 1994);试图协调与林肯地位不一致的信息,他们都借助当今社会形式和制度——如发言撰稿人、记者招待会、舆论导向专家——来解释不一致的原因。然而与未来教师不一样,第二位历史学家一直坚持最初的分析。他采用操作假设,认为这种明显的矛盾与其说植根于林肯的表里不一(双重人格),不如说是植根于自己对19世纪的无知。专家摆脱原初理解的束缚,寻求这些问题的深层理解。从这一角度去阅读文本,理解加深了,他从这个经历中也得到了收益。经过仔细推敲,第二位历史学家能够把各种信息梳理成一个解释框架结构,该结构就是他那见广识多的同事们的起始点。相反,未来的历史教师一步也没有离开对事件的原初解读。

历史学家展示了一个重要特征:即众所周知的"元认知"——对当前理解过程进行监控并确定理解在何时是不充分的能力。元认知的概念起源于对幼儿研究的情境(如Brown, 1980; Flavell, 1985, 1991)。例如,幼儿常常错误地认为他们能够记住信息,因而没有使用有效的策略,如背诵策略。认识自己目前知识的局限,然后采取措施改变这种状况的能力,这对所有年龄的学习者来说都是十分重要的。不是研究林肯的历史专家,通过元认知,能成功地意识到最初对林肯地位的解释之不足。其结果是,他采用了操作假设,在做出合理结论之前他需要掌握更多有关林肯时代的背景知识。

对专家意味着什么的看法,会影响人们对未知事物的探究,并采取措施改进情境的程度。在一项对研究者和经验丰富的教师的研究中,一般的看法是"专家是无所不知的人"(范德比尔特大学认知与技术小组,1997)。这一看法是隐喻而非明示的,人们从未对此提出过质疑和争论。但是当研究者和教师谈论这一概念时,他们发现它对新学习作了严格的限制,因为人们倾向于担心看得见的能力而非公开承认在某些领域需要帮助(参见Dweck, 1989,在学生研究中有类似的发现)。研究人员和教师发现用"优秀新手"的模式替代原有的"答案填写专家"模式十分见效。优秀的新手精通许多领域并为自己的才艺而自豪,但是他们意识到他们所了解的与所有的能知相比却显得微不足道。这一模式帮助人们不断地去学习,即便他们在其领域中已当了10到20年的"专家"。

适应性专业知识的概念(Hatano and Ignaki, 1986)为成功的学习提供了一个重要的模式。适应性专家能够弹性处理新情境并成为终身学习者。他们不但应用他们所学到的,他们还运用元认知不断挑战他们现有的专业知识水平,并且设法超越它。他们不只是力图更有效果地做同一事情,他们希望把事情办得更好。对学习理论的主要挑战是要了解，特定类型的学习经验是如何发展成为适应性专业知识或"艺术大师"的。

小　结

专家的推理和解决问题能力取决于良好组织的知识，这些知识影响他们所关注的事物和问题再现的方式。专家并不能简单地归结为掌握适合所有领域的策略的"一般问题解决者"。专家比新手更有可能识别有意义的信息模式，这在所有领域都适用，无论是国际象棋、电子学、数学还是课堂教学。用德格鲁特（1956）的话来说，一个"给定"的问题情境并不是真正的"给定"。因为能够识别有意义的信息模式，专家可以在"更高的层面"上开始解决问题（deGroot，1956）。强调专家所知觉的模式表明，模式识别是帮助学生增强信心及能力的重要策略。这些模式为提取与任务有关的知识提供启动条件。

在诸如物理、数学和历史领域的研究同样表明，专家首先寻求提高对问题的理解力，这常常涉及到核心概念或大观点（如物理上的牛顿第二定律）的思维方式。新手的知识极少是按大观点来组织的，他们更有可能通过自己的日常直觉寻找正确的公式和贴切的答案。

强调知识广度的课程会妨碍知识的有效组织，因为人们没有足够的时间把每样事情都学得很深。教学能使学生了解专家组织和解决问题的模式，这也许会有用。然而，正如后面章节所详细讨论的，模式的复杂程度必须符合学习者目前知识和技能的掌握程度。

虽然专家拥有巨大的知识库，但是只有知识库的子集与特定问题相关。专家并非要对自己所知道的一切都搜个遍，这会超出其工作记忆的限度（Miller，1956）。相反，与任务有关的信息是有选择性地提取的（如 Ericsson and Staszewski，1989；deGroot，1965）。

相关信息的提取问题为了解可用知识的本质提供了线索。为了能在需要时提取，知识必须"条件化"，否则它便是惰性的（Whitehead，1929）。许多课程教学和评估实施没有强调条件化知识的重要性。例如，课文常常呈现事实和公式，很少关注到如何帮助学生掌握对他们适用的条件。许多评估仅测量命题性（事实性）知识，从不考虑学生是否知道何时、何地以及为什么运用这些知识。

专业知识的另一个重要的特征是，以相对"不费力"的方式提取相关知识的能力。这种顺畅的提取并不意味着专家完成任务时所花的时间总比新手少，反而为了充分了解问题，他们常常多用时间。他们毫不费力地提取信息的能力极其重要，因为顺畅提取不需要意识的参与,否则能力受到限制(Schneider and Shiffrin, 1997, 1985)。相反,费力地提取知识需要学习者的意识参与:精力耗在记忆上而非学习上。把教学重点局限于准确性方面无助于培养学生的顺畅性(如 Beck et al., 1989; Hasselbring et al., 1987; LaBerge and Samuels, 1974)。

某一领域的专业知识不能保证一个人能传授他人这方面的知识。专家教师了解学生可能面对的各种问题。为了使新信息具有意义,为了评估学生的进步,他们知道怎样发掘学生的原有知识。按舒尔曼的话(1986,1987),专家教师习得了教育教学知识而不仅仅是内容知识。(这一概念在第七章有详尽的论述)

适应性专业知识的概念使人质疑,某些知识组织的方法在解决问题时是否比其他方法更加灵活(Hatano and Inagaki, 1986; Spiro et al., 1991)。"仅有技术的人"(工匠)与"高创造力的人"(艺术大师)的差异,在诸如寿司制作与信息设计这些完全不同的领域都能见到。艺术大师不仅应用专业知识去解决给出的问题,而且还要考虑新呈现的问题是否以最佳方式启动。

监控解决问题方式的能力——元认知——是专家创造力的重要表现。专家突破对问题情景最初的、过于简单的理解的局限,质疑自己知识的相关性。人们对成为专家意味着什么的心理模式能影响终身学习的程度。认为专家无所不知的模式有别于优秀新手的模式,新手为自己的学业成绩而自豪,但又能意识到学习之不足。

最后提请读者重点关注以下两点。第一,作为整个体系的组成部分,必须同时考虑专业知识的六条原则。把讨论分为六条,目的是便于解释,但每一条都是相互联系的。这种相互联系具有重要的教育意义。例如,对促进顺畅提取知识的观点(原则4),要求必须腾出一只手去帮助学生提高其对主题的理解力(原则2),学会何时、何地和为什么使用信息(原则3),学会辨认有意义的信息模式(原则1)。此外,所有这些都要从帮助学生发展适应性专业知识的角度来考虑(原则6),包括帮助学生发展元认知能力,这样他们便能评估自己的进步,并不断确定和追求新的学习目标。数学上的例子是让学生确认何时需要举证。元认知能帮助学生发展与个人相关的教育教学知识,类似于优秀教师的教育教学知识(原则5)。简而言之,学生需要发展自己教育自己的能力。

重点关注的第二点是,尽管对专家的研究为学与教提供了重要的信息,但是如果应用不当会误导人。例如,认为仅仅让新手接触专家的模式,他们就会有效地学习,这是误解。新手已知的决定他们所要学的。以下几章(第三和第四章)的论述表明,有效的教学始于学生原有的知识和技能。

第三章 学习与迁移

学习过程和学习迁移成为理解人是如何形成其重要能力的关键。学习的重要性在于没有人一生下来便具备成人在社会中的处世能力。尤其重要的是要理解导致迁移发生的学习经验。迁移被定义为,把在一个情境中学到的东西迁移到新情境的能力(如 Byrnes,1996:74)。教育工作者希望学生能把学习从一门课中的一个问题迁移到另一个问题,从一学年迁移到另一个学年,在学校与家庭之间以及从学校迁移到现场。迁移假设使人们相信,拓宽人的教育面要比简单"训练"他们从事特定任务要好得多(如 Broudy,1997)。

迁移测量对评估学习经验的质量至关重要。当学习测验侧重记忆方面时,各种类型的学习经验看上去没有什么两样(如在复述教过的事实和步骤的能力方面);但采用迁移测验时,情况就大不一样。有些学习经验会导致强记忆弱迁移,而另一些却能诱发强记忆正迁移。

桑代克和他的同事是最先采用迁移测验来检验学习假设的(Thorndike and Woodworth, 1901)。他们的目标之一是要检测流行于 19 世纪末 20 世纪初的"形式训练"说。这一学说认为,训练学生学习拉丁语和其他晦涩的学科收效甚广,如开发学生学习和注意的一般技能。但这些研究,对根据形式训练假设而设计的教育经验的效果提出了严厉的质疑。与其去发展能影响宽泛行为的"一般技能"或"心理机能",人们宁可学习更加具体的东西,参见背景资料3.1。

早期学习迁移研究是以理论为导向的,这些理论强调学习条件和迁移条件之间的相似性。例如,桑代克(1913)提出了这样的假设,即初始学习与后继学习之间的迁移程度取决于两个事件之间的要素的匹配程度。基本要素被界定为具体事实和技能。按这种解释,书写字母表上的字母的技能对写字很管用(纵向迁移)。该理论假定,教授学科要素与迁移情境中遇到的活动相一致的学科知识和技能有助于使一个学习任务向另一个高度相似的任务迁移(近迁移),从学校科目向非学校情境迁移(远迁移)

(Klausmeier，1985)。迁移也有可能是负向的，如事件中的某类经验会干扰到在相关任务中的表现(Luchins and Luchins，1970)，参见背景资料3.2。

背景资料3.1　人们学什么

埃里克森等人(Ericsson et al.，1980)对如何增强一名大学生记忆数字串的能力方面(如，982761095……)进行了一年多的广泛研究。正如所料，开始时他只能记住7位数字。经过训练之后，他能记住70位或更多的数字，见图3.1。他是怎样达到的呢？他获得了一种类似于增强"心理机能"的一般技能吗？不是的，事实上他学会了运用自己的具体背景知识去把信息"组块"(chunk)成意群。学生知道大量的有关著名田径比赛的时间记录，包括本国和世界纪录。例如，941003591992100 可以组块成 94100(100 码 9.41 秒)，3591(1英里3分59.1秒)等。但学生要进行大量的训练才能达到目前的水平。当让他记忆字母串时，他的记忆又回复到7个条目的水平。

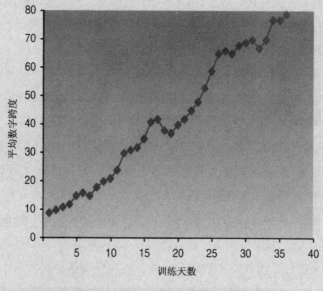

图 3.1　记忆平均数字跨度的变化。

资料来源：Ericsson et al.（1980:1181－1182）

强调任务间的共同要素意味着对学习者个性的忽视,包括关注的时机、相关原理的外推、问题解决或创造力和动机,而把学习重点放在练习和训练上。虽然现代学习和迁移理论也强调练习的重要性,但却具体限定了重要的练习类型并且考虑到学习者的个性特点(如现有知识和策略)(如 Singley and Anderson,1989)。

背景资料 3.2　负迁移的例子

卢钦斯和卢钦斯(Luchins and Luchins,1970)研究了先前的经验是如何限制人们在新的情境中有效处事的能力。他们选择水罐问题为例:给参与者提供三个大小各异的罐子和不限量的水,要求他们用罐子吸取相同量的水。每个人都得到了一次练习机会(问题 1)。实验组在进行关键性问题测试(问题 7、8、10 和 11)之前先接触五个问题(问题 2—6)。控制组在练习之后直接接触问题 7—11。问题 2—6 的设计是要为特定的解决问题方法(使用"容器 b—容器 a－2 个容器 c"作为解决方法)而建立一种"固定程式"(Einstellung)。即便存在着更为简便的方法,实验组更倾向于使用艾因斯特朗的方法解决关键性问题。反之,控制组所使用的解决方法更为直接。

问题	所给罐子的大小刻度			吸取量
	A	B	C	
1	29	3		20
2 艾因斯特朗 1	21	127	3	100
3 艾因斯特朗 2	14	163	25	99
4 艾因斯特朗 3	18	43	10	5
5 艾因斯特朗 4	9	42	6	21
6 艾因斯特朗 5	20	59	4	31
7 关键性 1	23	49	3	20
8 关键性 2	15	39	3	18
9	28	76	3	25
10 关键性 3	18	48	4	22
11 关键性 4	14	36	8	6

55

对关键性问题(7, 8, 10, 11)的可能答案		
问题	艾因斯特朗的解决方法	直接解决
7	49 – 23 – 3 – 3 = 20	23 – 3 = 20
8	39 – 15 – 3 – 3 = 18	15 + 3 = 18
10	48 – 18 – 4 – 4 = 22	18 + 4 = 22
11	36 – 14 – 8 – 8 = 6	14 – 8 = 6

被试对关键性问题的表现

组别	艾因斯特朗的解决（百分比）	直接解决（百分比）	没有解决（百分比）
控制（儿童）	1	89	10
实验（儿童）	72	24	4
控制（成人）	0	100	0
实验（成人）	74	26	0

资料来源：摘自 Luchins and Luchins (1970)。

在以下的讨论中，我们将探究对教育具有重要意义的学习和迁移的关键特征：
- 初始学习对迁移来说是必要的，而且对学习经验相当程度的知悉有助于迁移。
- 过度情境化的知识不利于迁移，而知识的抽象表征有助于促进迁移。
- 迁移完全被看成是主动的、动态的过程而非某一类学习经验的被动产物。
- 所有的新学习包含了先前学习的迁移，这对设计促进学生学习的教学有着重要的意义。

促进初始学习的因素

影响成功迁移的第一个因素是对原来学科的掌握程度。初始学习不达到一定的水平迁移是不会发生的,这是显而易见但又经常被人们忽略的事实。

初始学习的重要性可通过为评估用计算机语言 LOGO 学习编程效果的一系列研究来说明。这一假设是,学习 LOGO 语言的学生会将这种知识迁移到需要思维和问题解决的领域(Papert, 1980)。然而对许多案例的研究发现,学过 LOGO 语言的学生与那些没有学过的在迁移测试中没有差别(参见范德比尔大学特认知与技术小组,1996;Mayor, 1988)。然而,许多这类研究无法评估 LOGO 语言的初始学习的程度(参见 Klahr and Carver, 1988;Littlefield et al., 1988)。在评估初始学习时,人们发现学生的 LOGO 语言学习不足以为迁移提供基础。随后的研究开始关注学生的学习,而且确实发现了相关任务的迁移(Klahr and Carver, 1988;Littlefield et al., 1988)。其他研究显示初始学习的质量会影响到学习的迁移,这在下一节有评述。

理解与记忆

迁移受理解性学习的程度的影响,而非仅靠记忆事实或墨守成规,参见背景资料 3.3 和 3.4。

> **背景资料 3.3　投掷飞标**
>
> 一项著名的早期研究比较了"常规学习"与"理解性学习"的效果,该研究让两组儿童练习用飞标投掷水下的靶子(Scholckow and Judd,描述在 Judd 1908;参见概念的重复 Hen-drickson and Schroeder, 1941)。一组学生接受光的折射原理解释,这种折射对显性的靶子定位产生误解。另一组只做投掷飞标练习而没有接受任何解释。在完成练习任务上,两组儿童的效果都不错。该任务涉及到水下 12 英寸深的靶子。但当他们要面对迁移到水下只有 4 英寸深的靶子情境时,受过抽象原理指导的那组投得更准。因为他们理解他们所要做的事情,学过光的折射原理的小组能够调整他们的行为以适应新任务。

背景资料3.4 求图形的面积

理解法

理解法鼓励学生去了解平行四边形的结构关系。例如,通过把一个三角形从一边移到另一边,平行四边形可以重新组合成长方形。由于学生知道如何求长方形的面积,一旦他们发现适合的结构关系,求平行四边形的面积便变得轻而易举。

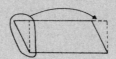

死记法

所谓死记法就是教学生划一条垂直的辅助线,然后让学生应用所记的解决问题公式。

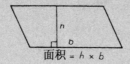

迁移

两组学生在解决平行四边形面积这样的典型问题时,表现都十分出色。然而只有采用理解法的那一组能够把知识迁移到新问题上,如求出以下图形的面积。

或区分出能解决和不能解决的问题如:

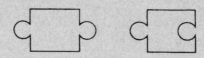

采用死记法的那一组对新问题所做的反应是"我们还没有学过"。

资料来源:根据 Weitheimer(1959)。

在第一章里,理解性学习的优点在涉及动脉和静脉物理特性学习的生物例子中已介绍过。我们注意到,记忆动脉和静脉特性的能力(如动脉比静脉要厚,更富有弹性,它输送来自心脏的血液)与理解产生这些特性的原因是不一样的。理解力对迁移来说十分重要,比如:"假定要设计人造动脉,它是否必须具有弹性?其原因何在?"仅靠记忆事实的学生没有什么根基来对付这类问题解决的任务(Bransford and Stein, 1993; Bransford et al., 1983)。围绕更为一般的原理(如"结构如何与功能联系")来组织动脉和静脉的知识与第二章中所讨论的专家知识的组织相吻合。

学习时间

实事求是地看待学习复杂学科所需要的时间,这点很重要。据估计,培养出世界级国际象棋大师需要经过 50 000 至 100 000 小时的训练才能达到专业知识水平。他们需要具备大约 50 000 个熟悉的棋谱作为知识基础,才能对每一步棋作出选择(Chase and Simon, 1973; Simon and Andorson, 1989)。这些时间大部分要用来培养模式识别技能以及对未来结果进行预测的知识,这些技能可以促进有意义的信息模式流畅确认(见第二章)。在所有的学习领域中,专业知识的发展与时间的主要投入密切相关,学习材料所用的时间大至与被学材料的数量成正比(Singley and Andorson, 1989),参见背景资料 3.5。尽管许多人认为"天赋"在一个人成为某一领域专家方面起作用,但是即便看上去像天才,个人为了拓展其专业知识亦需要进行大量的训练(Ericsson et al., 1993)。

背景资料 3.5 学习代数

在主流的学校系统中修学常规代数课程,学生在一年里要上课 65 学时和做作业。相反,那些修读荣誉课程的学生却要花大约 250 小时(John Anderson personal. communication)。显然,人们认识到成功的学习需要时间的大量投入。

学习者(尤其是学校环境中的学习者)常常会遇到没有明确意义和清晰逻辑的任

务(Klausmeier,1985)。对他们来说,一开始便要从事理解性学习是有困难的。他们也许需要时间去探究基本概念,生成与其他已有信息的联系。一下子接触大量主题会妨碍学习和随后的迁移,因为学生(a)只是学习孤立的,没有经过组织和联系的事实,或(b)接受他们无法掌握的组织原则,因为他们缺乏足够的具体信息使这些原则变得有意义。为学生提供先摸索与主题相关的具体信息的机会,是要创立一个"讲授时机",使他们从有组织的讲授中(通过随后的迁移能力测定)学到的东西要比最初没有这些具体机会的学生要多,参见背景资料3.6。

背景资料3.6 为理解性学习做准备

三个组别的大学生接受不同类型的图式理论和记忆的指导,然后完成一项迁移任务。该任务要求他们对一项新的记忆研究结果作详细的预测。第1组学生阅读并概述了一篇以图式理论为主题的课文,然后听一个为他们设计的讲座,该讲座的目的是要帮助学生组织知识,进行理解性学习。第2组没有阅读课文,而是主动地比较源自记忆图式实验的简化数据组,然后听与第1组相同的讲座。第3组没有听讲座,而是花两倍于第2组的时间处理数据。在迁移测试中,第2组的学生比第1组和第3组的学生表现得更好。他们对数据的处理为其听讲座奠定了基础。讲座是必不可少的,第3组的糟糕表现说明了这一点。

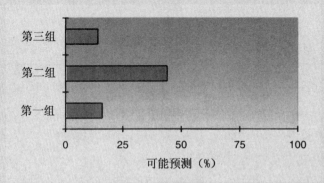

资料来源:摘自 Schwartz et al.(1999)。

为学生提供学习的时间应包括足够的信息处理时间。佩兹德克和米塞利(Peezdek and Miceli, 1982)发现,在处理具体任务时,三年级的学生要花 15 秒钟去整合这些图形和文字信息;如果只给他们 8 秒时间,他们无法在心理上整合这些信息,大概这是出于短时记忆局限性的缘故。这一例子表明,学习不能操之过急,信息整合这一复杂的认识活动是需要时间的。

超过"任务所规定的时间"

显然,不同的使用时间方法所产生的学习和迁移效果是不一样的。人们已知道了许多影响学习的变量。例如,当人们从事"审慎的训练",包括对学生经验的主动监控时,学习效果最佳(Ericsson et al., 1993)。监控涉及到试图寻找和利用与个人进步有关的反馈。反馈一直被看成是成功学习的关键(参见如 Thorndike, 1913),但不应该把它看做单维的概念。例如,标示事实和公式记忆进步的反馈有别于标示学生理解状态的反馈(Chi et al., 1989, 1994)。此外,正如第二章所述,学生需要那些反映他们何时、何地和如何应用所学知识程度的反馈。草率地凭借线索——如练习问题来自课文的哪一章——学生会错误地认为他们已把知识条件化,而实际并非如此(Bransford, 1979)。

对何时、何地和如何运用所学知识的理解可通过"反例"(知觉学习领域的一个概念)的运用而增强(参见如 Gagne and Gibson, 1947; Garner, 1974; Gibson and Gibson, 1955)。适当安排一些反例能帮助人们注意先前没有注意的新特征,了解哪些特征与某些特定概念相关或无关。据称,恰当的反例不仅可用于知觉学习,还可以用于概念学习(Bransford et al., 1989; Schwartz et al., 正在出版)。例如,通过与非线性函数对比,线性函数的概念会变得更加清晰;与诸如自由回忆和联想回忆相对照,识别记忆的概念会变得更加明显。

大量研究得出这样的结论:通过帮助学生了解他们学习过程中所获得的潜在迁移含义,迁移得到加强(Anderson, et al., 1996)。一项对学习 LOGO 语言编程的研究(Klahr and Carver, 1988),其目标是帮助学生学会生成供他人效仿的"无错误"程序。研究人员首先对构成 LOGO 语言编程能力的重要技能进行详细的任务分析,其重点放在消除 LOGO 语言程序错误的技能上——这是一个让儿童找出程序中的错误并加以改正的过程。研究人员在 LOGO 语言教学中所取得的成功部分有赖于对该任务的分析。研究人员得出消除程序中的障碍错误的四个关键步骤:确定错误、表征程序、找出错误和修改错误。他们着重关注这些关键性的抽象步骤,并向学生暗示这些步骤与编写消除电脑程序中的错误的使用说明书这一迁移任务有关。经过 LOGO 语言训练的学生,能够设计出符合标准程序的人数从 33% 上升到 55%。他们可以通过记忆编制 LOGO 语言的常规步骤(如"建造房子"、"构建多边形"等方法)来完成这一任务。然而,仅靠记忆步骤的方法无助于学生去完成设计清晰、无错误的程序这一迁移任务。

学习动机

动机影响到人们愿意投入学习的时间。人具有发展能力和解决问题的动机,正如怀特(White, 1959)所述,他们具备"能力动机"。尽管外部的奖赏和惩罚也对行为产生明显的影响(参见第一章),人们还是比较关注内在缘由。

然而,为了诱发和维持动机,挑战的难度必须适中:太容易的任务使人厌烦;而太难的任务又会令人产生挫折感。此外,在面对困难时,学习者的学习坚持性主要受其"行为定向"或"学习定向"的严重影响(Dweck, 1989)。以学习定向的学生喜欢新的挑战;而以行为定向的学生对出错的焦虑远远超过学习。以学习定向类似于第二章论述的适应性专业知识的概念。有可能,但需要实验证明的一点是:学习定向或行为定向并非一个人所固有的特点,相反它会因学科的不同而异(如,一个人也许在数学科目是行为定向的,而在自然科学和社会研究领域却是学习定向的,反之亦然)。

社交机会也会影响到动机。人们想要对别人做些有益的事情的想法似乎尤其能激发人的动机(Schwertz et al., 1999)。例如,年幼的学习者写故事和画图画与别人分享时,动机都很强。市中心学校一年级学生写故事与别人分享时,积极性尤其高涨,以致教师不得不定出一条纪律:休息期间不得提前回教室写故事(范德比尔特大学认知与技术小组, 1998)。

在看到他们所学习东西的用途以及发现他们能用信息影响别人——尤其是地方社群时,所有年龄的学习者都具有较强的学习动机(McCombs, 1996; Pintrich and Schunk, 1996)。让一所市中心学校 6 年级学生向一位匿名采访者讲述在过去的一年中他们所做过的最精彩的事情,也就是他们引以为自豪的、成功或有创造性的事情(Barron et al., 1998)时,他们经常提到能产生强烈的社会效果的事情,诸如辅导比他们年龄小的孩子、学习向校外的听众演讲、设计儿童游乐场的蓝图(交由专业人员建造,然后捐赠给幼儿园),以及学会有效的团队合作。许多学生所提及的活动涉及大量艰苦的劳动,例如,为了得到游乐场的设计机会,他们不得不学习几何学和建筑学,他们还必须向校外的专家们解释他们的设计图,而这些专家具备了很高标准的专业知识(其他一些有关动机活动的讨论和例子,参见 Pintrich and Schunk, 1996)。

影响迁移的其他因素

情境

初始学习的情境也会影响到迁移,人们有可能在一种情境中学习,但却不能迁移到其他情境。例如,来自橙县的一组家庭主妇,尽管在学校中用纸和笔来计算数学问题表现得非常糟糕,但在超市里计算买最合算的货物时却得心应手(Lave,1988)。同样,一些巴西街头儿童在兜售货物时可以进行数学计算,但却不能回答学校情境中提出的类似的问题(Carrahr,1986;Carrahr et al.,1985)。

学习与情境怎样密切相连取决于知识是如何获得的(Eich,1985)。研究表明当一个科目在单一而非复合情境中传授时,情境间的迁移就相当困难(Bjork and Richardson-Klarhen,1989)。一项经常用到的教学技巧是让学习者对学习中的例子进行精细加工,以便有利于下次提取。不过,练习具有这样的潜能,它使得在其他情境中提取教学材料变得棘手,因为当学习者用学习材料情景中的细节来详细解释新材料时,知识尤其容易受情境制约(Eich,1985)。然而,当一个科目在复合情境中传授(包括列举广泛应用所教知识的例子)时,人们更有可能抽象出概念的特征,形成弹性的知识表征(Gick and Holyoak,1983)。

在使用基于案例和基于问题的学习的教学方案,已对过度情境化知识的问题做了研究。在这些方案中,信息是在人们试图解决复杂的实际问题中呈现的(如 Barrows,1985;范德比尔特大学认知与技术小组,1997;Gragg,1940;Hmelo,1995;Williams,1992)。例如,五、六年级的学生在解决涉及安排一次乘船旅行的复杂案例中学会距离——速度——时间等数的概念。研究结果表明,如果学生只在这种情境中学习,他们常常无法把学到的知识灵活地迁移到新的情境(范德比尔特大学认知与技术小组,1997)。问题是如何促进大范围的学习迁移。

对付弹性缺失的一种方法是,让学生解决具体的案例,然后为他们提供其他相似的例案。这样做的目的是帮助他们抽象出导致更加弹性迁移的一般原理(Gick and Holyoak,1983),见背景资料 3.7。另一种增加弹性的方法是,让学生在具体情境中学习,然后帮助他们加入到为提高理解弹性而设计的"如果——怎么办"类问题解决当中。或许会问他们:"如果改变问题的这一部分或这部分,怎么办?"(范德比尔特大学认知与技术小组,1997)。第三种方法是概括案例,要求学生创造一种不单能解决单一的问题而且能够解决整个相关类群的问题的方法。例如,与其策划单独的乘船旅行,不如让学生经营旅游策划公司,为人们提供本国不同地区旅行的时间建议。让学生把"聪明地学习"作为学习目标,方法是通过创造以各种各样旅游问题为特征的数学模型以及应用这些模型作为创造工具,创造出简单的表格、图表及计算机程序。在这样的条件下,增加了迁移到新问题的可能性(如 Bransford et al.,1998)。

背景资料3.7　弹性迁移

给大学生呈现下面一段将军和要塞的短文(Gick and Holyoak, 1980:309):

> 将军希望占领一个位于乡村中部的要塞。要塞有多条向外延伸的路,所有的道路都埋上了地雷。只有小分队可安全通过这些道路,而大队人马通过时会引爆地雷。因此大规模的直接攻击是不可能的。将军的解决办法是把他的军队分成多个小分队,让每个小分队走一条路,最后各个小组同时在要塞会师。

学生记住这段短文的信息,然后要求他们再去尝试另一任务,该任务是要解决下面的问题(Gick and Holyoad, 1980:307-308):

> 你是一名医生,面对一位胃部患恶性肿瘤的病人。病人不能动手术,除非肿瘤被摧毁,否则病人会死去。有一种射线可用来摧毁肿瘤。如果所有的这些射线一起照射肿瘤,且密度足够高的话,肿瘤是会被摧毁的,但周围组织也会受到损害。低密度射线对健康组织无害,但它们也不会对肿瘤造成影响。采用哪一种步骤来摧毁肿瘤,同时又避免伤及健康组织呢?

> 如果听任他们自行其是，很少有大学生能够解决这一问题。然而，当明确告诉学生借用将军和要塞的信息时，90%以上的人都能够解决肿瘤的问题。这些学生知觉到把军队分为小的单位和使用少剂量的射线集中到同一癌组织上的相似性，除了集合点之外，每条射线都比较弱不会伤及组织。尽管要塞的问题与肿瘤的问题相关，但这些信息是不会自发性地被运用的——需要明确指出两组信息之间的关系。

问题的表征

通过教学帮助学生在更高的抽象层面上表征问题，也可以提高迁移能力。例如，为复杂的问题创造一个具体经商计划，学生开始不会意识到该计划应付"固定价格"的情境非常见效，但对付其他情境就不能收到这样的效果。帮助学生在更一般的层面表征解决问题的策略，能增加正向迁移的可能性，减少先前解决问题策略应用不当（负向迁移）的影响。

就抽象问题的表征来说，其优点已在混合式代数应用题的情境中做了研究。人们用混合图片来训练一部分学生，用呈现数学关系的抽象表格表征来训练另一些学生（Singley and Andorson，1989）。受过具体任务要素训练而没有触及问题原理的学生能够很好地完成具体任务，但无法把学到的知识应用到新的问题。相反，接受抽象训练的学生可以将知识迁移到表示类比数学关系的新问题上。研究也表明，建立一套问题的表征使学生能够弹性思考复杂的领域（Spiro et al.，1991）。

学习与迁移条件的关系

迁移体现了学习内容和测试内容之间的一种函数关系。许多理论表明，迁移量是原来学习领域和新领域之间重叠部分的函数。对重叠部分的测量需要一套理论，即知识是如何表征的以及如何形成跨领域概念对应的理论。布朗（Brown，1986）、巴索克和霍利约克（Bassok and Holyoak，1989a，b）以及辛格利和安德森（1989）曾对概念表征作过调查研究。学生能否进行跨领域的迁移——如从物理学到相应的生物成长问题的距离公式——取决于他们是否把成长看作是（不断）延续进行的（成功迁移）或按分立步骤进行的（不能成功迁移）（Bassok and Olseth，1995）。

辛格利和安德森(1989)提出，任务间的迁移是随任务所共有的认知要素的程度而变化的。这一假设在共同要素迁移研究的早期就已提出，这一点前面已作过介绍(Thorndike and Woodworth，1901；Woodworth，1918)，然而在找到一种识别任务要素的方法之前，用实验来测试迁移是很难办到的。此外，现代理论学家把认知表征和策略纳入随任务的不同而变化的"要素"(Singley and Anderson，1989)中。

辛格利和安德森给学生逐个讲授几种文本编辑器，并寻求对迁移作预测，测量讲授前学习一个新的文本编辑器可节省多少时间。他们发现学生在学习随后的文本编辑器时其速度加快了，两个文本编辑器所共有的元素量能预测这种迁移量。事实上，大量的迁移发生在表层结构大相径庭但具有共同的抽象结构的文本编辑器之间。辛格利和安德森也发现，当他们不仅要思考程序性知识也要考虑陈述性知识的迁移时，同样的原理支配着众多领域的数学能力的迁移。

由比德曼和希夫拉(Biederman and Shiffrar，1987)所做的一项研究是抽象教学效果的一个显著的例子。他们研究了一项用学徒制方式学习会遇到特别困难的任务：如何鉴别刚孵化出来的小鸡的性别。比德曼和希夫拉发现，用20分钟时间教新手抽象的原理能极大地提高他们的鉴别力(参见 Anderson et al.，1996)。调查研究有力证明，帮助学生超越具体情境和例证在抽象层面表征经验是十分有益的(国家研究院，1994)。这样的例子还有代数的(Anderson，1989)、计算机语言任务的(Klahr and Carver，1988)、运动技能的(如投掷飞镖，Judd，1928)、类比推理的(Gick and Holyoak，1983)和视觉学习的(如鉴别小鸡性别，Biederman and Shiffrar，1987)。

研究表明，抽象表征并不是保存事件的孤立例证，而是建构更大的相关事件的成分——图式(Holyoak，1984；Novick and Holyoak，1991)。知识的表征是通过多次观察不同事件的异同而建立起来的。图式被看成是复杂思维包括类比推理在内的特别重要的指引："成功的类比迁移导致应用原来解决问题的一般图式去解决后继的问题。"(国家研究院，1994:43)图式提高了记忆的提取和迁移能力，因为图式源自于更大范围的相关例证而非单一的学习经验。

正迁移与负迁移方法

重要的是要把迁移看成是一个动态的过程，一个要求学习者积极参与选择和评估策略、思考资源和接受反馈的过程。这种积极的迁移观有别于静态迁移观，后者认为学习者在参与初始学习任务之后解决迁移问题的能力就得到了充分反映。这些"一次性"测试常常严重低估了学生从一个领域到另一领域所展示的迁移总量(Bransford and Schwartz, Brown et al., 1983; Bruer, 1993)。

从学习一种文本编辑器到另一种的迁移研究表明,从动态而非静态的视角来审视迁移过程是十分重要的。研究发现学习之后的第二天向第二种文本编辑器的迁移量比第一天的大得多(Singley and Anderson, 1989)。这一结果意味着迁移被看成是提高了学习新领域的速度——而非仅仅是初始的行为表现。同样地,计算课的教学目标应是如何促进物理学习,而不应追求在第一天的物理课上便能立竿见影。

较理想的是,不需要有任何提示,个人能自发地迁移合适的知识。然而,有时提示是必要的。提示也能极大地促进迁移(如 Gick and Holyoak, 1980; Perfetto et al., 1983)。"迁移量取决于学习或迁移时的注意指向。"(Anderson et al., 1996:8)

评估学生迁移学习准备程度的特别灵验的方法是,动态评估法,如"分级提示"(Campione and Brown, 1987; Newman et al., 1989)。可用这种方法来评估学生迁移所需帮助的程度,即计算学生迁移前所需要提示的数量和类型。有些学习者在接受一般提示时如"你能否想起曾经做过与此相关的事?"迁移便能发生。其他学习者却需要有更加具体的提示。用分级提示迁移的测试能得到更多有关学习及其迁移效果的详尽分析,这是对迁移是否发生的单一评估所不及的。

迁移与元认知

帮助学生充分意识到自己的学习者角色(积极监控其学习策略和资源,评估具体测试和表现的准备程度),这种方法能够促进迁移。在第一章和第三章已简述了元认知的概念(参见 Brown, 1975; Flavell, 1973)。教学上采用元认知方法,能增加学生迁移新情境的程度而无需借助明显的提示。以下例子将说明在阅读、写作和数学领域中传授元认知技能的案例。

为增进阅读理解而设计的交互式教学模式(Palincsar and Brown, 1984),其目的是要帮助学生习得具体知识以及学习独立学习所需的复述策略、精细加工策略和监控理解策略。交互教学的三大部分是:使学生能够监控理解过程的教学和实践策略;为学生提供认知过程的专家模式以及提供能就理解进行相互协商的社会情境。学生在具体课文中学到的知识习得策略并不是抽象的记忆程序,而是获得学科领域知识和理解的工具性技能。教学过程是交互式的,也就是说,教师和学生轮流主持小组讨论和运用理解及记忆课文内容的策略。

一个写作教学程序促进方案(Scardamalia et al.,1984),具有交互式教学的许多特征。这种方案提示学习者采用体现在复杂的写作策略上的元认知活动,这些提示有助于学习者通过确定目标,生成新观点,提炼和细述已有观点,寻找观念的衔接,思考与反思活动。程序促进方案让学生轮流向小组表达自己的观点,详细说明他们在计划写作时是如何运用提示的。教师也效仿这些过程。因此,这种方案涉及建模、搭架和交互式教学的设计,目的在于帮助学生在合作的情境中外化心理过程。

阿伦·舍恩费尔德(Alan Schoenfeld,1983,1985,1991)为大学生讲授解决数学问题的启发式教学方法。在某种程度上,这些方法源自于波利亚(Polya,1957)的问题解决启发式的研究。舍恩费尔德的方案所采纳的方法与交互式教学和程序促进法相类似。他讲授并演示控制或管理策略,确定诸如以下的过程:生成选择性行动课程,评估哪些课程可继续执行以及是否可按时完成,评定个人的进步。其次,既要应用到集体解决问题、班级和小组讨论,还要使用到建模、指导和搭架成分。渐渐地,当教师淡出时学生能够问自己自我调节问题。在每一节问题解决课结束时,学生和教师通过分析他们所做的事情及原因交互突出主题特征,小结反映关键决策和行为的基本特征,强调策略层面而非具体问题的解决方法(参见 White and Frederickson,1998)。

对元认知的强调能促成许多方案,如采用新技术向学生介绍探究法和专业人员现场使用的其他工具(参见第八章)。元认知对学习所起的重要作用,不仅在为帮助大学生学习生物而设计的计算机程序中添加元认知成分方面得到了证实(Lin and Bielaczyc),而且在让学生模仿物理实验的"思维工具"的情境中得以验证(White and Frederickson,1998)。经证明,使用录像去建模重要的元认知学习过程的价值有助于学生分析和反思模式(Bielaczyc et al.,1995)。所有的这些策略都是让学习者作为积极的参与者投身到他们的学习中,通过关注关键成分,积极对一般主题或程序(原理)抽象概括以及评估自己在理解方面所取得的进步等方法来学习。

学习是原有经验的迁移

提到迁移,人们通常首先想到的是学习某事,然后评价学习者把它应用于别的事情上的能力。但即使是初始学习时段也涉及到迁移,因为迁移是以人们带到学习情境的知识为基础的,参见背景资料 3.8。人们应用他们所知道的去建构新的理解的学习原理(参见第一章),被解释为"所有的学习都涉及到原有经验的迁移",这一原理对教育实践具有重要的意义。第一,学生也许具备了与学习情境相关的知识,但这些知识没有被激活。通过帮助激活这些知识,教师能够增强学生的学习信心。第二,由于用先前经验去建构理解,学生也许会误解新信息。第三,在具体学校教学实践与社会实践方面发生冲突时,学生或许会感到无可适从。本节将讨论这三层意义。

背景资料3.8 日常数学和正规数学

在原有经验的基础上的建构不但对儿童重要对成年人也不例外。一个数学教员描述了他对母亲的知识的认识(Fasheh,1990:21-22)。

在深层和现实的意义上,数学对母亲来说比我更重要。由于不能读写,母亲习惯地把布料折成长方形,并用新的丈量方法,不按格式地把这些布料裁剪开,然后缝成适合人们穿着的衣服……我意识到她所运用的数学是我无法理解的。此外,尽管数学是我研究和教授的主科,但是对她来说却是理解操作的基础。她所做的就是数学,体现在规则、模式、关系和测量的意义上。这应该是数学,因为她把整体裁剪为许多小的部分,然后用这些布片建构整体,一个具有自己风格、形状、大小以及适合具体个人的新整体。与我的数学错误不一样,她的数学错误就是承担实际的后果。

假如法谢(Fasheh)的母亲参加正规数学课程的学习,情况会怎样?许多课程结构无法为她提供有助于她使用其丰富的非正规知识的支持。如果能与这些知识联系起来,母亲的正规数学学习会提高吗?学习和迁移的文献认为这是一个值得探究的重要问题。

在原有知识上的建构

儿童早期的数学知识说明,帮助学生利用相关知识作为迁移的基础是十分有益的。在学生入学时,他们之中的大多数都已储备了一定量的算术知识。在每天的玩耍中他们学会了各种数字的加减,尽管他们还缺乏学校所传授的加减法符号表征。如果儿童的知识被发掘并按照教师所教的正规加减运算方式建构,儿童极有可能习得运算过程的理解,这种理解比教他们孤立的抽象知识更加连贯和彻底。没有教师具体的指引,学生无法把日常知识与学校所教的学科联系起来。

概念理解的变化

因为学习涉及到先前经验的迁移,一个人现有的知识也能成为学习新信息的障碍。有时,学生会觉得新信息似乎不可理喻,但这种困惑至少能使他们意识到问题的存在(参见 Bransford and Johnson,1972;Dooling and Lachman,1971)。当人们在完全误解新信息时所建构的信息连贯表征(对他们来说)会导致更大问题情境的产生。在这些条件下,学习者没有意识到他或她没能理解新信息。这种现象在第一章中举了两个例子:在"鱼就是鱼"(Lionni,1970)一例中,鱼儿聆听青蛙对人的描述,然后按自身的特质建构意象;另一个例子是帮助儿童学习地球是球体的概念(Vosniadou and Brewer,1989)。儿童对新信息的理解与成人的大相径庭。

"鱼就是鱼"的脚本与许多帮助学生学习新信息的额外努力是分不开的。例如,让高中生和学物理的大学生确定垂直往空中抛的球在离手后施加在球上的力,许多学生提到"手力"(Clement,1982a,b)。施加在球上的力只发生在球与手保持接触时,但当球在空中运行时,力是不存在的。学生认为力随着球的上升而减少,当球到达顶点时,力已耗尽。这些学生认为,当球下落时"获得"不断增加的地心引力,结果是球随其下落而加快速度。这种"运动需要力"的错误概念在学生中十分常见,近似于中世纪的"原动力"理论(Hestenes et al.,1992)。这些解释没有考虑到,在空中运行时施加给球的力是由地球引起的引力和由空气阻力引起的拉力组成。(类似例子参见 Mestre,1994)

在生物学上,人们对人与动物需要觅食的知识说明,现有知识是怎样使新信息的理解变得困难。一项对植物如何制造食物的研究在小学到大学的学生中进行。它探究学生对土壤和光合作用对植物生长的作用以及对绿色植物的主要食物资源的理解(Wandersee,1983)。尽管高年级学生展示了较好的理解力,但所有年级的学生都表现出一些错误概念:土壤是植物的食物;植物通过其根部吸取食物并把它储存在叶子里;叶绿素是植物的血液。在研究中,许多学生,尤其是高年级学生,已经学过光合作用。然而正规教育对克服他们先前的错误观念作用不大。显而易见,在理科课堂里只做复杂的解释而没有探究学生的学科前概念,会使学生形成许多不正确的理解(对研究的回顾,参见 Mestre,1994)。

对幼儿来说,早期的数学概念会左右他们的注意力和思维(Gelman,1987;在第四章有更详细的讨论)。大多数学生在上数学课时都带有这样的观点:数字的基础是计算原理(以及与加减相关的原理)。这样的知识在学校教育的头几年里很见效。然而,一旦学生接触有理数,他们的这种想法会对他们的学习能力产生不利的影响。

现在再来看看分数学习。构成分数基础的数学原理有别于计算原理和儿童的看法。儿童认为数字是一连串要数的东西。加法就是把两堆东西"合二为一"。人们无法通过数物生成一个分数。就形式而言,分数被定义为一个整数与另一个整数相除。这一定义解决了整数除法无法除尽的问题。对一些复杂的问题,有些计数原则不适用于分数。有理数没有唯一的后继数——在两个有理数之间有无数的数字。对连续分数不能用以计数为基础的算法。例如:1/4 并不比 1/2 大。非言语或言语的原则都不能表征由三部分组成的分数符号的对应关系——用一条线把两个整数 X 和 Y 分开。其他人(如 Behr et al.,1992;Fishbein et al.,1985;Silver et al.,1993)注意到有关的对应关系问题。总的说来,早期的数字知识是学习分数的潜在障碍,对许多学习者来说确实如此。

学习者根据自己当前的知识建构新的理解,这突出了"讲中教"的危险。讲授及其他形式的直接教学有时是非常有用的,但是仅限于适当的条件下进行(Schwartz and Bransford,正在印刷)。通常,学生是按上述的方式建构理解的。为了克服这些问题,教师必须设法让学生的思维变得直观,寻找方法帮助他们更改错误的概念,形成新的概念。(关于这类教学的策略,在第六章和第七章中有更详尽讨论)

迁移与文化实践

先前的知识并非仅仅是学生带到课堂上的个体学习,以自己个人特有的经验为基础(如有些儿童知道很多事情,因为他们游历很广或因为他们父母拥有一份特殊的工作;有些儿童可能会有创伤的体验)。先前的知识也不仅仅归因于学习者经过各个发展阶段所获得的一般经验(如,认为天堂是在"上面"或牛奶来自冷藏的纸盒)。先前的知识也包括学习者作为社会角色而习得的知识,诸如与种族、阶层、性别以及文化和民族有关的社会角色(Brice-Heath,1981,1983;Lave,1998;Moll and Whitemore,1993;Moll et al.,1993-1998;Rogoff,1990,1998;Saxe,1990)。这一文化知识有时有助于儿童的学校学习,但有时却与此发生冲突(Greenfield and Suzuki,1998),参见背景资料 3.9。

> **背景资料 3.9　吃馅饼和学分数**
>
> 在文化知识方面即便是细微的差异也会潜在地影响到学生的学习。例如,小学教师运用她认为最平常的例子来帮助学生理解分数部分。"今天,我们要谈谈切分感恩节里人们最喜欢的食物——南瓜饼。"她继续解释分数部分。进入她的话语系统之后,一个年轻的非洲裔美国男孩看上去茫然不知所措,他问道:"南瓜饼是什么?"(Tale,1994)大多数非洲裔美国人在节日的正餐上供应甘薯饼。事实上,非洲裔美国人的父母向他们的孩子解释南瓜饼的方法之一,是说南瓜饼有点像甘薯饼。对他们来说,甘薯饼是一种常见的参照物。即便不熟悉的南瓜饼的细小差别也会干扰学生。并非课堂上的积极参与,他可能早已专注于对南瓜饼的想象:吃起来怎样?闻起来如何?它的质地像苹果或樱桃馅饼那样厚实吗?在小孩的心里,所有的这些问题都比教师要教的分数科目更值得关注。

学校教育失败的部分原因是由于学生在家庭文化中习得的与学校要求的错位(Allen and Boykin,1992;Au and Jordan,1981;Boykin and Tom,1985;Erickson and Mohatt,1982)。日常家庭生活习惯和模式在学校中或得到强化或忽略,它们能使教师做出不同的反应(Heath,1983)。例如,如果家里从不问年幼学习者对某些家庭来说比较浅显的问题,如"天空是什么颜色?"或"你的鼻子在哪里?"那么提问这些问题的教师会发现学生不愿意或拒绝回答。教师如何解读这种缄默或对抗,这对他们判断学生的聪明程度和学术能力以及采用的教学方法产生必然的影响。

这些差异植根于成年人与婴儿的早期互动中(Blake,1994)。英国的中产阶级母亲倾向于经常与婴儿保持语言接触,重点放在指着婴儿周围的物体说出其名称上("看那辆红色的卡车!"),而非洲裔的美国母亲与婴儿也保持相当频率的语言接触,但重点放在语言的情感维度上(那不是一个漂亮的玩具吗?它不使你感到快乐吗?)。儿童带到学校的语言涉及到植根于早期与成年人接触的情境中习得的广泛的技能。当成人、同伴及情境变化时,情况会什么样呢(Suina,1988;Suina and Smolkin,1994)?这是一个与学习迁移有关的重要问题。

依附在文化知识上的意义对促进迁移十分重要——也就是,它鼓励人们使用所学的东西。例如,讲故事是一种语言技能。与主题相连的口语风格发生在非洲裔的美国儿童身上(Michaels，1981a，b；1986)，相反，白人儿童更多地使用线性的叙事风格,这一风格更接近学校所传授的线性书面语和口语的解释风格(参见 Gee，1989；Taylor and Lee，1987；Cazden et al.，1985；Lee and Slaughter-Defoe，1995)。当白人教师和黑人教师听到两种风格时,他们会做出以下判断:白人教师感到与主题相连的故事很难理解,且有可能推测叙述者是个学业成绩很差的学生；而黑人教师更有可能对与主题相连的风格给予正面的评价(Cazden，1988:17)。许多教师认为,操着一口与主题相连的口语体的非洲裔美国儿童学习潜力不大。应使教师把不同文化背景看成是建构的动力而非"缺陷"的标志。

学校和日常生活之间的迁移

本章一开始就强调学习的最终目标是为了广泛的目标而提取信息——学习以某种形式向其他环境迁移。在这一意义上,学校教育的最终目标是要帮助学生把从学校所学到的知识迁移到家庭、社区和工作场所等日常场景。既然任务间的迁移有赖于迁移和学习经验之间的相似性,那么促进从学校向其他场景迁移的重要策略,就是要更好地了解学生必须面对的非学校环境。由于这些环境变化速度快,因此重要的是寻求能帮助学生开发适应性专业知识特征的方法(参见第一章)。

关于人们是如何在许多实践情景中行使职责的问题,许多科学家包括认知人类学家、社会学家和心理学家都作了研究(参见 Lave，1988；Rogoff，1990)。日常场景与学校环境的一个主要反差是,后者相对其他环境更重视个体的表现(Resmick，1987)。对美国轮船航行的研究发现没有一个人能够单独驾驶轮船；人们必须合作分享各自的专业知识。最近的合作性研究也证实了它的重要性。例如:在一些遗传学实验室里做出的许多科学发现涉及到深层次的合作(Dunbar，1996)。同样地,在医院急诊室中的决策是由医疗小组的不同成员共同努力做出的(Patel et al.，1996)。

学校与日常情景的第二个主要反差是,相对于学校情景的"脑力劳动",日常场景大量运用工具去解决问题(Resnick，1987)。在实践环境中使用工具有助于人们在工作中少出差错(如 Cohen，1983；Schliemann and Acioly，1989；Simon，1972；Norman，1993)。新技术使学校的学生能够像现场的专业人员那样使用工具(见第八章)。熟练地使用相关的工具为人们提供了一种促进领域间迁移的方法。

学校与日常环境的第三个反差是,学校常常强调抽象推理而日常场景经常应用情境化的推理(Resnick，1987)。当抽象的逻辑论点镶嵌在具体的情境中时,推理能力得到改进(参见 Wason and Johnson-Laird,1972)。一项对"重量观察者"(Weight Watchers)方案中的人的研究,对日常问题的解决提出了同样的见解(参见 Lave et al.,1984)。一个例子是,有人要用一杯 2/3 分量的干酪中的 3/4 干酪来做一道菜。他不是按学校情景中的学生那样去乘这些分数。相反,他先用杯子量出 2/3 干酪,然后把杯内的干酪倒出,把干酪轻轻拍成圆形,再把它一分为四,最后用其三份,参见背景资料 3.10。在此,并没有应用到抽象的计算。类似的情境化推理的例子是,牛奶工人是应用知识(如牛奶盒子的大小)来进行有效的计算(Scribner,1984);杂货店顾客在标准超市和相仿情况下使用非学校数学(Lave,1988),参见背景资料 3.11。

背景资料 3.10 干酪的问题

如何从 2/3 分量的干酪中提取 3/4?
从杯中取 3/4

学校的数学策略

$3/4 \times 2/3 = 6/12 = 1/2$ 杯

把干酪倒进杯子到 1/2 的位置。

发明策略

倒到杯子的 2/3 位置。

把里面的干酪倒出,做成一个圆形。

再把圆形干酪分为四等份。

取走一份,留下其余的。

背景资料 3.11 解决最划算的买卖的三种方法

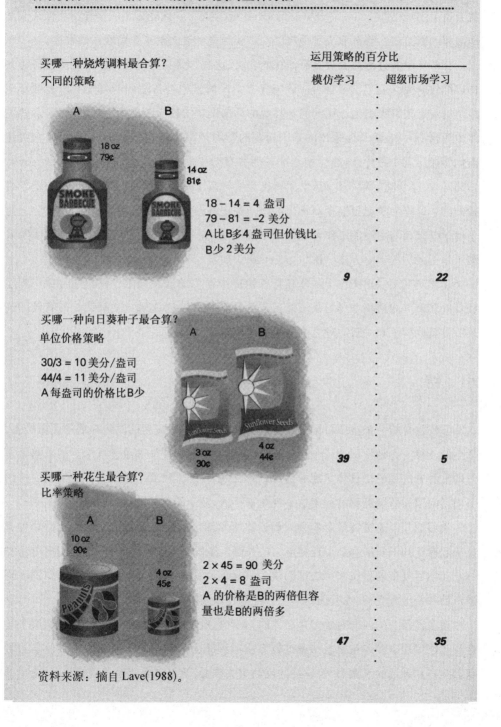

买哪一种烧烤调料最合算?
不同的策略

A 18 oz 79¢
B 14 oz 81¢

18 − 14 = 4 盎司
79 − 81 = −2 美分
A 比 B 多 4 盎司但价钱比
B 少 2 美分

买哪一种向日葵种子最合算?
单位价格策略

30/3 = 10 美分/盎司
44/4 = 11 美分/盎司
A 每盎司的价格比 B 少

A 3 oz 30¢
B 4 oz 44¢

买哪一种花生最合算?
比率策略

A 10 oz 90¢
B 4 oz 45¢

2 × 45 = 90 美分
2 × 4 = 8 盎司
A 的价格是 B 的两倍但容
量也是 B 的两倍多

	运用策略的百分比	
	模仿学习	超级市场学习
	9	22
	39	5
	47	35

资料来源:摘自 Lave(1988)。

情境化推理也有潜在的问题,大体上与过度情境化的知识相类似。应用于干酪的"拍出来"策略只适合在一定的情境中运用;如果测量的是糖浆或其他液体而非干酪,就会遇上困难(Wineburg, 1989 a, b; Bereiter, 1997)。他能否生成一种测量糖浆或其他液体的新策略?答案取决于他自己的步骤与更一般的解决策略联系的程度。

日常环境的分析对教育具有潜在的含义,这些含义具有诱惑力但需要认真思考并加以细致研究。关于学习是否应该围绕非学校场景中经常遇到的真实问题和项目来组织的观点很有吸引力。用约翰·杜威的话来说,"学校应少些为生活做准备,多些关注生活自身"。在医学院采用的基于问题的学习是一个出色的例子,其优点是它关注人们毕业后需要做什么,然后精心准备那些有助于发展其能力的教育经验(Barrows, 1985)。在医学院的第一年里,学生有机会参与基于问题的学习,这比在典型的基于讲授的医学课程中学习更能提高学生的诊断和理解医学问题的能力(Hmelo, 1995)。为了使学校教育与随后的工作环境关系更加密切,商业学院、法学院和教育管理学院采纳了基于案例的学习方法(Hallinger et al., 1993; Williams, 1992)。

迁移研究文献也突出了一些在特殊情境中学习的潜在局限。仅仅学习操作程序和仅仅在单一的情境中学习是不能促进弹性迁移的。迁移研究文献认为最有效的迁移源自具体例子和一般原理之间的平衡而不是非此则彼。

小 结

学校教育的一个主要目标是为使学生能够灵活地适应新的问题和情景而做准备。学生的迁移能力是学习的一个重要标志,它能帮助教师评估和改进教学。如果测量学习的唯一方法是记忆具体呈现的信息,那么许多教学方法看上去没有什么差别。从学习向新问题和情境迁移的程度这一视角来评估,教学的差异就更加明显了。

学习的几个关键特征影响到人们迁移所学知识的能力。初始学习的数量和种类是决定专业知识发展和知识迁移能力的关键。激发学生的学习动机,使他们把所需时间花在学习复杂的科目和解决他们认为有趣的问题上。让学生有机会应用知识去创造产品和使他人受益,尤其能对学生起到激励作用。

花在任务上的时间对学习是必要的,而对有效学习来说是不足的。将时间用于学会理解比仅用于简单记忆教材或讲授事实或程序会产生不同的效果。为了使学习者获得学习和理解的洞察力,经常性的反馈至关重要:学生需要监控自己的学习,主动评估其策略和目前的理解水平。

一个人的学习情境也是促进迁移的一个重要方面。仅在单一的情境中接受的知识与在多样化情境中学到的知识相比更不利于弹性迁移。在多样化的情境中，学生更有可能抽象概念的相关特征，发展更加弹性的知识表征。使用经过挑选的对比案例能帮助学生学会新知识的应用条件。问题的抽象表征也有利于迁移。任务间的迁移与任务所具有的共同要素的多寡相关，尽管要素的概念必须在认知上界定。在评价学习时，关键要看学生对新知识学习所包含的概念的掌握速度，而非在新的学科领域中过早出现的行为表现。

所有的新学习都涉及迁移。先前的知识可能帮助或妨碍新信息的理解。例如，基于计算数学的日常知识使学习有理数变得困难；基于日常物理经验的设想（如在平坦的地面上笔直地行走）使学习者理解天文、物理等概念变得困难。教师可以通过帮助学生使其思维可视化来纠正错误并鼓励学生超越具体问题去思考，了解问题的各种变化，改变他们原初概念。先前知识对理解学习十分重要的一个点是，支撑学习者先前知识的文化实践。有效的教学促进正迁移，这是通过主动确认学生带到学习情境的相关知识及能力并在此基础上进行建构来实现的。

从学校向日常环境迁移是学校学习的最终目的。通过对日常环境的分析，使人们重新思考学校的实践，目的是要使学校实践能与日常环境要求达成一致。但也要避免教学过分依赖情境。帮助学习者选择、适应及发明解决问题的工具是一种促进迁移的方法，鼓励多样性亦然。

最后，通过帮助学生作为学习者在习得内容知识的情境中了解自己的元认知的教学方法能够增进迁移。专家的一个特点是能够监控和调整自己的理解过程，使他们不断学习适应性专业知识；这是一个需要学生仿效的重要模式。

第四章　儿童是怎样学习的

在许多方面，儿童有别于成年学习者，但令人惊讶的是各年龄层的学习者也存在着诸多的共性。本章我们提供一些对儿童作为学习者的研究发现。一项幼儿的研究要达到两个目标：证明国立学校学习者的优势和弱势；提供一个窗口来研究学习的发展，这在只考虑设计良好的学习模式和专业知识的情况下是难以看到的。在研究儿童的发展过程中，一名观察者获得一幅显示不同年龄期的学习动态图。对婴儿的认知过程以及 2 至 5 岁的幼儿是如何在初始阶段建构知识的最新见解，为儿童顺利转入正规学校情境提供了新的启示。

婴儿的能力

理论

人们曾经一度认为婴儿缺乏形成复杂想法的能力。20 世纪的大部分时间里，大多心理学家都接受传统的观点，即新生儿的脑袋是一块白板（tabula rasa）（空白的心灵状态），经验的记录逐渐被刻录在上面。人们进而认为语言是抽象思维的先决条件，没有语言，婴儿是不会拥有知识的。由于婴儿出生时行为有限，且在最初几个月中大部分时间都是在睡眠中度过，因此他们的被动和无知是不可避免的。然而，直到最近，赞成这种主张的人也还没有提出明显的证据来。

但是这一观点引发了许多争议。很显然，通过精心设计，人们能够找到解决有关婴儿和幼儿知道什么和能做什么这些相当复杂问题的方法。有了新的方法，心理学家开始收集大量有关幼儿拥有非凡能力的数据，这些数据与过去所强调的能力缺失形成了鲜明的对照。现在我们知道，婴幼儿是具有能力的，他们是主动的、自我概念发展的主体。简而言之，婴幼儿的心智得到了复苏（Bruner, 1972; 1981a, b; Carey and Gelman, 1991; Gardner, 1991; Gardner and Brown, 1986; Wellman and Gelman,

1992)。

瑞士心理学家让·皮亚杰首先行动起来,摆脱婴儿心灵白板说的束缚。从20世纪20年代开始,皮亚杰认为可用复杂的认知结构来对婴幼儿的心理做恰如其分的描述。通过对婴儿进行近距离的观察和对儿童进行细心盘问,他得出了认知发展的阶段说的结论,每一阶段都涉及到完全不同的认知图式。

皮亚杰观察到婴儿实际上是在寻求环境刺激来促进智力发展,他认为他们对物体、空间、时间、因果关系和自我的初始表征是在头两年里逐步建立起来的。他的结论是,幼儿的世界是一个以自我为中心内外兼容的世界,对物质现实准确表征的能力发展取决于观察、聆听和触摸图式的逐步协调。

继皮亚杰之后,其他人研究了新生儿是如何开始整合视觉和声音的,探究他们的感知世界。按知觉学习理论,学习被认为是快速进行的,因为婴儿使用原有的探究模式去获取他们知觉世界的物体和事件的信息(Gibson,1969)。随着信息加工理论的出现,把人脑看作计算机、信息处理器和问题解决者的隐喻开始广为流传(Newell et al.,1958),并迅速被运用到认知发展的研究上。

尽管这些理论在方法上存在着重大的差异,但是它们都重视把儿童看成主动的学习者,能够确定目标、制订计划并对此进行修正。儿童被看成是收集和组织材料的学习者。据此,认知发展涉及到对有组织的知识结构的习得,包括生物概念、早期的数字观和基础物理的理解。此外,认知发展还涉及到记忆、理解和解决问题策略的逐步习得。

维果斯基(1978)也强调过学习者的主动角色问题,他还指出学习的其他途径。维果斯基对社会环境的作用怀有极大的兴趣,其中包括工具和文化物品(cultural object),也包括作为思维发展的主体——人。或许,维果斯基提出的影响发展心理学的最强有力的观点是最近发展区(Vygotsky,1978),背景资料4.1有描述。最近发展区指的是能力的宽度(Brown and Reeve,1987),即学生借助情境包括其他支持能够达到的能力宽度(对此概念的当代解释,参见 Newman et al.,1989; Moll and Whitemore,1993; Rogoff and Wertsch,1984;不同的理论视角,参见 Bidell and Fischer,1991)。所有这些研究都把注意力集中到能力较强的同龄人、父母和其他伙伴的角色上,其作用是挑战和扩展儿童的理解力。它也有助于增进对正规和非正规教学情境之间关系的理解(Lave and Wenger,1991)以及人与工具之间的认知分布(Salomon,1993)。

背景资料 4.1　最近发展区

最近发展区指的是实际发展水平与潜在发展之间的距离，即独立解决问题的水平与在成年人指导下或在能力强的同龄人的协作下才能解决问题的水平(Vygotsky，1978：86)。儿童在他人的协助下能做到的比他们独自能做到的，对他们心理发展更具预示作用(Vygotsky，1978：85)。

最近发展区体现了学习的准备性概念，强调能力的上位水平。这些上位界限并非一成不变，而是随学习者的独立能力的增加而不断变化。今天儿童需要协助才能做到的，明天她便能独立完成了，因此这是为她进入新的、更加需要合作的情境做准备。这些功能可称之为"蓓蕾"而非发展的果实。实际的发展水平具有继往的心理发展特点，而最近发展区具有开来的心理发展特征(Vygotsky，1978：86-87)。

随着理论和方法的发展，在研究幼儿学习能力方面又前进了一大步。在概括大量研究的基础上，人们发现在四个主要领域的研究进展神速，本章对此说明如下：

(1) 学习某事而非别的事情的早期倾向　没有证据显示，婴儿是作为白板降临这个世界的，只能任意记录进入他们感官范围的事件。在早期的生活中幼儿显示了学习各类信息的偏爱。作为特惠领域(privileged domains)的这些知识类型集中体现在宽泛界定的范畴，特别是物质的和生物的概念、因果关系、数字和语言上(Carey and Gelman，1991)。

(2) 策略和元认知　在这些特惠领域之外，与所有学习者一样，儿童必须依靠意志、灵性和毅力来促进他们的学习。原以为幼儿缺乏策略性能力和学会有目的地学习的知识(元认知)，但近 30 年来大量的研究揭示了幼儿身上还未被认识的策略性能力和元认知能力(Brown and DeLoache，1978；DeLoache et al.，1998)。

(3) 心理理论　随着儿童的成长，他们形成了一些关于学习和理解的看法，这些看法深深地影响到他们处置需要努力和意识参与的学习情境(Bereiter and Scardamalia，1989)。儿童存有各种心理和智力的看法(Dweck and Legget，1988)。实际上，并非所有的学校学习者都用完全一致的方法学习。一些理论家认为学习方法不止一种,"聪明"的途径也非单一的。多重智力的存在(Gardner,1983)表明有多种可帮助儿童学习的方法,可扬长避短。

(4)儿童和共同体　虽然儿童的大量学习是自我激励、自我指引的,但是其他人在促进儿童学习发展方面充当向导的角色。这些向导包括其他儿童也包括成年人(看管人、父母、教师、辅导员等)。不仅人可以充当向导,强大的工具和文化物品、著名的电视、书籍、影像和各种技术设备也可作为向导(Wright and Huston,1995)。有关合作学习的大量研究深受维果斯基的最近发展区概念和不断普及的学习共同体概念的影响,无论是以面对面的形式或是通过电子媒介和技术的方式(参见第八和第九章)。

方法进展

随着发展心理学领域研究方法的改进,涌现出大量针对早期学习的研究。由于人类心理的大部分知识出自于对婴儿如何学习的研究,这表明人的心理是一个生物配置的有机体(Carey and Gelman,1991)。为了便于研究婴儿所知道的和能够学到的知识,研究人员需要设计出一些"提问"婴儿的技术,他们说不出来但能领悟。因为婴儿的体能很有限,对研究婴儿思维方式感兴趣的实验人员不得不寻找适合婴儿活动能力的方法。新的方法用来测量婴儿喜欢看的(Fantz,196)和探测他们所感兴趣的事件变化。这三种方法便是非营养性的吮吸、习惯和视觉期望。

非营养性吮吸是一种应用体能的方法,这种体能就连最幼小的婴儿都具备。在一项研究中,研究人员(Kalnins and Bruner,1973)给5至12周的儿童看一部彩色的无声电影,并发给婴儿吮吸的橡皮奶头,奶头与控制放映机镜头的压力开关相连接。婴儿很快便学会了吮吸,并以既定的速度聚焦在电影上。这不仅显示他们有能力和兴趣学习如何控制自己的知觉环境,而且表明他们更喜欢看清晰而非模糊的影像。

第二种方法显示了婴儿对新事物的渴求。习惯范式涉及到给婴儿呈现一个事件(刺激)——一幅图画、单个或连串的声音——婴儿对此的反映是,或看着它,对准它或做能使事件延续的事。经过一段时间之后,婴儿停止对复现事件作出反应。也就是,他们已形成习惯了。如果呈现别的事件,他们又恢复了兴趣。在一项研究中(Eimas et al.,1971),人们采用非营养性吮吸和习惯形成两种方法来说明四个月的婴儿的反应,他们在开始听到音素"ba"时用力吮吸,然后慢慢地失去兴趣,最后停止吮吸。但当呈现一个不同的音素"pa"时,他们又恢复吮吸。

因为婴儿观看他们感兴趣的东西,所以研究人员通过设计视觉期望法来研究婴儿对事件的理解。该方法采用婴儿注视模式来确定他们是否理解视觉事件模式。例如,实验人员设计一种模式能让一幅图片在屏幕的左边回闪两次,然后在右边回闪三次。一旦这一转换模式被确立,实验人员在图片不断回闪的过程中观察婴儿的注视点。如果婴儿在一次回闪后仍然注视屏幕的左边,而在第二幅图片出现之后转向注视右边,说明婴儿能区别一个、两个和三个之间的事件。采用这一方法,5个月大的婴儿能够把数字数到3(Canfield and Smith, 1996)。

因此,通过视力、吮吸力和好奇心,发展心理学家设计出有效研究早期婴儿认知的方法。这些研究成果经过提炼,借助身体行动(如踢脚和手臂运动)来研究早期婴儿的记忆发展,确定他们对物体的识别力(Rovee-Collier, 1989)。

诸如此类的研究不仅表明婴儿能主动选择经验,而且还能证明婴儿有能力感知、了解和记忆某些东西。只有当婴儿能够辨别"pa"和"ba"音的细微差别时,他们对一个新语音的兴趣才能恢复。人们发现非常年幼的婴儿能够看、听、闻,且对渴望探究的东西情有独钟,这更鼓励人们大胆提出实验问题。对婴儿理解物理和生物的因果关系、数字和语言的问题,人们的回答非同凡响。这些研究已深刻地改变了人们对人是何时和如何开始掌握他们各自世界的复杂性的科学理解。

特惠领域的早期能力

物理概念

婴儿是如何了解物理世界的?调查研究表明,婴儿早在3至4个月时便开始拥有有用的知识。例子很多,这里仅举三个:他们明白物体需要支撑才不至于倒塌;静止物体与运动物体接触可产生移位;无生命物体需要外力作用才能运动。

先看看支撑的概念——一个物体是不能悬在空中的。在一项研究中,让婴儿坐在带有平台的桌子前,观看实验人员用带手套的一只手从一个边窗伸出来,把一个盒子放在平台的顶部(可能的事件),然后把手缩回去。接着,当实验人员从边窗伸出手来时,她把盒子放在平台的外边,让人感觉到她把手收回时(不可能的条件)盒子是悬在空中的,参见图4.1。

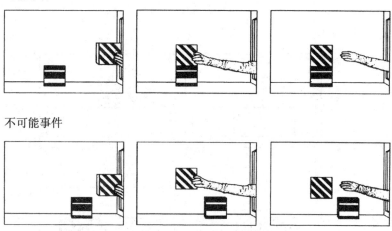

图 4.1 测试婴儿对可能和不可能物质事件的理解力。

资料来源：测试事件，摘自 Needham and Baillargeon (1993)。

采用视觉习惯形成的方法，人们发现 3 个月的婴儿目光在不可能的事件上停留较长的时间。这一反应表明婴儿期望当一只手把盒子放在平台上时盒子是稳固的，但当没有平台支撑时就不可能稳固（Baillargeon et al., 1992；Needham and Baillargeon, 1993；Kolstad and Baillargeon, 1994），参见图 4.2。

在一项对视觉固着在物体轻重不一的连贯和不连贯事件的研究中，希林和克利夫顿（Schilling and Clifton, 1998）也证明了 9 个月的婴儿注视有形的不连续事件的时间要长于那些与他们期望一致的事件，参见图 4.3。关于婴儿对物理因果关系的理解的另一个例子是，静止的物体在被运动物体碰撞时发生移位。调查研究显示，2 又 1/2 个月的婴儿明白这一概念，尽管直到 6 又 1/2 个月他们才能把运动物体的大小与静止物体的移动距离联系起来。"当看到运动物体与静止物体碰撞事件时，婴儿首先形成了一个由碰撞和非碰撞来决定的最初概念。有了很多经验之后，婴儿开始鉴别影响这一原初概念的变量。"（Baillargeon, 1995：193）

在第一年的生活中，婴儿能够了解到无生命物体需要外力作用才能运动，物体自己是不会动的。例如，莱斯利（Leslie, 1994 a, b）指出，4 至 7 个月的婴儿期望有一涉及物体移位的触点。在一项研究中，让婴儿观看一部影片，影片涉及到一只手接触静态玩具，或是把它捡起来（接触条件）和移走，或玩具一前一后移动但没有物体接触（无

习惯性事件

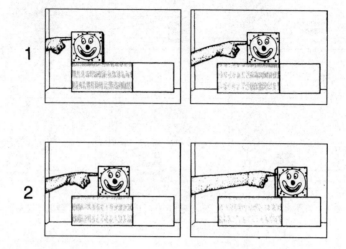

测试事件

可能事件

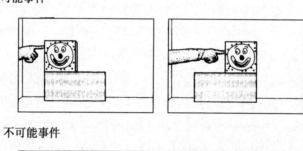

不可能事件

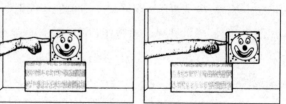

图 4.2 习惯和物理概念的测试。

资料来源:测试事件,摘自 Baillargeon,Needham, andDevos (1992)。

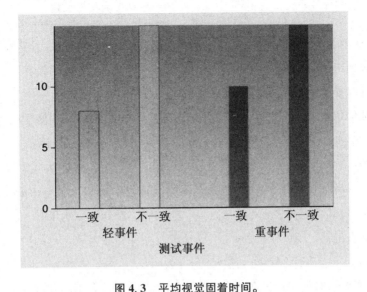

图 4.3 平均视觉固着时间。

资料来源：摘自 Schilling and Clifton (1998)。

接触条件）。应用习惯形成法，莱斯利证明婴儿对时空断接（spatiotemporal discontinuity）尤为敏感：他们把手看成是对无生命物体的施动者，把无接触条件看成是反常的事件——违反因果原则。

上述的早期理解很快便反应到儿童的自发行动中。在对他自己的孩子探究性学习的研究中，皮亚杰发现他们在 12 个月时便能清楚地知道，要使无生命物体联成一体需要有触点。例如，杰克琳（9 个月）发现通过拉动放玩具的毯子（支撑），她能够接触到玩具。在随后的几周里，她经常应用这一"图式"(Piaget，1952：285)。一旦目睹到支撑的行为，卢西恩（12 个月）马上把图式推广到被单、手帕、台布、枕头、盒子、书籍上。当婴儿理解了支撑的概念，这种知识便会很快迁移到各种各样的潜在支撑物上。对于作为"获取手段"的拐杖式东西（推的图式）和线状物（拉的图式）同样如此(Piaget，1952：295)。每一次新的习得，随之而来的便是对自己领域的一次新的概括。

大量的实验室研究证实并拓展皮亚杰原来的自然主义观察，为研究 4 至 24 个月婴儿的推拉图式发展提供了相当详细的描述。如上所述，莱斯利证明 7 个月的婴儿对推的场面中的接触点十分敏感。贝茨等人(Bates et al.，1980)观察婴儿使用不同的工具获取玩具的能力。而布朗和斯莱特里(Slattery)（参见 Brown，1990）观察儿童是如何从大量现有的工具中选择正确工具的能力（如恰当的长度、硬度和推拉点）。直到 24 个月大，儿童才能快速选择恰当的工具，但 14 个月大的儿童经过训练也能做到这一点。

在10至12个月期间,儿童第一次有效地使用工具,这些工具是有形附着的(不可中断的接触)而非在触点上无附着的工具(可中断的接触)或触点需要想象(无接触)。儿童对欺诈事件表现出苦恼或惊讶——当一件工具看上去似乎是可附着的但实际上是不可能的或相反的时候尤为如此,因为这违背了他们的拉动图式(Brown, 1990)。

这些研究描绘出一个有趣的发展图。尽管在习惯范式中儿童似乎早就(5—7个月)理解了接触点的要求,但是在10个月时他们无法把这些知识应用于工具使用的任务上,除非在任务的物理设计上提供工具与目标的接触:工具接触物体;解决办法实际地存在于环境自身。几个月后,通过演示婴儿能够学会想象视觉序列中没有出现的,但工具的拉动特征要求要有的接触点。他们能够看到一支钩子把工具接上(假如工具够硬够长的话)。到24个月,儿童已经可以注意到非附着工具的拉动潜能,且能够就现有的工具按其适合性做出选择。研究表明,幼儿在某种意义上说从很早开始便拥有必要的知识,但他们在表现形式上需要帮助,以促进他们对已掌握知识的应用。

生物因果关系

在过去的30年间,人们已掌握了大量的生物因果关系的初始概念。在此,重点强调有生命和无生命物体的差异。

对无生命与有生命的差异,婴儿区分得很快:正如所见,他们知道无生命物体需要推拉或施以外力才能运动。6个月的婴儿能够区别有生命与无生命的运动,如同光的模式附着于力或人的身上(Bertenthal, 1993)。斯佩克(Spelke, 1990)证明了,如果两人走得很近,然后一前一后没有接触地前行,7个月的婴儿并没有显示出惊讶的样子;但如果两个像人一般大的无生命物体放在一起,然后无接触地运动,他们会感到困惑(这在习惯形成范式中已测量过)。

幼儿展示其早期的理解,即有生命物体具有潜在的运动能力,因为他们是由"生物材料"组成的——他们遵循R·格尔曼(1990)所称的"机能的内部结构原则"。相反,无生命物体遵循外部施动的原则:他们不能自我运动,必须借助外力。

例如,马西和格尔曼(Massey and Gelman, 1988)报告称,当问及3岁和4岁的儿童像针鼹和雕像等新物体是否能够在山坡走动时,他们能做出正确的反应。尽管针鼹看上去比雕像更不像熟悉的动物,儿童声称,只有有生命的物体才能在山坡上走动。同样地,在这一年龄段的幼儿能够对这样的问题做出明智的回答,即动物、机器和自然界无生命物体存在着内在和外表的差别,参见图4.4。

图 4.4　用以研究学前儿童对运动推理的图片。

资料来源：Massey and Gelman (1988:109)。

这只是大量研究中的一小部分结论,这些研究有助于挑战幼儿不能够思考科学领域中非感知性数据的论点。假如不断堆积的证据表明小孩在忙于建构他们对物理和生物世界连贯性的解释,那我们就需要了解在多大程度上早期能力在他们通向学校学习方面起着桥梁的作用。

早期的数字概念

越来越多的证据表明,人的心理具有一种默会能力,这种能力有利于人们注意和表征视觉序列物品数目、击鼓次序、玩具小兔的跳跃、在序列中表征的数字价值等。例如,斯塔基等人(Starkey et al.,1990)给6至8个月婴儿相继放映呈现两个或三个物品的系列幻灯片。每次播放的图片展示不同的家用物品,包括梳子、烟斗、柠檬、剪刀和开塞器,这些物品的颜色、形状、大小结构和空间位置各异。一半的婴儿观看呈现两个物品的系列图片,而另一半观看呈现三个物品的系列幻灯片。当他们感到厌烦时,他们观看的次数降低50%(他们形成了习惯)。此时,给他们交替展示两到三个物品。如果展出的数目同他们以前看到的数目不同,婴儿表现出兴趣并多看上一眼。展出两个和三个物品,其共同特征是他们具有数值,因此人们可以说婴儿对两样或三样东西已习以为常了,所以当他们看到不同数目的东西时就恢复了兴趣。婴儿本可以把精力集中于物品的感觉属性(如形状、姿势、结构的复杂性等)方面,但他们并没有这样做。这是非常重要的线索,表明他们能够在非常抽象的层面上处理表征数字的信息。

其他研究人员证明婴儿关注玩具兔子跳上跳下的次数,只要跳跃事件的数目保持在两到四跳之间(Wynn,1996)。坎菲尔德和史密斯(Canfield and Smith,1996)报道了婴儿在环境中对抽象数字信息的注意力,这是一个特别有趣的例子。他们发现5个月的婴儿使用视觉期望(参见上节)来表明他们能够区分所呈现的三个和两个物品的图片的差异。

年幼的婴儿和刚学走路的小孩也能对加减算术运算的结果做出正确的反应。通过他们的惊讶和反应,幼儿能够根据其预测告诉我们,什么时候一个物品需要运用加减法(Wynn, 1990, 1992 a, b; Starkey, 1992)。例如,首先让5个月的婴儿反复观看两个物品,然后用屏风把物体遮住,再让他们观察实验人员从屏风的背后添加或取出一个物体,最后移走屏风,却发现里面多了或少了一个物品。在多或少的条件下,婴儿目光在数目"不正确"的物品上停留的时间较长——也就是,一个与他们初始训练不一致的数值,一个他们没有料到的数值;如果他们看到添加一个,他们预料里面会是三个,而非一个,反之亦然(Wynn,1992 a,b)。

这类实验证据隐含着这样一个心理过程,即把添加和移走物品的效果与初始数字表征相连的过程。学前儿童的研究也有相似的证据,表明幼儿主动参与,并应用默会的数字知识接触和理解他们环境中新的数字数据,参见背景资料4.2。

在数字方面,有许多有关幼儿理解一组物品的例证。研究结果显示,甚至幼儿也能主动参与自己的数字学习和问题解决。这种能力解释了为什么儿童经常能对新的条件作出很好的反应的原因,如告诉"刚学数数"木偶其计算的对与错,或发明数数的方法(Groen and Resnick,1997;Siegler and Robinsin,1982;Starkey and Gelman, 1982;Sophian,1994)。

但这并不是说儿童在入学前已拥有一些数字知识,就不再需要细心学习了。早期对数字的理解有利于他们进入学校后进行数字概念学习。成功的方案是以已有的发展心理学为基础的,如著名的驱动方案(Griffin and Case,1997)。

尽管人们使入学水平变得容易,但是当涉及到向高级数学转化时这些早期的数字概念也可能导致问题的产生。有理数(分数)的算法并不像整数那样,若要如此看待便会产生严重的问题。因此,值得注意的是许多儿童在遇到分数时也经历过这类问题。他们相信数字越大,其表征的量或单位也越大。

早期对语言的关注

我们提出这样的观点,即儿童生来便具备理解他们世界的必要手段,包括物质和生物概念。毫无疑问,婴儿也具备学习语言的机制。他们从早期开始便形成了他们的语言环境知识,应用一些具体的机制引导语言发展。

婴儿必须能够区分非语言刺激和语言信息:他们把意义和语言功能归结为词语而非狗叫声或电话铃声(Mehler and Christophe,1995)。4个月的婴儿清楚地显示他们更偏爱于聆听词语而非其他声音(Colombo and Bundy,1983)。他们能够区别语言的变化。例如,当习惯英语句子之后,婴儿能发觉不同语言的转换(如西班牙语);但他们不能标示不同英语话语的转换(Bahrick and Pickens,1988),这表明他们能注意到新的西班牙话语。图4.5说明,在美国出生的婴儿,2个月时对英语话语的反应速度比对法语话语的要快。年幼婴儿学会注意口语的特征,如语调和节奏,这能帮助他们获得语言和意义的关键信息。随着成长,他们把精力集中到与他们母语的结构相符的话语,忽视那些不相符的。

背景资料 4.2　多少?

当 3 至 5 岁儿童遇到没有预料到的物品数字变化时,他们是如何作出反应的?在进行以下对话之前,儿童已经和放在盘子里的 5 只玩具老鼠玩耍了一段时间。而后把盘子和老鼠盖上,实验人员在打开盘子之前偷偷地取走两只老鼠(Gelman and Gallistel,1987:172)。以下是儿童调整老鼠数目差异的尝试:

儿　　童:一定不在了。

实验员:什么?

儿　　童:其他老鼠?……

实验员:还剩多少只?

儿　　童:一只、两只、三只。

实验员:游戏开始时有多少只?

儿　　童:一个在那儿、一个在那儿,一个在那儿、一个在那儿、一个在那儿。

实验员:多少只?

儿　　童:五只——现在是三只,但刚才是五只。

实验员:确定游戏还需要什么?

儿　　童:不太有把握。我哥块头大,他知道。

实验员:你想他还需要什么?

儿　　童:嗯,不知道……有些东西得回来。

实验员:(递给儿童一些物体,包括四只老鼠)。

儿　　童:(把四只老鼠都放在盘子上)好啦,现在有一只、两只、三只、四只、五只、六只、七只!不对……我要拿走这些(指着两只),还剩多少。

儿　　童:(拿走一只后再数)一只、两只、三只、四只、五只;不对,一只、两只、三只、四只。喔……原来是五只的,对吗?

实验员:对。

儿　　童:我要把这只拿走(放在桌子上),再看一下现在还有多少只。

儿　　童:(拿走一只,再数)一只、两只、三只、四只、五只。五只!五只。

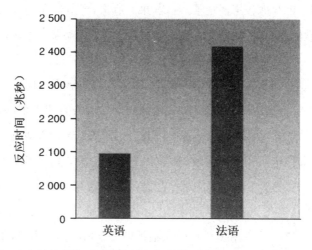

图4.5 2个月的婴儿对法语和英语句子的反应时间 2个月的美国婴儿在听法语和英语句子发音方向时,其视觉扫视的初始平均潜能。

资料来源:摘自 Mehler and Christophe (1995:947)。

到6个月,婴儿能区分反映直接环境的语言特性(Kuhl et al., 1992)。大约8至10个月,婴儿不再把口语看作由单纯的声音组成,并开始表征与语言有关的语音对立(Mehler and Christophe, 1995)。例如,库尔等人(Kuhl et al., 1992)证明,非常年幼的英国和日本婴儿都能学会"ra"和"pa"音的语音对立,但随后只有与母语相关的语音对立得以保留而其他的对立消失了(如"la"音对立在日本婴儿中丢失了)。这类研究表明学习环境是关键因素,它决定基本学习机制相同时学习的内容。

幼儿开始留意到周围的人所讲的语言。他们被人的面容吸引,尤其是常常观看说话人的嘴唇。他们似乎期望口形与声音之间存在某种协调。当给他们观看人们谈话的录像时,婴儿可能觉察到与声音同步与不同步的口形差异。

幼儿也积极设法理解他们周围的人所讲的语言的意义。罗杰·布朗(Loger Brown,1958)谈到婴儿与父母亲所玩的初始词语游戏。成功的参与涉及到儿童通过注意周围环境推测某些所指。1岁儿童的父母亲报告说他们的子女理解他们对其所说的话,显然有大量的信息儿童确实不理解(Chapman, 1978)。例如,刘易斯和弗里道分析了一名13个月儿童的理解能力,当给坐在高脚椅上的这名儿童递一个苹果并告诉她"吃苹果"时,这名儿童咬了一口。当递给在携带式围栏内玩耍的这名儿童苹果并叫她"扔掉苹果"时,她把苹果扔掉。刘易斯和弗里道做这个实验的目的是,测试这名儿童是否真的理解诸如"吃"和"扔"这些词语。他们给坐在高脚椅上的儿童一个苹果,然后叫她"扔掉苹果",这名儿童咬了一口苹果。后来,当给坐在携带式围栏内的儿童递一个苹果叫她吃苹果时,她反把它扔掉。这名儿童的策略基本上是,她认为应该"做你在这一情境中通常所做的"。这一明智的策略常常是正确的。

在日常情境中,幼儿有大量的学习机会,因为他们能够应用情境去判断某人用不同的句子结构和词语所表达的意思(除非由机智的实验人员测试她,如上述的儿童能够确定"苹果"、"吃"和"扔"的一般意思)。同样地,如果母亲指着地毯上唯一的松软物体——一件衬衫时,这名儿童便明白"取"和"衬衫"的意思。语言习得不可能在缺乏共同的社会和情境的环境中发生,因为后者提供了理解词语和句子结构意义的信息(Chapman,1978)。儿童把意义当作语言的线索而非把语言当成意义的线索(MacNamara,1972)。父母和其他照管人在帮助儿童拓展其能力时,既考虑到情境又考虑儿童的现有能力。照管人对儿童认知发展起着特别重要的指导作用,接下来我们将进一步讨论这一点。

语言发展的研究表明儿童的生理能力由环境驱动。这些生理基础使儿童在大约3岁时便能流利地使用语言。但如果他们不是处在语言使用的环境中,他们是不可能发展这种能力的。经验很重要,但使用技能的机会——实践——也是不可缺少的。例如,贾内伦·赫顿罗茨证明,他们必须不断实践、主动加工而不能仅依靠被动地观看电视(Huttenlocher,引自时代周刊,1996)。

学习和元认知策略

至此,我们已回顾了一些研究,这些研究涉及到婴儿生理上的那些令人叹为观止的学习能力倾向。这些倾向有助于婴儿迎接未来生活中适应性学习的复杂挑战。为了茁壮成长,儿童还必须进行自我指导和他人指导的学习,甚至在能力领域的早期学习中也应该这样。在这一节中,我们观察儿童是怎样学习没有预设的事情,如国际象棋或国家首都。我们将讨论儿童是如何通过毅力和意志具备学习一切事物的能力的。

一般认为,在需要用到细心留意、思考和策略的学习领域,幼儿先天不足。但最近的科学研究揭示了迄今为止在幼儿身上所具有的、毫无疑义的策略性能力和元认知知识。

能力、策略、知识以及元认知的重要性

学习和发展的传统观是，幼儿知道和能做的事情极少，但随着年龄的增长和经验（任何一种）的增加，他们的能力不断加强。这一观点认为，学习就是发展，而发展就是学习。没有必要去假定学习的特殊形式，也没有必要苛求学习者主动参与（参见 Bijou and Baer, 1961; Skinner, 1950）。然而即便在特惠领域，如上所述，这种消极的观点并不能充分说明问题。

此外，其他主要领域的研究表明，学习者是如何在非特惠领域加工信息、记忆和解决问题的。以信息加工而驰名（Simon, 1972; Newell Simon, 1972）的这一心理学分支很快被用来解释儿童的学习发展。所有的人类学习者的短时记忆在记忆和解决问题方面都存在着局限性。西蒙（1972）和其他人（如 Chi, 1978; Siegler, 1978; Klahr and Wallace, 1973）认为，发展指的是克服信息加工的限制，如短时记忆能力的局限。发展心理学家的关键论点是，幼儿是否受记忆局限性所累，与成人相比他们是否更加无法通过对策略的明智运用或因缺乏相关知识而克服一般的局限。

关于儿童学习的一种观点是，他们的记忆力比成人低。毫无疑问，一般说来儿童学习和记忆的能力随年龄的增长而增加，但争论的焦点是影响这些变化的机制。一种观点认为，儿童的短时记忆能力或他们所拥有的心理空间容量（M—空间），随着儿童的成熟而增加（Pascual-Leone, 1988）。如果有更多的心理空间，他们能够保存更多的信息，进行更复杂的心理运算。当前的观点是，大孩子心理运算速度快，这使他们能够更有效地利用有限的能力（Case, 1992）。如果某人持其中一种观点，他便会预期在跨领域学习的表现中取得相对一致的进步（Case, 1992; Piaget, 1970）。

第二种观点认为儿童和成年人都具有大致相同的心理能力，但在成长的过程中，儿童习得了知识，并开展更加有效的心理活动，这些活动经常被称作策略。现有各式各样的增强记忆力的著名策略，如复述策略（对项目的多次复述），有利于死记硬背（Belmont and Butterfield, 1971）；精加工策略（Reder and Anderson, 1980），促进有意义的单位（如句子）的保存；概括策略（Brown and Day 1984），增强保持和理解。这只是许多策略中的三种。

或许促进记忆力的最普通的策略是组块策略：把不相关的信息组成有意义的单位。组块策略取决于对知识的组织。在一篇经典的论文中，米勒（1956）描述了人类心理加工中的一种持久性的现象，他称之为"奇妙数字 7 ± 2"。给出一串记忆数字、相互区别的声音（音素）或复述不相关的事实，在 7 个单位之间发生了关键性的变化。7 个单位(实际上是在5至9之间,米勒因此而用了这个数目)上,人们能够顺利地完成各式各样的任务。超过7个单位,处理就不那么顺畅了。人们已设计出对付这种记忆极限的方法,即组织信息,如把信息组合起来或把无关的成分组成可理解的字母、数字或图片模块。

以组块效果著称的记忆策略增进儿童的记忆力,也增进了成年人的记忆力。例如,在一个标准实验里,给4至10岁儿童呈现一长串要记忆的图片,若靠一个个记忆远非他们的能力所及。这一串图片包括猫、玫瑰、火车、帽子、飞机、马、郁金香、船、大衣等。列出20个条目表,年龄大的儿童比年幼者记得多,但是影响记忆的因素不是年龄本身,而是儿童是否注意到,该表由四种类型成分组成(动物、植物、交通工具和衣物)。如果注意到这些类别,幼儿常常能回忆整个表中的内容。缺乏分类辨认,表现当然会差并且呈现年龄效应。在分类策略方面,幼儿比大孩子运用得少。然而,技术与知识相关而非与年龄相关。分类越复杂,要求儿童注意结构的年龄就越大。一个人必须先了解结构才能使用它。

不同的儿童学习观对人们预期从儿童那里得到的启示各异。如果一个人相信学习的差异是由能力的不断增强或加工的速度决定的,那么他会期望在大多数领域的学习中有相对一致的增长。但如果一个人相信策略和知识的重要性,他会期望不同水平的学习,这取决于儿童的概念性知识和对组织学习的知识和策略的控制。例如,比较大学生和3年级学生回忆30个条目的能力,这些条目包括星期六早间电视节目的名字、儿童卡通人物等等,3年级学生组块的内容越多,随后回忆的条目也就越多(Linberg,1980)。同样的,一组8至12岁学得慢的学生(slow learners),在回忆大量流行歌星姓名的任务时,表现比"正常"成年人好得多,因为他们采用了组块策略(Brown and Lawton,1977)。背景资料2.1(参见第二章)提供了一个检验儿童棋类表现能力、知识和策略的显著例子。

元认知是儿童学习的另一重要方面(参见Brown,1978;Flavell and Wellman,1977)。先前知识在决定表现力方面不但对儿童,而且对成年人来说都是至关重要的,这包括学习的知识、有关自己学习强弱的知识以及对现有学习任务的要求。元认知也包括自我调整——安排自己学习的能力:制定计划,监控成功、如有需要修正错误——所有的这些对有效的、有目的的学习是必要的(Bereiter and Scardamalia,1989)。

元认知也指反思自己表现的能力。自我调节能力出现较早,而反思能力较迟出现。如果儿童对自己的学习能力缺乏洞察,几乎不能期望他们能制定计划或做出有效的自我调节。但元认知并非一下子以"你拥有了,你没有拥有"的方式在童年的后期出现。证据显示,与其他形式的学习一样,元认知是逐步习得的,它有赖于知识和经验。在未知领域,人们很难从事自我调节和反思。然而在儿童熟悉的话题上,自我调节和反思的初始形式出现得较早(Brown and DeLoache,1978)。

对学前儿童精细记忆的研究为他们早期出现的制定、安排和运用策略的能力提供了一些见解。在一个著名的例子中,让3至4岁的儿童观察,把一只小玩具狗藏在三只杯子中的一只里面,然后引导儿童记住狗在哪只杯子里。在延误期间,儿童只是被动地等待(Wellman et al.,1975)。有些儿童表现了不同的行为,这些行为与已有的记忆策略相类似,包括清晰地提取意图(如看着目标杯点头说是,看着非目标杯点头说否)、提取线索(如把手放在杯子上以标示正确的杯子或把它移到显著的位置)。这两种策略是熟练复述活动的先兆。这些努力得到奖赏:那些主动准备以这种方法去提取的儿童,常常能够记忆藏狗的位置。背景资料4.3展示少许更早出现的"复述法"。

背景资料4.3 回忆大鸟的位置

在一组18至24个月大的儿童跟前,有一只诱人的玩具——大鸟,它被藏到儿童游戏室的某个位置,如在枕头后面、在长沙发上或在椅子下面。儿童被告知:"大鸟要躲藏起来,铃响时便能找到它。"在等待取回玩具时,即使成年人让他们参与游戏和对话,儿童并非消极等待。相反,他们常常插入各式各样的活动打断游戏,这些活动表明他们一直都在想着记忆任务。他们在谈玩具,论"大鸟"。事实上,它已被藏了起来,"大鸟躲藏起来"。藏在哪儿呢?"大鸟、椅子";或是有关他们取回大鸟的计划"找大鸟"。其他复述行为包括观察或指出大鸟的藏身地,在它的周围徘徊以及试图偷偷看一眼玩具。尽管与长者的复述策略相比不成体系,而且结构不良,但是幼儿的活动具有相似的功能,使回忆的信息,藏起来的玩具和它的位置活起来(DeLoache et al.,1985a)。

这些协助记忆的意图使人们开始关注元认知——不努力,遗忘便会发生。所涉及的策略类似于对更加成熟的策略的干预形式,如年长的学龄儿童使用的复述策略。在5至10岁间,儿童懂得了要学习就需要努力使用策略,这种理解变得越来越复杂。他们谈论和反思学习能力在学校的岁月里不断增强(Brown et al., 1983)。通过确认儿童的这种初始理解,人们能够在早期的学校岁月中设计学习活动,这些活动是在他们理解学习和记忆所指的基础上建构并得以强化。

多重策略及策略选择

儿童用以记忆、形成概念、推理和解决问题的策略随着年龄和经验的增长而变得越来越有效,且富有弹性,应用面更广。但不同的策略不仅仅与年龄有关。为了说明多样性,我们来看看一位数加法的具体案例,这一案例已经成了大量认知研究的对象。

假设3+5,人们最初认为学前儿童是从1加起(如,1、2、3、4、5、6、7、8),6至8岁儿童从大数字加起("5,然后6、7、8"),而9岁以上的儿童从记忆中提取答案,因为他们知道答案(Ashcraft, 1985; Resnick and Ford, 1981)。然而,最近发生了一个复杂、有趣的现象(Siegler, 1996)。在一个问题接一个问题的基础上,同龄儿童常常使用大量不同的策略。这发生在很多领域,诸如算术(Cooney et al., 88; Geary and Burlingham-Dubree, 1989; Goldman, et al., 1998; Siegler and Robinson, 1982)、因果和科学推理(Lehrer and Schauble, 1996; Kuhn, 1995; Schauble, 1990; Shultz, 1982)、空间推理(Ohlsson, 1991)、参考交际(Kahan and Richards, 1986)、根据记忆回忆(Coyle and Bjorklund, 1997)、阅读和拼写(Jorm and Share, 1983)以及可能的判断(Kuhara-Kojima and Hatano, 1989)等领域。即便在接连的两天里给同一儿童提相同的问题,他使用的策略也不一样(Siegler and McGilly, 1989)。例如,让5岁的儿童做加法时,他们有时从1数起,如上所述;但他们有时也会从记忆中提取答案,有时从大数目数起(Siegler, 1988)。

儿童使用不同的策略并不仅仅反映人类认知风格的特殊性。有许多解释人们了解和使用多重策略的理由。策略的不同在于其准确性、在于实施策略的时间、在于加工的要求以及在于策略应用的问题范围。策略选择涉及这些特点的权衡。儿童知道并能够恰当地应用策略的范围越广,他们根据具体环境使用方法的准确性就越高。

即使幼儿也能利用不同策略优势和应用对问题发挥最大效应的每一种策略。例如,对简单的加法问题如4+1,一年级学生很可能直接提取答案;而对差异大的数字如2+9,他们有可能从大的数字算起("9、10、11");对除上述之外的问题如6+7,他们可能从1算起(Geary,1994;Siegler,1988)。随着儿童不断地获得该领域的经验,尽管是在早期,对这些策略选择的适应性也在增加(Lemaire and Siegler,1995)。

一旦认识到儿童了解多重策略,且能在它们之中进行选择,问题便出现了:首先他们是如何建构这些策略的?要解答这一问题,就必须对还没有知悉策略的个体儿童进行研究,让他们对主题作长时间体验(数周或数月);用这种方法,研究人员能够研究儿童是如何设计他们各种各样的策略的(Kuhn,1995;Siegler and Crowley,1991;又见DeLoache et al.,1985a)。这些被称为"微观遗传学"研究,指的是对概念发展进行小范围的研究。用这种方法,人们能够确定一个新策略是什么时候开始使用的,这反过来允许人们检查已发现的经验是什么,是什么东西导致了这个发现以及该发现是怎样在最初使用后得到概括的。

这些研究产生了三个关键的结论:(1)发现的产生通常不是在绝境或失败中,而是在成功表现的情境中;(2)短暂的过渡性策略通常先于持久性的方法;(3)新方法的概括通常出现得较慢,即使当儿童能够为其有用性提供令人折服的理论说明(Karmiloff-Smith,1992;Kuhn,1995;Siegler and Crowley,1991)。儿童通常生成有用的新策略而不会生成概念瑕疵的策略。他们似乎在寻找某一领域中恰当策略所必备的概念性理解。在诸如个位数加法、多位数减法和踢哒脚游戏中,儿童有了这样的理解,这使他们在自发生成策略之前能够确认新的、更先进的策略用途(Hatano and lnagaki,1996;Siegler and Crowley,1994)。

对儿童策略发展的新见解导致教学上的创新。这类创新是交互式教学(Palincsar and Brown,1984)、学习者共同体(Brown and Canpione,1994,1996;范德比尔特认知与技术小组,1994)、理想学生(Pressley et al.,1992)和启动工程(Griffin et al.,1992),他们的一个共同特征是认识到学生理解和使用不同策略的重要性。这些项目各异,但其目标都是为了帮助学生理解策略如何有助于他们的问题解决,每一种策略在什么时候可能是最有用的,以及把策略迁移到新的情境。无论是年幼还是年长的儿童,无论是低收入还是中等收入家庭的儿童,教学项目收到了令人满意的效果,这证明了所有弹性策略的发展对学习具有现实意义。

多元智力

多元策略概念能促进对儿童学习的理解,影响教学方法,对多元智力不断产生兴趣亦然。在多元智力理论中,加德纳(Gardner, 1983, 1991)提出了七种相对独立的智力存在:语言的、逻辑的、音乐的、空间的、身体运动的、人际关系的和自我认识的。最近,加德纳(1997)提出了第八种智力"自然主义的"。前两种智力是用于测试并被学校十分看重的智力。

多元智力的理论是作为一种心理学理论提出的,但却引起了国内外教育工作者对教与学的浓厚兴趣。以该理论为基础的实验教学项目一般把重点放在两种方法上。有些教育工作者认为所有的儿童都应该发展每一种智力。以此为据,他们已设计出直接强调每一种智力的课程。其他教育工作者关注具体智力的发展,如个人智力,因为他们相信这些智力被美国教育界所忽视。但每一种方法都有其利弊。

把多元智力应用到教学中去是一项基本的教学改革运动。这项运动刚刚开始。一个有趣的发展是人们试图修改传统的课程:无论在历史、科学还是在艺术上,多元智力理论为教师提供许多处理某一科目的不同方法、几种表征关键概念的模式以及学生能够展示理解的各种途径。

儿童的智力观和学习观:学习和理解的动机

像其他长者一样,儿童对自己的心理和他人的心理,对人类是如何学习和变得"聪明"有自己的想法(参见 Wellman, 1990; Wellman and Hickey, 1994; Gelman, 1988; Copnik, 1990)。据说儿童拥有两种主要信念类型之一:实体理论和增量理论(Dweck, 1989; Dweck and Elliot, 1983; Dweck and Leggett, 1988)。具有实体理论的儿童相信智力是个人所固有的属性;具有增量理论的儿童相信智力是可塑的(又见 Resnick and Nelson-LeGall, 1998)。持实体理论的儿童倾向于在学习情境中坚持行为表现目标:他们尽力表现出色或看上去表现出色,获得对自己能力的正面判断,避免评价。他们避开那些会反映其能力肤浅的挑战。他们面对失败极少能坚持下去。他们的目的是表现好。相反,持增量理论的儿童具有学习目标:他们相信经过不懈的努力和坚定的意志,智力是能够改进的。他们把自己不断增长的能力看成他们的目标。他们寻找挑战,具有高坚持性。显然,儿童的学习理论影响到他们如何学和如何看待学习。尽管大多数儿童可能处于两个理论的连续体之间,在数学上是持增量理论者,而在艺术上是拥实体理论者。但动机的因素影响到他们的坚持性、学习目标、失败感和对成功的追求。如果教师了解儿童上学时的信念,教师可引导儿童对自己的学习潜力作出更加健康的概括。

自我指导与他人指导的学习

儿童在特惠领域,如语言和物理因果关系领域,常常是自我指导的学习者。幼儿表现出投入专心学习情境的强烈愿望,他们在没有外部压力和没有反馈或奖赏的、纯自足的情境中学习——有时称为成就或能力动机(White,1959;Yarrow and Messer,1983;Dichter-Blancher et al.,1997)。儿童既是问题的解决者又是问题的生成者;他们不仅要解决别人给他们提出的问题,还要寻求和创造新的挑战。努力解决填字游戏的成年人与设法组合拼板玩具的幼儿有着共同之处。他们为什么要受此麻烦?人类似乎有解决问题的需要,参见背景资料 4.4。学校的挑战之一是要在为学生提供的学习服务中建立起学生探究、成功、理解和利用挑战的动机。

背景资料 4.4 解决问题

给 18 至 36 个月大的儿童一套茶杯玩耍(DeLoache et al.,1985b;又见 Karmiloff Smith and Inhelder,1974,论儿童搭建积木)。五个塑料杯堆放在儿童前面的桌子上,告诉他"这些是给你玩的"。尽管儿童原来见过放在一起的茶杯,确实没有必要让他们自己去把茶杯放在一起。他们很容易把它们堆积起来,堆成一列想象中的火车,假装用杯子喝水等。然而,儿童一开始便设法把茶杯配在一起,这一个过程通常是慢长且艰辛的。

总的说来,自发把一套茶杯配在一起时,幼儿首先着力修正他们的错误而没有改变各成分之间的关系,然后对有问题的那套作局部调整,再把问题作为整体来思考和运作。这一"发展"趋势不但在不同年龄层中观察到,而且在同一年龄层(30 个月)的儿童(给他们额外的时间来玩弄杯子)中也观察到。

最重要的是,儿童坚持下来,不是出于他们非得这样,或要他们这样做,或因为他们要对失败负责;他们坚持是因为成功和理解是凭自己本身的能力激发的。

指导儿童的学习

伴随儿童的自然好奇心和作为自我激励学习者的坚持性,他们在第一个4年到5年期所学的东西并非是在孤立中学习的。婴儿的活动靠成年人与儿童的关系给予补充,这些关系鼓励儿童不断参与他们所生活的社会中有技能和有价值的活动。研究表明,学习是受这些社会互动的强烈影响。事实上,对滥用毒品(吸毒)的母亲和婴儿的互动研究表明,缺乏这些关键性的学习接触是如何抑制3至6个月大婴儿的学习的(Mayes et al.,1998)。

照料儿童的父母和他人为他们安排各种活动,促进他们的学习,而这是通过制定任务的难度,通过相互参与活动中模仿成熟的表现的方法来达到的。大量的观察研究详细说明,母亲和幼儿学习间的互动。正如图例所示,可以看到一位母亲坐在一堆玩具前,膝上坐着一个一岁的儿童。她的大部时间用于打发平静而便利的场景活动,诸如拿着一个需要三只手才能应付的玩具,取回范围以外的物品,清理不用的物品,让儿童把精力集中在主要活动上,转动玩具使其更易于把握,展现不太明显的特性以及以这种方法来保持身体最大限度的物质支撑以及提取玩具(Schaffer,1977:73)。

除了该研究说明成年人是如何设置环境来促进儿童学习之外,人们大量地研究成年人是如何指导儿童去理解对新的情境作出反应的问题,用情感暗示,考虑情境的本质、行为的非语言模式、对事件的言语和非言语理解以及区分物体和事件的言语标记(Rogoff,1990;Walden and Ogan,1988)。父母使自己的语言和行为有利于幼儿学习(Bruner,1981a,d,1983;Edwards,1987;Hoff-Ginsberg and Shatz,1982)。例如,在头几个月,父母的婴儿式谈话局限于一小部分有旋律的声音轮廓,这使婴儿能够抽象语音原貌(Papousek et al.,1985)。父母亲标示物体和类别的名称帮助儿童理解类别的层级和学习恰当的名称(Callanan,1985;Mervis,1984)。与照看者交流以达到日常目标是儿童早期学习语言和学习共同体中其他认知工具的基础,参见背景资料4.5。

照看者最重要的角色涉及尽量帮助儿童把新情况与更为熟悉的情境建立起联系。在讨论能力表现和迁移(见第三章)中,我们注意到适合于某一特定情境的知识不一定非得提取除非相关。出色的教师帮助所有年龄层的人在他们知识的不同方面建立联系。

背景资料4.5　哪个玩具？

思考一下成年人与14个月的儿童就想要用哪个玩具的问题达成理解所作的努力。成人在玩具箱中寻找玩具。当他触及钟塔玩具时，婴儿惊叫"啊!"成人回应了一声"啊?"并把钟塔玩具捡起来。婴儿不断地盯着箱子，不理睬钟塔玩具，因此成年人给婴儿看钟塔玩具，再问"啊?"婴儿指着玩具箱中的某件东西咕哝地说"啊……啊……"成年人再回到玩具箱，婴儿惊叫"吐!"成人大声说"啊!"然后捡起躲躲猫给婴儿看。但婴儿不予理睬，再次指着玩具箱中的某件东西，然后毫无耐性地挥动手臂。成年人以"啊?"声作回应。但婴儿指着玩具箱的一边。他们用另一个玩具再重复一轮，婴儿毫无耐性地挥动手臂。成年人说："你拿给我看!"把婴儿从高脚椅里抱出放在他的膝上。然后成年人捡起那个玩偶匣，问"这个?"婴儿张开小手取玩具，然后他们开始玩起来(Rogoff et al.，1984:42-43)。

照看者试图按儿童所熟知的来建构，并通过为儿童的行为表现提供结构支持或搭建支架的方法来拓展他们的能力(Wood et al.，1976)。支架式教学涉及到几种活动和任务，如：

- 使儿童对任务感兴趣；
- 通过简化任务方法，减少解决问题的步骤，这样儿童便能处理加工成分，并确认达到任务所要求的时间(并确认什么时候达到了与任务要求相符的成绩)；
- 通过激发儿童的动机和确定活动的方向，维持儿童对目标的追求；
- 标示出儿童所采用的与理想的解决方法之间差异的关键特征；
- 控制好解决问题时所遇到的挫折和风险；
- 展示所要从事的行为的理想模式。

支架式教学的特点是按照"有观众的地方，必有参与者"的格言行事的(Bruner，1983:60)。

学会阅读和讲故事

成年人支持儿童学习的重要性可通过对这一问题的思考来体现：出生时没有语言，儿童是怎么在头3年便形成了大部分讲故事的基本技能的呢(Engle,1995)？各式各样的识字经验为儿童配备了这种杰出的本领。为儿童提供"讲"或"读"故事练习，这是增进语言技能的原动力，也与早期独立阅读有关，参见背景资料4.6。多年来，一些父母和学者意识到早期阅读与个人经验相关的小人书的重要性。最近，这一过程的功效已得到科学的证实——在实践中得到证明(参见国家研究院，1998)。

背景资料4.6　婴儿阅读

让16个月大的朱莉暂时和到访的爷爷单独呆在一起。希望她不要分心去想母亲，他开始给她"读"一本小人书。每一页都有一个动物及它的"宝贝"。朱莉作为观众兴趣很浓，直到他们看到一幅大袋鼠和它的"小袋鼠"的图片。她立刻说"袋鼠，孩子"。她又指着一件印有袋鼠的汗衫，再说"大袋鼠"、"孩子"。爷爷重复了每一句话。由于知道她最近收到来自澳大利亚的大型填充动物玩具，他问道："朱莉的大袋鼠呢？"朱莉非常激动地把填充动物玩具拖到爷爷跟前，指着书本说"大袋鼠、孩子"，然后指着填充玩具说"大袋鼠"，指着袋中的小袋鼠说"孩子"。在大量的笑声和大袋鼠/孩子的常规重复中实现了交际。即使是在单字的咿呀学语阶段，儿童能够在不同的场景中"读"、"指"和"表征"(Brown，个人交流)。

在19世纪后期，C·L·道奇森(C. L. Dodgson，又名刘易斯·卡罗尔)为他著名的《爱丽丝漫游仙境》、《爱丽丝镜中奇遇记》等书准备了儿童版。该书大部分重印了著名的坦尼尔木刻插图。该书的作用是要刺激"阅读"，如同当代无字小人书一样。这是第一次作这样的尝试，在此，我们引述刘易斯·卡罗尔的话(Cohen, 1995：440)：

我有理由相信成百上千年龄在5—15岁的英国儿童读过《爱丽丝漫游仙境》，15—25岁的儿童也读过；25—35岁的儿童也读过……而我的目标(徒劳的？)是给

0至5岁的儿童阅读。阅读吗？不,不是这样！书是被文盲、文理不通的人翻看、诉说、折角、压皱和轻抚的。

杰出的教育家道奇森有一个教育信条,是有关如何教养"幼儿爱丽丝"的。该书的副本是针对成年人的,几乎采用当今流行的教师用书的方法,要求成年人给书注入生命。图片是主要的焦点。原著的大部分内容没有具体化。例如,当看到爱丽丝和老鼠在她用眼泪注成的水池里游泳这幅著名的坦尼尔图片时,卡罗尔让成人为儿童读下面几段(引自 Cohen, 1995:441):

先请看这幅图画,然后你很快便能猜出以下发生的事情。它看上去像大海,对不对？但事实上眼泪池是由爱丽丝的眼泪注成的,懂吗！

爱丽丝跳入池中,然后老鼠也跳入,他们在一起游泳。

当她从图片中游出来时,爱丽丝长得漂亮吗？在深水中你只能看到她那蓝色的长袜。

可是为何老鼠这样匆忙地游离爱丽丝？哦,理由是爱丽丝开始谈猫说狗,老鼠总是不喜欢谈猫说狗？假如你在自己的眼泪池中游泳,假如某人开始向你谈课本和药瓶的事,你还会如此尽情游泳吗？

卡罗尔是一名自然教师,他指导看护儿童的人完成下列任务：让儿童把精力集中在图片上,向儿童提问题以维持他的好奇心,让儿童参与对话——即使儿童最初的表达有限。卡罗尔让成年人通过识字事件引导儿童形成"细心观察的习惯"。他机智地提出某些人与动物界的真理,打开了充满乐趣和废话的王国,儿童在阅读故事中与成年人分享的王国(Cohen, 1995:442)。

照看者从故事书的"阅读"中,通过问问题去组织儿童的故事和叙述,他们能够建构儿童的发展性陈述技能(Eisenberg, 1985; MeNamee, 1980)。如果该儿童讲一下便停下来或漏掉关键的信息,成年人可提供支撑性问题如"接着呢？"或"还有谁？"这些问题隐性地为儿童提供了环境中所需叙事结构的暗示。

例如,母亲开始与她那8个月大的儿子理查德一起阅读(Ninio and Bruner, 1978)。最初,母亲完成所有的"阅读",与此同时她还要教理查德小人书阅读的形式对话。起初,她似乎对婴儿发出的任何声音都感到满意,但当他能够发出实际单词时,她提出了更多的要求,为获得一个标记而质问:"那是什么?"母亲似乎增加了她的期望水平,先哄孩子用声音替代非声音符号,然后用完整的词代替咿呀学语声。起初,由母亲来完成所有的标记,因为她认为孩子办不到。后来,母亲只标示那些孩子不能自己标示的。因此,标记的责任从母亲身上迁移到孩子身上,以适应他不断增长的知识量,由母亲仔细监控。在学习的进程中,母亲不断地更新那些孩子先前已经理解的词汇表,尝试与他那不断增长的知识基础保持一致。

中产阶级1岁半和3岁的儿童常常能自动提供标记。一组儿童完成标示诸如,"这是一匹马儿"或询问母亲有关信息"这是什么?"(DeLoache, 1984)。3岁时,母亲所教的远非标记了,她们谈论图中物体的关系,把它们与儿童的经验相连,并询问儿童的外部经验。例如,"对啦,那是蜂房。你知道蜜蜂能产什么吗?它们能产蜂蜜。它们从花那儿吸取花蜜,然后炼成蜂蜜,再把蜂蜜存在蜂房里"。母亲运用情境和材料为儿童提供大量的背景信息。他们不断地精心加工和质疑信息,这些是增进理解的活动,随后在"真实"的阅读任务中运用。

在这些阅读活动中,母亲试图起到心理学家称之为儿童最近发展区的作用——延伸至儿童通过帮助能达到的水平(参见背景资料4.1)。随着儿童的进步,母亲对他所要求的合作水平也随之提高。母亲如此系统地建构他们的合作经验,这使得儿童被吸引到对合作工作承担越来越多的责任方面。这样做,她不仅为儿童提供了出色的学习环境,而且还建构促进理解的适合活动模式。因此,关键的规章限制活动更清楚明了。

讲故事是一种组织自己经历和组织听来的经验的强有力的方法,它提供了解读课文叙述能力的渠道。3岁或4岁儿童开始学讲故事,他们可以讲各种各样的故事,包括自传体事件、复述小说、回忆听过的故事。儿童的日常经验有助于讲故事。儿童喜欢谈论和学习熟悉的活动、脚本、图案、"睡觉"或"上麦当劳餐馆"的脚本(Nelson, 1986; Mandler, 1996)。儿童喜欢聆听和复述个人经验。这些回忆是通向成熟叙述的阶梯。随着年龄增长,儿童的参与程度增加了,他们给故事添枝加叶,承担比作者更大的职责。到了3岁,在家一起讲故事是常有的事,儿童能够担当建构个人叙述的主角。

回忆也能引起儿童心烦意乱的体验,这些叙述起到"冷却器"的作用(Bruner, 1972),疏远这种经验,巩固家庭的安全港湾以及其他支撑性环境。早期对经验分享的兴趣、一起阅读小人书和讲故事一般对学前和低年级的文字理解具有明显的意义。事实上,夏威夷的KEEP(Au, 1981; Au and Jordan, 1981)计划和美国市区的交互式教学计划(Palinscar and Brown, 1984)是继自然接触之后的两种明示教学模式,他们试图建构和使风格模式化。为支撑孩子数学学习，由父母建构的关系式和支架式教学经证明是一项成功的干预，并已在学校的情境中得到仿效。

交际中的文化差异

成年人和儿童的交际存在着巨大的文化差异，每个文化群体内也存在着个人交际风格上的巨大差异。所有的文化差异为儿童的发展提供了强有力的支持。然而，有些差异可能比另一些更能促进具体类型知识和交际风格的培养，这些风格在典型的美国学校环境中是可以预见的。对教育工作者和父母来说，认真思考这些差异是十分重要的。

交谈、观察或旁听

在某些群体中，儿童极少与成年人进行直接的交谈，而是与他们一起参加成年人活动。在这些情境中，儿童的学习是通过观察成年人以及活动情境中成年人所提供的线索和支持来实现的。这些活动与在其他群体中常见的模式形成鲜明的对照。在那里，成年人通过与活动情境无关的直白文本，直接指导幼儿的语言和其他技能（Ochs and Schieffelin，1984；Rogoff，1990；Rogoff et al.，1993）。

例如，普韦布洛印第安儿童有机会参与成年人生活的许多方面，他们能够自由选择如何参与以及参与到哪些人中去（John-Steiner，1984）。他们报告说，在学习过程中他们充当作为共同体中经验丰富的成员的"学徒"角色（Suina and Smolkin，1994）。在涉及到学习过程的情境中，他们运用到观察和言语解释。

在路易斯安娜的一个非洲裔美国人社群中，那是一个期望儿童"被看到而不是被听到"的地方，语言学习是靠旁听来的。他们在社群生活中默默吸收，参与日常商业活动，无意中聆听成年人谈话，所有的这些对儿童语言发展的影响是不可低估的（Ward，1971：37）。"没有什么能逃得过儿童的耳朵。除了周六晚会之外，在社群中他们无处不在。"年纪大一点的儿童学习社交和智力技能："字母表、颜色、数字、押韵、文字游戏、钢笔和铅笔游戏是从年长儿童那里学到的。任何儿童，即便是刚出世的，都离不开这样的教导，因为同龄或大过他们的堂（表）兄妹、姑婶、叔伯等比比皆是。"（Ward，1971：25）

在这个社群中，孩子并非成年人的对话伙伴。如果儿童有重要的话要说，父母会认真听的。而当父母对他讲话时，儿童最好也认真听。至于对话，那是成年人对成年人的谈话。年长儿童和成年人之间的问题涉及到直接求取信息,而并非因对话的缘故或因父母亲要训练儿童他们自己已知的话题。母亲对孩子所说的话不是以对话的形式出现的,而是细心规范的、能在社群中准确使用的、可运作的语言模式(Ward, 1971)。

学校教育和提问的作用

民族学的详细调查研究显示,在成年人与儿童如何进行言语交往中存在着明显的差别。由于在教室中广泛使用提问形式,特别重要的差异是如何对待提问和回答。一项经典的研究,比较了中产阶级白人教师在自己家中的提问行为和劳动阶级非洲裔美国学生的家庭提问,研究表明差异是巨大的(Heath, 1981, 1983)。中产阶级母亲的提问几乎是从婴儿出世和在儿童能做出回答之前开始。例如,一名母亲提问她8周大的婴儿:"你想要玩具熊吗?"并代替婴儿回答:"是的,你想(要)你的熊。"(参见以上背景资料4.6)这些活动为真提问和假提问之间提供舞台,而这些互动发挥不同的社会功能。处于这些交往模式中的儿童似乎要提供答案,且很乐于提供他们完全知道成年人已拥有的信息。

这些"已知答案"的问题,即提问人拥有所要求的信息,经常发生在课堂的对话中(Mehan, 1979)。教师习惯让学生回答那些能展示所学习知识的问题,而不是提供教师不知道的信息。同样地,在中产阶级的家里,已知答案的问题占主导地位。例如,在48小时的时间内,27个月大的米西所说的话几乎有一半(215句中的48%)是由问题组成的;在这些问题中几乎有一半(46%)是已知答案的问题(Heath, 1981, 1983)。

总的来说,提问在非洲裔美国儿童的家庭社交模式中起不到中心的作用,特别是已知答案的提问方式明显缺失(Heath, 1981, 1983)。言语交往具有不同的功能,而它们是镶嵌在不同的交流和人际情境中的。一般提问形成是由类推故事和责问开始的;这些形式极少出现在白人的家庭里。例如,一般让非洲裔美国儿童通过回答相似的比较类问题,参与隐喻的复杂运用。很有可能问儿童"那像什么?"或"他的举止像谁?"而非"那是什么?"的问题。这类问题反映非洲裔美国成年人的假设:学前儿童善于注意事物的相似性。这些设想是以言语形式而非提问形式出现的,经常运用到明喻和隐喻。成年人常被问及和评价隐喻性思维和由讲故事的问题引发的叙述性文章:一个参与者表示愿意用问题的形式来讲故事:"你昨天看到麦基的狗吗?"对这一询问的恰当回答不是"是"或"否",而是另一个问题"不对,昨天麦基的狗怎样了?"作为叙述的起点。成年人和年长的学前儿童完全熟悉这些提问方式,且对此情有独钟。

这些例子强调劳动阶层黑人社群和中产阶级白人社群提问行为的形式与功能之间的体系差异。没有一种方法是有缺陷的,但在低年级课堂占主导地位的活动与中产阶级的家庭的提问形式更为一致,而与劳动阶层的家庭提问方式差异很大。

当中产阶级教师用熟悉的提问程式训练学生时,毫无疑问中产阶级出身的学生因具有与教师相同的背景,能成功地完成回答任务,而劳动阶层出身的非洲裔美国儿童却常常感到困惑(Heath, 1981, 1983)。此外,教师有时也会因在黑人学生身上缺乏他们认为负责任的回答行为而迷惑不解。他们评论道(Heath 1981:108):

> 他们似乎连最简单的问题都不能回答。
>
> 我几乎肯定他们中的一些人有听力障碍,似乎他们听不到我问的问题。我得到的是毫无表情的凝视。如果我的陈述或所讲的故事他们感兴趣的,他们总能听懂我的话。
>
> 最简单的问题是他们不能在堂上回答问题。然而,在运动场上,他们能解释比赛的规则等等。他们并不像在教室里那么笨。
>
> 我有时觉得,当我看着他们提问时,我是在盯着一堵无法穿过的墙。

然而,随着教师对儿童所熟悉的隐喻和对所叙述问题程序的深入了解,他们能够不断地介绍陌生的已知答案常规。这是一个"双行道,从学校到社区和从社区到学校"的例子(Heath, 1981:125),如果向正规学校教育过渡给不同种族群的人伤害少些的话,这样做是需要的。不仅要通过设计干预来帮助具有少数民族文化背景的父母为孩子入学做准备,而且学校本身对文化差异问题要具有敏感性。答案不是全部集中在改变儿童或改变学校上,而是要鼓励双方保持适当的弹性。

小 结

"发展"的概念是理解儿童思维变化的关键所在,如语言、因果推理、初级数学概念发展等。

幼儿主动了解他们的世界。在某些特定领域,如生物和物理的因果关系、数字和语言领域,他们具有接受快和学得易的倾向。这些倾向支撑着早期学习以及使学习成为可能,并为早期教育中能力的培养铺平道路。然而,即便是在这些领域,儿童还有大量的东西要学习。

儿童早期对知觉和物质世界的理解是始于跳跃式的学习过程,它使学习成为可能,但人们必须注意到早期知识会妨碍后期的学习方法。例如,像处理整数那样处理有理数的儿童在随后会遇到麻烦。意识到这些路障有助于教师预测学生的困难所在。

尽管儿童适合某些领域的学习,但是他们实际上凭意志和毅力能学习一切。让他们学习非特惠领域时,他们需要开发专心学习的策略。为了发展策略性学习能力,儿童需要了解学习意味着什么,作为学习者他们是谁以及如何计划、监控、修正和反思他们的学习和他人的学习。儿童缺乏知识和经验,但不缺乏推理能力。尽管幼儿没有经验,但是他们善于用已有的知识进行推理。

儿童既是问题的解决者又是问题的生成者:儿童试图解决呈现给他们的问题,他们也在寻找新的挑战。他们不但要面对失败,而且通过对先前成功的建构,精心推敲以及改进自己的问题解决策略。他们持之以恒,因为成功及理解是自我激发的。

成年人帮助儿童建立起新情境与熟悉情境之间的联系。他们通过引导儿童的注意力、使他们的经验结构化、支持他们的学习意图以及规定信息的复杂程度和难度来维持儿童的好奇心和坚持性。

因此,儿童所展示的能力是由环境经验和关心他们的个体塑造的。照管人提供支持,如把儿童的注意力引导到事件的关键方面,评说需要注意的特征以及用其他很多方法提供信息的结构。对学习和理解信息来说,结构是关键。学习和发展并非并驾齐驱的两个过程,早期的生理基础使人们能够进行某些类型的相互接触,通过源自照看者以及各种各样的环境和社会支持,儿童的学习经验得以扩展。儿童的生理和生态环境促进和规范儿童的学习,而学习又促进发展。

第五章 心理与大脑

正如大众传媒所发现的那样，人们热衷于研究大脑的运作方式和思维的发展方式（《新闻周刊》，1996，1997；《时代》，1997）。他们对婴儿和儿童的神经发展以及早期经验对学习的影响这类问题表现出浓厚的兴趣。神经科学和认知科学领域在满足人们关于人如何思维和学习的基本好奇心方面起了推波助澜的作用。

在思考哪些大脑研究成果与人类学习或教育有关的问题，人们必须尽量避免采纳哪些流行的但还没有在课堂教学实践中被证明是有价值的观点。其中一种观点是关于左脑和右脑必须分别培养以获得最大的学习效果。另一种观点认为，大脑成长是整体"喷发式"的，因此具体的教育目标应该置其中或围绕这种形式组织。本章将讨论这个问题，有显著的证据证明大脑各区的发展是不同步的，尽管这一观点的具体教育意义有待确定。另一个常见的错误概念是人仅仅利用大脑的20%功能——尽管不同的个体有不同的百分比——因此应该更多地使用大脑。这种观点似乎源于早期神经科学的发现，即大部分大脑皮质是由"静区"（silent area）组成的，这些"静区"不被感官或运动神经活动所激活。然而，现已知道这些静区能调节高级认知功能，这些功能不直接与感官或运动神经活动配接。

神经科学的发展进一步巩固了几年前由发展心理学提出的论点，如早期经验对发展的重要性（Hunt，1961）。本书的新颖之处，也是重点所在，是它会聚了许多科学领域的证据。由于发展心理学、认知心理学和神经科学等学科已做了大量的调查研究，学习和发展的所有研究细节可绘成一幅有关智力发展的复杂图景。神经科学澄清了一些学习的机制，这部分是由于引入了非浸入性成像技术，如正电子放射断层X线摄影术（PET）和功能性磁共振成像术（FMRI）。这些技术让研究人员能直接观察到人的学习过程。

为了加深对人类学习机制的理解，本章回顾了神经科学和认知科学的主要发现。讨论的内容有三个点：

1. 学习改变大脑的物质结构。
2. 这些结构的变化改变了大脑的功能组织；换言之,学习组织和重组大脑。
3. 大脑的不同部位适合于不同时段的学习。

我们首先解释一些神经科学的基本概念和大脑发展的新知识,包括教与学对大脑的影响。然后,把学习中的语言看作心理与大脑连结的例证。最后,审视记忆是如何在大脑中表征的以及它对学习的意义。

从神经科学的视角来说,教与学是儿童大脑和心理发展的重要部分。大脑和心理发展与儿童和外部环境的不断互动有关——或更准确地说,是从个体细胞外延到最显著的皮肤临界的环境层级。对这种交互过程的本质的理解导致诸如"多大程度上取决于遗传,而多大程度上取决于环境?"此类问题的产生。正如从事各种发展性研究的人员所提出的,与这一问题极其相似的是:究竟是高度还是宽度对长方形的面积起最大的作用(Eisenberg, 1995)?

大脑:学习的基础

神经科学家研究了解剖学、生理学、化学和神经系统的分子生物学,尤其对大脑活动与行为和学习的联系特别感兴趣。关于早期学习的几个关键性问题尤其引起神经科学家的兴趣。大脑是如何发展的？大脑发展是阶段性的吗？大脑正常发展有没有关键期？信息是如何在大脑发展的过程中和在成年人的神经系统中进行编码的？或许最重要的是:经验是如何影响大脑的？

基础

神经细胞或神经元是通过其他神经细胞或感觉器官接收信息,然后把信息投射到其他细胞中去的细胞,而其他神经元再把信息投射到与环境相互接触的身体的其他部位,如肌肉。神经细胞设有细胞体——某种新陈代谢中心——和称之为树突场的大量树状结构,这是神经元的输入方。信息通过称之为轴突的投射进入细胞。大多数从树突场进入细胞的刺激信息常常要经过称之为末梢的微小树突投射。信息从一个神经元向另一个神经元传递的接合点被称为突触,突触具有刺激和抑制的属性。神经元整合源自突触的所有信息,然后决定输出。

在发展过程中,大脑的"接线图"在突触形成过程中生成。未出生时,人脑仅拥有万亿个突触中的很少一部分。出生时,大脑的突触增至成人的三分之一。剩下的突触在出生后形成,这一进程部分地受经验的指引。

突触通过两种基本的方法添连大脑。第一种方法是突触产出过剩,然后选择性地消失。突触产出过剩和消失是大脑用以吸收经验信息的基本机制,通常出现在发展的早期。在视觉皮质——大脑控制视觉的大脑皮质层区——6个月大的婴儿要比成年人拥有更多的突触。这是因为在生命的最初几个月形成越来越多的突触,接着这些突触便消失,有时是大批消失。这种现象所需要的运行时间因大脑的部位不同而异,人的视觉皮质的形成需要2至3年的时间,而前皮质的某些部位要用8至10年的时间。

有些神经科学家用雕塑艺术来类比突触的形成。在雕塑大理石时,传统艺术家通过凿掉石头的无用部分最终创造出一个雕塑。动物的研究显示,出现在突触产出过剩和消失阶段的"修剪"类似于雕刻行为。神经系统建立起大量的连接,然后由经验作用于这个连接网络,选择合适的连接,去除不恰当的连接。剩下来的是经过精雕细凿的最终成品,由此便构成了感觉也许还有后期认知发展的基础。

突触形成的第二种方法是添加新的突触——像艺术家添加某些东西最终创造出一个雕塑品一样。不同于突触的过剩和消失,突触添加过程涵盖了人的一生,而在后期(人的中晚年生命中)更为重要。这一过程不仅对经验敏感,事实上它是由经验驱动的。突触的添加是一部分或大部分记忆的基础。正如本章后面所述,认知科学家和教育研究人员的任务是要了解突触的添加情况以增进我们对突触的理解。

接通大脑

对动物和人的视觉皮质的研究表明了经验在串联大脑方面的作用。在成年人身上,通过两眼进入大脑的输入分别止于视觉皮质的相邻区域。随后,两个输入汇聚到下一组神经元上。这种神经模式并非与生俱来。但通过正常的视觉过程,大脑可以进行分类。

在研究视觉反常的人(如白内障或导致斜视的肌肉不规则性)的过程中,神经科学家发现了这种现象。如果在发展的早期剥夺了一只眼睛的正常视觉经验(因为这类不正常情形),那么它便会失去把视觉信息传送到中枢神经系统的能力。当一只眼睛在幼年时不能观看的这种情况到了后期才去矫正,矫正本身不起作用——受影响的眼睛还是不能看。研究人员用类似的实验方法观察猴子的大脑,他们发现正常的那只眼睛捕获到高于平均数的神经元,有障碍的眼睛相应地失去了那些连接。

如果一只眼睛在发展的早期没有正常的视觉经历，便会出现这种现象。眼睛的敏感时期正好是视觉皮质中的突触产出过剩和消失的时段。在初始的混合式重叠输入中，正常的那只眼睛的神经连接幸存下来，而不正常的那只眼睛的连接会消亡。当两只眼睛能正常观看时，每只眼睛都失去一些重叠的连接，但两眼都保持正常数目的连接。

如出生时丧失了一只眼睛的视觉功能，另一只眼睛便会全面替代。丧失功能的时间出现得越迟，影响就越小。在大约6个月大时，即使把一只眼睛蒙上数周，也不会产生任何后果。因为关键期已过，连接已经能自我梳理，重叠连接被排除。

这种反常现象有助于加深科学家对正常视觉发展的理解。在正常发展过程中，每只眼睛的路径被雕凿（或修剪）为正确的连接数目，而另一些连接是用其他方法雕凿的，如让一只眼睛看模式。通过产出过剩的突触，然后选择正确的连接，大脑形成了一个有组织的功能性选择连线图。大脑的发展过程实际上是通过从外部进入视觉的信息组织起来的，这比单独应用内部分子机制更加精确。这种外部信息对后期发展起到举足轻重的作用。一个人与外界接触越多，对组合到大脑的结构中去的外界信息需求就越大。

在大脑的不同部位，突触产出过剩和选择过程有异（Huttenlocher and Dabholker, 1997）。在原视觉皮质中，突触密度的峰值出现得相对快。在中前皮质中，一个与高级认知功能相连的区域，其过程长了许多：突触产出从出生前便开始，而突触的密度一直增至5或6岁才结束。这一选择过程——在概念上与模式的主要组织相一致——持续至第二个4—5年的时间，大约在青春早期结束。这种在皮质区中同步性的缺失，也发生在个体皮质神经元上，在那里不同的输入有不同成熟速度（参见Juraska, 1982, 动物研究）。

在经历了突触产出过剩和选择过程之后，大脑中出现另外的变化。这些变化似乎包括现有突触的修正和大脑中增添全新的突触。研究证据（在下一节描述）表明，在神经系统中与学习经验相连的活动促使神经细胞创造出新的突触。与突触产出过剩和消失的过程不同，突触增添和修改是终身的过程，由经验所驱动。本质上，一个人接触信息的质量和习得信息的数量反映其大脑的终生结构。这一过程大概不是大脑储存信息的唯一方式，但是却为人们了解人是如何学习的提供了一个非常重要的方法。

经验与环境对大脑发展的影响

在学习的过程中,大脑所发生的变化似乎使神经细胞变得更加有效或有力。在复杂环境中饲养的动物,其每一个细胞中的毛细血管(毛细血管是给大脑供氧和其他养料的微小血管)比圈养动物的多——因此能为大脑供应更多的血液,不管这些圈养动物是独居一笼或是有同类相伴(Black et al., 1987)。用这种方法,经验使大脑功能的总体质量增加。把胶质细胞(这是一种通过提供营养和清除垃圾来支撑神经元功能的细胞)作为索引,在复杂环境中的动物的每一个神经元的胶质数量多于圈养动物。总的来说,这些研究描述了大脑依赖经验增强能力的协调模式。

其他一些对动物的研究显示,学习使大脑发生的某些变化,见背景资料5.1。在大笼子里圈养的断奶老鼠,其大脑皮质的重量和厚度有明显的改变,因为这些笼子里放进了一组供其玩耍和探究的不断变换的物体和其他一些诱发玩耍和探究行为的老鼠(Rosenzweig and Bennett, 1978)。在完成各种各样的问题解决任务时,这些动物比在标准的实验笼子里饲养的老鼠表现得更出色。有趣的是,在社会群体中相互接触以及与环境保持直接的物质接触是非常重要的:在丰富的环境中独处的动物没有多少好处;在大环境中关在小笼子里圈养的动物情况也一样(Ferchmin et al., 1978; Resenzweig and Bennett, 1972)。因此,大脑皮质总体结构因接触学习机会和在社会情境中学习而改变。

背景资料5.1 使老鼠变得更聪明

老鼠是如何学习的?老鼠可教吗?在一些经典的研究中,把老鼠放到一个杂居环境中,该环境充满物体,能为老鼠探究和玩耍提供充足的机会(Greenough, 1976)。物体每天都在变换和重新摆设。在更换物品的时间里,动物被安放到另一环境中,该环境摆设另一组物体。因此,像在纽约下水道中或堪萨斯田野里真实世界的老鼠一样,这些老鼠具备相当丰富的经验,能通过这些经验提取信息。一个对照组的老鼠被放在一个典型的实验室环境中,在空荡荡的笼子里独自生活或与一两只老鼠一起生活。对于老鼠来说,这个环境显然是单调而又缺乏真实情境的。这两种场景有助于确定经验是如何影响正常大脑和正常认知结构的发展的,同时也能够观察到当剥夺动物的关键体验时会发生什么情况。

当生活在复杂环境或贫瘠环境中的老鼠成长到青春期后,让两组老鼠接触学习经验。在复杂环境中长大的老鼠一开始就比其他老鼠少犯错误,它们也能很快学会不犯任何错误。在这一意义上,它们比在剥夺环境的老鼠更聪明。如果给予正面的奖励,它们比单独关在笼子中圈养的动物在应付复杂任务时表现得更加突出。显然,学习改变了老鼠的大脑:在复杂环境中生活的动物,它们视觉皮质中每个神经细胞的突触拥有量比在标准笼子里圈养的动物高出 20% 到 25%(Turner and Greenough, 1985; Beaulieu and Colonnier, 1987)。显然,当动物学习时,它们给大脑添加了新的连接———一种不局限于早期发展的现象(Greenough et al., 1979)。

纯神经活动能否改变大脑或是否需要学习的参与?

大脑的变化是由实际学习或各种各样神经活动的总体变化引起的吗? 在复杂环境中,动物不仅凭经验学习,而且它们的奔跑、玩耍和练习也激活了大脑。问题是仅靠激活而没有主体实际学习参与是否能使大脑产生变化,如同通过练习激活肌肉能使它们成长一样。为了回答这一问题,人们比较了两组动物,一组学习挑战性运动技能但无需动脑;另一组需要动用高水平的智力但无需学习运动技能(Black et al., 1990)。总共分四个小组。第一组老鼠学习跨越可增高的障碍物,经过大约一个月时间的训练之后,这些"杂技演员"能十分出色地完成任务。第二组为"强制性练习者",每天踩一次脚踏车,先踩30分钟,然后休息10分钟,再踩30分钟。第三组为"自愿练习者",自由接触挂在笼子上的常用活动轮子。控制组为"笼中马铃薯"老鼠,他们没有进行任何练习。

老鼠的血管容量和每个神经元的突触数目会发生什么变化呢?与笼中马铃薯老鼠或杂技演员相比,强制性练习者和自愿练习者显示了较高的血管密度,前者的学习技能并不涉及明显的活动量。但当测量每个神经细胞突触的数量时,杂技演员是最出色的一组。学习能增加突触而练习则不能。因此,不同种类的经验以不同方式制约大脑。突触和血管的形成是大脑适应性的两种重要形式,但它们是由不同的生理机制和不同的行为事件所驱动的。

局部变化

具体任务学习能使适合该任务的大脑某些区域产生局部变化。例如,当教授年轻的成年动物走迷宫时,大脑皮质的视觉区域发生了变化(Greenough et al., 1979)。当用一个不透明的镜片盖住一只眼睛让它们学走迷宫时,只有与那只无遮盖的眼睛相连接的大脑区域发生变化(Chang and Greenough, 1982)。学习一组复杂的运动技能时,其结构变化发生在大脑皮质的运动神经区和小脑,一个与运动神经活动相协调的后脑结构(Black et al., 1990; Kleim et al., 1996)。

这些脑结构的变化是大脑功能组织变化的基础。也就是,学习赋予大脑新的组织模式,这一现象已得到神经细胞活动的生物电学记录所证实(Beaulieu and Cynader, 1990)。研究大脑发展,为人们提供了细胞层面的学习过程模式:在老鼠身上观察到的变化,在小鼠、猫、猴子和鸟的身上也得到证实,几乎可以肯定也会发生在人的身上。

教学在大脑发展中的作用

显然,大脑可以储存信息,但储存哪类信息呢?神经科学家不能回答这些问题。这些问题要靠认知科学家、教育研究人员和那些研究经验对人类行为和潜能有影响的学者来回答。好几个例子说明传授具体类型的信息能影响行为自然发展过程。本节讨论一个涉及语言发展的案例。

语言与大脑的发展

大脑的发展常常发生在特定的时间里,利用特定的经验,这些来自环境的信息有助于大脑的组织。人类的语言发展就是一个自然发展过程的例子,这个过程受制于一定的条件,也有时间规律。与视觉系统发展一样,与之并行发展的是人类的语言发展,即感知音素的能力,音素是言语的"原子"。音素被界定为最小的有意义的语言单位。人之所以能区别"b"和"p"音,主要是因为人们通过感知与嘴唇开合时间相关的音素时间。区分"b"和"p"音的界限是存在的,它有助于人们鉴别"bet"和"pet"。这类界限在密切相关的音素中存在,而在成年人中这些界限反映了语言的经验。相对成人来说,幼儿能区分更多的音素界限,但是当某些界限缺乏口语经验的支撑时,他们便失去了这种区分力(Kuhl, 1993)。例如,日语母语者基本上不能区分"r"和"l"音,而对讲英语的人来说这些音是泾渭分明的。这种区分能力在童年初期消失,因为在他们所听到的言语中没有这种区别。还不清楚突触产出过剩和消失是否服从于这一过程,但这似乎是合理的。

大脑皮质区突触的消失过程相当缓慢,因为这一区域涉及到语言及其他高级认知功能(Huttelocher and Dabholkar, 1997)。不同的大脑系统似乎按不同的时间架构发展,由经验和内驱力所驱动。这一过程表明儿童更容易在不同时期学习不同的知识。但是,如上所述,在突触产出过剩和消失完结之后的很长一段时间里,学习会继续影响大脑的结构。新突触加入(但没有学习这是不会出现的),大脑的接线图不断重组,这一过程涵盖人的一生。也许还有涉及学习编码的其他变化,但大多数科学家都认同突触增加和修改是铁打的事实。

对大脑发展产生影响的教学例证

最近几年,人们对基于语言的大脑加工有了详细的了解。例如,大脑似乎存在着独立的区域,专司听词(他人的口语),看词(阅读),说词(口语)和成词(用语言思维)的子任务。但人们无法确定构成这些口头的、书面的和听力的技能的大脑组织模式是否需要分别训练,以提高语言文字成分的加工技能。如果这些密切相关的技能具有某种独立的大脑表征,那么技能的协调练习也许是鼓励学习者在说、写、听之中综合训练的好方法。

语言学习为教学提供了组织大脑功能的特别显著的例证。这一例证是非常有趣的,因为语言加工通常与左脑密切相关。正如以下讨论所示,具体类型的经验可以替代语言的一些功能,促进大脑其他区域的发展。例如,学习手语的聋人正是通过应用视觉系统替代听觉系统来学习交际。手语具有语法结构、词缀和词形,但它们并非口语的直译。每一种特定的手语(如美国手语)具有独特的组织结构,受视觉感知的影响。手语的感知取决于形状、相应的空间位置和手动的平行视觉感知———一种有别于口语的听觉感知的感知类型(Bellugi, 1980)。

在正常人的神经系统中,听觉系统的路径似乎与加工口语特征的大脑区域紧密相连,而视觉路径似乎要经过加工的几个阶段才能提取书面语的特征(Blackmore, 1977; Friedman and Cocking, 1986)。当聋人用手语学习交际时,不同的神经系统加工替代了正常情况下用于语言加工的神经系统——一个重大突破。

神经科学家已考察了,在作为视觉语言经验的结果而开发的某种新功能时,不同半脑区的视觉-空间区域和语言加工区域是如何连接的。在所有聋人的大脑里,某些正常加工听觉信息的皮质被组织起来加工视觉信息。然而,在使用手语和不用手语的聋人的大脑中存在着明显的差异,可能是因为他们拥有不同的语言经验(Neville,1984,1985)。在其他方面,使用手语和不用手语的聋人的脑电活动也存在着主要的差异(Friedman and Cocking, 1986; Neville, 1984)。此外,在使用手语但听觉正常的人和使用手语的聋人之间也存在着许多共性,这是由于他们参加语言活动的共同经验所致。换言之,具体类型的教学可以修改大脑,使大脑能够选择性地感知输入来完成适应性任务,也就是交际任务。

教学能够功能性地重组人脑的另一论证来自于对遭受打击或大脑部分切除的个体的研究(Bach-y-Rita,1980,1981;Crill and Raichle,1982)。由于自然恢复是不可能的,因此帮助这类个体重新获得失去的功能的最佳途径,是给他们提供指导和长期的训练。尽管这种学习实际上需要占用很多时间,但是有效的教学原则能够导致功能的部分或全部恢复。对接受相同的教学方法的动物的研究清楚地显示,新的大脑联结形式和调整与成年人学习时出现的联结形式和调整相同(Jones and Schallert,1994;Kolb,1995)。因此,指导性学习和通过个体经验来学习在大脑的功能组织中同样起到举足轻重的作用。

记忆与大脑加工

近年来,经过神经科学家和认知科学家的共同努力,借助正电子放射X线断层照相术和功能性磁共振成像术,人们对记忆加工的研究已取得了进展(Schacter,1997)。这有助于科学家对学习的了解,而这些突破大部分来自两组研究:证明记忆不是独立建构的研究和兼容学习特征与后期回忆效度的研究。

记忆不是独立的实体也非发生在大脑独立区域的一种现象。记忆的基本加工形式有两类:陈述性记忆,即对事实和事件的记忆,主要发生在涉及海马的大脑区域;程序性或非陈述性记忆,即对技能和其他认知操作的记忆,或不能用陈述性语句表征的记忆,主要发生在涉及新纹路的大脑区域(Squire,1997)。

不同的学习特征影响到记忆的持续性或脆弱性。例如,比较人们对指代同一物体的词和图片的记忆表明,图片的效果优于前者。如果在学习中同时使用词和图片,图片的这种优势仍然存在(Roediger,1997)。显然,这一发现对改进某些信息的长期学习产生直接影响。

研究也表明,大脑不仅仅是事件的被动记录仪,而是主动参与信息储存和回忆。有研究显示,当一系列事件以随机序列呈现时,人们设法按有意义的序列重新调整,再进行回忆(Lichtenstein and Brewer, 1980)。大脑的主动性得到了事实的进一步论证,即人的心理能够"回忆"实际没有发生的事。在一个例子中(Roediger, 1997),让被试看一连串单词:酸——糖果——苦——好——味道——牙齿——小刀——蜂蜜——照片——巧克力——心——蛋糕——小烘饼——馅饼。在随后的辨认阶段,要求被试对某个特定的字是否在单词列表中出现的问题做出"是"或"否"的回答。被试回答频度和信度最高的是"甜"字。也就是说,他们"回忆"不正确的东西。这一发现表明主动的心理工作状态应用推理过程去联系事件。人们所回忆的字是隐含而非明示的,与学过的字有同样的出现概率。按有效性和"认知经济性"的原则(Gibson, 1969),大脑创造了加工信息的类型。因此,学习的一个特征是回忆加工,使之与其他信息建立相关的联系。

考虑到经验能改变大脑的结构和具体经验对大脑产生具体的作用的事实,"经验"的本质成了与记忆加工相关的有趣问题。例如,当询问儿童一个假的事件是否出现过时(已被他们父母证实),他们会正确回答说从未发生过(Ceci, 1997)。然而,在一段时间之后重复讨论此事件,儿童开始确信这些假的事件发生过。大约在讨论12周之后,儿童能够详述这些虚构事件,事件涉及到父母、兄弟、姐妹,并附上大量的"证据"。让成人重复单词列表同样显示,回忆非经历事件激活了大脑的同一区域直接经历的事件或词(Schacter, 1997)。磁共振成像也表明,在询问和回答真假事件时相同的大脑区域被激活了。这也解释了为什么错误记忆能够迫使人相信个体所说的事件。

总之,词类、图片和在重复基础上涉及复杂认知加工的信息分类激活了大脑。激活使长期记忆中的编码事件动起来。记忆加工既处理正确记忆事件,也处理错误记忆事件,正如成像技术所示,它激活了相同的大脑区域,而不管所记忆的东西是否有效。经验对大脑结构的发展十分重要,且作为经验记忆在大脑中所登记的事情包括个人的心理活动。

这些有关记忆的观点对了解学习十分重要,可以充分解释为什么有些经验能够牢记而有些则不能。尤其重要的是,人们发现心理把从经验中获得的信息结构化。这类似于第三章讨论的在熟练表现中对信息组织的描述问题。新手和专家的主要区别之一，是信息的组织和利用方式。从教学的视角来看，它再次表明在恰当的总体结构中进行有效学习的重要性（在第三和第四章已讨论了这一情况）。

总的来说，神经科学研究证实经验在修正大脑结构、建构心理结构的过程中充当重要的角色：经验的发展并不是仅仅只对前设模式的拓展。加之，对支配学习的某些规则的各种研究已有很多。最简单的规则之一是实践促进学习。在大脑中、在复杂的环境中习得的经验数目与结构变化数量之间存在着一种类似的关系。

总而言之，神经科学正开始为教育工作者了解自己特别感兴趣的问题提供一些方法，尽管还不是最终定论。越来越多的证据显示大脑的发展和成熟随学习的发生而在结构上产生变化。因此，人们认为这些结构的变化是大脑对学习进行编码。研究发现老鼠大脑皮质的重量和厚度变化与起刺激作用的物质环境和起交互作用的社会群体直接相关。随后的研究也显示了神经细胞和支撑其功能的组织结构的潜在变化。神经细胞拥有大量突触，通过这些突触它们能够彼此沟通。神经细胞自身的结构亦相应地发生变化。至少在某些条件下，对神经元提供支持的胶质细胞和输送血液的毛细血管两者也会改变。具体任务的学习似乎改变该任务所涉及的大脑具体区域。这些发现表明大脑是一个动态器官，很大程度上是由经验塑造——由生物正在做的和已经做的所决定。

小　结

普遍认为，在大脑发展和学习机制的理解方面的突破对教育和学习科学具有重要的意义。此外，某些脑科学家在提出自己的建议时常常缺乏科学基础，这些建议已被收录进教师读物中（参见 Sylwester，1995 Ch. 7）。神经科学的发展已到了需要批评性思考的时候了，思考以何种形式使研究信息能传到教育工作者的手中，让他们根据教学实践来取舍——确认哪些研究成果可以贯彻实施而哪些则不可能。

本章回顾了经验对大脑发展的作用，大脑对可选择性学习路径的适应性以及经验对记忆的影响。关于大脑和心理的几项发现是清楚明了的，将会成为今后研究的题目。

1. 可以肯定地说大脑和心理的功能性组织取决于并得益于经验。
2. 发展不仅仅是生理驱动的拓展过程，也是从经验中获得基本信息的主动过程。

3. 研究表明一些经验在某些具体的敏感时段具有最大的效应,而另一些经验在更长的时段中能不断影响大脑。
4. 需要确定与教育有关的重要问题,哪些东西与关键期密切联系(如,音素感知和语言学习的某些方面)以及时间对哪些东西无足轻重。

这些发现清楚地表明在各种学习间存在着质的差异。此外,大脑通过诸如推理、分类等心理活动"创造"信息经验。这些类型的学习机会可以充分利用。相比之下,要解读约翰·布鲁尔(1997)提出的导致神经分支的具体活动(Cardellichio and Field, 1997),人们还有很长的一段路要走。

第三部分

教师与教学

第六章 学习环境设计

本章我们讨论有关学习环境设计的新知识及其意义,尤其是对学校的意义。学习理论并没有对有效学习环境设计提供一个简单的处方;同样,物理学虽强调但也没有规定怎样建一座桥(比如,Simon,1969)。然而,学习科学的最新发展对学习环境设计提出了非常重要的问题——这些问题集中在重新思考教什么、怎么教、怎样评价等方面。本章主要对学习环境的一般特征用学习科学新近发展进行检验。第七章提供详细的数学、历史和科学教学案例——这些案例使本章所讨论的论点具体化。

我们以第一章所呈现的观点——即学校学习的目标在上个世纪已经发生了一些重大变化,来开始学习环境的讨论。比起100年以前,现在每个人都对今天的学校提出了更高的期望。现代学习理论的一条原则就是不同的学习目标需要不同的教学方法(第三章),教育的新目标要求改变学习的机会。讨论完目标的变化后,我们从四个视角探索学习环境设计,这四个视角在有关人类学习方面提供了特别重要的信息,表示学习环境的程度,它们是学习者中心、知识中心、评价中心以及社区中心。接下来,我们分别界定这四个视角,并解释它们和我们在本书一到四章所讨论的问题有什么联系。

教育目标的变化

如第一章所讨论的,21世纪的教育目标和以往的教育目标有很大的不同,当我们在责备学校"每况愈下"的时候,应该牢记这个变化。在许多情况下,学校似乎与以往一样在起作用,可是学校所面临的挑战和外部对学校的期望已经发生了巨大的变化(比如,Bruer,1993;Resnick,1987)。

想想19世纪早期的学校教育目标,写作教学对准的是注释技巧,由老师口授,也就是口头信息转换成书面。直至20世纪30年代,在欧洲的大多数国家,写作教学才普及到大众,学校开始要求学生把他们的文章写出来。即使是那时,写作教学的目的很大程度上是给学生教一些模仿非常简单的文体的能力。直到20世纪30年代才出现了要求小学生用书面语表达思想的观点（Alcorta，1994；Schneuwly，1994）。就说写作，也是到了相对晚些时候，才要求所有学生分析、解释他们所阅读的东西。总之，以实用为目的的读写能力的定义从最初能够签名转变到后来的书记，再到能够阅读新的信息资料（Resnick and Resnick，1977），参见背景资料6.1。

背景资料6.1　文化素养：过去与现在

殖民者们只要能写他们的名字（签名），或者只是在契约上打个×，他们的文化就足够了。当19世纪大批的移民到来后，教育家们敦促学校教坐满教室的外国儿童们"背诵能力"。这种能力就是拿起书，滔滔不绝地背诵有关美国基础的课文，比如独立宣言的开始一段、盖茨堡演讲的一部分，或者布赖恩特（Bryant）、朗费罗（Longfellow）的部分诗歌。随着第一次世界大战的到来，需要大批人员到国外处理新设备，军队的测试者们重新界定了阅读。让军人一下子无所适从的是，他们所要通过的阅读测验不再是原先那熟悉的段落，而是要当场理解从未谋面的材料。1914年"精挑细选的阅读能力测验"的那场变革，在目前看来是不充分的。人物、事件、时间、地点或方法的确定显然不能形成推理、问题，或者我们现在用来定义全面或"高级读写能力"的观点。在一个由年轻女孩子、贫穷的少数民族学生、学习能力欠缺的学生组成的班级里，让所有学生都去读（不是背诵）和写（不是抄写）莎士比亚、斯坦贝克（Steinbeck），这种想法是积极的、充满希望的，因为它背弃了由来已久的读写观念，即服务技能是大众的，而生成反思类读写则为少数人所拥有，即认为素养只是少数人掌握的生成性、反思性的读写技能（Wolf，1988）。

20世纪初期，提供大众教育被许多人看成是类似于工厂的批量产品。学校的管理者们都渴望用工厂的"科学"组织形式组织有效的课堂。儿童被当作原料由技术工人们（老师们）进行有效的处理，以取得最后的产品（Bennet and LeCompte，1990；Callahan，1962；Kliebard，1975）。这种方法试图对原料（儿童）进行分类，把他们当作流水线上的产品一样对待。教师的工作就像工人,他们执行他们的监工——学校的效率专家(管理者和研究人员)的指示。

效仿工厂的效率促进了对"产品"的标准化测验,促进了教师的文书工作,记录成本与进展(通常以教学为代价),促进了中心区权威对教学的管理,这些权威既没有教育实践经验,又没有教育哲学的指导(Callahan,1962)。简言之,工厂模式影响了学校的课程、教学以及评价等的设计。

今天,学生们需要理解他们知识的目前状态,并建设之、改进之,而且在不确定的情形下做出决定(Talbert and McLaughlin,1993)。约翰·杜威(1916)把知识的这两点见解视作为以前的文化成就和置身于积极的过程的"记录",以"做"来表示。比如说,做数学包含着解决问题、抽象、发明、证明(参见,Romberg,1983)。做历史包含对历史文献的建构与评价(参见,Weneberg,1996)。做科学包含诸如通过实验及观察检验理论的活动(Lehrer and Schnauble,1996a,b;Linn,1992,1994;Schwab,1978)。社会期待学校系统的毕业生们能够识别、解决问题,并且终身为社会作出贡献,期望他们展示我们在第三章讨论过的他们的"适应性专长"的质量。达到这一目标要求重新考虑教什么、教师怎么教、怎么评价学生的学习。

本章下面的部分围绕图 6.1 来展开,举例说明学习环境的四个视角,主要是根据

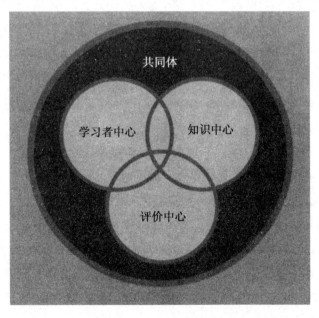

图 6.1 学习环境透视。

资料来源:Bransford et al. (1998)。

前几章讨论的学习原理中有关学习环境的重要性论述。虽然我们分别讨论四种视角,实际上,它们之间相互联系、相互支持(Brown and Campione,1996),形成一个整体概念(如,Brown and Campione, 1996),我们先逐个讨论,然后描述它们如何整合。

学习者中心环境

我们用"学习者中心"这个术语指这样一种环境,学习者们将他们的知识、技能、态度、信仰带到其中,这些学习者带来的东西在这里都必须得到足够的注意。这个术语还包括教学实践中已经被称为"文化响应"、"文化适合"、"文化和谐"以及"文化相称"(Ladson-Billings,1995)的思想。这个术语还和"诊断性教学"(diagnostic teaching)的概念相吻合(Bell et al., 1980),试图发现学生对所面临的问题的看法,小心翼翼地讨论他们的错误概念,给他们创造一种情景,使他们能继续思考,重新调整他们的看法(Bell,1982a:7)。学习者中心的教师承认学生带进教室的观念和文化知识对学习的重要性。(参见第三、第四章)。

诊断性教学为我们提供了一种实例,使我们能够从学生的知识结构出发。基于诊断的信息可以从观察、提问、谈话、分析学生活动的结果中获得。关键性的策略是促使学生解释、发展他们的知识结构,方法是要求他们对各种各样的情景进行预测,并解释各种预测的原因。通过挑选涉及已知错误概念的关键任务,教师能够帮助学生们检验他们的思维,弄清楚为什么他们的各种各样的想法需要改变,以及怎么改变(Bell, 1982a, b,1985;Bell et al., 1986;Bell and Purdy,1985)。这种模式是使学生进入认知冲突,然后讨论这些相互冲突的观点(Piaget,1973;Festinger,1957)。"要促进学习,很重要的一点是在一个固定的情景中将注意集中在结构的有控制的变化上……或者是有意地将一种结构从一种情景转化到另一种情景"(Bell,1985:72;参见第七章)。

以学习者为中心的教学还包括对学生文化实践以及他们对课堂学习影响的感悟。根据夏威夷Kamehameha学校的研究,教师有意识地了解学生的家庭、社区文化实践、学生使用的语言,并把了解到的情况结合到教学中(Au and Jordan,1981)。结合学生叙述,继夏威夷本土语言"讲故事",(结合学习的叙述)形式之后,将教学的注意中心由解译转移到理解,学习材料中的讨论涉及到学生的家庭经验,结果在标准化测试中学生的阅读有了显著的提高。

以学习者为中心的教师还重视学生的语言实践,因为这些为后续的学习提供基础。科学中，无论是在学校还是在专业领域人们必须坚持客观的和解释性的话语标准，不能带有个人或社会的主观意图和经验(Lemke,1990；Wertsch,1991)。这种方法，在学校很盛行，有利于中产阶级学生的学习，成为他们获取知识的主要途径，但却成为其他背景学生的学习障碍，因为他们入学前没有经历过"学校话语"实践(Heath,1983)。日常的以及科学的话语活动需要与学生的科学理解协调一致。

在科学课教学中，就像在大多数的课堂教学中所进行的那样，学生的话语常常表达了多种意图或声音(Ballenger,1997；Bakhtin,1984；Warren ang Rosebery,1996；Wertsch,1991)。在他们的叙述和争论中，学生表达的不仅是科学内涵还有社会内涵：科学内涵是说学生们提供论据以支持他们的论点，社会内涵是说学生们把他们自己作为一种特定类型的人来谈论(比如，有道德的、诚实的、值得信赖的)。如果教师和其他学生总是对这些具有多重声音的叙述以科学的要求做出反应，那么这有助于他们根据反应形成意义，并把反应与原来展示科学论点的情景相联系。在标准的科学课中，许多学生尤其是那些讲话不占主流的学生的科学观点常常被忽略，社会意义常常被贬低(Lemke,1990；Michaels and Bruce,1989；Wertsch,1991；参见第七章)。

这里提供又一个日常谈话与学校谈话结合的例子。该例子表明非洲裔美国中学生的许多日常讲话方式均出自学校的高级读写教学，但从没有和他们的日常经验联系在一起(Lee,1991,1992)。再比如普罗斯特(Proust)，发现他的一生都是在运用散文式的语言，学生们发现他们在学术高深的能力方面表现得得心应手。

总之，学习者中心环境要求教师有这样的意识，即学生一开始就将他们的信念、理解、文化实践带进学习中，并且在学习的过程中建构自己的意义。如果把教学看作是在学生与教学内容之间搭造一座桥，那么以学习者为中心的教师就会时刻注视桥的两端。教师们试图了解每个学生都知道些什么、关心什么、能做什么、想要做什么。有造诣的教师们在尊重、理解学生先前经验，并假定这些先前经验对学生学习新知识起奠基和桥梁作用的前提下"给出学生原因"(Duckworth)。第七章举例说明了这些桥梁是如何搭建的。

知识中心环境

完全以学习者为中心的环境并不是一定就能帮助学生获得他们所需要的能够在社会上立足的知识和技能。正如在第二章中所指出的那样，专家们思维和解决问题的能力并不是由于他们有一套一般的"思维技巧"或思维策略，而是因为他们有一整套组织得很好的知识，这些知识支持他们进行计划和有谋略的思维。知识中心的环境非常认真地对待学生的需要，引导他们理解并继而使知识得到迁移，最终使他们成为有知识的人（Bruner，1981）。目前有关学习及迁移（第四章）及其发展为我们达到这一目标提供了重要的指导。有关数学、科学的标准帮助我们确定学生需要获得的知识和能力（比如，美国科学促进协会，American Association for the Advancement of Science，1989；全美数学教师协会 National Council of Teachers of Mathematics，1998；国家研究院 National Research Council，1996）。

如果教学以学习者对所学内容的最初理解作为起点，知识中心环境和学习者中心环境相互交叉。第一章中"鱼就是鱼"的故事说明了人们是怎样在原有知识的基础上建构新知识的。如果无视学生的先前知识，就很难预测他们对呈现出的新的信息会有什么样的理解（参见第三、第四章）。

知识中心环境也将注意力放在能够帮助学生理解学科的那些信息和活动上（Prawat et al.，1992）。做到这一点需要对现存的课程进行批判性检查。历史科中，一篇广泛使用的有关美国内战的历史课文却把有必要理解而不是记忆的关键性的信息省略了（Beck et al.，1989，1991）。科学科中，现存课程趋向于过分强调事实而对"做科学"探索以及检验一些重要观点强调不够（美国科学促进协会，1989；1998；全美研究协会，1996）。如第二章所述，第三届国际数学与科学研究大会（the Third International Mathematics and Science Study）（Schmidt et al.，1997）分析美国数学和科学课程有"一英里宽一英寸深"。（第七章对教学的深度而不是广度举例进行说明）

本书第一部分我们已经讨论过知识中心环境强调弄懂意义——通过使新信息有意义以及要求学生对不清楚的知识进行澄清的方法帮助学生进行元认知（Palincsar and Brown，1984；Schoenfeld，1983，1985，1991）。强调弄懂意义对现存课程提出了很多的质疑，比如，我们一直在争论很多数学课程强调：

> 很多思维形式并不像思维，计算和推算的过程仅仅包含了一套固定模式的发展，没有给创造发明留有余地，没有猜想或使人惊奇的地方，没有机会去发现，事实上，就是没有人的需要。

这里争论的焦点并不是学生永远也不需要学习计算，而是说，除了计算以外，学生们还应该学习数学其他的内容,尤其要使学生学会使数学有意义,学会数学思维(Cobb et al.,1992)。

现在出现了一些非常有趣的方法来研制课程,使学生在理解的前提下学习,鼓励学生寻求数学的意义。其中之一就是"发展性定型",这一方法是以学生们已有的非正规的想法开始,逐渐地使学生看清这些想法怎么样得到转换和定型。教学单元鼓励学生以他们非正规的想法为基础渐渐地但是以结构化的方式去建构获得一门学科的过程和概念。

"发展性定型"的主张以中学代数科的一个部分举例说明,这部分是学生在使用《情境中的数学》教材(国家数学科学教育研究中心和弗赖登塔尔学院National Center for Research in Mathematical Science Education and Freudenthal Institute,1997)。这一方法开始时让学生们用他们自己的话、画或图表来描述数学情景以便组织他们的知识,并解释他们自己的策略。在接下来的单元里学生们逐渐使用符号描述情景,组织他们的数学问题,表达他们的策略。到了这一层次,学生发明出自己的符号,或者学会用一些非常规的概念,他们对问题情景的表征以及对他们的工作的解释既有符号又有词语。再后来,学生们学会了用标准的规范的代数符号来书写表达式和方程式,熟练运用代数表达式,并且解方程题,用图表示方程式。这一连续的过程并不一定要非常顺利,也不一定朝着一个方向。虽然学生们在低年级时做代数不很规范,在他们有了足够的基础概念的经验之前老师并不强迫他们在更为规范的水平上形成概念,也不要求学生在更为规范的层次上进行运算。因此,学生可以在不同层次之间迂回,这取决于问题的情景或是所涉及的数学知识。

课程框架的中心问题,诸如"发展性定型",是对不同年龄的学生来说什么样的教学更符合学生的发展。这样的问题代表了另一个学习者中心和知识中心环境视角的交叉重叠。那种陈旧的认为儿童不能做复杂推理的观点已被事实所推翻,认为儿童如果有必要的知识来支持其推理活动,他们能够在复杂水平上思维、推理(参见第四章)。一项使人印象深刻的研究表明,儿童早期接触重要概念性的观点具有潜在好处。这项研究中,课堂教学使用了一种"认知导向"的形式教几何,二年级学生将三维图形表征和可视化的能力超过了作为对照组的一所名牌大学的大学生(Lehrer and Chazan,1998)。小学生们也显示出他们形成高超的早期代数概括能力(Lehrer and Chazan,1998)。科学上的概括形式,比如实验方法,可以通过发展性的方法在上中学之前被引入,以形成重要的数学观念和科学观念(Schauble et al.,1995;warren and Rosebery,

1996)。这样的方法包括了解儿童早期思维以及确认培养和加工那些观点的途径(Brown and Campione, 1994)。

创造以知识为中心的环境提出一个重要的问题，即怎样培养对学科整体理解。很多课程设计的模式似乎生产出彼此不相关联的知识和技能。全美研究协会（1990：4）指出，对古罗马人来说，课程是墨守成规的过程，引导着永不重合的双轮马车的道路。这个比喻很恰当地描绘了很多学校的课程。

> 许许多多的学习目标，每一项目标都与教学策略相联系，作为学习的里程碑，标示从幼儿园到12年级课文的学习进程……问题的解决不是通过观察教学课程所经过的自然场景并对其作出反应来达到的，而是通过掌握置于进程之中的各时段检测定式来实现的（全美研究协会，1990：4）。

替换"墨守成规"的课程方法之一是"学习场景"（learning landscape）。这个比喻说明学习类似于学会在环境中生存：学习周围的世界，学习什么样的资源可以利用，学习怎样利用这些资源来使自己的活动既富有成效又充满乐趣（Greeno，1991：175）。前面讨论过的发展性定型的框架和这一比喻相一致。知道自己在场景的什么地方，需要网状连接，将自己目前的方位和更大的空间连接起来。

传统的课程常常不能帮助学生"围绕一门学科来学习"。课程给出了已经熟悉的范畴和顺序的图表，这些图表将要求学生在每个年级掌握的程序性的目标具体化：当然，单一的目标也许很有道理，但是这不能体现出作为更大网络的部分。但是重要的起作用的是这些目标间的连接及其网络，这种知识具有专业知识的特征（参见第二章）。对于孤立部分的强调，能够系列地训练学生的常规知识，但并没有教育学生理解知识的全貌，而掌握知识的全貌才能保证整合知识结构和了解知识应用的情境。

摒弃通过范畴和顺序图表之类练习来学习这种单一的渐进方式，取而代之的是将学生暴露于自然的问题情景中，从这些情景中产生出学科领域的主要特点。组织一些活动，使学生能够探索、解释、扩展、评价他们的进步。只有当学生需要或有必要使用新观点时，才向他们介绍，这使他们看见知识的相应的用途，使所学知识有意义。用以吸引学生的问题情景可以包含某一领域发展的历史原因，这一领域同另一领域的关系，或者是那一领域观点的应用（参见 Webb and Romberg，1992）。第七章里，我们呈现了科学、数学和历史科的教学案例，这些案例强调引出观点和概念对促进深层理解的重要作用。

知识中心环境设计所面临的挑战是,如何能在为促进理解而设计的活动与为提高技能的自动化程度而设计的活动之间达到平衡,这种自动化程度是有效运作所必须的,没有意识参与的。在阅读、写作、计算方面需要付出特别努力的学生会遇到很多严重的学习困难。因此,很多领域都提到自动化能力的重要性(Beck et al.,1989,1991;Hasselbring et al.,1987;LaBerge and Samuels,1974;参见第二章)。

评价中心环境

除了学习者中心和知识中心以外,有效学习环境的设计还应该包括评价中心。评价的关键原理是评价必须提供反馈和回溯的机会,而且被评价的内容必须和学生的学习目标相一致。

很重要的一点是应区分两种主要的评价方式的用途。其一是形成性评价,涉及到将评价(通常是在课堂教学情景中使用)作为改进教与学的反馈信息的来源。其二是终结性评价,主要测量学生在某些学习活动结束时已经学到了些什么。形成性评价中有教师对进行中的活动的评论,比如对手稿、为演讲所做的准备稿的评论等。终结性评价有教师在一个单元结束后进行的测验,有州、全国在一学年结束时所进行的考试。理想的做法是教师的形成性评价和终结性评价与州、全国进行的终结性评价相一致,可情况常常不是这样。州和全国进行的终结性评价以及学区所做的说明不在本书研究的范围,我们的焦点在于基于课堂教学的形成性和终结性评价。

形成性评价及其反馈

适应性专门知识、学习、迁移等的研究和早期发展的研究都显示了反馈尤其重要(参见第二、第三、第四章)。学生的思维要能够被观察(通过讨论、论文、测验等),观察结果应反馈给学生。如果学习的目标是理解,评价和反馈就必须是理解,而不是仅仅评价过程和事实的记忆(虽然这些也可以被评价)。强调理解的评价不必要求精细或者复杂的评价过程。甚至可以设计多项选择题来评价理解。

作为教学的一部分,反馈应持续地做出而不是突然地进行。有效教学的教师们总是不断地了解学生们的思维和理解,他们通过互联网对小组和个人的学习活动进行督促和评价,试图把对学生能力的评价与他们目前活动联系起来,并联系到课程的其他部分和学生的生活中。教师给学生的评价可以是正式的,也可以是非正式的。有效教学的教师还帮助学生培养自我评价的能力。学生们学会评价自己的学习,评价同伴的学习,目标是帮助每个人更有效地学习(参见 Vye et al.,1998)。这种自我评价是元认知教学的重要组成部分(参见第三、第四、第七章)。

在许多情况下,课堂教学中反馈机会的出现相对来说并不经常,大多数教师的反馈——对考试卷、论文、活页练习题、家庭作业、报告卡等所打的等级——代表了终结性评价,试图对学习结果进行测量。接到成绩后,学生很典型地转向学习一个新课题,为另一个成绩而忙活。在学生们正在学习一个单元或课题时,由于学生们能够利用反馈来修正他们的思维,反馈才显得格外有价值。形成性评价机会提高了学生学习和迁移,因此,他们学会利用评价的宝贵机会进行回顾(Barron et al.,1998;Black and William,1998;Vye et al.,1998b)。小组合作完成任务的机会也能提高反馈的质量(Barron,1991;Bereiter and Scardamalia,1989;Fuchs et al.,1992;Johnson,1975;Slavin,1987;Vye et al.,1998a),虽然我们必须帮助很多学生学会如何与他人合作完成任务。通过学生、教师以及内容(课程)专家同步或异步进行相互的影响,新技术提供了增加反馈的机会(参见第九章)。

实现良好评价实践要求改变很多教师、学生、家长对有效学习模式的看法。很多由教师所做的评价过分强调了对事实和过程的记忆(Porter et al.,1993)。此外,很多用于评定等级的标准化考试也过分强调了对孤立的事实和过程的记忆,然而,老师们通常是以他们的学生在这些考试中所取得的成绩的好坏而进行评价的。有一个数学老师不断地教出在全州考试中得高分的学生,他的方法就是帮助学生记住一系列的数学程序(比如,证据),即在考试中出现的典型程序,但是学生并没有真正理解他所做的数学题,所以经常不能回答要求对数学有深刻理解的问题(Schoenfeld,1988)。

设计恰当的评价能够帮助教师实现反思教学实践的需要。很多物理教师对他们的学生们不能回答看上去很明显(对专家)的问题感到惊奇,这些问题用来评价学生的理解。这一发现促使教师们修改他们的教学实践(Redish,1996)。同样地,对数字感觉的评价(visually based assessment of "number sense")(参见 Case and Moss,1996),使教师发现帮助学生发展数学理解的重要性(范德比尔特大学认知与技术小组,正在印刷中)。显示学生理解科学和数学重要概念的创新性评价也已开发出来(Lehrer and Schauble,1996a,b)。

评价理解的形式

教师在评价学生的表现和提供反馈方面受到了时间的限制,但是技术的新发展已解决了这一难题(参见第九章)。即使是没有技术,评价本身的新发展也有办法评价学生的理解而不是测量记忆。比如我们在第二章谈到的,在物理学中比较专家和新手的方法已在课堂教学中使用。在一项要解决的任务中,给出学生两个问题,要求他们陈述这两个问题是否能用一种类似的方法来解决,并要求说出理由。

1. 一个质量为2.5千克,半径为4厘米的球以7米/秒的速度在粗糙水平面上运动,球本身并不转动。一段时间以后,球以5米/秒的速度只滚不滑,问摩擦力做了多少功?

2. 一个质量为0.5千克,半径为15厘米的球开始以10米/秒的速度滑动,球本身并不转动。球在一水平面上运动而且最终只滚不滑,求出小球的末速度。

新手们很典型地报告说这两个问题能用相同的方法解决因为它们的共同点都是在平面上——即两个球都是在水平面上滑动和滚动。理解性学习的学生报告说这两个问题用不同的方法解决,第1个问题可以用功—能定律解决,第2个问题可以用角动量守衡定律解决(Hardiman,et al.,1989);参见背景材料6.2。这种类型的评价可以在教学过程中使用以检测学生对概念的理解深度。

背景资料6.2 你是怎么知道的?

将质量为1千克,长为2米的木棒放在光滑的水平面上,木棒可通过其一端绕着竖直轴在水平面内自由转动。将一块质量为50克的油泥放在距转轴80厘米处的木棒上,当系统以3弧度/秒的角速度旋转时,你可以用下列哪一条原理求棒和油泥之间力(净力)的大小?

A. 牛顿第二定律,$\vec{F}_{net} = M\vec{a}$

B. 角动量或者角动量守恒定律

C. 动量或者动量守恒定律

D. 功能原理或者机械能守恒定律

E. 动量守恒定律+机械能守恒定律

以上题目的考试是以微积分为基础的导论性物理课结束后随机对学生进行

> 的,这容易使学生将"旋转"平面的性质问题和"角动量"相匹配,可事实上这一问题仅仅运用牛顿第二定律就能解决。像这样的一些资料对教师们尤其重要,使教师引导学生向不固定、可迁移的知识发展(Leonard et al., 1996)。

档案袋评价是形成性评价的又一种形式。它为我们提供一种形式以记录学生整个学年的学习进程,其最为重要的一点是它允许学生和老师、家长、同伴等一起讨论他们的成绩和困难(Wiske, 1997; Wolf, 1988)。档案袋评价实施起来很费时间,又常常做不好——档案袋常常成为存放学生作业的另一个地方,但又不讨论学生的作业——但是如果恰当使用的话,档案袋能为学生和其他人提供有关学生在一个阶段内学习进展的宝贵信息。

评价的理论框架

学习科学面临的一个挑战就是应提供一个理论框架将学习理论和评价实践连接起来。这一领域的重要一步由巴克斯特(Baxter)和格拉泽(Glaser)(1997)做出,他们将认知与科学成绩的评价情景整合形成一个框架。在他们的报告中,学生的学习表现用学科内容和过程任务要求描述,认知活动的本质和发展在一个特殊的评价情景中得到观察。他们的框架为我们提供了用以检查开发者们的意图如何在评价学生的学习表现中得以实现的基础。评价学生学习的目的是为了测量他们推理、理解、复杂问题解决的能力。

以能力的组成部分和要求为特征的评价使一般目标具体化,比如"高级水平思维和深层理解"。以认知活动为特征的学生行为表现强调在学习和评价情境中观察到的学科成绩与能力间的区别。评价认知活动的质量和类型是有关任务所要求的内容和过程的一种功能。比如说,考虑图 6.2 中所给的科学评价的内容和过程框架(Baxter and Glaser, 1997)。在这个图中,内容知识的任务要求被概念化,以从丰富到缺乏(y轴)的连续体表现出来。在轴的一端是知识丰富的任务,这类任务需要深层次理解学科内容才能完成。在另一端的任务并不依赖先前的知识或是相关经验来完成,而是根据评价情景中所给信息来完成。要求过程技能任务的概念连续体则是从强制的到开放的(x轴)。在开放的一端,明确的指导降到最低,学生的任务就是生成并运用适当的过程技能解决问题。在过程固定的情景中,指导有两类:小步子,学科具体化程序作为任务的一部分给出,或者给出完成任务所必需的过程技能的解释性指导。在这种情况下,要求学生产生解释,这个活动不要求运用过程技能。评价任务能够包含内容知识和过程技能的很多可能的组合。表6.1说明知识结构和有组织的认知活动之间的关系。

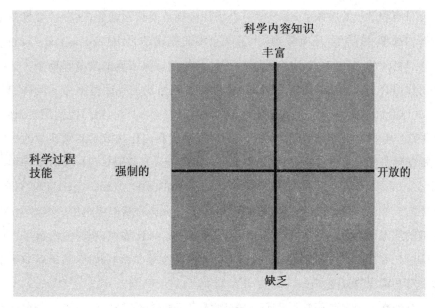

图6.2 科学评价的内容——过程空间。

表6.1 认知活动与知识结构

有组织的认知活动	知识结构	
	不完整的	有意义的
问题表征	表面性质浅显的理解	深层原理和相关概念
策略运用	无方向的试误解决问题	有效的、资料丰富的、有目的的
自我监控	最少、偶尔的	持续的、灵活的
说明	肤浅、单一事实的描述	连贯的、有根据的

共同体中心环境

学习科学新近发展表明环境以共同体为中心的程度对学习也很重要。尤其重要的是人们相互间学习的标准以及持续不断地试图改进提高。我们用共同体中心这个词语表示共同体的几个方面,包括把班级作为一个共同体,学校作为共同体,学生、教师、管理人员认为与之联系的更大的共同体还包括家庭、行业、州、国家甚至整个世界。

班级和学校共同体

在班级和学校的层面上,学习似乎由于社会规范而得到强化,这种社会规范重视对理解的探求,给学生(还有教师)为了学会而犯错误的自由(Brown and Campione,1994;Cobb et al.,1992)。不同的班级、不同的学校反映不同的规范和期望。比如在一些班级里有一条不成文的规矩,那就是不要出差错或不要回答不懂的问题(Holt,1964)。这个标准使得学生不愿意提问他们不明白的学习材料,阻碍他们探索新问题、建立假设。有些标准和期望则是用于更为专门的学科。比如数学课堂教学的标准可能是数学就是知道怎样计算,另一个更好的标准可能会是探究的目标是数学理解。不同的标准和实践对教什么和怎样评价具有至关重要的影响(Cobb et al.,1992)。有时候对不同的学生会有不同的期望,教师可能将学习成功的期望传达给一些学生,把学习失败的期望传给另一些学生(MacCorquodale,1988)。比如说,有时候女孩子不被鼓励去学习高等数学和科学。学生也会保有这种文化期望并将其转达,结果剥夺了女孩子参加有些课程的权利(Schofield et al.,1990)。

班级标准还会鼓励那些不熟悉参与形式的学生的参与。比如,有些主要靠观察和听来学习的小组渐渐地加入到正在进行的活动中来;学校性质的说话形式对于那些其社区新近才有学校的孩子来说可能就感到陌生(Rogoff et al.,1993)。参见背景材料6.3。

背景资料6.3　课堂发言

在加拿大北部一个因纽特人学校从事研究的一名言语病理学家要求一位校长——他不是因纽特人——开出其学校里有言语障碍的学生名单。名单囊括了这个学校三分之一的学生,而且在几个名字的后面,校长还写到:"课堂上不发言。"这位言语病理学家请教了一名当地的因纽特人教师来说说

> 每个孩子在课堂上使用其母语的情况。这位老师看了看名单然后说:"一个有教养的因纽特学生是不应该在课堂上发言的,他们应该用看和听来学习。"
>
> 这位言语病理学家询问那位老师她正在研究的一名学走路的孩子的情况,这个孩子很能说话,言语病理学家觉得他很聪明。老师说道:"你认为他是否会有学习问题呢?有些这一类的学生智商不怎么高,他们不能使自己不说话,他们不知道什么时候该停止说话。"(Crago,1988:219)

评定等级的实践也影响班级共同体的意识,其影响既有积极的,又有消极的,主要取决于学生。比如,纳瓦霍(Navajo)的高中学生不把测验与考试看成是竞争性事件,而英裔学生却视测验和考试为竞争性事件(Deyhle and Margonis,1995)。一位在高中工作的英裔咨询员报告说,当他开始做一次展板,将取得 B 或 B 以上成绩的"高成就者"的名字和照片公开展出时,纳瓦霍学生的家长们抱怨他们的孩子被选拔出来,这位咨询员于是做出让步,用令人高兴的便贴条把这些学生的名字贴在上面。一位纳瓦霍学生凝视着展板说道:"这展板使人难堪,把我们的名字像这种样子贴到上面。"(Deyhle and Margonis,1995:28)

更为普遍的是学生们喜欢竞争以引起教师的注意,获得他们的称赞和好评,所以竞争是美国学校普遍使用的手段,用以激发学生的学习动机。在有些情况下,竞争可能会妨碍学生的学习。尤其是其社区的道德标准是个体应该为社区贡献他们的力量,而个体间的竞争又不和谐的情况下就会妨碍学习(Suina and Smolkin,1994)。

当试图从其他国家借鉴成功的教育经验时,很重要的一点是应强调社区。比如日本教师花很多时间与全班一起学习,他们经常性地要那些出错的学生将他们的思维过程讲给全班听。这一点很有价值,它能引起讨论,使班上所有学生都加深理解。但是,这一点能在日本起作用是因为,日本的教师在班级建设起这样的一种班级文化,在这种文化中,学生们擅长于相互学习,而且大家都认为分析错误是一种富有成效的学习(Hatano and Inagaki,1996)。日本学生还善于听讲,所以他们能够从人数众多的班级讨论中学习,即使他们没有更多的机会参与讨论。美国学校班级文化却与之很不相同——大多强调答案正确的重要性并通过发言获得学习。教与学必须放在整个社会的文化背景中来审视,也应考虑到其与班级标准之间的关系。只是简单地引进一到两个日本教学技巧到美国的课堂中或许达不到预期的效果。

学校共同体的意识还受到在这一环境中工作的成年人的强有力的影响。正如巴斯(1988)所说：

> 生活在学校的成年人之间的关系对学校的特点和质量以及学生的成就比起其他任何因素都更为重要。

布蕾(Bray, 1998)、塔尔伯特(Talbert)和麦克罗林(McLaughlin, 1993)所做的研究强调了教师学习共同体的重要性。对这一点我们将在第八章做更多地探讨。

与更为广泛的共同体联系

从共同体的视角分析学习环境还要考虑学校环境与更大的社区间的联系，包括家庭、社区中心、校外活动项目、商业机构等。第三、第四、第五章已表明学习需要时间，理想的是，学校学习能和学校以外的学习连接起来，反之亦然。然而，通常情况下，这种连接并没有实现。就像约翰·杜威(1916)很早以前就指出的那样：

> 从孩子的观点出发，学校里最大的浪费是他不能够运用他在校外所学的东西……可是，另一方面，他也不能把在学校所学的东西运用到实际的生活中。这就是学校的孤立，孤立于生活之外。

把学校与校外学习活动连接起来的重要性可以从图6.3得到证明。图6.3给出了典型的一学年期间学生所花时间的百分比，多少时间在学校度过，多少时间睡觉，多少时间是做其他事情(Bransford et al., 2000)。学生在学校度过的时间相对来说并不多。如果学生把校外非睡觉时间的三分之一用于看电视，这意味着在一年中他们花在看电视的时间多于在校时间(下一部分我们将对电视与学习的关系做更多地讨论)。

学习的一个关键环境是家庭，即使家庭成员并不有意识地关注教学的作用，他们实际上在为孩子提供学习的资源、创设具有学习意义的活动、与社区建立联系等(Moll, 1986a, b, 1990)。孩子还从家庭成员对学校教育与能力所持的态度中学习。

家庭作为成功的学习环境，为孩子提供鼓励，指导孩子朝着学校要求的方向转变，

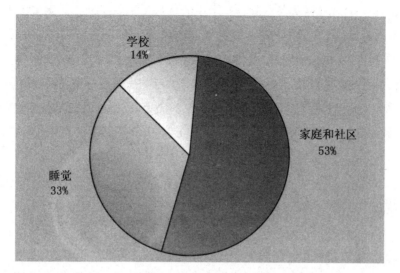

图 6.3　学生用于学校、家庭和社区、睡觉等时间比较　百分比是根据每年学生在校时间 180 天,每天估计 6.5 小时所计算的。

尤其是在孩子幼小的时候(参见第四章)。孩子从出生到四五岁这一时期的显著发展总的来说是受家庭成员之间的互动影响的,通过参与到家庭生活中,观察其他人来学习。围绕有兴趣的事情,与值得信赖的、又有一技之长的成年人和小伙伴交谈和接触是很好的对孩子的学习极有影响力的环境。很多要求学校变化的建议扩展到家庭里发生的学习活动。此外,还有建议家庭参与到课堂教学活动中,学校也同意做计划将这两个对学生学习具有重大支持作用的系统带到一起。

儿童也参加校外和家庭以外其他机构的活动,这些活动也促进孩子们的学习。有些这一类的机构把学习作为他们的目标之一,设置很多课外活动组织诸如男(女)童子军、4-H 俱乐部、博物馆、宗教团体等的活动内容。还有一些并不把学习作为主要的目标,但无论如何,学习却仍然发生(参见,McLaughlin,1990,载于青年俱乐部;Griffin and Cole,1984)。

与校外专家联系也能对学校内部学习产生积极的影响,因为这些专家能够为学生提供机会,让他们能与父母以及其他对学生学习感兴趣的人相互交流。对于教师和学生来说,能够共同分享他们的学习,对彼此都有激励作用。为这些机会所做的准备工作帮助教师们提高标准,因为这些机会的结果远远超过了测验分数(Brown and Campione,1994,1996;参见范德比尔特大学认知与技术小组,印刷中)。

让提出挑战(要在最后期限内完成)的局外人参与的主意已经在好几项教学改革

中体现(参见范德比尔特大学认知与技术小组,1997;Wiske,1997)。为局外人参与做准备激发教师保持学生兴趣的动机。另外,当学生和教师准备好面对一般的挑战时,他们才能对社区有更深的理解。学生也有激情面对局外人,这些局外人并不走进他们的教室但会看他们的作品。为博物馆展览献上自己的展品是一个很好的例子(Collins et al., 1991)。新技术增强了学生与外界联系的能力,他们可以把教室与学校的其他人、与家长、与商业领袖、与大学生、与内容领域专家以及全世界的其他人连接起来(参见第九章)。

电 视

无论好坏,大多数孩子把很多时间花在看电视上,在过去的50年,电视在儿童成长中起到日益显著的作用。在进入学校之前,儿童花很多时间看电视,并且持续人的一生。事实上,很多学生花在看电视上的时间比上学时间还多。家长要求孩子能从电视上学习,同时,他们又担心孩子们从电视节目中学来的东西(Greenfield,1984)。

观看不同类型的节目

为孩子们所制作的电视节目形形色色,从教育性节目到纯娱乐性节目都有(Wright and Huston,1995)。而且看电视的方法也不同——一个孩子可能单独一人看电视,或者和父母一起看。此外,就像在象棋、物理学、教学等领域一样(参见第二章),人们已有的知识和信仰影响他们注意、理解、记住电视节目的内容(Newcomb and Collins,1979)。同样的节目会有不同的结果,这取决于谁在看、取决于看电视是单独一人活动还是与他人一起的互动。重要的差别在于所看的电视节目其意图是否在于教育。

一群2到4岁的学前儿童与一群6到7岁的小学一年级学生每周观看7到8小时非教育节目,学前组的儿童每周平均还看了2小时的教育节目,小学生看了1小时教育节目。尽管教育节目的观看时间很短,教育节目似乎起到更为积极的影响。观看教育节目的2到4岁学前儿童比起没有看教育节目的儿童在上学的准备、阅读、数学、词汇方面超前3年(Wright and Huston,1995)。具体地说,看教育节目是一种积极的对书面知识(letter-word knowledge)、词汇量以及标准化测验成绩的预测。对于年龄大点的孩子来说,与那些不经常看电视节目的孩子相比观看教育电视节目的孩子在阅读理解测验，老师在一年级、二年级时判断学生适应学校生活的情况等方面更好。总之，看电视的影响还没有广泛影响年龄大点的孩子，比起学前儿童来说，影响更小。有一点很重要，那就是必须注意到"即使把初级语言技能、家庭教育、家庭收入、家庭环境质量等这些因素都考虑进去"（Wright and Huston，1995：22），看教育节目的效果还是明显的。

对信仰、态度的影响

电视还起到偶像和角色榜样的作用，这些偶像和榜样能够影响孩子怎样看待自己、怎样看待别人、对哪些学科感兴趣、哪些话题与自己的观点有关等等。这些偶像同时具有积极和消极的影响。比如，8到14岁的孩子观看旨在反映世界各地儿童的积极一面的节目时，他们不大可能会说他们自己国家的儿童会更有趣或更聪明（O'Brien，1981），他们开始看到全世界各国人民的一些相似之处（Greenfield，1984）。看过电视连续剧《芝麻街》的儿童，更能以积极的情感看待残疾儿童。

然而，儿童可能错误的理解电视节目，这些节目涉及来自不同文化的人，这取决于他们的已有知识（Newcomb and Collins，1979）。榜样的固化作用是看电视有可能带来的潜在的负面影响。孩子们带着性别偏见来到学校，而这一偏见却源于电视节目和商业广告（Dorr，1982）。

作为具有巨大影响力的可视媒体，电视创造了刻板的、公式化的形象，即使其本意并不是要向观众出售偶像。但是，实验表明，在孩子5岁时这种公式化的效应就开始降低，条件是当孩子们观看电视节目时成人对这些模式化的偶像进行一些必要的批判（Dorr，1982）。因此，娱乐节目也有积极的教育作用，所学的信息可以得到扩展，只要成人给予必要的指导和评论。

总之，电视对儿童的学习有影响，这一点必须认真对待。但就媒体本身而言，并非天生就有益或有害。孩子们看到的内容、看电视的方法会影响到他们所学的内容。尤其重要的是，增进知识、或者有教育意义的节目已证明对儿童的学习成绩是有益的，而占优势的非教育节目、娱乐节目可能有消极的影响。此外，尽管孩子们愿意看娱乐节目和增进知识节目的比例为7：1，增进知识性节目的益处仍然表现出来。这些研究结果支持了继续研究和发展电视节目的行为，因为这样的电视节目能够帮助儿童获取知识、技能以及支持他们学校学习的态度。

一致的重要性

本章开始时我们指出四种有关学习环境的视角(即学习环境中以学习者、知识、评价、共同体为中心的程度)可以分开——予以讨论,但是最后却需要一致起来,以它们之间相互支持的方式加以联合。一致不仅对学校极为重要,从广泛意义上来说对其他组织也一样重要(Covey,1990)。任务分析的关键(参见第二章)是将学习目标与教什么、怎么教、怎么评价联合起来(既有形成性的又有终结性的)。如果缺乏一致性,人们就很难知道学生在学什么。学生也许在学习有价值的信息,但人们无法知道,除非学生们所学信息和评价这一信息之间相一致。同样地,学生们所学的内容也许对其他人来说毫无价值,除非课程与评价与社区更广泛的学习目标相一致(Lehrer and Shumow,1997)。

设计有效学习环境需要一种系统的方法来协调各种活动(Brown and Campione,1996)。许多学校列出创新实践的清单,比如运用合作学习、为理解而教以及问题解决,还有运用形成性评价。但是,这些活动彼此之间往往缺乏协调。为理解而教和问题解决也许是"我们星期五要做的事情";合作学习也许被用于促进事实测验的记忆;形成性评价也许对准的是那些与接下来的课程毫无关联的技能。还有,学生们或许有机会以合作方式学习,以应付仍旧按分布曲线划分等级的考试,他们之间相互竞争,却并不努力达到具体的行为表现标准。在这些情况下,班级中的活动就不一致了。

一个班级内的活动可能做到一致,但却可能和整个学校的活动不一致。学校作为整体需要始终保持一致。有些学校对学生的行为举止和学习成绩所应达到的标准和期望形成一种持续的政策,另一些学校传播的却是混合的信息。比如说,老师可能会把行为有问题的学生交给校长,这位校长可能因轻视学生的行为而无意中削弱了教师的威信。同样,学校的整体安排可能会,也可能不会变通以适应深层次的探究;学校可能会,也可能不会做出相应的调整以把干扰降到最低程度。这些变通和调整包括临时穿插的非学习活动,甚至包括校长热衷于用对讲机打断课堂教学的次数。总而言之,学校内的不同活动之间可能会或不会互相冲突,对整个进程造成妨碍。当校长和教师共同研究制定出整个学校的基本蓝图时,学生的学习就有可能提高(Barth,1988,1991;Peterson et al., 1995)。

学校内部的活动还必须与整个社区评价实践与目标相一致。理想的是,教师们的目标与课程目标、学校目标一致,学校目标与学校系统使用的资格考试的隐性目标一致。通常的情况是这些目标并不一致。有效的变化需要同时考虑所有这些因素(参见Bransford et al.,1998)。有关学习科学的新发现为指导系统改革提供了框架。

小　结

在过去的一个世纪里,学校教育的目标和期望发生了巨大的变化,新的学校教育目标需要我们重新考虑这样一些问题:应该教什么、怎么教、怎样评价学生? 我们强调有关学习的研究并不能给任何人提供设计有效学习环境的简单处方,但是这些研究却使我们意识到在设计学习环境时需要弄清楚的特定问题。

有关学习环境设计的四个视角——即以学习者为中心、以知识为中心、以评价为中心、以共同体为中心——在学习环境设计中有非常重要的意义。

以学习者为中心的视角与大量的研究例证相符,这些例证表明学习者是运用他们现有的知识来建构新知识的,以及他们的已有知识和信念是如何影响他们对新信息的解释的。有时候,学习者的现有知识支持新的学习,有时候现有知识却阻碍新知识的获得。有效教学始于学习者的现有知识,他们的文化实践、他们的信仰以及他们对学科内容的掌握程度。

学习者中心环境试图帮助学生将他们先前知识与当前的学习任务联系起来。家长们尤其擅长帮助他们的孩子做这种联系。教师们面临的困难更大,因为他们并不了解每个学生的生活经历。但是,仍然有方法做到有计划地了解每个学生的特殊兴趣和长处。

有效学习环境还应该是知识中心的,教给学生一般的解决问题和思维能力已远远不够,思维能力、解决问题的能力需要组织良好的、能在合适情景中应用的知识,强调知识中心引起一些疑问,比如教学始于学习者现有知识和能力的程度,而不是简单地将学科内容的一些新知识呈现给学生。当学生们能够掌握更为复杂的概念时候,这些概念必须以恰当的发展方式呈现给学生。学习环境的知识中心视角还强调课程设计的重要性。课程能够在多大程度上帮助学习者理解所学内容而不是促进学生获得彼此不相关联的事实和技能? 课程如果过分强调学科的广度就会有这样的风险,即使学生学习不相联系的知识,而不是融合的知识。这符合那种把课程比作一条大道上的破烂陈旧的小路的观点。另一种比喻将课程比作相互联系的小路,帮助学生建立起学科内知识连接点,因此学生可以"在其中学会找到自己的方向"而不致迷失方向。

评价问题也成为学习环境设计的一个重要视角。反馈对学习而言起到奠基的作用,但是,课堂教学中却很少提供反馈的机会。学生们得到考试分数或为他们的文章打的分,可这些都是在学习结束时的终结性评价。学生们还需要形成性评价,因为形成性评价能够为他们提供回顾与改进他们思维和学习的机会。评价必须反映各种各样环境中的学习目标。如果目标是强化理解,那么评价事实和公式的记忆就不充分。很多教师在弄清楚学生不能理解看上去显而易见(对专家)的一些观点之后,改变了他们的教学方法。

有关学习环境的第四个视角涉及到他们促进社区意义的程度。理想的状态是学生、教师和其他有兴趣的参与者共同分享重视学习和高标准的准则。这样的目标促进人们之间互动、获得反馈、相互学习。社区(共同体)有几种,班级社区、学校社区,还有学校与外界更大的社区的联系,包括家庭。当我们考虑到一个人在学校度过的时间比在其他环境的时间相对少的事实时,很显然,社区之间应相互连接起来。在家里、社区中心、校外俱乐部的活动对学生的学习成绩有重要的影响。

最后,需要在学习环境的四个视角之间保持一致,它们之间本身是相互交叉和重叠的,互相影响。只要能保证它们之间的一致性,学生的学习无论是在校内还是在校外都能得到促进和提高。

第七章　有效教学：历史、数学、科学示例

上一章探讨了有关有效学习环境设计的一般问题研究以及意义。现在，我们转入具体的学科：历史、数学、科学，来进一步深入地探讨教和学。我们选择这三门学科，目的是突出不同探索和分析方法的学科的异同。讨论的主要目的是探讨不同学科有效教学所需要的知识。

我们在第二章曾指出，特殊领域的专业知识远远超过一组一般性问题解决技能；它还需要组织有序的概念知识和探究过程。不同学科的知识有不同的组织方式，也有不同的探究方法。比如，支持一些历史主张的证据和证明一个数学猜测的证据就不同，这两种又都不同于检验一项科学理论的证据。第二章还区分了学科的专业知识与帮助其他人学习这门学科的能力。用舒尔曼(Shulman,1987)的话就是，称职的教师需要切实的教学内容知识(即有关如何教好某一特定学科的知识)，而不是只有特定的学科知识。

学科知识不同于一般的教学方法知识，专家型教师知道所教学科的结构，这帮助他们获得认知地图，知道如何布置作业，评价学生的进步以及在班级的交流中提出问题。简言之，他们的学科知识与教学法知识互相作用，可学科结构知识本身不能引导教师。比如专家型教师对学科知识的难易十分敏感。这意味着新教师必须具备这样的能力，即"对教学进行反思，他们不仅要熟悉本学科，而且还必须知道妨碍他人学习的'概念障碍'之所在"(McDonald and Naso,1986:8)，这些概念障碍因学科而异。

强调学科知识与教学法知识之间相互影响，这会直接与一般的错误概念，即有关教师为了给学生设计有效学习环境需要知道什么的概念相矛盾。这些错误概念是：教学是由一系列普通方法构成；一个好的教师能够教任何学科；只有学科知识教学就足够了。

有些老师能够用多学科进行教学，这并非具备一般教学技能的教师所能胜任的。考虑以下巴布·约翰逊(Barb Johnson)的案例，她在门罗(Monroe)中学教了12年的

六年级。以传统的标准,门罗中学是个好学校:标准化考试分数中等、班级规模很小、学校硬件维护得很好、学校领导是一个强有力的教学领导、学校员工变动不大。每年家长们把他们的 5 年级学生从当地的小学送到门罗中学,托关系进入巴布·约翰逊的班级。她做了什么使她声名鹊起呢?

学校开学的第一周,巴布·约翰逊向这些 6 年级的学生问两个问题:"你们对自己都有些什么问题弄不懂? 对这个世界有哪些问题弄不懂呢?"学生们开始列举他们的问题,"我可以提一些傻傻的小问题吗?"一名学生怯生生地问道。"如果这些问题是你的问题,你确实想得到答案,那么它们既不是傻问题也不是小问题。"老师这样答道。学生们列出他们的问题之后,巴布把学生们按相同问题分成小组,要他们为这些问题寻求答案。在做了充分讨论之后,每个小组就有关自己的和有关世界的问题按轻重缓急进行排序。

接着全班汇总,巴布·约翰逊根据各小组的排序达成统一。这些问题成为巴布班级课程的基础。"我会活到 100 岁吗?"这一问题,激起学生从遗传学、家庭、口述历史、精算科学、统计学、概率论、心脏病、癌症、高血压等角度进行广泛的调查研究。学生们有机会从家庭成员、朋友、不同专业领域的专家、互联网、书籍、老师那里索取信息。她描述了作为"学习共同体"一员的学生该做什么。巴布·约翰逊说:"我们决定什么是最迫切的智力问题,设计调查研究这些问题的方法,这样我们就开始了学习的旅程。有时候,我们未达到目标,有时我们达到了目标,但大多数时候我们超过了目标——我们学到的比我们最初期望的还多。"(个人交流)

调查研究结束时,巴布·约翰逊和学生们一起帮助学生弄清楚他们的调查研究和传统的学科知识领域之间的联系。他们发明出一张图表,在这张表上,他们记录下自己的经验:包括语言文字、数学、科学、社会研究、历史、音乐、艺术等方面。学生常常感到惊讶的是,他们竟然学了那么多,学得那么与众不同。一名学生说:"我仅仅感觉我们在玩耍,我没意识到我们同时是在学习!"

巴布·约翰逊的教学是非凡的,这需要非常广博的学科知识,因为它开始于学生们的问题而不是一个固定的课程。由于巴布·约翰逊具有丰富的知识,她能够把学生们的问题编织在相关学科的重要原理之中。用反映在她的教学中的一般性策略来武装新教师,鼓励新教师运用她的方法是不会奏效的。除非新教师们具备相应的学科知识,否则师生很快就会迷失方向。与此同时,只有学科知识没有学生如何学的知识(即发展心理学和学习心理学相一致的原理)和怎样引导学习过程的知识(即教育教学知识),

是不会有我们在巴布·约翰逊班里所看到的那种学习的(Anderson and Smith,1987)。

在本章接下来的部分里,我们介绍并讨论历史、数学、科学的教学示例。给出这三门课的目的是揭示构成专家教学的教学法知识和学科知识的基础(Shuiman, 1987)。这能帮助我们澄清为什么有效教学需要比一组"一般性教学技能"更多的知识。

历 史

大多数人都有差不多相同的学习历史的经历:他们学习老师和教科书认为相关联的历史事件和时间。对历史的这种看法和历史学家们的看法完全不同,持有历史就是事件和时间看法的学生失去了一些令人激动的机会,即理解历史作为一门学科有其内在的特别规律的机会,和理解特别的分析能力与理解他们生活中的事件是怎样联系的机会(参见 Ravitch and Finn,1987)。不幸的是,很多老师不能用令人激动的方法教历史,也许,他们的老师就是用这种日期—事件的方法教他们的。

超越事实

在第二章,我们讨论了历史学科领域中专家们的研究,了解到他们把已有的证据看作是超越事实罗列之上的材料(Wineburg,1991)。他们将一组天才高中生与一组职业历史学家进行对比研究。两个组都接受一次测验,题目是有关美国独立战争的事实,材料来自一本非常畅销的美国历史课本中章节的回顾部分。有美国历史背景知识的历史学家们能够回答出大多数的题目,而其专业领域不在美国历史的历史学家只能回答三分之一的题目,好几个学生在有关历史事实的预先测试中的得分超过有些历史学家。但是,除了测试历史事实,还有一个题目,给出一篇历史文献,要求梳理出不同的观点主张,并且给出合理的解释。这道题历史学家们胜出。相反,大多数学生感到难以回答。尽管学生们拥有大量的历史信息,他们不知道怎样富有成效地运用这些知识信息,形成自己对事件的解释,得出结论。

不同教师对历史的不同看法

对历史的不同看法影响教师教历史的方法。比如,威尔逊和维尼博格(Wilson and Wineburg,1993)请两位美国史教师读一些由学生所写的有关美国独立战争原因分析的小论文,他们不需要对人物和事件做出不偏不倚的、完美无缺的或明确无误的评述,而是要为学生提供继续"修改或丰富"的意见。首先为教师们提供题为"评价美国独立战争的原因"的论文,这些论文是由11年级学生在45分钟内完成的。考虑一下背景材料7.1中巴恩斯先生(Mr. Barnes)和凯尔西女士(Ms. Kelsey)这两位老师对同一个学生论文的不同反馈。

背景资料7.1 对美国革命文章的评述*

7号学生论文

When the French and Indian war ended, British expected Americans to help them pay back there war delts. That would be a reasonable request if the war was fought for the colonies, but it is was fought for English imperialism so you can't blame them for not wanting to pay. The taxes were just the start of the slow turn toward rebellion another factor was when parliament decided to forbid the colonial government to make any more money, Specie became scarcer than ever, and a lot of merchants were pushed into a "two way squeeze" and faced bankruptcy. If I had the choice between being loyal, or rebelling and having something to eat, I know what my choice would be. The colonist who were really loyal never did rebel, and 1/3 support the revolution.

The main thing that turned most people was the amount of propaganda, speeches from people like Patrick Henry, and organizations like the "Association" After the Boston Massacre and the issuing of the Intolerable acts, people were convinced there was a conspiracy in the royal government to extinguish America's liberties. I think a lot of people also just were going with the flow, or were being pressure by the Sons of Liberty. Merchants who didn't go along with boycotts often became the victims of mob violence. Overall though, people were sick of getting overtaxed and walked on and decided let's do something about it.

---

* 学生的论文没有翻译,目的是为了保持学生论文的原貌,以便读者能够对比两位教师的不同评价——译者注。

巴恩斯先生的最终评语

——你的主题句不明确。

——你的文章最好能补充更多的详细事实。

——注意拼写和语法错误。

成绩：C⁻

凯尔西女士的最终评语

——文章的最大特点是尽量把握问题的本质：为什么殖民地人民要反抗？请继续思考这个问题，就从"假如我在那里，会是什么呢？"起步。

——可是，要使这篇文章能说明问题，你还需要加大文章组织策略的改进力度。请记住你的读者基本上对这场革命不了解，所以，你需要尽可能地把你的观点阐述清楚。试试把你的观点由开头到中间再到结尾重新组织。

开头，说出你站在哪一端：是什么使殖民地人民起来反抗——钱、宣传、顺从？

中间，提出论据证明你的观点：什么样的事实因素支持你的观点，也能说服你的读者？

结尾，再次向读者展示你的观点。

请修改后再交上来！

资料来源：威尔逊和维尼博格(1993：图：1)。经许可使用。

巴恩斯先生对论文实际内容的评述主要集中在事实层面。而凯尔西女士的评述针对美国独立战争的性质，其视野更加广阔，同时也没有忽视论文中出现的重大事实错误。总体来说，巴恩斯先生把这些论文当作以正态曲线区分学生能力的标示，而凯尔西女士把这些论文看成为历史是记住和列举一大堆历史事件和信息的错误概念的代表。这两位老师对学习历史的本质有十分不同的见解。这些见解又影响了他们的教学方法以及要求学生学习的内容。

对优秀历史教师的研究

对于那些专家型的历史教师而言，他们的学科知识和有关学科知识结构的理念与他们的教学策略相互作用。他们不是仅仅教给学生们要学的事实,而是帮助学生理解基于史实的解释和所分析的问题本质,帮助他们懂得历史与现实生活的重要关系。

有一位非常优秀的历史老师鲍勃·贝恩(Bob Bain),他是俄亥俄州比奇伍德(Beechwood)一所公立学校的教师。他说,历史学家们受大量资料之苦——追溯历史轨迹使他们淹没其中,除非他们能找到区分轻重的方法。历史学家认为重要与否决定他们怎样写他们认为的历史、选择什么样的资料、编写什么样的故事、组织和年代划分等的更大的计划。这些关于历史重要与否的设想在课堂教学中常常无法讲清楚。对学生们来说,他们相信他们的教科书就是历史而不是一种历史。

鲍勃·贝恩开始教授九年级中学课时,要求所有学生都设计一个年代表,把他们认为最重要的各个时期的手工艺品放置其中。接下来学生的任务是在纸上写下他们挑选这些物品的理由。以这种方法,学生们清楚地表达了他们的基本假设,即什么才称得上具有重要历史价值。为了把学生们的反应集中起来,他把这些见解写在一张大展板上,然后挂在教室的墙上。鲍勃·贝恩把这个展板叫做"决定历史重要与否的准则",这块展板成为本年度课堂讨论中的标杆,经过不断的修改和提炼,学生渐渐地能更好地表达他们的观点。

起先,学生们按部就班地应用这些准则,他们很少意识到,他们既然能创造准则,也就能改变准则。但是,当他们能够熟练地对重要性做出判断时,他们发现准则就像工具一样,用于分析、检验不同历史学家的论点,这使他们开始理解为什么历史学家们彼此有分歧。在这个例子中,由于教师对历史的理解深刻透彻,有助于提高学生理解历史本质的能力。

莱因哈特和格林诺(Leinhardt and Greeno,1991,1994)花了两年时间研究一位造诣很深的高年级历史教师。这位教师在匹兹堡(Pittsburgh)市的一所中学任教,她就是斯特林夫人(Ms. Sterling),从教20多年,经验丰富。开学第一节课,她要学生思考一句话的意思:"任何真实的历史都是当代史。"开学第一周,斯特林硬要学生探索一些在研究生讨论会上才会出现的认识论问题:"什么是历史?""我们是怎样知道过去的?""作为经验的一部分,坐下来'写历史'的人与由普通人制造手工物品之间有什么区别?"实际上,这些问题是需要经过一系列的研讨之后才可能弄清楚的。这些拓展性练习的目标是帮助学生理解历史是一种证据知识,而不是一大堆固定不变的姓名和日期。

可能有人会问,花5天时间"给历史下定义"而学科内容又那么多,值得吗?但这就是斯特林关于学科知识的具体框架——她把历史作为整体理解的中心——允许学生进入历史知识建构的高级境界。课程结束时学生从被动的对过去的旁观者转而成为积极参与思维、推理的自由行动者,这种参与具有熟练的历史认知的特点。比如,在她从教早期,斯特林夫人就问学生这样一个有关宪法公约的问题"人能够做些什么?"保罗把这个问题按照字面来理解:"哦,我认为他们所做的最大的事就是昨天我们讨论过的,建立西北地区第一个殖民地。"然而,经过两个月教学生历史的思维方式后,保罗开始跟上了。到了1月份,在回答南方棉花经济衰退的原因时,他能联系到英国的贸易政策、殖民地国家在亚洲的投机以及南方领导人没有领会民众对有关大英帝国的意见等。斯特林夫人对历史的理解使她能够创造出这样的课堂氛围,学生可以在其中既掌握历史概念和事实,又能够运用这些概念和事实对历史做出权威的解释。

对证据的辩论

伊丽莎白·詹森(Elizabeth Jensen)让11年级学生就以下决议进行辩论:

> 决议:英国政府拥有对美国殖民地征税的合法权利。

学生们进入教室后将书桌摆放成三组——教室左边是"反抗"组,右边是"拥护"组,前边是"法官"组。詹森坐在外侧,膝上放着一本活页笔记本,看上去30岁左右,个子不高,声音低沉有力。但是,今天这个声音保持沉默,因为她的学生要讨论英国对美国殖民地征税的合法性问题。

反方的第一位发言人,一位16岁女孩,穿着一件印有"Grateful Dead乐队组合"字样的T恤衫,带着一只耳环,从笔记本中拿出一张纸,开始发言:

> 英国人说他们为了保护我们需要在这里驻扎军队。表面看来,这似乎很合理,实际上缺乏理据。首先,他们要对付谁来保护我们?对付法国吗?引用我们的朋友贝利先生(Mr. Bailey)在54页上的一段话,"在1763年解决了巴黎以后,法国的势力被完全逐出北美洲"。所以,显然,他们并不是冲着法国而来的。也许,他们需要对付西班牙人?然而,那场战争也征服了西班牙人。因此,他们并没有真正的隐患。事实上,对我们安全构成唯一威胁的是印第安人……但是……我

们有一支不错的国民自卫队……因此,为什么他们要在这里驻扎军队?唯一可能的原因是要控制我们。随着越来越多的军队进驻,我们所拥有的任何宝贵的自由就会被剥夺。具有讽刺意义的是英国居然期望我们为这些劣迹斑斑的军队,这些英国殖民镇压者纳税。

一个拥护者反击:

我们搬到这里,我们现在所交的税比起上两代人在英国所交的少多了,你还在抱怨吗?让我们来看看为什么要交税吧——主要的原因是因为英国有14亿英镑的债务……这看上去有点贪婪。我的意思是他们有什么权利从我们身上拿钱仅仅因为他们有权控制我们。但是你知道吗?一半以上的英国战争债务来自于为保护我们而与法国和印第安人交战的费用……收税没有理由是不公平的,的确,这是专制。实际的原因使你的牢骚话站不住脚。每一位英国公民,无论他有没有选举权都受国会的保护,为什么这种保护就不能延伸到美国?

一位反抗者就这位拥护者的发言提出质疑:

反抗者:我们给皇家纳税能得到什么好处?
拥护者:我们得到保护。
反抗者:(打断)这是你所说的我们得到的唯一好处,保护吗?
拥护者:是的——得到了英国人所拥有的所有权利。
反抗者:好的,那么,你怎么看待无法容忍的条款……否定我们作为英国臣民的权利?你怎么看待我们被否定了的权利?
拥护者:自由之子惩罚人民,在其身上涂上焦油再盖上羽毛,抢劫家庭财产——他们的确应该受到一些惩罚。
反抗者:那是不是所有殖民地人民都要为了少数人的行为而受到惩罚呢?

163 有一阵,教室里充满了指责和反击的不和谐音。"这和在伯明翰的情况相同。"一位拥护者大声说。一位反抗者轻蔑地嘲笑道:"实际原因是空话。"32个学生几乎在同时说话,而主持法官,一位带着金属框眼镜的学生,徒劳地猛敲他的镇石。老师,仍然在角落处,仍然膝上摊着活页笔记本,发出了这天她唯一的命令"保持安静!"她的声音如雷,秩序得到恢复,拥护者们继续他们的开题争论(来自于 Wineburg and Wilson,1991)。

伊丽莎白·詹森教学的另一个例子是她努力地帮助中学生理解联邦制度的拥护者与反对者之间的争论。她知道十五六岁的学生不可能一开始就理解两派之间错综复杂的争论,应先让学生了解这些分歧源自于完全不同的人性观——这一点被教科书中的两段文字掩盖了。她没有像教科书那样从欧洲的地理大发现和探险开始学年的教学,而是以主题为人性的研讨会开始。在 11 年级的历史课上,学生们阅读一些哲学家(休谟、洛克、柏拉图、亚里士多德)、国家领导人和革命者(杰弗逊、列宁、甘地)还有独裁者(希特勒、墨索里尼)的作品摘录,把不同的观点呈现给学生而且支持这些观点。6 周以后,该是学习宪法批准书的时候了,现在——这些熟悉的名字——柏拉图、亚里士多德以及其他人——都被这些充满激情的联邦主义者小组和非联邦主义者小组重新传唤到庭。这就是伊丽莎白·詹森对她想要教的内容和青少年学生已清楚的内容的理解,在这个基础上,她精心地组织一次活动帮助学生体验将要学习的领域——抗议、宪法、联邦主义、奴隶制、政府的性质。

小　结

这些例子为我们提供了历史学科优秀教学的一些亮点。它们并不是那些一开始就知道怎样教学的"天才教师"所为,相反,这些例子为我们展示了专家教师对他们所教学科的结构、对学科认识论的深刻理解。结合精心组织的教学活动,这些教师帮助学生自己理解学科内容。正像我们前面已指出的,这一点与普遍持有的——而且是危险的——有关教学的神话:教学是一般的技能,一个好教师能够教任何学科是矛盾的。大量的研究显示:任何课程——包括一本教科书——都由教师根据她/他对该学科领域的理解做出修改(历史方面的请看:Wineburg and Wilson,1988;数学方面的请看 Ball,1993;英语方面的请看 Grossman et al. ,1989)。教历史需要独一无二的学科知识和教学法知识,这一点在我们探索其他学科的教学时已越来越清楚地显示出来。

数　学

像历史学科一样，大多数人都认为他们懂得数学是干什么的——计算。大多数人只熟悉数学的计算方面，所以就争论数学在学校课程中的地位以及传统的教学生学计算的方法。对比而言，数学家们把计算仅仅看作是数学的一种工具，而数学的真谛是问题解决、描述和理解结构与范型。目前的争论集中在学生应该学什么样的数学，似乎存在着两种不同的主张：主张教计算技能和主张培养概念理解，这反映了人们对数学内容的权重方面存在着很大的分歧。越来越多的研究为人们提供了具有说服力的证据，证明数学老师对数学的了解和信念与他们的教学决策与教学行动紧密相连（Brown，1985；全美数学教师学会，1989；Wilson，1990a，b；Brophy，1990；Thompson，1992）。

数学老师对数学、数学教学、数学学习的看法直接影响他们教什么、怎么教的观念——学科知识和教学法知识之间相互依存（如 Gamoran，1994；Stein et al.，1990）。这说明教师的教学目标，从广义来说，是他们关于什么是数学的重要问题和他们认为学生该怎样学才是最好的观念的折射。因此，当我们考察数学教学时，我们需要既关注教师的数学学科知识，又要关注教师的教学法知识（一般与具体），还要关注他们对学生作为数学学习者的知识。注意到教师的这些知识反过来使我们能够考察教师的教学目标。

如果学生们在数学课上用理解的方式学习数学——这是目前有关数学课的计算技能的作用的争论中几乎人人都接受的目标——那么很重要的一点是要检验理解性数学教学的实例，分析教师的各种角色以及主导这些角色扮演的知识。这一部分，我们考察数学教学的三个案例，这些案例证明了我们目前对模范教学的看法，讨论一下这些教师教学的知识基础，以及导致他们做出教学决策的理念和目标。

乘法的意义

为了教多位数乘法，教师研究者马格德蕾·兰珀特（Magdelene Lampert）创造了一系列的课堂教学，其教学对象是计算技能参差不齐的 28 名 4 年级学生。有的学生刚开始学一位数乘法，有的学生则能够准确地计算 n 位数与 n 位数的乘法。教学意图是让学生体验重要的数学原理，包括加法和乘法的混合运算、结合率、交换率、分配率等,一步步地引导学生得出答案(Lampert,1986:316)。她对自己的教学做了清楚的表述,她对乘法结构的理解和她对与乘法相关的问题情景和广泛领域的陈述都是她在计划和实施教学时所考虑的问题。很明显,她的教学目标不仅包括学生对数学的理解还包括把学生培养成为独立的、有创造性的问题解决者。兰珀特(1986:339)对她自己的作用做了这样的描述:

> 我的作用是把学生有关如何解决和分析问题的观点摆在课堂上讨论,评判他们的论点合理与否,鼓励他们凭直觉应用数学原理。我也教给他们符号结构形式的新信息,强调数量的符号与运算之间的联系。但是,我让学生们自己决定有些事情是否符合数学原理。如果有人以这种方法领悟教师的作用,就很难把学科知识教学与创造一种理解意义的课堂教学文化孤立起来。在课堂里,老师和学生都是根据自己的观点,参照已有的原理来确定运算步骤的合理性。在老师一方,数学原理可能作为更为规范的抽象系统,而在学生一方,他们要了解这些原理则依赖他们熟悉的经验情景。但是最为重要的是教师和学生一起以一种特别的方法来看待和解决课堂数学题。

马格德蕾·兰珀特开始将学生们已有的多位数乘法的知识与原理概念知识结合起来。她用三节课时间做到了这一点。第一节课用到硬币问题,比如"只用两种硬币,用19个硬币构成1美元"鼓励学生用他们熟悉的硬币和硬币交易需要的数学原理。另一节课用了很简单的故事和图画来举例说明大数目可以归类以简化计算步骤。最后,第三节课仅仅用数字和算术符号代替问题。整个教学过程中,学生们都要面对挑战,根据提出的证据解释自己的答案,而不是根据老师说的或书本来检验答案。下面的例子强调了这种方法;参见背景资料7.2。

兰珀特(1986:337)的结论是:

> ……学生们运用原理性的知识,这些知识与小组成员用以解释他们所看到的东西的语言相联系。他能够富有意义地谈论数的位值以及运算次序,解释运算过程的合理性,推导出结果的原因,即使他们并没有使用技术性的术语来表达。我把他们的试验和争论当作证据来说明他们已意识到数学不只是一个寻找答案的过程。

背景资料7.2 总共有多少?

老师一开始就提出一个基本计算问题。

老师:谁能给我讲个故事,故事中包含这个乘法计算 $12 \times 4 = ?$

杰西卡(Jessica):有12只坛子,每一个坛子里有4只蝴蝶。

老师:那么如果我做了这个乘法,得出答案,我对这些坛子和蝴蝶能了解些什么呢?

杰西卡:你就知道你有了那么多的蝴蝶。

老师和学生接下来用图画说明杰西卡的故事,建构计算蝴蝶的过程。

老师:好啊,这是坛子。我们用这些星星代表蝴蝶。现在,如果我们按组来考虑坛子,我们就能很容易计算出总共有多少只蝴蝶。通常,数学家们喜欢用哪个数字来分组?〔用环状把10只坛子圈起来。〕

萨莉(Sally):10。

这节课是这样展开的,老师和学生先建构一幅图画,用以划分以10为一组的4只蝴蝶,剩下2只坛子没有归组。他们认识到 12×4 可以考虑为 $10 \times 4 + 2 \times 4$。兰珀特于是让学生们探索其他使坛子成组的方法,比如,组成每组6只坛子的两组。

学生们确实感到吃惊 $6 \times 4 + 6 \times 4$ 等于 $10 \times 4 + 2 \times 4$。对兰珀特来说,这一点对学生理解很重要(形成性评价——参见第六章)。这是一种迹象,表明她需要组织更多的包含不同组的活动。在随后的课堂教学中,学生遇到的两位数乘法中的数字更大,最大的大到——28×65。学生们继续加深他们对乘法原理的理解并创造出基于这些原理的计算过程。她要求学生们用故事和图画的方法来说明他们的运算过程的理由。最终,学生们探索了更多传统的和可供选择的仅仅用书写符号表达的两位数乘法的运算规则。

很明显,她对数学的深刻理解在她教学的过程中发挥了作用。值得指出的是她要帮助学生认识什么是数学的合理性的目标形成了她设计课堂教学的方法,这些方法启发了学生对两位数乘法的理解。

理解负数

帮助3年级学生扩展对数的理解,从自然数到整数,是另一位教师研究者所做的富有挑战性的工作。德博拉·鲍尔(Deborah Ball)的工作为我们提供了又一个运用广泛的学科知识和教学法知识进行教学的精彩片段。她的教学目标是(包括)"开发一种实践使数学学科知识和儿童作为思想家整合在一起"(Ball,1993)。也就是说,她不仅考虑什么是重要的数学观念,还考虑儿童是如何思考她所要教的特定数学领域的。她把作为数学单位的整数(学科知识),以及她那丰厚的教学法知识运用到整数教学中。像兰珀特一样,鲍尔的目标超越了典型的数学教学的界线,发展成一种文化,学生们可以在这种文化中猜想、实验、建立论据、形成并解决问题——实际上是数学家所从事的工作。

德博拉·鲍尔对她的工作的描述强调了构想出有效途径把数学的关键概念呈现给儿童的重要性和困难(参见 Ball,1993)。有关负数的可能例子很多,她复习了其中的一些——魔术花生、钱、游戏打分、一条数字线上的青蛙、楼层的上方和下方等等。她决定先用楼层例子,后用钱的例子:她非常清楚每一种例子在表达数字的关键特征,特别是数量和方向时的优势和局限。阅读德博拉·鲍尔深思熟虑的描述,你会感到震惊,惊叹她为了特定的数学观点和过程而选择的恰当例子时的复杂性。她希望用楼层例子的位置特征帮助学生辨认出负数不等于零,而这是一个常识性的错误。她也意识到用楼层例子帮助学生建立负数减法的模型是很难的。

德博拉·鲍尔和学生们一起,用楼层例子把楼层贴上标签,学生已经给地下楼层贴上标签而且把这些楼层看作是"零下"。他们于是探讨当小纸人从某一层进入电梯然后去到另一层时会发生什么。以这种方法来介绍规范的加法和减法算式的写法,涉及整数 $4-6=-2$ 和 $-2+5=3$。接下来学生遇到的问题越来越难。比如,"一个人要到2楼有多少种走法?"用楼层例子允许学生做大量的观察,比如,有个学生注意到:"任何零以下的数加上零以上的同一个数等于零"(Ball,1993:381)。但是楼层例子不能解决 $5+(-6)$ 这样的问题,鲍尔想到学生还不理解 -5 比 -2 小——虽然 -2 在 -5 之下,但并不意味着 -2 就小。鲍尔于是用钱的例子并且指出这同样存在局限性。

很显然，德博拉·鲍尔的整数可能性表述的知识（教学法知识），以及她对整数的重要数学性质的理解是她设计与教学的基础。她的目标与培养学生的权威再度联系起来，共同体的意义也得到体现。像兰珀特一样，鲍尔要求她的学生承担起决定结论合理性和正确性的责任，而不是依赖课本或老师的确认。

导向性讨论

兰珀特和鲍尔都强调了教师在计划和实施数学教学时其学科知识和教学法知识的重要性。同样重要的是教师把学生理解为学习者。认知导向教学的概念帮助教师说明有效数学教学的另一个重要特点：教师不仅要有数学领域特定内容的知识和学生怎样看待这一特定内容的知识，还要有班级里的个别孩子怎样看待这一特定内容的知识（Carpenter and Fennema，1992；Carpenter et al.，1996；Fennema et al.，1996）。有人认为，老师用他们的知识做出恰当的教学决策有助于学生建构数学知识。以这种方法，教学领域的知识（Shulman，1986）扩展到了教师对课堂上每个学习者的了解。

安妮·基思（Annie Keith）用认知导向的教学方法，她教威斯康星州麦迪逊小学一、二年级复式班（Hiebert et al.，1997）。她的教学实践证明教师理解学生的思维并用这种理解进行教学的可能性。基思女士的课堂教学画面揭示出她的数学学科知识和教学法知识是如何影响她的教学决策的。

应用题几乎构成了安妮·基思的教学基础。学生花很长时间相互之间、或以小组形式或全班形式讨论可选择的策略。老师常常参与这种讨论但几乎从不向学生演示问题的结论。数学的一些重要的概念在学生探索问题答案的过程中建立起来了，而不是把他们作为教学本身的焦点。比如，数的位值的概念是在学生们使用以10为单位的材料，如以10为单位的积木以及算盘的过程中建立起来的，用以解决多位数应用题。

在安妮·基思的班上，数学课在不同的环境中进行。每天的一年级活动和二年级活动，像分快餐、午餐统计、出勤，都是作为经常性的问题解决性任务情景来进行的。学生们经常到数学中心上数学课，在那里学生们可以开展各种活动。在任何指定的时间里，孩子们在这个中心可能解决老师提出的应用题，而在另一个中心，孩子写下应用题并拿到班上展示或用于做数学游戏。

她不断地挑战学生，要他们思考并试着对他们所做的活动赋予数学意义。她把这些活动当作她了解每个学生怎样看待和理解数学的机会。当学生们组成小组解决问题的时候,她观察学生们的不同结论(答案)并在心里记下哪个学生应该在全班公布他的结果:要把各种各样的结论都展示出来,这样学生们有机会互相学习。她的那些有关数学的重要概念的知识为她提供了选择过程的框架,但是她对孩子们怎样思考数学概念的理解也影响她决定谁应该向全班展示。她可能挑选一个实际上错误的答案,这样她可以发起一次有关常见错误概念的讨论。或者,她可以选择一种比较复杂的答案向学生们展示这种策略的好处。无论是答案的展示还是随后全班的讨论都为她提供了这样的信息:即她的学生们已经掌握了什么,下一步她应该用什么样的问题进行教学。

安妮·基思有强烈的信念,认为孩子们需要在他们已有的知识基础上建构对数学概念的理解,这一点引导着她的教学决策。她对学生的理解提出假设,然后以这些假设为基础选择恰当的活动。当她收集到更多的有关学生的信息并把这和她要求学生学习的数学比较之后,她会修正教学。她的教学决策显示她对每个学生目前理解状态的清楚的诊断(判断)。她的方法并不是一场没有老师引导的混战;而是一场基于学生的理解水平又由教师精心指挥的教学,老师知道什么是重要的数学问题,什么对学习者的进步来说更重要。

基于模型(model-based)的推理

有些使数学教学具有活力的尝试强调了建模现象的重要性。建模方式从幼儿园到12年级(K—12)都可以运用。建模涉及建构模型的周期循环、模型评价、模型修正。这一点在很多学科领域(比如数学和科学)的专业工作中是首要的方式,但学校教学中却很少使用。建模实践无处不有,形式多样,从物理模型,比如天象模型或者人的血液循环系统模型,到抽象的符号系统的建构,都有代数学、几何学、微积分等的例证。建模在这些学科领域的普遍性和多样性说明建模能够帮助学生发展对广泛的重要概念的理解。我们能够也应该在任何年龄和水平鼓励学生开展建模实践(Clement,1989;Hestenes,1992;Lehrer and Romberg,1996a,b;Schauble et al.,1995;参见背景资料7.3)。

背景资料7.3　物理模型

类似太阳系模型或肘的模型,物理模型属于微观世界体系,尤其能吸引孩子们的直觉——关注模型所指向的真实世界和模型本身之间的相似性。下面的照片是一个孩子所建的肘的模型,用橡皮筋模拟韧带的连接功能,模型上木榫的作用是使肘在垂直面弯曲时不超过180度。虽然儿童在寻找功能时是以原始相似性为基准的,但当儿童修改其模型时作为相似性的东西已经明显地发生了变化。比如,试图使模型模拟肘的动作常常导致对肌肉可能的作用的兴趣(摘自 Lehrer 和 Schauble, 1996a,b)。

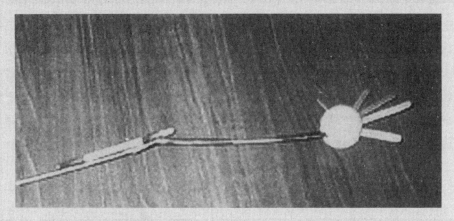

孩子所做的肘的模型。

用建模的方法解决问题需要发明(或选择)一个模型,探索这个模型的质量,然后用这个模型回答感兴趣的问题。举例来说,三角几何有内在逻辑意义,它也具有对现象的预见能力,这些现象范围广泛,从光学到寻找航线(就像导航系统),到铺设地板。建模强调需要利用数学形式,但是课程标准中并没有充分的表述出来,比如空间可视化、几何、数据结构、测量以及不确定性等。举个例子,对动物行为的科学研究,像鸟搜寻食物,是有严格限制的,除非你能用像变化性和不确定性这样一些数学概念。因此,建模的实践为我们探讨学科中那些"大概念"(big ideas)提供了可能。

小 结

渐渐地,早期数学教学的方法中结合了这样的假设:所有的学习都涉及把理解扩展到新的情景中;青少年学生来到学校时对数学已有很多种看法;和新环境相关的知识并不是同时进入这个环境的;学生在得到尊重、受到鼓励的前提下更能够把他们的观点和策略付诸实施,学习因此可以得到提高。所以,数学教学在开始时就应将注意力放在鼓励学生发明自己的问题解决方法上,并鼓励学生讨论为什么这些策略有用,而不是仅仅教计算规则,比如加法、减法。老师们还可以明确地提示学生思考日常生活中与他们的学习有潜在关系的问题。比如说,日常走路的经验和有关方位与方向的相关概念可以作为发展有关更大范围空间、方位和方向结构的相关数学知识的出发点(Lehrer and Romberg,1996b)。

随着研究不断提供的能够帮助学生学习有意义数学的优秀教学案例,对教师知识、信念、目标在实施他们的教学思维和行动时的作用也会有更好的理解。我们这里给出的这些例子已经清楚地说明,教师对教学任务的选择、对学生完成任务时思维的引导都与教师的数学知识、教学法知识和学生知识高度相关。

科　学

最近在物理学领域的两个例子说明了研究发现能够用于教学策略设计,以促进专家具有的那类问题解决行为。研究人员要求那些已完成物理入门课程学习的大学生花整整10个小时,在一个星期之内用计算机解决物理问题,这迫使他们用系统原理和对应用这些原理解决问题的过程做概念分析(Dufrense et al.,1996)。这种方法得益于对专家的研究(在第二章已做讨论)。读者能够回忆起当要求陈述解决问题的方法时,物理学家们一般总是讨论原理和过程。相反,新手们趋向于谈论所给问题中的变量控制的具体公式(Chi et al.,1981)。把这个与没有用计算机而解决相同问题的一组学生相比,用计算机完成层级分析,在随后专家的测量中,成绩要好的多。举个例子,在解决问题时,无论是检验整个问题解决的过程,还是检验得出正确答案的能力,或是检验运用恰当的原理解决问题的能力,那些做层级分析的学生远远超过那些没有做层级分析的学生(参见图7.1)。此外,在问题分类时也出现了相同的差别:做层级分析的学生在决定两个问题是否用相同方法解决时经常考虑原理而不是表面特征,参见图7.2(参见第六章,一个在图7.2中的分类任务中所使用的项目分类例子)。值得注意的是,图7.1和7.2说明了我们在这本书中已经讨论过的另外两个问题,那就是:时间是衡量学习的一个重要指标;经过周密安排的练习是提高专业知识的有效途径。这两个方面都表明,控制组所取得的显著进步仅仅是练习的结果(在任务上所花的时间),但是实验组用了相同的训练时间却获得更大的进步(周密安排的练习)。

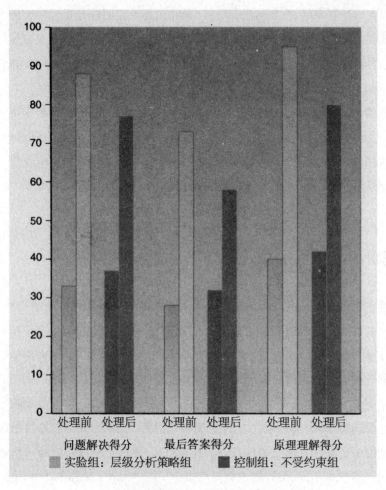

图 7.1 两种培训方法在问题解决、最后答案、
原理理解方面的结果。
资料来源:Dufresne et al.(1992)。

用问题解决的方法来教物理导论课已获得成功,这个问题解决的方法开始于对问题的定性层级分析(Leonard et al.,1996)。老师在教工科大学生物课时,要求他们在解决问题之前写出解决问题的定性策略(在 Chi et al.,1981 的基础上)。这些策略包括用连贯的语词描写出问题怎样能够得到解决,它有三个组成部分:应用的主要原理;说明为什么要运用这些原理;运用这些原理的过程,即清楚地描述是什么问题(what)、为什么是这个问题(why)、怎么解决这个问题(how)。参见背景资料7.4。和那些学习传统课程的学生相比较,这些学习基于策略的课程(strategy-based course)的学生形成了非常好的能应用相关的解题原理对问题进行分类的能力,参见图7.3。

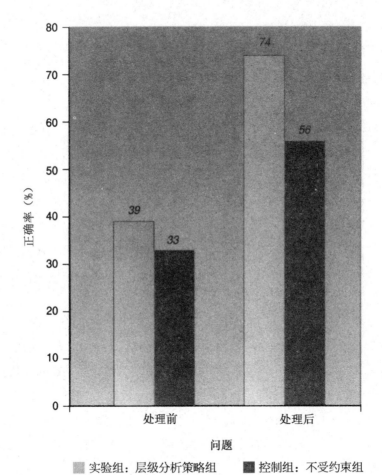

图7.2 运用原理对问题进行分类的两种培训方法的结果。

资料来源:Dufresne et al. (1992)。

背景资料7.4 学生完成的定性解题策略书面作业

要求选修物理入门课程的学生写出考试题的解法。

考试题：

一块质量(M)为2千克，半径(R)为0.4 m的滑轮，轮沿上绕着绳子，滑轮可绕其中心的轴自由转动。一质量(M)为1千克的木块，系在绳子的另一端。保持绳子紧张状态并将系统从静止开始释放。问木块下落(d)0.5 m后的速度是多大？请写出解法和答案来。

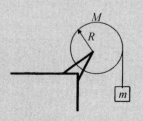

解法一： 应用能量守恒定律求解，因为系统中唯一的非保守力就是连接木块和滑轮的绳子中的张力（假设轴和滑轮之间，以及滑轮和空气之间的摩擦均不计），该张力对滑轮和木块所做的功相互抵消。首先，选取一个坐标系，以便可以确定出系统的初始势能，开始时，因系统处于静止状态，故系统开始时没有动能。因此，系统的势能就是系统的初始总能量。令系统的初始能量等于系统末态的能量（系统末态能量由滑轮的动能，木块的动能以及此时系统相对于所选坐标系的势能组成）。

解法二： 我会用机械能守恒定律来求解。木块M悬于空中时有一定的势能，在木块M开始向下加速的过程中，它的势能转化为滑轮的动能和木块的动能。根据机械能守恒，令系统初态的总机械能等于末态的总机械能，并利用滑轮角速度ω与木块线速度v之间的关系，M的速度就可得出。虽然仍有非保守力，即张力，机械能仍然守恒。这是因为张力是系统内部的力（即滑轮、木块和绳子组成的系统）。

解法三： 为求出木块的速度，我用木块的重力先求出滑轮的角动能。在求解过程中，我会用到转动运动学以及滑轮绕其轴心转动惯量。

解法四：由于木块的重力使滑轮受到一个相对于其转轴的力矩的作用，木块对滑轮轮缘产生向下的拉力为 mg，滑轮相对于其转轴的转动惯量为 $\frac{1}{2}MR^2$，将转动惯量与角加速度相乘，令其等于上述力矩，将各量的值代入运动学表达式，就可计算出角速度。然后，用角速度乘以滑轮半径，就可以算出木块的速度。

前两种解法表明学生已经熟练掌握原理、判断和应用过程，能够用来解决这类问题（是什么、为什么以及如何解决问题）。后两种策略就像是购物单似的物理术语或者是这门课术语的清单，可是学生没有清楚地把他们所考虑的为什么和怎样应用的问题表达出来。

让学生（在建模策略之后提供适当的支架以保证学生进步）写出解法，是一项非常有用的形成性评价工具，用以检查学生是否在问题情景与原理和过程之间建立恰当的联系，以便能够用来解决这些问题（参见 Leonard et al.，1996）。

层级结构是一种有用的策略，它能帮助新手们既回忆知识又解决问题。比如说，对大学物理入门课得高分的物理新手，教他们形成一种叫做理论问题描述的问题分析方法（Heller and Reif，1984）。分析包括用概念、原理和启发程序描述力学问题。即使这种理论问题描述的形式对新手们来说从没做过，用这种方法，新手们解决问题的能力显著提高。没有受过这种训练的新手们一般都不能够自己做恰当的描述，即使是对常见的问题。在尝试解决问题前详细描述问题的能力、决定应该用什么样的信息分析一个问题的能力、还有决定哪些过程能够用来做问题分析和描述的能力是专家们经常运用的，但物理课程中却极少教授。

把在解决物理的不同任务时层级组织的方法教给（imposing）学生有助于学生组织其知识（Eylon and Reif，1984）。受过层级组织训练的学生在接受物理论点时比起那些受过非层级组织训练的学生在做各种各样的回忆和组织问题解决策略时成绩要好得多。同样，接受了用层级方式组织的问题解决策略的学生比起那些接受未用层级方式组织的相同策略的学生表现更出色。所以，帮助学生组织他们的知识与知识本身同等重要，因为知识结构在很大程度上影响学生的认知行为。

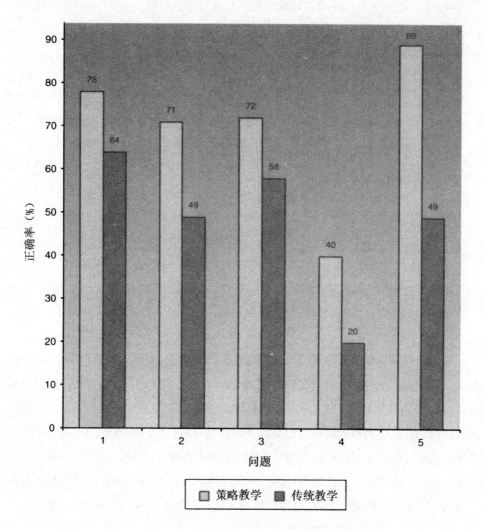

图 7.3 基于策略的教学与传统教学在多项选择测试中题目数量与正确率的比较。
资料来源：Dufresne et al. (1992)。

这些例子都说明，经过周密安排的练习和由"教练"提供反馈以优化学生的学习行为的重要性（参见第三章）。如果只是简单地给学生提出问题让学生自己解决（这是所有科学课程教学中使用的方法），很可能学生的时间花费将是低效的。学生可能会为解决一个问题困扰上几分钟甚至几小时，要么放弃，要么浪费很长时间。在第三章，我们讨论过学生通过犯错误而受益的方法，认为学生犯错误并不总是意味着浪费时间。可是，如果一个学生把大多数的问题解决时间花在对熟练操作来说不是最理想的过程演练上，比如发现和应用公式解决问题，而不是辨别其本身的原理和应用过程，紧接着建构所需的具体步骤是远远不够的。在周密安排的练习中，学生在一个辅导员（具体人或基于计算机）的帮助下进行必要的练习以加强学生的学习行为。通过精心组织的练习，设计一种基于计算机的辅导环境能够把个体的学习时间从四年减少到25个小时，效果达到在真实生活中解决问题的标准（参见第九章）。

概念变化

学生在真正学习新的科学概念之前，常常需要对根深蒂固的错误概念进行重组，因为这些错误概念会干扰学习。正如上面（参见第三、第四章）所回顾的那样，人们花费很多时间和精力，通过经验和观察来建构物理世界，他们会固守这样一些观点——无论它们与科学概念的冲突有多大——因为这些固守的观点帮助他们解释一些现象，对世界做一些预测（比如，为什么一块岩石比一片叶子下落得更快）。

有一种教学策略叫做"搭桥"，已经成功地帮助学生克服那些顽固的错误概念（Brown，1992；Brown and Clement，1993）。搭桥策略试图在学生的正确观念（称为抛锚概念）和错误观念之间通过一系列类似情景架起一座桥。开始时运用抛锚式直觉，即弹簧上放着一本书，弹簧向上弹出，作用于书，问学生把一本书放在一个长长的类似弹簧的板块的中间，板的两头被固定，书是否受到板块向上力的作用。弯曲的板块看上去似乎起到与弹簧一样的作用，这一事实使很多学生同意弹簧和弯曲的板块都对书有一个向上的作用力。对一个不同意这个观点的学生而言，老师可以通过让学生把手垂直放在一个弹簧的顶端，往下推，再把手放在类似弹簧的板块中间往下推，然后问在这两种情况下，她的手是否感到一种向上的力阻挡她下推。通过这种对学生信念的动态探索，通过帮助学生想方设法解决相冲突的观点，学生学会了建构前后一致的观点，这种观念则可以运用到更大范围的情景中去。

另一种帮助学生克服顽固错误观念的有效策略是通过互动的课堂演示（Sokoloff and Thornton，1997；Thornton and Sokoloff，1997）。这种方法在大学的物理入门课的大班教学中使用效果很好。开始时老师先对演示做一些总体介绍，比如在一条汽轨（air track）上有两辆汽车发生碰撞，一辆是静止的轻型车，一辆是重型的，正向静止的汽车驶去。每一辆车上都装有一个电子"探测器"，能把碰撞时作用于汽车的力通过大屏幕及时显示出来。老师先让邻座的学生讨论所给情景,并记下他们对这两辆车相撞时是否一辆对另一辆的作用力更大或者两辆车的作用力相等。

绝大多数学生错误地预言那辆驰行的重型车对那辆静止的轻型车的作用力更大。这再一次说明,建立在经验基础上的预测看上去似乎很有道理——学生们知道一辆行驶中的马克牌卡车撞向一辆静止的大众牌甲壳虫小轿车,结果肯定是甲克虫车受损更严重,学生把这解释为,马克牌卡车对大众牌小轿车的作用力更大。然而,尽管对大众牌小轿车的损坏更大,牛顿第三定律揭示两个相互作用的物体彼此之间的作用力和反作用力相等。

当学生做出预测并记录下来后,老师进行演示,学生看见屏幕上的探测针记录的力的强度相等但是在碰撞过程中方向却相反。学生们还讨论了其他几种情况:假如两辆车以相同的速度驶向对方情况会是怎样的?假如情况刚好相反,重型车静止不动,而小轿车驶向它情况又会是怎样的呢?学生们先做预测然后看两车相撞时所显示的实际力量。在所有的情况下,学生们看到的都是两车的作用力方向相反,但大小相同。在老师的主持下,学生们进行了讨论,然后,开始根据牛顿第三定律建立起与他们的观察和经验一致的观点。

与提供反馈研究相一致(参见第三章)的另一项研究表明,学生目睹两辆车相撞时所显示的力,能帮助他们克服错误概念。延迟20—30分钟的时间来显示实时发生的事件的图形数据会极大地影响学生对基本概念的学习(Brasell,1987)。

事实证明,不管是搭桥策略还是交互式演示策略都有助于学生永久地克服错误概念。这一发现是教学科学(teaching science)的一大突破,因为很多研究指出学生有时会模仿考试中的正确答案,他们错误地认为这可以根除错误概念的出现。但是,在相隔几周或几个月以后再来考学生时,他们常常还会犯同样的错误(Mestree,1994)。

把教学看作是教练

明斯特蕾尔(Minstrell,1982,1989,1992)对高中物理学生所进行的教学是一个将研究转化为实践的范例。他运用了很多基于研究性的教学技能(比如搭桥、使学生的思维可视、促进学生重构自己的知识)来教学生理解物理。他通过课堂讨论做到这一点,在讨论中,学生使物理概念具有意义,从而建构起自己的理解,而明斯特蕾尔却扮演了教练的角色。下面的引语说明了他的富有创新、行之有效的教学策略(Minstrell,1989:130-131):

学生关于力学的初始观念就像一簇纱线一样，有些彼此间毫无连接，有的松散地编织在一起。教学的行为可以被看作是帮助学生理顺个体凌乱的观念，为其分类，把它们编织成更为完整的理解物品。很重要的一点是，后续的理解在很大程度上是建构在以前的观念之上的。有时候，给学生介绍一些新的观念，但是很少有早期观念被拉出来或是被取代。老师可以做的就是帮助学生把他们当前的观念与那些类似于科学家们的概念性的观念加以区别和整合。

在描述一节有关力的课时，明斯特蕾尔（1989：130－131）用一些一般的术语开始介绍主题：

今天我们将要解释一些你们日常生活中常常遇到的非常普通的事情。你们会发现你们已经有很好的观点，能够解释这些事情。我们会发现我们的一些观点和科学家们的观点很相似，但是，有时候我们的观点与他们是很不相同的。这一单元结束时，我希望我们对科学家们如何解释这些事情有一个更加清楚的认识，我想你们会对自己的解释感到更为满意……今天我们要探讨的一个关键问题是力。你们认为力是什么呢？

很多观点在随后的课堂讨论中涌现出来，从典型的"推或拉"到很多复杂的术语的描述，比如能量与动量等。在有些问题上，明斯特蕾尔引导学生讨论具体的例子：他把一块石头丢向地面，问学生怎么用自己所掌握的力的概念来解释这一现象。他要求学生独立地形成自己的想法，用图表的方式、用箭头方式表示石头所受的主要的力，用不同的符号标志每一种力的原因。接下来的讨论时间较长，学生们把他们的观点说出来，这些观点里包含很多与力不相关的观点（比如核力）或是虚构的力（比如地球旋转、空气旋转的力）。明斯特蕾尔充当教练的角色，他要求学生以提问的方式澄清自己的选择，比如"你是怎么知道的？""你怎么决定？""为什么你这样认为？"

用这种方法，明斯特蕾尔能够辨别出影响学生概念理解的许多错误观念。有一个错误的观念认为只有施动者（如人）才能产生作用力，而受动者（如桌子）是不能产生作用力的。明斯特蕾尔开发出一种框架，既能帮助学生使他们的推理有意义，又能使教师设计教学策略（与对学生推理的解释和分类相关的理论框架，参见现象学早期作品讨论 DiSessa，1988，1993)，明斯特蕾尔把学生能够区别出的一条条知识称为"面"（facets），一个面就是思维的一个方便的单元、一项知识或是学生在表达一个特别的情景时所使用的一种策略。面可以和概念化的知识联系（比如受动者不能产生力），也可以和策略性的知识联系（如平均速度可通过初始速度加上最终速度再除以 2 得到），或者和一般推理（如 X 越多 Y 就越多）相联系。辨别学生的知识面，在不同的情境下什么知识面给学生提示、学生如何在推理时运用这些知识面都对教学策略设计有益。

大班互动教学

大学物理入门课教学革新的一个障碍就是班级人数太多，在同一个时间教很多学生是很难的。教师在面对 100 名学生时，他该怎样做才能为学生提供一个积极学习的体验、才能给学生做出反馈、使教学适应不同学生的学习风格、使学生的思维可视化、搭建支架、调整教学以满足具体学生的需要？教室（班级）的沟通系统能够实现这些目标。其中有一个沟通系统是"班级谈话"，由硬件和软件组成，4 个学生共享一个输入设备（如，一个相当便宜的书写图形计算器）登录到课堂通信网络。老师可以通过网络给学生们发出问题，学生将答案通过输入设备传给老师。学生的答案以直方图的形式不记名向全班公布，每个学生的答案都有记录，用来评价学生个体的进步和教学的效果。

马萨诸塞大学已成功地运用这种方法教大班学生物理，有非理科专业的学生，也有工科和理科专业的学生（Dufresne et al.，1996；Wenk et al.，1997；Mestre et al.，1997）。这项技术为讲座式的大课创造了互动学习的环境：学生们合作解决概念问题，当学生为自己用以得出答案的推理过程辩护时，由学生答案组成的直方图就被作为全班讨论的可视化的出发点。这项技术把学生的思维形象化，也促进批判性的倾听、评价以及参与班级争论。老师是一位教练，需要时搭建脚手架、为特定内容做小型讲座、澄清混乱不清的观点。如果学习进行得顺利，教师只需主持讨论的进行并允许学生自己找出差异，达成共识。这项技术也是在教学过程中支持形成性评价的一种自然机制，在教学过程中随时做形成性评价，为学生和老师提供反馈信息，使他们能随时知道，他们对所学概念掌握的程度如何。这种方法比讲座更能适合多种不同风格的学习，也有助于造就一个有着共同目标的学习共同体。

为了所有孩子的科学

以上所呈现的教与学的有效策略是面向中学和大学的学生的。我们从这些例子中总结出一些一般的学习原理并强调这些原理表明知识结构对学习的巨大影响。这些研究还强调了班级讨论的重要性,通过讨论发展一种谈论科学概念的语言,使教师和全班其他同学明确学生的思维过程,学会形成一种运用所学知识解决问题、解释现象和观察的论证方法。

那么接着出现的问题是如何给年龄更小的孩子或者那些被认为是处于"教育困境"的孩子教科学。有一种方法教科学特别有用,这种方法是在教授少数民族语言班级孩子的过程中形成的:切克科恩法(Chèche Konnen),在海地克利奥尔语中(Haitian Creole)的意思是寻找知识(Rosebery et al.,1992)。这种方法强调讲话是一种基本的寻找知识的途径、科学意义的创造,它也表明了科学观念是如何建构的,这种方式可以反映科学。用诺贝尔·L·P·梅达沃爵士(Nobel Laureate Sir Peter Medawar,1982:111)的话说就是:

> 像其他的探索过程一样,(科学方法)可看作是事实与想象、实际与可能、什么可能是真的与什么实际上是真的之间的对话。科学探究的目的不是编撰一套事实信息的详细目录,也不是建立一个世界自然法则大全,在这个法则之下任何事件如果不是强制的就要被禁止。我们应该把它看作是无可非议的信念逻辑结构。这些信念是有关可能世界的——随着我们的进步,我们不断发明、批判、修改的故事。

切克科恩教学法始于创造"科学实践共同体"的需要,在几所波士顿和剑桥的 MA 公立学校的少数民族语言班级中实行。"课程"由学生的问题和观念以及学生与老师之间的互动形成。学生探索他们自己的问题,很像我们前面描述过的巴布·约翰逊的课。此外,学生设计研究、收集信息、分析数据、建构证据,然后讨论他们从证据中得出的结论。事实上,学生们建立并争论理论问题,参见背景资料 7.3。

学生通过反复地建立理论、提出批评、就自己的问题形成假设、分析数据等活动建构科学理解。问题的提出、理论的建立、围绕问题的辩论等形成了学生科学活动的结构。在这个结构框架内,学生探索其拥有的理论含义、检验隐含的设想、形成并检验假设、寻找事实依据、在信念与事实的冲突之间寻求协商、对不同的解释进行争论、为结论提供证据,等等。整个过程比起传统的以教科书、实验演示为中心的教学更丰富多彩,科学性更强。

强调建立科学实践共同体是基于这样的事实:即坚实的知识和理解是通过谈话、活动以及围绕有意义的问题和工具之间的互动等社会交往过程建构的(Vygotsky,1978)。当学生们在探索问题,定义他们感兴趣的问题的时候,老师引导并支持他们。实践共同体还要为团体里的个体提供直接认知的和社会支持。学生们共同分担思考和动手的责任:他们把智力活动分配给每个成员,这样就不至于将组织整个活动过程的负担落在任何一个成员的肩上。此外,实践共同体还是一个建构科学意义的强有力的环境(powerful context)。面对成员相互之间思想和观念的挑战,学生们必须清楚地表达自己的意思,他们必须用事实、证据来支持自己的观点,他们必须分享并综合知识以达到理解(Brown and Palincsar, 1989; Inagaki and Hatano, 1987)。

学生参加科学意义创造共同体(scientific sense-making community)能够学到什么东西呢?在水味道检测(参见背景资料7.5)研究前和后对学生做了个别访谈,第一次在9月份,第二次在来年的6月份,对比显示学生们的知识和推理产生了怎样的改变。在访谈中(用海地克利奥尔语访谈),要求学生们大声说出他们对两个没有现成答案的真实生活(real-world)问题——波士顿湾的污染和一所小学校的突然爆发的疾病是怎么想的。研究者对学生在水生态系统的概念知识,学生运用假说、实验、组织推理进行解释等方面的变化特别感兴趣(完整讨论参见 Rosebery et al., 1992)。

背景资料7.5 哪个龙头的水更好喝?

在海地克利奥尔(Haitian Creole),接受双语教学实验的7年级和8年级学生要发现这个班上大多数学生所持有的一个观点的"真理":三楼——初中高年级所在地——龙头的饮用水比起他们学校其他龙头的饮用水更好喝。老师对学生们提出挑战,学生们着手检验三楼的水是事实上更好,还是仅仅是他们认为它更好。

第一步，学生们设计好实验，对三个楼层龙头的水进行采样，并在不标明水源的情况下要求学生们品尝。使他们感到吃惊的是，即使所有人都说他们更喜欢喝三楼的水，但实际上他们中三分之二的人选择了一楼的水。学生们不相信这个数据。他们坚定地认为，一楼的水是最难喝的因为"所有小孩子的口水都粘在上面"（一楼水龙头靠近幼儿园和一年级教室）。老师也感到吃惊，因为她所期望的结果是三个楼层的水无区别。他们的这些想法和疑虑激发起学生做第二次检测的愿望。他们于是将品尝者的人数扩大，把初中高年级剩下的同学都拉进来。

学生对什么时候、什么地点、怎么样做实验都做了仔细的设计，讨论了实验方法问题：怎么采水、怎样隐藏水源标记，关键的是总共要检测多少个水龙头的水。他们决定仍然检测原来的三个水源，这样他们可以把结果拿来比较。他们担心检测过程中会有偏见：假如有些同学品尝两次怎么办？每个同学都自愿只做一次。大约40名学生参加了这次品尝测试，在分析检测数据时，他们发现结果支持第一次的检测结果：88%的初中高年级学生认为他们更喜欢三楼的水，但是55%的人实际上选择了一楼的水（"33%的选择带有偶然性"）。

面对这个事实，学生的怀疑变为好奇，为什么学生们更喜欢一楼的水呢？他们怎样测定喜欢的根源？他们决定从几个方面来分析学校的水：酸性、碱性、温度、细菌。他们发现所有的水龙头都带有令人不能接受的大量细菌。事实上，学生们喜欢的一楼的水细菌含量最高。他们还发现一楼的水温比其他楼层的水温低20华氏度。在这个基础上，他们得出结论：温度可能是决定喜欢与否的一个决定因素。他们做出假设：冬季在地下水管中储存的水自然是凉的（这个实验研究是2月份做的），当水从地下流向三楼时，水温慢慢升高。

资料来源：罗斯伯里（Rosebery et al.，1992）。

概念知识

不出所料,学生们在第二年6月时所掌握的有关水生态系统和水污染的知识比起9月份时要多得多。他们还能创造性地运用这些知识。有一个学生阐述了她将怎样治理波士顿湾的水污染(Rosebery et al.,1992:86)。

> 就像寻找东西一样,把垃圾清理出水,安放一个隔板把纸和其他的东西隔开,然后净化水,把化学品放进水中,还要把所有的微生物清除。再把氯和明矾放入水中。它们会把小东西集中起来,小东西会粘在化学品上,这样就可以净化水了。

注意,这个阐述有错误概念,因为把净化饮用水和净化海水混为一谈,所以,这个学生建议用加化学品的方法把水中的所有微生物都除掉(对饮用水来说是好的,但对波士顿湾的生态系统来说就不适用)。这个例子说明知识在不同情境中迁移的困难(参见第三章)。尽管有这些缺点,很明显的一点是,这个学生已开始了科学思维,她没有用更为肤浅的"我要把所有的坏东西清出水"之类的解释。另外,用使学生的思维可视化的方法,老师就处于一种比较优越的位置来精炼这个学生(也可能是全班)的理解。

科学思维

学生们的科学推理出现了巨大的变化,9月份时,学生们在三个方面表明他们不熟悉科学的推理形式。第一,他们不理解假设或实验在科学探索中的作用。当问他们什么会使小孩子生病时,学生们很少有例外地倾向于用简短的、不精确的、无法检验的"假设"回答,这种假设仅仅是对现象的再描述:"那是一种东西……哦,我想说是一个人,有些人,给了他们什么东西……任何东西,像给了他们有毒的东西,使他们的胃痛。"(Rosebery et al.,1992:81)

第二,学生们把事实概念化为他们已经知道的信息,要么通过个人经验,要么通过二手材料,而不是通过实验或观察所产生的数据。当要求他们设计一项实验来验证一个假设——"你怎么能发现呢?"——他们很典型地只是宣称:"因为垃圾对它们有毒害……垃圾把鱼害死了"(Rosebery et al.,1992:78)。

第三,学生们把实验的启发——"你怎么确定呢?"——解释为已有"正确"答案的课文理解问题。他们常常用一种对知识的解释或断言作为回答,而且总是对他们的回答做出"因为"解释:"因为鱼不吃垃圾,它们吃水下的植物。"(78页)

在6月份的访谈中,学生们表现出他们已经熟悉了假设和实验的作用,并且熟悉了在更大的解释性框架下作推理。埃莉诺(Elinor)已经开发出一个综合的水系统模型,其中系统这一部分的行动和事件会影响系统的其他部分(Rosebery et al.,1992:78):

你不能把(坏东西)留在地面上。如果你留在地面上,那水,地下有水的,地下水是会被毁掉的。或者当下雨时,雨水就会把垃圾吸收,下雨时,水到处流,坏东西会留在水中到处传播,有毒的东西,你不能想象把它们留在地面上。

6月份时,学生们不再援引无名氏,而是提出一连串的假设以解释现象,比如为什么小孩子会生病。(88页)

像,你可以检验小孩子吃了什么,像,你还可以检验水;可能是水不好,有细菌,可能有微生物使他们生病。

6月份的访谈中,学生们还表现出他们已开始理解实验形式的和功能的意义。他们不再把个人经验作为依据,而是建议做实验以检验具体的假设。劳雷(Laure)在回答一个有关鱼病的问题时清楚地知道如何能够找到科学答案。(91页)

我会把一条鱼放在清水中,把另一条鱼放在充满垃圾的水中,我要给清水鱼喂食物,也给另外在污水中的鱼喂食,我会给它东西吃,看看在清水中的鱼吃了我给的食物是否会死,在脏水中的鱼吃了我给的食物是否会死……我会给它们吃同样的食物看看他们在水中吃的东西和我给它们吃的东西,哪一个对它们有益,哪一个对它们有害。

结 论

科学课程的教与学非常直接地受到了专家知识研究的影响(参见第二章)。这一章中讨论的例子集中在科学教育(教学)的两个领域:物理以及初中生物。好多教学策略列举了一些方法,帮助学生在跳入物理公式和方程式学习之前思考物理的一般原理和"大"概念。其他的策略向我们展示了帮助学生投入精心组织的实践(参见第三章)并且监控自己的进步的方法。

学习科学思维策略的另一个目标是：为促进概念变化而培养学生的敏锐思维。通常，阻碍获得洞察新的结论的障碍植根于对学科知识的基本的错误概念。帮助学生学习物理的策略之一是抛锚式（anchoring）地直觉一种现象，然后逐渐在相关现象和缺乏直觉但又包含同一物理原理现象之间搭桥。还有一种策略是用互动式讲座演示，鼓励学生做出预言、考虑反馈、最后重建概念现象。

切克科恩的例子表明意义建构方法在科学学习方面的力量，学生的科学学习建立在学生从家庭文化中脱胎的知识之上，包括他们熟悉的交流实践。学生学会思维、交谈，学会科学地对待事物，他们的第一和第二语言对其学习有巨大的中介作用。以使用海地克利奥尔语为例，他们设计自己的学习，解释所收集的资料、数据，做理论辩论；他们用英语从大多数同伴那里收集资料、阅读标准、解释科学检验结果、报告研究发现以及咨询地方水处理设备专家。

小　结

杰出的教学要求教师对学科知识和结构有深刻的理解，帮助学生理解学科知识的目的是要学生具有提出探究性问题的能力，为此，教师还应对自己的教学活动有彻底的理解。

大量的研究表明，需要对课程及其工具，比如教科书，做深入细致的分析和讨论，讨论应在更大范围进行，超越学科界限。为了能够提供这样的导向和指南作用，教师自己需要对所教学科领域有一个完全的理解并且要理解支撑这个学科的认识论基础（比如历史学科，请看 Wineburg and Wilson, 1988；数学英语请看 Ball, 1993；Grossman et al., 1989；科学请看 Rosebery et al., 1992）。

这一章举例说明了第六章所讨论的学习环境设计的原理：他们是学习者中心、知识中心、评价中心、共同体中心。学习者中心的学习环境是指教师要以学生在进入这个学习环境前的知识为起点来进行教学；知识中心环境是指教师试图帮助学生理解每个学科的重要概念及其知识结构；评价中心是指教师试图使学生的思维可视化，以便他们的观点能够被讨论，在讨论中得到澄清，比如让学生（1）在讨论中提出自己的论点，（2）在定性的层面上讨论他们对问题的结论，（3）对各种各样的现象做预测等等；共同体中心是指教师建立起一些能够体现理解学习价值的班级标准，学生能够无拘无束地探究他们不懂的问题。

这些例子都说明了教学法知识对教师的重要性。专家教师对他们所教的学科有深刻的理解,对学生学习这门学科的概念障碍有深刻的认识,对与学生共同交往的有效策略有深刻的理解。教师的学科知识是用来引导学生学习的认知线路图,用它来判断学生的进步和回答学生的问题。教师能够把注意力集中在理解上而不是记忆和机械重复上,使学生参与到学习活动中,并在活动中反思自己的学习和理解。

本章所提出并举例说明的学科知识和教学法知识之间相互作用的观点和通常人们所持有的有关教学的错误认识有些矛盾,有关教学的错误概念认为有一套一般的有效教学策略适合于所有学科。这种认识是错误的,就好像一门学科的专门知识就是一套不依赖于本学科知识的一般的问题解决技能(参见第二章)。

对新的教学方法所作的终结性的评价结果是令人鼓舞的。对学生课堂讨论的研究显示他们能够运用系统探究的工具进行历史的、科学的、数学的思维。在典型的标准化考试中这些方法怎样起作用是另一个问题。有些研究已经证明,教学生理解照样能提高学生在标准化考试中的成绩(Resnick et al.,1991),有些情况下,学生的标准化考试成绩未受影响。但是在评价学生理解的敏锐而不是评价回忆方面,学生的进步是显著的(Carpenter et al.,1996;Secules et al.,1997)。

值得注意的是,本章所谈到的所有教师都认为他们还需要继续学习。很多教师认为他们的工作需要终身不断改进和接受挑战才能提高。教师有什么样的机会提高呢?下一章我们将探讨教师自身提高和进步以便成为有能力的专业人士的机会。

第八章 教师的学习

学习研究的发现揭示了不同于以往的教师角色。教师和教育管理者如果不承认教师的这种作用,美国教育改革的种种努力是难以获得成功的(Darling-Hammond, 1997:154):

> 如果教师们要教好各种各样的学生团体使他们能完成更具挑战性的学习——形成问题,发现、整合、综合信息,创造新的结论,依靠自己学习,合作学习——他们就要具有比现在多得多的知识和各种各样基本的技能,大多数学校现在的发展是不具备这一点的。

本章考察教师们能够运用的各种学习机会,并从已知的学习途径出发对此进行分析。

把教师学习作为研究课题相对来说还比较新,因此,可资利用的资料并不多。但这方面的研究还是有的,一般来说大都是个案研究的形式,但也为我们提供了教师试图改变其实践的重要信息。我们对这些案例的讨论基于这样的假设:对教师有用的学习方式对学生也同样有用。

我们先考查一线教师(practicing teachers)所能够运用的学习机会。有些是正式的,大多数是非正式的。理解教师的学习机会——包括对教师时间的限制——对有可能建立一个现实的终身学习前景非常重要。有些时候,教师学习机会和我们现在已知的用以促进学习的方法是一致的,有些情况下,他们又是不同的(Koppich and Knapp, 1998)。

讨论过学习机会以后,我们从第六章提出的有效学习环境特点的角度出发考察教师作为学习者这一课题。本章以讨论学习机会结束——从职前教育角度对参加师范教育计划的大学生设计有助于他们学习如何教学的课程。

一线教师的学习机会

一线教师一直都是通过各种途径学习教学。首先,他们从自己的教学实践中学习。无论这种学习是对好的教学实践进行监控和调节,或者完全以教育学的推理模型来做分析(Wilson et al.,1987),教师都从这种活生生的实验中获得新知识,获得对学生、学校、课程、教学方法的理解,这成为他们专业实践的一部分(Deway,1963;Schön,1983)。教师也通过不同形式的教师研究或"行动研究"从自己的教学实践中学习,比如创办杂志、写文章、做课堂研究、对口述材料加工等(Cochran-Smith and Lytle,1993)。

其次,教师在与其他教师的互动过程中学习。这样的学习有时候在正式和非正式的情境下发生,类似于学徒制学习(Lave and Wenger,1991;Little,1990;Feiman-Nemser and Parker,1993)。当一个有经验的教师指导新教师,为他提供意见和建议时,有时候是州的项目,这就是正式的导师制(Feiman-Nemser and Parker,1993)。发生在公路上、教室休息室里、学校其他环境下的教师间的谈话属于非正式师徒学习。新手们还通过接受教研室主任、校长和其他导师的指导而获得学习。

教师通过正式的在职教育教其他教师的情况并不多见,但呈上升趋势。学校管理者开始承认他们学校和学区中的专业知识,并鼓励教师共享他们的专业知识,成为同行的在职指导老师。有些州,比如马萨诸塞州,甚至承认专家教师在准备和从事这类在职培训项目时所付出的时间为专业学习形式并授予"专业发展学分"。

教师也教其他学校的教师。教师职业协会以及教师工会的会议有一系列的讲座和工作坊,教师们在这里一起分享知识。还有一些例子,比如美国物理教师协会的物理教师资源代理项目,伍德罗·威尔逊同志会(Woodrow Wilson Fellow)也培训教师在教学方法、教学材料、内容等方面为其他教师举办工作坊(Van Hise,1986)。

第三,教师通过在自己的学校内参与学位课程学习、参加具体的由顾问开设的教师提高课程而向教育专家学习。20世纪60年代,用这种方法培训教师掌握行为目标,70年代,教师们学习马德琳·亨特结构(Madeline Hunter's structure),目前,教师们学习诸如建构主义、各种评价方法、合作学习等专题。联邦机构为教师提高课程提供资助,比如全美科学基金、联邦教育部,趋向于按学科组织培训,也常常在课程或教学方面作一些革新。

第四，很多教师报名参加研究生课程学习。有些州要求教师具有硕士学位或者继续教育证书。大多数学区把教师的工资和其学历挂钩(Renyi,1996)。大多数情况下，教师宁愿学习教育硕士课程而不愿学习他们所教的某一学科硕士课程，因为下班后或暑期很少有学科研究生课程。

最后，教师从正式的职业工作之外获得学习。他们从做父母的经历中学习有关智力和道德发展知识，他们从社区有年轻人参与的活动中学会非说教性的教学或教练。

因为教师继续学习的途径非常广泛，因此很难对其进行一般性归纳和对教师学习经验质量进行判断。但是，有一点很清楚，如果用资金来衡量，相对来说机会并不多。总的来说，学区为一线教师的正规学习机会投入的资金很少。大多数学区只把财政支出预算的1%—3%用于教师的职业提高，有的甚至把工资也计算在内。像这样在人才培养方面缺乏投资的现象在著名企业或在其他国家的学校中是很少有的(Kearns,1988)。

学习机会的质量

即使为教师的继续发展正式提供资源，就质量而言，有效学习途径的机会也是各不相同的。这一部分，我们将从第六章中学习环境的角度分析教师学习经验的质量——即在多大程度上他们的学习是以学习者为中心、以知识为中心、以评价为中心和以共同体为中心(参见第六章图6.1)。

学习者中心环境

正如第六章中所指出的，以学习者为中心的环境试图把学习环境建立在学习者的力量、学习者的兴趣和学习者的需要之上。很多旨在促进教师学习的努力就是缺乏这点考虑，它们常常由规定的讲座和并不适合教师需要的工作坊组成。三分之二的教师陈述他们对在学校提供给他们的职业发展学习机会中学了些什么和怎么学的没任何话可说(美国教育部,1994)。

学习者中心教学的重要性可以以埃伦和莫莉(Ellen and Molly)的案例说明，他们是一所发展中的城市中学的教师。埃伦是已有25年教龄的经验丰富的英语教师，获得了写作教学的硕士学位，为所有的学生打开文学之门，为学生创造出很高的标准而且保证学习能够达到这些标准。她对新教师来说是一位非常出色的导师。对于她自己的专业发展，她召集会议请其他教师加盟一起开发课程。这就使她体验到同其他老师之间强烈的智慧般的同志情谊,并保持在课堂教学中富有活力所需要的兴趣和挑战,埃伦想要获得与同事讨论大概念时的那种刺激。她需要成人互动学习的支持以提高学生之间的互动学习。

和埃伦不同,莫莉是二年级科学老师,她的首要的工作就是班级管理以及怎样使班级更好地保持和发展。莫莉必须在实施任何新的课程、教学、评价方法之前掌握班级管理的基本原则。她需要弄清楚怎样使课程和评价的工作与制定有助于所有学生学习的班级行为准则和责任相一致。很明显,埃伦和莫莉在专业成长、成为优秀教师方面有不同的需要。

要满足埃伦和莫莉以及所有教师的需要是很难做到的。在一项物理智能(Minds on Physics)开发和实施研究中(Leonard et al.,1999a-f),开发小组和评价专家很快就发现,他们没有适合个别教师职业发展所需的资源(Feldmanand Kropf,1997)。参加这个项目的37位教师的层次不同(中学和社区学院),来自不同的地区(城市、郊区、偏远地区),大学所学专业不同、接受的研究生教育多少不同、年龄从新教师到30年教龄有丰富经验的老手。

有些学习项目提供了参与不同阶段专业发展的机会。威斯康星州生物教师培训提高项目(Wisconsin Teacher Enhancement Program in Biology,简称 WTEPB)提供给教师多种成为科学科教学专家教师的角色转变。贝蒂·奥弗兰(Betty Overland)是麦迪逊小学的一位教师,经历了从避免教科学到"热衷于小学科学教学改革的转变"(Renyi,1996:51)。她开始参加一项为期两周的工作坊培训。这使她接触到威斯康星州立大学生物学系的一些人,她于是借了他们的一些设备并邀请他们到她的班上。第二年暑期,她成为威斯康星州生物教师培训提高项目的一名培训者。她继续参与了其他工作坊,成为培训他人的培训者。终于,她发现自己成为一名新科学教育项目的开发者(Renyi,1996)。

其他满足不同需要的方法还包括鼓励教师组成特别专题和课题的兴趣小组(参见范德比尔特大学认知与技术小组,印刷中)。新技术为我们提供了交流和在线学习的机会,在线学习能够使教师与其他有共同兴趣和共同需要的人联系在一起(参见第九章)。

知识中心环境

正如在第六章中所讨论的,有效学习环境既是学习者中心又是知识中心的。理想的是,教师学习机会应包含教学法知识的学习(Shulman,1996;参见第二、第七章),但是很多缺乏这个理想。举个例子,由教师或者教师顾问给教师提供的"知识"常常和学习(理论)的研究结果不一致(Bareone et al.,1996)。此外,为教师进修所作的工作坊主要集中在一般教学法知识层面,(比如合作学习)而不是将教学法知识与具体的学科知识相整合。

对O女士的一项个案研究说明帮助教师反思其学科知识和教学策略的重要性。她参加了好几个暑期工作坊,这些工作坊运用了通向数学之路(Math Their way)的数学课程(Baratta-Lorton,1976);她从工作坊中学到了新的教学技能。工作坊结束后,她自己在教学实践上的转变也随之完成。在小学层次上她的教学有一些改变,反映了那时新的加利福尼亚数学教学框架。但是,她停下了,没有再反思她的数学知识,她认为没有必要再接受教育。

O女士对继续学习缺乏兴趣似乎和她所参加的工作坊的性质有关(Cohen,1990)。要使O女士接受更深层次的革新,她就必须忘掉老数学,学习数学教学新概念,对数学本身要有更多的、大量的理解。O女士所参加的工作坊只提供了教学技能,没有提供对数学、对数学教与学的深层理解,所以她无从在自己的教学实践中实施。

培养教师运用物理智能的初步尝试(Leonard et al.,1999a-f)也说明使教师反思他们所教学科性质的困难。为教师开设的一个暑期深入工作坊,做了三个学年的追踪调查,用邮件、电子邮件、电话与课程开发者保持联系。即使教师们改变了观念,比如建构主义,也学习了新的教学技能,比如合作性小组学习,但他们对学生的基本认识、对中学物理课程的目的没有改变。比如说,新课程以"大概念"(big ideas)组织内容,以加深学生对物理概念的理解,教师却认为新课程是要学生们掌握所有物理知识,因为他们的学生以后不会再学习一门物理课程(Feldman and Kropf,1997)。

好多教师专业发展项目用学科知识做媒介;教师以自己作为学习者的经历学会怎样教一门学科,这方面的例子有"暑期数学"(Schifter and Fosnot,1993),海湾地区及全国写作计划(the Bay Area Writing Project,1979;Freedman,1985a,b),还有芝加哥数学和科学教师学会(Stake and Migotsky,1995)。在暑期数学课上,教师们一起解决数学问题或者实际参加制作文本。教师们还编写有关他们的学生们学习数学的案例,这要求教师运用自己的学科知识——如果缺乏——那就促使他们自己要学习数学(Schifter and Fosnot,1993)。

在SEED(Science for Early Education Development)早期发展科学教育项目中,帕斯登纳(Pasadena)的小学教师参加了科学知识与教学法知识的学习,为他们提供了整套的课程辅助材料,他们可以在教室里随便使用。由有经验的教师和科学家们为他们介绍学科内容,与教师一起使用辅助材料(Marsh and Sevilla, 1991)。

要让教师们反思他们的学科知识是很难的。学习包括让自己受到攻击,承担风险,这一点教师们常常没有意识到,尤其是在小学的数学和科学科中,小学教师常常缺乏信心,他们担心承认自己不懂或不理解会遭到同行或管理者的攻击(参见 Heaton, 1992;Ball and Rundquist, 1993;Peterson and Barnes, 1996;Lampert,印刷中)。另外,教师们习惯于感到应验——知道他们可以影响学生的学习——他们也习惯于被控制。当他们鼓励学生积极地探究问题,生成疑问时,不可避免的要遇到他们不会和不懂的问题——这使他们感到害怕。所以帮助教师体验做一名学习者的感觉极其重要。技术的新发展(参见第九章)为教师和他们的学生更广泛地获取专业知识提供了便利。

评价中心环境

以评价为中心的环境为学习者提供检验他们的理解的机会,他们要通过做一些事情,来得到反馈。对于教师培训来说,这样的机会很重要,因为首先老师们常常不清楚特定的观点是否有效,除非他们试着把这些观点用在学生身上,否则难以肯定,参见背景资料8.1;其次,评价除了能为成功提供证据(证明),评价结果的反馈还使人能够澄清自己的观点,纠正错误概念;再次,尤其重要的是能够从那些正在实施新观点的同事那里得到反馈。没有反馈,很难纠正潜在的错误观点。

背景资料 8.1 "独特的孩子"

当第一次听说研究发现一年级学生在没有人教的情况下能做数学加减应用题时,梅齐尔·詹肯斯(Mazie Jenkins)表示怀疑。在观看了5岁孩子用计算、建模解应用题时,梅齐尔说这些孩子属于独特的孩子,因为他们能解决"很难"的应用题,比如:

你的诸圣日*包里有5块糖,隔壁的阿姨又放了几块进去,现在你有8块糖,想想隔壁阿姨共放了几块进去?

---

* 诸圣日前夕,即万圣节前夕,每年的10月31日,在美国、加拿大以及英伦诸岛的孩子们穿着化装服走家串户接受款待,并且做些恶作剧以庆祝这个节日——译者注。

> 于是,梅齐尔学年开始时在她所教的班上,同一年级的孩子一起试着解决这一问题。她非常激动地报告说:"我的学生也是独特的!"梅齐尔发现,当她自己认为这是一道"减法"题时——因为她所学的就是用减去程序解决这类问题——一年级学生同时解决了这个问题,用一次数出一块糖的办法先逐一数出5块,再加上几块直至得到8,再数数他们加了几块就得出答案了,这些学生于是非常骄傲地报告答案是"3"(Carpenter et al.,1989)。

一个研究小组的报告突出了以班级为基础反馈的重要性(范德比尔特大学认知与技术小组,1997)。他们试图实施由几所不同大学的同行们提出的教学理念。研究者们非常熟悉相关材料,几乎能不费力气地复述其理论和资料。但是,一旦他们帮助教师们把这些理念在当地的学校班级中实施(实现)的时候,他们认识到需要更多的指导。他们对同行们所从事的项目了解颇多,但他们并不十分清楚怎样把这些理念付诸行动(参见第二章有关条件化的专家知识的讨论)。如果不是因为得到更多的信息和反馈机会,研究者们就不知道怎样进一步深入。

几个月之后,研究者和合作教师开始感到比较容易实施了。新项目的开发者来到研究者所在的城市,参观了他们实施的学校和班级,并提供了反馈。原来存在大量的实施错误,根源在于对新项目的理解不充分。这次经历使所有的参与者得到了宝贵的教训。开发者也意识到他们没有把项目的理念和过程表达清楚。研究者经历了新项目实施的困难并且意识到如果没有反馈他们的错误将永远得不到纠正。

有人设计了一些旨在帮助教师反思和改进教学实践的证书方案。建议教师反思有助于教师注意那些容易忽视的教学问题。此外,教师为了准备获得这样的证书,常常会请同伴对他们的教学理念和实践提出反馈意见。比利·希克林(Billie Hicklin)是北卡罗来纳州的一名教师,教7年级,她参加了第一批全美证书委员会程序培训(Bunday and Kelly,1996)。她发现参加这种结构化的反思培训给她的教学实践和她与其他教师的互动方式带来了巨大的变化,这种结构化反思是为获得证书所必需掌握的(Renyi,1996)。

共同体中心环境

共同体中心环境涉及鼓励合作与学习的一些标准。提高教师学习的一个重要方法是发展实践共同体,这是一种吸引教师参与教育研究和实践建立合作的同伴关系的方法(Laveand Wenger,1991)。这方面的例子有海湾地区写作计划(1979);认知导向教学设计(cognitively guided Instructional Project)(Carpenter and Fennema, 1992; Carpenter et al., 1989, 1996);明斯特蕾尔和亨特(Minstrell and Hunt)(Minstrelll, 1989)的物理与数学教师团体;安嫩伯格(Annenberg)的友好评论小组(Annenberg Critical Friends Project)以及弗雷德里克森和怀特(Fredericksen and White)(1994)的"录像俱乐部"(Video clubs),教师们在这里一起观看并讨论他们上课的实况录像,指出其优点与不足。

作为共同体的一部分,教师们分享他们在教学和课程开发方面的成功与失败。比如说,安嫩伯格学院的友好评论小组由教师或教练指导,训练教师一些程序性的技能,多种看待学生学习的方法等。小组内学习教师同意的任何内容,但通常涉及学生学业成绩问题,比方说"什么样的学习是好的?""我们怎么确定什么是好的?""我们如何制定一些共享的确定好成绩的标准?"

有些实践共同体得到了学区的支持,比如在佛罗里达的戴德(Dade)艺术教学研究院(所)(Dade Academy for the Teaching Arts, DATA),"外埠"的教师与当地教师在一起度过9周的轮休性工作时间,当地教师减少了在邻近的迈阿密沙滩中学的教学工作。外埠教师设计自己的计划、做研究课题、参加研讨会等等。在这个研究院,实践共同体得到的支持是为外埠教师提供轮休条件,通过减少工作量而支持本地教师,还为这个项目提供一个场所(home)——紧挨着迈阿密沙滩中学的移动式的教室(portable classrooms next to Miami Beach High School)(Renyi,1996)。

把教师们组织到一起以一种客观的、中立(非判决性的)(nonjudgmental)的方式回顾学生学习的想法在"描述性回顾"计划中也有体现(Carini,1979)。所以,中心问题是深入地考察学生的学习,而不是解释学生可能学不好的原因(心理的、社会的、经济的)。这种方法常常用学生的艺术作品以帮助教师辨别学生的优势。零计划中的"合作回顾程序"(Perkin,1992)为教师提供了建立描述性回顾的方法,添加一些新的因素,比如各种各样针对教师的计算机网络。这些计算机网络包括面包写作计划(Breadlorf Writing Project)中的面包网(Breadnet)、实验室网络(LabNet)(Ruopp, 1993)和数学在线(Mathline)(Cole, 1996)。其他一些培养教师合作意识的方法包括讨论和给学生的作文打分或者比较、讨论学生的档案袋(portfolios)(Wiske,1998)。

当两个老师真正地参与一项学习现象的理解和意义建构时,合作性的讨论就变得极有价值(Peterson et al.,1989)。举个例子,在创造一种新的基于功能(functions-based)的教学方法向所有学生教授代数时,霍尔特(Holt)中学的同事们报告说,两个教师组成"小组"在同一个教室共同做决策对学习是多么的重要(Yerushalmy et al.,1990)。每天这两位代数老师总要在一起讨论,并对下一步该做什么达成一致的意见。合作做决策要求对具体代数内容进行反思和讨论,也要求讨论学生对功能的理解,这些都反映在课堂讨论和学生的写作中。合作做出决策要求教师对数学问题和围绕着他们所教的具体数学实践问题有深刻的理解,比如学生理解日常生活具体情境的有效事实的构成是什么样的。

总之,教师合作研究中出现两个主要的主题:围绕着学习内容和学生学习情况一起分享经验和进行对话的重要性以及共同作决策的必要性。这些发现与对情境学习和情境谈话的分析是一致的(Greeno et al.,1996),与中学老师在其工作中运用信息的经验研究(Natriello et al.,1994)一致,还与围绕学习内容的情境讨论的评价模型一致(Case and Moss,1996)。

行动研究

行动研究是又一种提高教师学习的方法,它使教师对共同体的所有学习者提出自己的观点。行动研究对专业发展很有利,通常教师们花一年多的时间做基于班级问题的研究项目。行动研究有多种形式和目的,是教师改进教学和理解课程的重要途径,有人还认为通过这种过程学习的东西容易和其他人分享(Naoffke,1997)。行动研究使教师能够继续不断地学习并且成为教师教其他教师的途径(Feldman,1993)。行动研究鼓励教师之间在智力上、教学上相互支持,行动研究还以承认教师增加教学知识能力的方法提高教师的专业地位。理想的是,通过积极的参与教与学的研究,为建立理解人是如何学习的新理论的含义创造条件。

旧金山海湾地区的物理教师行动研究小组(PTARG)的教师们实践了一种合作行动研究的形式,叫强化正规实践(Feldman,1996)。这个小组定期碰头,讨论学生的作业。在碰头间隙,他们把小组研究形成的一些观点试行,然后把试行成功或失败的结果在小组报告,大家一起批判性地分析实施的过程。除了生成和分享教学法知识,PTARG的教师们对学科知识也有了更深入的理解(Feldman,1993,参见Hollingsworth,1994,关于城市读写教师的工作)。

行动研究可以按专业知识的水平和教师的需要进行设计,尤其是当教师确定研究目标,进行合作研究时。因为行动研究是一个建构主义者提出的社会情境的建构过程,教师对学习的看法、对学生的看法、对他们自己作为学习者的看法都清楚地受到检验、挑战和支持。当行动研究以一种合作的形式在教师中开展时,它促进了学习共同体的发展。事实上,有些这样的共同体已经兴盛了近20年的时间,比如费城的教师合作学习与班级行动研究网络(Feldman,1996;Hollingsworth,1994;Cochran-Smith and Lytle,1993)。

不幸的是,把行动研究作为教师持续学习的模式受到时间和资源的限制。美国教师一般来说没有享受这种带薪从事行动研究的活动。要有时间就需要财政支援,现在大多数的美国学区还没有这种支援。因此,教师们要么在自己的业余时间从事行动研究,将其作为拿学分的手段,要么将其作为单项基金研究项目的一部分。一般来说,当所学课程结束或是所研究的项目结束时,教师正式的行动研究也就结束了。还有教师声称,他们将行动研究非正式地与他们的工作实践结合在一起,还没有研究对此进行过检验。

行动研究的持续性也受到行动者研究和学术研究之间差异的影响。如果学者们要鼓励教师进行行动研究,那么,他们需要提供适合当时学校教学流程的模型(Feldman and Atkin,1995),并依靠适合于实践领域研究的有效形式(Feldman,1994;Cochran-Smith and Lytle,1993)。

职前教育

培养新教师的职前教育项目在未来几十年将发挥特别重要的作用(Darling-Hammond,1997:162):

> 美国在未来十年将雇佣两百万名教师以满足学校入学人数的快速增长,退休人数增长、新教师流失达30%……(所有)教师都需要做好准备,以更高的学业要求教授不断变化的学生群体。

大多数国家的新教师都是由师范教育课程培养出来的,这些课程有很多结构化的变式。首先,师范教育可以是大学主修课程或者是一门主修课程的延伸;第二,可以是传统的4年大学学习中完成的课程或者是由荷马斯小组(Holmes Group)提出的5年硕士学位课程;第三,新教师预备课程可以是以大学或学院为基地或在实地进行;最后,师范教育课程因其目的是以学术为主,还是以取得证书或是执照为目标而异。

虽然师范教育课程有这样一些变式,但仍有一些要素是共同的:学科知识准备,通常是文科或对未来小学教师一般性教育,以及对未来中学教师的学科知识教育;有一系列的基础性的课程,比如哲学、社会学、历史、教育心理学;一种或多种发展心理学、学习心理学、认知心理学课程;有关"如何做"(how to do)的方法课;还有一系列实习课程(参见 Goodlad,1990)。所有这些变式的区别在于其课程组成成分的不同、教育者的课程目标和课程内容的不同以及学习者所具有的态度和信仰的不同。

20世纪主导师范教育的哲学传统有四种(Zeichner and Liston,1990:4):

1. 学术性传统,强调教师的学科知识以及教师将他的学科知识转化为促进学生理解的能力;
2. 社会效率传统,强调教师把通过研究得出的一些有关"知识库"创造性地应用到实践中去的能力;
3. 发展主义传统,强调教师根据学生直接经验进行教学的能力——学生的特定活动的心理准备状态;
4. 社会重建主义传统,强调教师分析社会环境(contexts)的能力,对平等、公正以及学校教育和社会中人类状态的提升所做的努力。

虽然这些教育哲学传统对理解教师教育的具体原则有很大的启发作用,但重要的是要认识到大多数的教育课程并不是简单地适应这些类别(Zeichner,1981)。即使这些传统为师范教育课程奠定了基础,学生并没有非常清楚地理解其原理(Zeichner and Liston,1990)。很多未来教师在实践中并不明白指导他们所学课程的哲学和认识论基础,但这些却影响他们学习的质量(请看下面)。

师范教育课程的组成部分——课程集成、实地经验(体验)、教学实习——往往是脱节的(Goodlad,1990);由那些彼此之间有很少沟通和交流的人来教,来检查。即使这些组成部分组织得非常有效,在参与者之间可能会没有共同的哲学基础。更何况大学的评定等级政策本身就削弱合作,学生们很少有机会形成小组一起学习并将此作为他们接受教育的一部分(不像医学院以问题为基础而形成的小组式的学习形式,参见

Barrows,1985)。政治因素对师范教育也有很强的影响。很多"错误导向的规章制度的介入"(Goodlad,1990:189)——来自学校、学院、认证机构、州、联邦的教育管理部门——对师范教育课程起了消极的作用。有些规章制度妨碍了连贯的、革新性的教师预备课程的开发和实施。大多数的教师在州一级的学院和大学中接受教育,师范教育的经费预算由州立法者和政府官员控制,这些教师大多在当地的公立学校任教,这些公立学校通过学校董事会受到当地政策的影响,也同样受到州一级政策的影响(Elmore and Sykes,1992)。毫不奇怪,这些压力导致了最有创新意义的师范教育课程不能产生。

全美教学与美国未来委员会(The National Commission on Teaching and America's Future)(1996)识别出职前教师教育课程存在的问题:

- 时间不充足:4年的大学本科教育不能使未来的小学教师学好学科知识,不能使中学教师学好学习者和学习本质的知识。
- 课程内容相互脱节:传统的课程安排(基础课程、发展心理学、方法课、实习)提供的是彼此不相联系的课程,这要求新手们能把它们组合在一起,使其有意义,连贯成整体。
- 教学缺乏创意:虽然要求教师激发学生学习的兴趣,可师范教育课程大多是以讲座和记忆为主的方法授课的。所以对于这些没有动手、动脑学习经验的新手们来说可能就以这种方法去教他们的学生了。
- 课程内容肤浅:出于为完成证书和学位要求的需要,课程所提供的学科知识和教育研究,比如教与学的研究缺乏深度。师范教育课程中学科知识内容不足。

这些问题的结果从师范生的抱怨中看得出来。他们认为所学的基础课程似乎与实践没有多少关联,或者认为这些课程:"太理论化",与在"真实的"课堂里"真实的"教师给"真实的"学生上课毫无关系。他们还抱怨说,方法课实际上是在消磨时间,没有智力内容。当方法课探索理论以及研究教学方法和课程的基础时,学生们抱怨说这些课的内容没有充分联系实践。

教师职前教育存在的这些问题在两个方面阻碍终身学习的实现。第一,给未来的教师们传递了这样的一种信息,即教育研究,无论是教学研究还是学习研究与学校教育无关,因此,他们不必学习从研究中得来的结果。第二,没有对教师强调他们成为学科专家的重要性——特别对低年级和初中教师：他们开始相信古老的格言"有能力者，干；无能力者，教"。没有人鼓励教师去探寻教学术性严密的课程所需要的知识和理解。

即使是那些参加研究机构提供的强化性教学预备性课程的教师们也面临着毕业后的巨大挑战。他们需要用仅有的一些经过指导的教学经验从以学院课程为主导的世界转向他们是教师的真实世界。因此，他们面临把所学知识迁移的挑战。但是，即使以前的学习水平很高，迁移也不是立刻和自动发生的(参见第三章)。要使所学到的相应知识得以运用，人们常常需要别人的帮助，他们常常需要反馈和反思以便把先前所学知识和技能运用到新的环境中去。这些环境——学校——对新教师们将获得的信仰、知识、技能有重大的影响。用李·舒尔曼(Lee Shulman)的话说，最难的转换是从专家学习者转换到新手教师。

很多学校的组织与学习科学的最新发展是不一致的。学校常常钟情于"完成课程"，测试一大堆彼此孤立的知识和技能，教学很少运用和理解技术(全美教学与美国未来委员会，1996)。当这些师范生第一次走进教室时，教学方法、课程、教学资源与他们在师范教育课程中所学到的有很大的不同。所以，虽然这些未来的教师常常渴望开始教学实习，也发现这是师范教育中最令人满意的一个方面(Hollins，1995)，但是在实际体验和所学课程之间的不一致支持了有关教育理论和教育研究与课堂教学实践无关的观点。

要求大多数的新教师在开始教学时"沉浮全靠自己"(全美教学与美国未来委员会，1996:39)。新教师往往被授予最具挑战性的工作——很多学生，有特殊的教育需求，最大量的授课准备(有些超出他们的专业范畴)，还有很多课外活动职责——而且他们常常是在没有学校行政领导和学校老教师的支持下履行这些责任的。所以，这就毫不奇怪新教师调换频率为何居高不下，特别是新教师从教的头三年情况更是如此。

小　结

学校中教师对学习的提高是至关重要的。为了使教师能用与学习理论相一致的方法教学，需要为教师提供广泛的学习机会。

我们持这样的观点，那些对教师有用的学习理论对学生也照样有用。但是，有关教师的学习目前仍然是研究的新领域，因此，这方面可借鉴的资料并不多。尽管如此，很多经长期调查的有关教师学习的丰富的个案研究,加上其他的信息,仍然为我们提供了教师学习机会的资料,这些教师可利用的学习机会是基于人是如何学习的角度提出的。

很多构成正规的教师职业发展的典型方法与能够促进有效学习的研究发现是相对立的。典型的工作坊趋向于处理非情境化的信息,不能与教师的需要产生共鸣。相反,研究表明,最成功的教师专业发展活动是那些长期在教师学习共同体中受到鼓舞的发展。这些类型的活动的完成得益于共同创造的机会,分享经验,共享资源,共同决策。教师学习共同体还允许有不同背景的培训形式,各种各样的学习准备。成功的师范教育课程包括这样一些学习活动,即与他们的学生的学习活动相类似。

当我们从学习者、知识、评价和共同体的角度来审视时,很多为教师提供的学习机会是不足的。但也有一些成功的例子似乎很适合这些条件。很多为新教师开发的职前教育课程也缺乏学习科学新近研究所提出的那类学习经验。他们需要定好目标,需要有基于理论的有关人是如何学习的信念,需要有强调理解深度的严格的学术课程。

虽然教师职前和职后教育课程都有严格的序列,使教师能比较好地开始教学,他们也许还严重地影响教师的终身学习和职业发展。尤其是,大学所学课程与课堂中所发生的实践间的不一致可能导致教师日后对教育研究和理论的排斥。这在很大程度上源于他们的学科学习经历和同事们的教学方法。尽管呼吁教师在教学中运用学生中心、建构主义、以深度代替广度等方法,新教师常常看见在隔壁的另一间教室里使用的是大学里传统的教学方法。新手教师特别受到他们开始教学的那所学校的性质的影响。

成功的教师学习要求有一个连续不断的、合作努力的职前、职后以及终身的专业发展机会。创造这样的机会,以学习科学来建立知识库要面临巨大的挑战,但并非不可实现的任务。

第九章 技术支持下的学习

在阿特金森和萨普斯等先驱的努力下,人们开始尝试使用计算机技术促进学习(如,Atkinson,1968;Suppes and Morningstar,1968)。从那时起,计算机技术在学校中的应用急剧增加,有人预测这种发展趋势将继续加速(美国教育部,1994年)。人们对技术的浪漫看法是,只要它在学校中出现就会促进学生的学习和学业成就。与之相反的观点是在技术上花费的资金和学生使用计算机所花的时间都是浪费(参阅教育政策网,1997)。但是,许多研究小组查阅了有关技术和学习的文献,得出的结论是只要适当地使用技术,技术在提高学生学业成就和促进教师学习上具有巨大的潜力(例如,范德比尔特大学认知与技术小组,1996;科学与技术总统顾问委员会,1997;Dede,1998)。

有关学习的研究和发现为我们利用技术帮助学生和教师发展21世纪所必需的能力提供了一些重要的指导原则。新技术为创建学习环境和挖掘新潜力提供了机遇,这种学习环境可以扩展古老的、但仍旧有用的技术(书籍、黑板和线性单向传播媒体,例如收音机和电视)的潜力。但是技术并不能保证学习的有效性,例如,如果学生花费大量时间为多媒体报告选取字体和色彩,而不是把时间化在设计、撰写和修改观点上,那么不恰当地使用技术反而会阻碍学习。人人都知道学生在网海冲浪中浪费了不少时间,但是技术的许多方面还是使人们更容易创建与本报告讨论的学习原则相一致的教学环境。

由于许多新技术都具有交互性(Greenfield and Cocking,1996),因而现在我们可以更容易地创建教学环境,在这种环境中学生能够通过实践来学习、获得反馈和不断地改进他们的理解以及建构新知识(Barron et al.,1998;Bereiter and Scardamalia,1993;Hmelo and Williams,印刷中;Kafai,1995;Schwartz et al.,出版中)。新技术也可以帮助人们把难以理解的概念可视化,例如区别热度和温度(Linn et al.,1996)。学生可以使用校外环境中使用的类似工具——可视化软件和建模软件,以提高他们的理解力,并促进学生从学校环境迁移到校外环境。利用这些技术,我们可以从数字图书馆、用于分析的数据,以及其他能够提供信息、反馈和启示的人那里获取大量的信息。技术还可以促进教师、管理人员和学生的学习,增加学校和社区(包括家庭)间的联系。

本章我们从五个方面探究如何使用新技术:
- 把令人激动的、基于真实世界的问题引入课堂;
- 提供促进学习的支架和工具;
- 给学生和教师提供更多的反馈、反思和修改机会;
- 建立包括教师、管理人员、学生、家长、实践科学家和其他有兴趣的人在内的本地共同体和全球共同体;
- 拓展教师学习的机会。

新课程

技术的一个重要用途就是它能够为课程和教学创造新机会,通过把真实世界的问题带入到课堂,让学生进行探索和解决,参见背景资料 9.1。技术能够帮助我们创建一个富有活力的教学环境,在那里学生不仅可以解决问题,还可以发现他们自己的问题。这种学习方式完全不同于典型的学校课堂,因为在那里学生花费了许多时间去学习讲授式教学中或课文中的事实,还要完成各章结尾处的习题。

背景资料 9.1 把真实世界的问题引入课堂

在田纳西州一所中学的数学课上,孩子们刚刚看过一个贾斯珀·伍德伯里系列中有关建筑师如何解决社区问题的探险视频,例如为儿童设计娱乐的安全场地。这个录像在结束时向全班学生提出了挑战,即要求他们为附近小区设计一个操场:

叙述者:特伦顿沙子和木材公司赠送了 32 立方英尺的沙子,用于建造沙池,另外还赠送了木头、细砂砾。克里斯蒂娜(Christina)和马库斯(Marcus)必须准确地告诉特伦顿沙子和木材公司他们到底需要多少沙子、木头和细砂砾。李氏栅栏公司赠送了长为 280 英尺的栅栏。罗德里格斯设备公司捐赠了用于溜滑的材料,其长度可以任意切割,还捐赠了为好动的孩子们准备的秋千。罗德里格斯设备公司的员工也一起参与建造操场,所以他们准备搭建栅栏和帮助孩子们安装操场器材。克里斯蒂娜和马库斯得到了他们的第一份工作——建筑设计师,开始做与20年前格洛丽亚所做的相同工作,即设计一个操场。

学生们在课堂上帮助克里斯蒂娜和马库斯设计秋千架子、滑梯和沙池,然后制作操场的模型。在解决这个难题的过程中,他们碰到了各种有关算术、几何、测量和其他学科的问题,你怎样才能做到按比例制图？如何测量角度？需要多少细砂砾？有哪些安全性要求？

对学生学习的评估表明学生获得了对这些问题和其他几何概念的理解(例如,范德比尔特大学认知与技术小组,1997)。此外,学生提高了与他人合作和向真实观众(常常由感兴趣的成人组成)交流他们的设计思想的能力。在学生参与那些活动的一年以后,那些活动还历历在目,在谈起时仍然很自豪(例如,Barron et al., 1998)。

通过真实世界的情境来学习不是一个新观念。长期以来,学校已断断续续地通过实地考察、实验和半工半读课程为学生提供具体的经验。但是这些活动很少成为学校教学的核心,由于逻辑上的局限和需要涵盖多门学科内容,这些活动很难融入学校的教学中。为克服这些局限,技术提供了功能强大的工具,从基于视频的难题、计算机模拟到电子通信系统,将课堂与在科学、数学以及其他领域工作的实践者共同体联系在一起(Barron et al., 1995)。

目前许多基于视频、基于计算机的学习项目正在实施,它们具有不同的目的。由邦克大街学院开发的"咪咪旅行记"便是通过视频和计算机技术把学生引入真实问题的早期尝试(如,Char and Hawkins, 1987);学生"跳入大海",在学习有关鲸鱼和尤卡坦半岛的玛雅文化的情境中解决问题。最近的学习系列包括贾斯珀·伍德伯里问题解决系列(范德比尔特大学认知与技术小组,1997),它们是12个交互式视频环境,向学生们展示了他们所面临的挑战,即要求他们理解和应用数学中的重要概念;参见背景资料9.2。利用这个录像系列学习的学生在数学问题解决方法、交流能力和对待数学的态度方面获得了成功(例如,Barron et al., 1998;Crews et al., 1997;范德比尔特大学认知与技术小组,1992,1993,1994,1997;Vye et al., 1998)。

背景资料9.2　问题解决和学习态度

在九个州的教室里,学生们有机会在1年的时间里解决四个贾斯珀探险问题。用于解决贾斯珀探险问题的平均时间大约在3至4周。在有关数学、解决复杂问题和对待数学及复杂挑战的态度方面的标准化测试中,把这些学生们的成绩与非贾斯珀对照班的成绩进行比较。结果是贾斯珀班的男女生在标准化测试的成绩上并不落后于对照班,这表明他们具有较好的解决复杂问题的能力,在面对数学和复杂挑战时表现出更积极的态度(参见范德比尔特大学认知与技术小组,1992;Pellegrino et al.,1991)。

下图是贾斯珀班学生和对照班学生回答以下问题的得分情况:(a)识别解决复杂问题所必需的关键数据和步骤;(b)评估解决这些难题的可能解决方案;(c)表明他们对数学的自信程度、对数学实用性的信心、对数学的兴趣和对复杂数学挑战的态度。图9.1反映了从学年初到学年末参与交互式视频挑战系列的学生的态度发生了积极变化,而对照班的大多数学生的态度变化是消极的,处在水平线以下。图9.2和9.3表明参与贾斯珀问题解决挑战的学生,其策划能力和理解力发生了积极的变化。显然,交互式视频教材对儿童的问题解决和理解能力具有积极的影响。

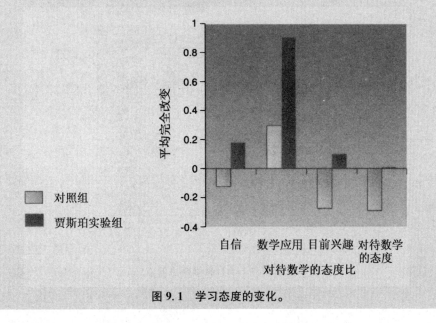

图9.1　学习态度的变化。

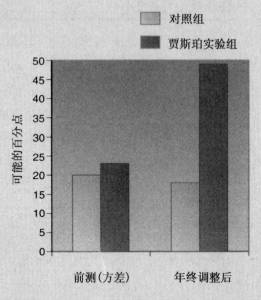

图 9.2 高水平的策划挑战。

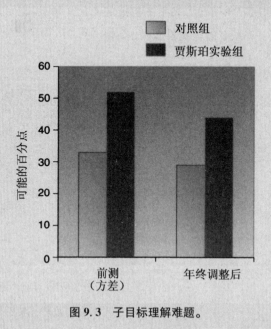

图 9.3 子目标理解难题。

新型的学习项目并不只局限于数学和科学。人们已开发出问题解决的学习环境，帮助学生更好地理解工作现场。例如，在一个银行模拟软件中，学生扮演银行副行长的角色，学习承担各种职责所必需的知识和技能(Classroom Inc.，1996)。

这些技术环境的交互性是学习的一个重要特点，交互性使学生容易重新回到学习环境的特定部分，使他们更充分地探究学习环境、检验观点和接受反馈。像线性录像带一样的非交互式学习环境不太有利于创建能让学生以独立或协作方式进行探索和复查的情境。

将真实世界的问题带入课堂的另一种途径是把学生与一线开展研究的科学家联系起来(Cohen，1997)。在许多这类学生—科学家的伙伴关系中，学生收集数据用于理解全球性问题；学生们来自天各一方的学校，他们通过因特网加入到不断递增的伙伴关系中。例如，全球实验室(Global Lab)支持一个由来自30个国家超过200所学校的学生研究者组成的国际性共同体，就本地或全球的环境来建构新知识(Tinker and Berenfeld，1993，1994)。全球实验室班级选取它们本地环境的某些方面进行研究。通过使用共享的工具、课程、方法，学生们制图、描述和监控他们研究的选址，收集和共享数据，他们把本地的研究发现置于一个更广阔的、全球化的情境中。在学生参与了第一个学期的15个技能发展活动系列以后，全球实验室的学生开始在诸如空气、水污染、背景辐射、生物多样性和臭氧消耗等领域进行高级研究性学习。全球化视角有助于学生识别出在全世界都能观测到的环境现象，包括在丰富植被的地方对流层臭氧水平的下降，学校临近放学时室内二氧化碳水平的急剧上升，某种蔬菜中硝酸盐的大量堆积。一旦参与者在他们采集的数据中发现了重要的模式，由学生、教师和科学家组成的这一"远程合作"共同体就会抓住极其严峻的科学问题——设计实验、开展同伴间的评论和发表他们的研究发现。

类似的方法已经用于天文学、鸟类学、语言艺术和其他领域(Bonney and Dhondt，1997；Riel，1992；加利福尼亚大学校董会，1997)。这些合作经验有助于学生理解复杂的系统和概念，例如多重因果关系和不同变量间的相互作用。由于教育的最终目标是帮助学生成为有能力的成人和终身学习者，因此我们有充足的理由借助电子方式把学生与同伴、学生与实践专业工作者连接起来。越来越多的科学家和其他专业人员正在建立电子"合作小组"(Lederberg and Uncapher，1989)，通过这一"合作小组"，他们阐述和开展他们的工作(如，Finholt and Sproull，1990；Galegher et al.，1990)。这种趋势为创建虚拟的学习共同体提供了理由和媒介。

通过 GLOBE 项目(Global Learning and Observations to Benefit the Environment，改善环境的全球性学习和观察)，在超过 34 个国家的 2 000 多所学校里，有成千上万的学生(从幼儿园到 12 年级)都在采集有关他们本地区环境的数据(Lawless and Coppola，1996)。学生们使用由主要研究机构的首席调查员们指定的规程从五个不同的地球科学领域采集数据，包括大气、水文和陆地覆盖。学生们通过因特网把他们采集的数据提交给 GLOBE 数据档案库，科学家和学生都可以使用这个数据档案库进行数据分析。在 GLOBE 万维网上提供一组可视化工具，使学生能够看到他们自己采集到的数据与其他地方收集到的数据在多大程度上保持一致。对于环境科学方法和数据解释能力的评价，GLOBE 课堂里的学生要比没有参与这个项目的学生表现出更高的知识和技能水平。

新兴技术和有关教学的新观念正在融合，在"通过合作性可视化(CoVis)来学习的项目"(Pea，1993a；Pea et al.，1997)中重建进入大学前的科学教育。利用宽带网络，来自至少 40 个学校的初、高中学生们与天各一方的其他学子们合作。成千上万的学生参与进来，通过基于项目的活动共同研究大气和环境科学(包括有关气象学和气候学的课题)。通过这些网络，学生还与"远程导师"——大学研究人员和其他专家进行交流。通过应用为学习而改制的科学可视化软件，学生们可以获得与科学家们相同的研究工具和数据集。

在一个为期五周的"全球变暖学生研讨会"上，来自各州不同学校的学生通过课程单元、学习者中心的科学可视化工具和数据、CoVis 地理科学万维网服务器上的评价量表，评估全球变暖的证据，思考可能的发展趋势和结局(Gordin et al.，1996)。学习者第一次了解了气候温度的自然变化、人类导致的大气中二氧化碳增加，以及电子表格和科学可视化工具在探究方面的应用。这一阶段性的活动为开放式协作学习项目的展开指明了方向。通过设计用于调查全球变暖对一个国家的潜在影响或一个国家对全球变暖的潜在影响的典型问题和数据，学生们使用总体框架，在框架中他们通过选择一个国家来确定该国家的特定数据和针对项目重点的特殊问题(例如，由于森林的过度采伐而引起二氧化碳增加、由于海平面上升导致洪水泛滥)。然后，学生们调查一个全球性问题或者某个国家的观点。他们的调查结果会在学校内或学校间的项目报告中交流，参与的学生会根据项目的研究发现考虑当前国际政策所造成的后果。

与专业人员和远程的学习伙伴一起就项目进行学习，其意义超越了学校的课堂学习，对基础教育阶段的学生们来说是一个巨大的动力。学生们不仅对他们正在做的事情有兴趣,而且当他们能够与气象学家、地理学家、天文学家、教师或计算机科学家进行交流的时候,他们还表现出一些令人印象深刻的、显示才智的学业成绩(Means et al., 1996; O'Neill et al., 1996; O'Neill, 1996; Wagner, 1996)。

支架和工具

许多技术可以作为支架和工具,帮助学生解决问题。这一想法久而有之:在1945年《大西洋月刊》刊登的一篇预言性文章中,万尼瓦尔·布什——罗斯福总统的科学顾问,把计算机描写成一个在科学研究、工作、学习中充当文书和其他支持科学研究功能的通用符号系统,因此计算机能解除人类大脑的负担,让他们去从事创造性的工作。

应用于课堂的第一代基于计算机的技术采用了非常简单的电子"抽认卡"形式,学生使用电子"抽认卡"来操练无关联的技能。当应用程序在社会其他领域广泛使用时,基于计算机的学习工具已变得比较复杂了(Atkinson, 1968; Suppes and Morningstar, 1968)。如今这些工具包括计算器、电子表格、图形程序、函数探测器(例如,Roschelle and Kaput, 1996)、用于提出推测和检验推测的"数学猜测器"(如,Schwartz, 1994)、用于生成复杂现象的模型和检测模型的建模程序(Jackson et al., 1996)。在由学习研究所开发的"通过应用程序学习中学数学的项目"(MMAP)中,创新性软件工具被用于通过解决诸如为北极人的住所设计保温材料的问题来探究代数中的概念(Goldman and Moschkovich, 1995)。在小行星识字系列中,计算机软件通过"成为好作家"的几个阶段帮助学生进步(范德比尔特大学认知与技术小组,1998a, b)。例如,在小行星识字系列中,基于视频的、引人入胜的历险故事鼓励幼儿园和一、二年级的学生们编写图书,并解决在历险故事的结尾处提出的挑战性问题。其中的一个挑战问题是:为了营救小行星上的生物,以防止它落入一个名叫旺狗(Wongo)的恶魔所设的陷阱中,学生们必须写一本图书。

教育所面临的挑战是如何设计用于学习的技术,它既汲取了来自有关人类认知的知识,又采纳了技术如何能使工作现场的复杂任务得以解决的实际应用。这些设计使用技术来支持思维和活动,这好比年幼的孩子学骑脚踏车需要练习轮子,否则没有支撑他们就会摔下来。正如练习轮子一样,计算机搭建的支架允许学习者开展更高级的活动,参与更高级的思维和问题解决活动,如果没有支架的帮助,就无法收到这样的效果。十年前,认知技术首次用来帮助学生学习数学(Pea, 1985)和写作(Pea and

Kurland,1987);十年后,许多项目都使用认知支架来促进学生在科学、数学和写作中的复杂思维、设计和学习。

例如"望景楼系统"(The Belvedere system)是为高中学生设计的,其目的是教授他们学习与科学有关的公共政策问题,因为他们缺乏深入理解许多科学领域的深层次知识,难以关注复杂科学争论中的关键问题,不能识别隐含在科学理论和论据中的抽象关系(Suthers et al.,1995)。"望景楼系统"使用带特定方框的图形来表示不同类型观点间的关系,它有助于支持学生就与科学有关的问题进行推理。当学生们使用"望景楼系统"中的方框和链接表示他们对一个问题的理解时,在线顾问会给出提示,帮助学生们拓宽论证的广度、保持论点的一致性和理据性(Paolucci et al.,1996)。

支架式学习经验可以用不同的方式组织。一些教育研究者提出了认知学徒模型(apprenticeship model),首先让学习者观察专家级的从业者的示范行为,然后为学习者搭建支架(提供建议和示例),接着引导学习者实践操作,逐渐减少支持和引导,直到学徒能够独立工作(Collins et al.,1989)。其他人争辩说,采用单一方法的目标不切实际且过于局限,因为成年人经常需要使用工具或其他人力资源来完成他们的任务(Pea,1993b;Resnick,1987)。有些人甚至主张精心设计的、能支持综合性活动的技术工具可以建立起一个真正的人机共生关系,把人类活动的组成部分重新组织成不同于前技术设计的结构(Pea,1985)。虽然对于确切的目标和如何评价搭建支架技术的优点存在各种不同的观点,但是人们一致认为新工具使人们能够以比过去更复杂的方式进行工作和学习。

在许多领域,专家们正应用新技术以新的方式表征数据,例如,利用三维虚拟的模型模拟金星的表面,或者模拟分子的结构,它们可以用电子方式制作,并从任何一个角度观察。再举一个例子,地理信息系统利用颜色的深浅在地图上直观地表示诸如温度或降雨之类的变量。借助于这些工具,科学家能够更快速地辨别模型,并且发现以前没有注意的相互关系(例如,Brodie et al.,1992;Kaufmann and Smarr,1993)。

一些学者断言模拟和基于计算机的模型是自从在文艺复兴时期出现数学建模以来用于揭示数学和科学的发展进步和实际应用的最强有力的资源(Glass and Mackey,1988;Haken,1981)。从用不活动的媒体(如一幅图画)表示静态模型发展到用互动媒体(提供可视化的分析工具)表示动态模型,这一转变深刻地改变了探究数学和科学的性质。当学生们创建可旋转的模型,从不同的视角介绍问题时,他们可以把各种解释直观化。这些变化影响着所要考虑的各种现象和争论的特点以及可接受的证据

（Bachelard，1984；Holland，1995）。

人们正在着手改造科学家们用于发现模式和解释数据的基于计算机的可视化分析工具，以适合学生使用。例如，利用与微型计算机相连的探头，学生们可以做出分析诸如加速度、光、声音等变量的实时图形（Friedler et al.，1990；Linn，1991；Nemirovsky et al.，1995；Thornton and Sokoloff，1998）。人类能够快速地加工和记忆直观的信息，这一能力表明具体的图形和其他的可视化信息表征有助于人们学习（Gordin and Pea，1995），同样有助于科学家开展他们的研究工作（Miller，1986）。

CoVis项目为大学预科的学生和教师开发了各种各样的科学可视化环境（Pea，1993a；Pea et al.，1997）。班里的学生收集和分析实时的天气数据（Fishman and D'Amico，1994；伊利诺斯大学，Urbana-Champaign，1997）或者25年中北半球的气候数据（Gordin et al.，1994）。或者学生们可以调查全球温室效应（Gordin et al.，1996）。正如上面所描述的，借助于新技术的学生可以通过网络进行交流、处理数据集、开发科学模型，以及对有意义的科学问题进行合作式调研。

自从20世纪80年代以来，认知科学家、教育工作者和技术专家已经提出了这样的观点：如果学习者能够创建和操纵模拟自然现象和社会现象的模型，那么他们会对这些现象有更深入的理解（例如，Roberts and Barclay，1988）。目前，在利用基于技术的建模工具的班级中，正对这些猜测进行检验。例如，由麻省理工学院根据系统动力学研究而开发的STELIA模型环境已经广泛地应用于本科生和大学预科生的教学中，应用于诸如人口生态学和历史的各种领域中（Clauset et al.，1987；Coon，1988；Mintz，1993；Steed，1992；Mandinach，1989；Mandinach et al.，1988）。

为遗传范畴（GenScope）项目而开发的教育软件和探究、发现活动应用模拟技术来教授遗传学中的核心课题，遗传学是大学预科生物课程中的一个部分。这些模拟让学生浏览了六个层级的关键性遗传概念：DNA、细胞、染色体、有机体、谱系和人口（Neumann and Horwitz，1997）。遗传范畴项目还使用一个创新性的超级模型，让学生们提取真实世界的数据来创建基本的自然过程的模型。在波士顿城区的高中学生中，对这个项目进行评价，结果发现学生们不仅对学习这个复杂的学科有兴趣，而且对概念的理解也有了显著的提高。

学生们使用交互式的计算机微型世界来学习牛顿力学中的力和运动（Hestenes，1992；White，1993）。借助于交互式的计算机微型世界媒介，学生们同时获得了动手和动脑的经验,因此对科学有了更深入的理解。与许多上物理课的 12 年级学生相比,使用了基于计算机的学习工具的 6 年级学生能更好地理解加速度和速度的概念(White,1993),参见背景资料 9.3。在另一个项目中,中学生使用易于操作的基于计算机的工具(Model-It)来创建系统的定性模型,如在当地小溪中水的质量和海藻的含量。学生们可以把他们收集到的数据输入到模型中,观察结果,生成对假设情境的分析,并形成对关键变量间的相互关系的更好理解。

综上所述,当基于技术的工具被整合到课程中,并与有关学习的知识配合使用时,这些工具能够增强学生的行为表现(如,特别参见 White and Frederiksen,1998)。但是仅仅把这些工具放置于教室中并不保证学生的学习就能提高;它们必须成为教学方法中有机的组成部分。

背景资料 9.3　在物理教学中使用"思想家工具"(ThinkerTools)

"思想家工具"探索课程使用了一个创新性的软件工具,这个工具可以让实验者在各种条件下做物理实验,并把结果与用实物实验所得的结果进行对比。这个课程通过使用一个探索性的教学循环,强调元认知的教学方法(参见第二、第三和第四章),帮助学生了解他们处于探索性循环的哪个阶段,此外它还使用了被称为反思性评价的过程,在这个过程中学生们反思他们自己的探索,并进行相互评价。

在城市公立中学,7、8、9 年级学生中开展这项实验,实验表明建模软件工具不仅使难以理解的物理学科变得容易理解,而且学生们普遍对物理学科感兴趣。学生们既学习了物理又了解了探究的过程。

我们发现,即使学生的年级(7—9 年级)和前测成绩都低,凡是参加了"思想家工具"课程的学生在解决将牛顿力学的基本原理应用于真实情境的定性问题时,他们的表现超过了学过物理的高中学生。一般而言,这种面向探究、基于模型的建构主义的科学教育方法似乎比传统的教学方法更能让学生们对科学感兴趣和普遍接受科学学科(White and Fredericksen,1998:90-91)。

反馈、反思和修改

技术使教师更容易对学生的思考给予反馈,技术也使学生更容易修改他们的作业。最初,使用贾斯珀·伍德伯里操场探险(上面所提及的)的教师很难腾出时间就学生们的操场设计给他们提供反馈,但是,一个简单的计算机界面就使教师提供反馈的时间减少了一半(参见,例如,范德比尔大学认知与技术小组,1997)。交互式的贾斯珀探险制造家软件允许学生就贾斯珀探险问题提出解决方案,然后观看他们的设计方案的模拟效果。这个模拟随即对学生提出的解决方案的质量做出清晰的反应(Crews et al., 1997)。正如上面所讨论的,与一线开展研究的科学家进行互动也为学生从反馈和修改中学习提供了丰富的经验(White and Fredericksen, 1994)。SMART(用于训练思维的特殊多媒体平台)挑战系列为反馈和修改提供了多媒体的技术资源。SMART 在包括贾斯珀挑战系列在内的各种情境下进行测试,当其形成性评价资源加入到这些课程时,学生们达到了比不用 SMART 时更高的学业水平(例如,Barron et al., 1998;范德比尔特大学认知与技术小组,1994,1997;Vye et al., 1998)。另一个应用技术支持形成性评价的方法,参见背景资料9.4。

背景资料9.4 在物理课上用于诊断先前概念的一个程序

一个基于计算机的诊断程序已在高中物理课上帮助教师提高学生的学业成绩(Hunt and Minstrell,1994)。这个程序评估学生对各种物理现象的看法(先前概念)——这些看法常常与学生们的日常经验相吻合,但与物理学家们对世界的看法并不一致(参见第二、第三、第六和第七章)。假设有一些特殊的看法,这个程序就会建议开展一系列活动帮助学生从物理学家的角度来重新理解现象。教师们在教学中结合来自诊断程序的信息,用于指导自己的教学。来自实验班和对照班的有关学生理解物理中重要概念的数据表明实验班学生具有明显优势;参见下图。

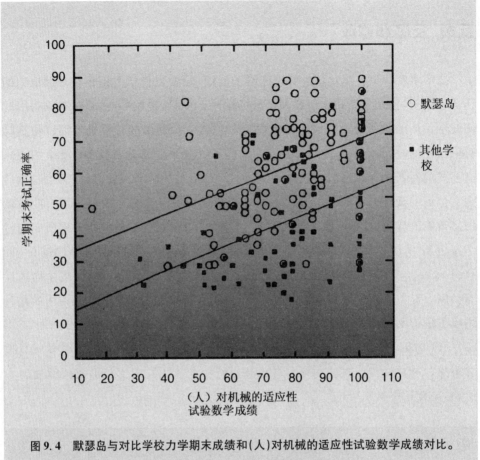

图9.4 默瑟岛与对比学校力学期末成绩和(人)对机械的适应性试验数学成绩对比。

资料来源：Hunt and Minstrell (1994)。

　　课堂通信技术，例如"课堂对话"(Classtalk)能够在大班授课中提高学生的学习积极性，如果这项技术被合理使用的话，它可以加强学生们用于解决问题的推理过程(参见第七章)。这项技术使教师对全班合作式活动做好准备并把问题呈现给学生。学生通过手持式输入设备(以个人方式或作为一个小组)输入答案，然后由"课堂对话"收集、存储答案，并呈现全班响应的条形图(表示有多少学生选择了某个解决方案的条形图)。这种工具能够向教师和学生提供有用的反馈，即学生理解所学概念的程度和他们是否能将所学的概念应用于新情境(Mestre et al., 1997)。

　　然而，像其他技术一样，"课堂对话"并不能确保有效的学习。直观的条形图可用于促进大班授课中的双向交流：它是班级讨论的出发点，在班级讨论中学生可以证明他们用以得出答案的过程的合理性,他们批判性地倾听或反驳他人的观点或者提出其他的推理策略。但是技术的使用也可能与这个学习目标无关。例如,如果教师仅仅把"课堂对话"当作点名或管理传统测验的一个效能工具,那么它就不会增强双向交流或者使学生的推理更直观。假如真是那样的话,学生们就没有机会接触到各种问题解决的观点和不同问题解决的各种争论。因此,有效地使用技术包括教师的很多决策和教师参与的直接形式。

同伴是反馈的最佳来源。近十年来,一些非常成功的和有影响的范例表明,计算机网络能够支持学生小组主动地投入学习和进行反思。计算机支持的有目的学习环境(CSILE)为学生们提供了通过使用具有图文功能的公共数据库开展合作式学习活动的机会(Scardamalia et al., 1989; Scardamalia and Bereiter, 1991, 1993; Scardamalia et al., 1994)。在这个联网的多媒体环境中(现在发布为"知识论坛"),学生们可以建立"注解",这个注解包含了他们对正在研究的主题的一个观点或者一条信息。这些注解用不同类别标明,例如疑问或新知识,其他学生能够检索到这些注解,并对这些注解做出评论;参见背景资料9.5。在教师的支持下,让学生参与对话过程,整合各种信息和资源以生成新知识。CSILE也包含着形成和检验猜测和最初理论的指导原则。CSILE已在小学、中学、研究生的科学、历史和社会学课上使用。参与CSILE班的学生在标准化考试和档案袋评价项目中做得更好,其理解力优于没有参与CSILE班的学生(参见,例如,Scardamalia and Bereiter, 1993)。此外,不同能力水平的学生都能有效地参与;事实上,在以合作方式使用技术的课堂里,CSILE对于能力低等和能力中等的小组效果更佳(Bryson and Scardamalia, 1991)。

背景资料9.5　斯莱米南数字系统

有一个例子说明计算机支持下的交流是如何改进学生各自的思维的,它发生在一个市区小学的班级里。学生被分成小组,要求他们设计假想的热带雨林定居者文化的方方面面(Means et al., 1995)。

有一个小组负责为该文化开发一个数字系统,他们发布了以下的登录消息:

这是斯莱米南数字系统。它也是以10为基数的数字系统。它有一个模型。数目线增加到5,然后倒过来到10。

在同一个教室里的另一个小组学生审查了这个CSILE系统,并表现出令人印象深刻的分析技能(和良好的社交技能),作为对这个系统的回答,他们指出有必要拓展这个系统:

我们都喜欢这个数字系统,但是我们想要知道数字0看上去像什么,你可以使用更多的数字,而不仅仅是我们现在使用的10。

这个教室里的许多学生在家里说的语言不是英语。CSILE提供机会,让学生用英语来表达他们的观点,并接受来自同伴们的反馈。

作为支持学习的多种用途之一,因特网已逐渐成为学生相互提供反馈的一个论坛。在GLOBE项目中(上面曾描述过),学生们相互检查在项目网站上的各自数据,有时他们发现读到的内容可能存在错误。学生们就使用电子信息传输系统去查询报告有可疑数据的学校,他们是在什么样的情况下去进行测量的;关于因特网的另一种用途,参见背景资料9.6。

背景资料9.6 怪物、蒙德里安和我

作为挑战2000多媒体项目的一个组成部分,小学教师露辛达·苏尔博、凯西·乔文希尔和佩奇·麦克唐纳合作,一起设计和实施在两个小学的四年级班级之间开展的拓展性合作活动。在一个叫做"怪物、蒙德里安和我"的单元中,老师引导学生们在电子邮件中细致地描述一幅画,让其他班级里的搭档根据他们的描述重新画出这幅画。这个项目说明了远程通信在多大程度上能够清晰地解释需求、准确地书写，并提供一个论坛，收集同伴们的反馈。

在项目的"怪物"阶段，两个班级的学生首先结成对子，创作和绘制怪物（例如，"航海者999"、"肥胃"和"虫眼"），然后他们写文章描述他们所画的内容（例如，"他的身体下面有四条紫色的腿，每条腿上有三个脚趾"）。他们的目的是提供一个足够完整和清晰的描述，让另一个班级的学生在没有看见过图画的情况下能够重新画出怪物。这个描述性的文章通过电子邮件交换，结对的学生们根据他们对描述的理解作画。

这个阶段的最后一个步骤包括交换"第二代图画"，这样已完成描述性写作的学生可以对他们的文章进行反思，找出那些能使读者产生不同理解的模糊的或不完整的叙述。

在"蒙德里安"阶段，学生们重复着与先前相同的步骤：写作、交换文章、作画和反思，他们从学习诸如蒙德里安、克勒和罗思科（Klee and Rothko）的抽象表现派艺术开始。在"我"这个阶段，学生研究著名画家的自画像，然后制作他们自己的自画像，他们试图详细地描述画像，这样远程的学习伙伴就能制作出与之相配的画像。

通过向相隔遥远的学生（另一所学校中的学习伙伴）提供文章，这个项目有必要让学生在文章中写出所有的内容，因为他们不能像在自己的教室里那样可以用手势和口头交际方式来补充书面信息的不足。他们的学习伙伴根据书面描述作画，这些画给这些年幼的作者们提供了有关他们文章的完整性、清晰度的明确反馈。

学生的反思表明，他们已认识到沟通误差的多种潜在根源。

也许你窜到了另一部分，或许你很难理解它。

唯一使它不够完美的是我们的错误……我们说道，"每一个正方形向下一点点"，其实我们应该说的是"每一个正方形位于它之前的一个正方形之中"，或者我们该说这样的一些内容。

> "我想我本可以把嘴巴说得更清晰的,我应该说它是闭合的,但由于我告诉你我没有用括号或护圈,我却把它描述成[好像是]开着的。"
>
> 在这个项目中所使用的电子技术相当简单(文字处理、电子邮件和扫描仪),其复杂性更多地在于它的结构,它需要学生关注观众的理解力和通过不同的媒体(文字和图画)进行转换,从而增进了学生对各自优缺点的理解。
>
> 学生的艺术作品、描述性文章和反思在项目网站 http://www.pausd.palo-alto.ca.us/barron/mmm/mmm.html 上可以找到。

用于交流的联网技术的另一个优点在于技术可以使思维可视化。教学的认知学徒模式(Collins,1990)的核心特征是在广泛的教学项目中提供范例,它也具有技术的表现形式(参见,例如,Collins,1990;Collins and Brown,1988;Collins et al.,1989)。通过鼓励学习者说明他们在思维过程中所采取的步骤,软件建立了一个思维记录,学习者可以使用思维记录反思他们的学习,教师使用思维记录可以评估学生的进步。一些项目显然包括了旨在使学习者的思维可视化的软件。例如,在 CSILE 中,当学生用文字和图形开发他们的公共多媒体数据库时,教师们就可以把数据库作为一段时间内学生思维和电子交谈的一个记录。教师可以浏览数据库,检查学生对关键概念逐步形成的理解,并检查学生之间的互动交流技能(Means and Olson,1995b)。

CoVis 项目开发了一个有着类似目的的联网的超媒体数据库——合作式笔记本。合作式笔记本被分成电子工作区,叫做笔记本,用于学生一起合作研究一个特定的探究课题(Edelson et al.,1995)。笔记本提供制作不同类型页面的选项——问题页、猜测页、支持证据页、反驳证据页、计划页、计划步骤页、信息页、评论页。通过使用这个超媒体系统,学生可以提出一个问题,然后把它与针对问题的有争议的猜测链接起来,与探究问题的计划链接起来,而针对这些问题的争议是由其他学生(可能来自不同的站点)提出的。图像和文档可以以电子方式与页面"链接"。使用这种笔记本缩短了学生们准备实验笔记和从教师那里得到反馈之间的时间(Edelson et al.,1995)。类似的功能由"易说"(SpeakEasy)软件工具提供,它可以组织、支持工程学学生与教师之间的对话(Hoadley and Bell,1996)。

现在已经有了能提出问题的复杂授导环境(tutoring environments)，它们可以根据专家是如何推理和如何组织有关物理、化学、代数、计算机编程、历史、经济的知识来给学生提供反馈(参见第二章)。随着理解的日益加深，人们开始对以下问题感兴趣：通过把专家推理转换成计算机程序来检验专家推理理论，把基于计算机的专家系统作为一个大型程序的一部分来教授新手。把专家模型与学生模型——系统对学生知识水平的表征——和驱动该系统的教学模型融合在一起，就构成了智能教学系统(intelligent tutoring systems)，其目的在于把为用户定制的一对一教学的优势与对专家表现、学习过程、自然推理的认知研究中获得的理解结合起来(Lesgold et al., 1990; Merrill et al., 1992)。

各种基于计算机的认知导师已被开发出来，用于代数、几何和 LISP 编程(Anderson et al., 1995)。根据导师的特征和它整合到课堂的方式，这些认知导师在学生学业成绩获得方面已经产生了复杂的轮廓(Anderson et al., 1990, 1995)，参见背景资料 9.7 和 9.8。

背景资料9.7　用"几何导师"学习

当"几何导师"在大型城区高中学校的班级里使用的时候，学生学完几何证明所用的时间要比教师或导师系统开发者所预想的还要快。中等水平、中等以下和对数学技能缺少自信、有能力而未能发挥学习潜能的学生从导师系统中获益最大(Wertheimer, 1990)。在课堂上使用导师系统的学生很快便进入学习状态，他们表现出更高的学习动机，他们常常很早就来到教室学习，他们对自己的学业进步承担更多的责任。教师开始花费更多的时间辅导那些需要帮助的个别学生，他们也更加重视对学生成绩的评定(Schofield, 1995)。

背景资料9.8　高中代数课上的智能授导系统

一项大型的实验对在城区高中采用高中代数智能授导系统的收益进行

第九章　技术支持下的学习　201

评估(Koedinger et al., 1997)。这个项目的重要特色是合作式的、客户中心的设计,它把授导系统与教师的目标和专业知识相协调。这一合作产生了PUMP(匹兹堡市数学教育计划)课程,它关注于真实世界情境的数学分析、计算工具的使用和让所有的学生都能容易地学习代数。一个称之为PAT(PUMP代数导师的简称)的智能授导系统,支持这种课程。研究者们把使用授导系统的九年级学生的学业水平与学习传统代数的学生的学业水平做比较,结果表明使用PUMP和PAT的学生们受益匪浅,目前在全国范围内有70个学校使用PUMP和PAT。

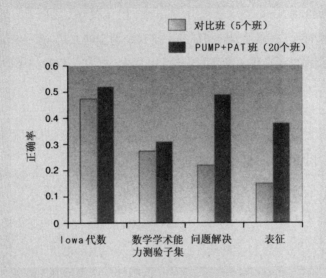

图 9.5 PUMP 代数教学系统课程结束时的评价。

资料来源:摘自 Koedinger et al. (1997)。

使用授导方法的另一个例子是福尔摩斯侦探计划(Sherlock Project),它是一个基于计算机的环境,教授空军技师学习电子故障检测和维修,他们需与包含数千个部件的复杂系统打交道(例如,Derry and Lesgold, 1997; Gabrys et al., 1993)。这个复杂系统的模拟系统与专家系统或授导系统融合在一起,当学习者在故障检测和维修的尝试过程中遇到了困难时,该系统给予建议,它还带有反思工具,允许使用者重放他们的行为表现和尝试可能的改进。在几次现场对技师的考试中,让他们进行最艰难的真实世界的故障检测和维修任务，20 至 25 小时的福尔摩斯侦探培训与大约 4 年的在职工作经验相当。福尔摩斯侦探计划并没有让人吃惊，它已经在几个美国空军基地投入使用。福尔摩斯侦探计划的两个重要特点是模仿成功的非正规学习：学习者成功地解决他们遇到的每个难题以后，随着他们能力的提升，减少对他们的辅导量；学习者可以重放和反思他们的行为表现，强调他们可以改进的方面，如同一个足球运动员可以重看一场比赛的录像一样。

值得注意的是学生可以在小组中使用这些授导系统，也可以单独使用。在很多情况下，学生们可以一起使用授导系统，与班上的其他人讨论问题、商议可能的答案。

把课堂和社区联系在一起

我们很容易忘记学生在学校中获得的学业成就也依赖于学校以外的环境。把学生和教师与更广阔的社区联系在一起可以促进他们的学习。在前面的章节中，我们讨论了通过与更广阔的社区联系来学习。例如，大学和企业已经帮助社区提升学校的教学质量。在产业界工作的工程师和科学家常常与教师们一起担当导师的角色（例如，加利福尼亚大学欧文分校科学教育计划）。

现代技术有助于在在校学生与校外活动之间建立联系。例如，"透明的学校"(Bauch, 1997)使用电话和应答机器来帮助家长了解课堂中布置的每天作业。教师们每天只需化几分钟时间把作业口述到应答机器中，家长们就可以在他们方便的时候打电话，获知学生的每天作业，因此他们也就知道了孩子们在学校里的活动。与某些期望相反的是，低收入的家长与具有较高社会经济地位的家长一样愿意打电话给应答机器。

因特网也有助于将家长与他们孩子所在的学校连接起来。学校校历、作业和其他类型的信息可以公布在学校的因特网网站上。也可以使用学校的网站告诉社区学校正在做什么和社区可以提出什么样的帮助。例如美国学校目录（www.asd.com）已经为全国 106 000 所公立和私立的从幼儿园到 12 年级学校建立了因特网页面，它包括一个"愿望列表"，学校可以在上面公布希望得到的各种各样的帮助和请求。此外，美国学校目录还为国内的每个学生和教师提供免费的电子邮件账号。

许多项目正在探索建立有效的电子社区所必需的要素。例如，我们上面谈到学生们在与一线开展研究的科学家、作家和其他实践专业人员合作的时候能够学到更多的东西。有六个不同的电子社区,包括教师、学生、大学研究人员等组成的网络,对这些电子社区的早期审查着眼于它们如何成功地与他们的规模和所处位置建立联系,他们如何自我组织,网络建设中有什么样的机会、义务、责任,以及它们如何评价自己的工作(Riel and Levin, 1990)。在这六个小组中,与成功的电子联网社区有关的有三个要素:一是强调小组交流而不是一对一交流;二是清晰表达的目标或任务;三是促进小组交流和建立新型社会规范的明确努力。

若要最大限度地利用这些网络所提供的会话和学习机会,教师、学生、指导者们就必须甘当新型的或非传统的角色。例如,"作为全球科学家的儿童"(KGS)研究项目是一个集合了学生、科学家导师、技术专家和教育专家的全球群体,它的主要目的是找出促使这些社区获得成功的关键要素(Songer, 1993)。在最有效的交往中,随着时间的推移,社会凝聚力在这些学习伙伴中发展起来。起初,这个项目使不同地方的人们参与到有组织的对话活动中,通过多媒体相互介绍,使人们之间建立起一种关系;接着,这个小组提出一些指导原则和支持性的活动来帮助所有的参与者理解他们的新职责。学生们提出有关天气和其他自然现象的问题,并提炼、回答由他们自己和其他人提出的问题。这一基于对话的学习方法创造了一个充满智慧的情境,给参与者很多机会去改进他们的理解,并使他们更自主地参与到解释科学现象的活动中。

教师学习

将新技术引入到课堂使人们对教师促进学习的作用产生了新的认识(McDonald and Naso, 1986; Watts, 1985)。技术允许教师进行实验和调整(Means and Olson, 1995a;美国国会技术评价办公室,1995)。它激励教师思考学习的过程,无论是通过对自己所教学科的全新研究还是对学生学习有了崭新的认识。技术软化了学生做什么和教师做什么之间的屏障。

当教师学习在课堂上使用新技术时,他们为学生设计学习过程;同时通过观察学生的学习,他们获得了教学的新认识。此外,从教师到学生的教学角色转换常常是与课堂上尽量使用计算机的过程同时发生的。一些儿童深深地卷入技术或软件的某些方面,他们把大量的时间花费在技术上,了解的东西超过了小组内的其他同学,也超过了他们的老师。教师和学生常常都是新手,他们可以诚恳地合作,一起创造知识。认识论上的金科玉律——教师拥有知识、学生获取知识——需要重新定义,反过来也要对社会权威和个人责任重新定义(Kaput，1987；Pollak，1986；Skovsmose，1985)。合作创设了一个环境,在这个环境中新手可以贡献他们的才智,并从那些比自己更具才智的人那里学到新知识。带着各种专长、承诺、目标相约而来,小组以合作方式完成任务(Brown and Campione，1987：17)。这种权威的转移和向合作式参与的迈进直接产生于积极的认知动机,它也有助于认知动机的产生。

当教师们学习使用技术时,他们自己的学习对于辅助学生更广泛地学习所采用的方法具有启示(McDonald and Naso，1986)：

- 他们在创新、改革中必须是合作伙伴；在教师、管理者、学生、家长、社区、大学和计算机公司之间必须是重要的伙伴关系。
- 他们需要有时间学习：有反思、消化所发现的东西和适应实践的时间。
- 他们需要大学的顾问,而不是督学；提供建议是一种伙伴关系。

基于因特网的教师共同体逐渐成为消除教师孤立无援感的越来越重要的工具。它们也为相隔遥远、但参与相同改革实践的教师们提供了交换信息和相互提供支持的途径(参见第八章)。这些共同体的例子包括实验室网络(LabNet)项目,超过1 000名物理教师参与其中(Ruopp et al.，1993)；邦克大街学院的数学学习项目；支持阿拉斯加教师写作的QUILL网络(Rubin，1992)；人类生物(HumBio)计划,参与此项目的教师们通过网络一起开发生物课程(Keating，1997；Keating and Rosenquist，1998)。WEBCSILE是前面介绍过的"计算机支持的有目的学习环境项目"的因特网形式,它有助于创建教师共同体。

万维网为教师与他们工作环境之外的其他人交流提供了另一个途径。在伊利诺斯州大学的詹姆斯·利文要求教育系的研究生在万维网上创建对网上教育资源进行评价的网页,并与那些他们认为很有价值的网站链接起来。许多学生不仅建立了那些网页,并且在这门课程结束之后继续修改和维护网页。有些学生每个月都获得了成千上万次对他们网站的点击(Levin et al.，1994；Levin and Waugh，1998)。

虽然教师共同体的成员们利用电子邮件、邮件列表和网站交流信息和保持联系,但这仅仅代表了技术支持真实的实践共同体的全部潜力的一部分(Schlager and Schank，1997)。教师实践共同体需要有机会参与已规划的互动活动、需要一些工具对教育资源进行共同回顾和评注,需要有机会参与在线合作设计活动。一般而言,教师共同体需要产生社会凝聚力的环境,桑格(Songer)发现这种凝聚力在"作为全球科学家的儿童共同体"项目中非常重要。

教师专业发展协会（TAPPED IN）是一个多用户的虚拟环境，它融合了同步的（"实时的"）交流和异步的（例如电子邮件）交流。用户可以储存和共享文档，在一个外观类似于一个典型的会议中心的电子化环境中与虚拟的对象互动。教师们可以登录到教师专业发展协会中讨论问题、建立和共享资源、主持工作坊、担任导师，在那些虚拟的书籍、板报、文档柜、记事本和公告牌等人们熟悉的工具的帮助下进行合作式的探究。教师们可以徜徉在公共的"房间"中，浏览每一间房中的资源，并与探索相同资源的其他人进行自发的、实时的交谈。超过12个主要的教师专业发展组织都已经在教师专业发展协会中建立机构。

除了支持教师开展持续的交流和专业发展外，技术也用于教师的职前培训。为新教师提供专业发展所面临的一个挑战是让他们有足够的时间观察资深教师的教学，并有时间进行独立的教学尝试，他们在上课过程中必须做出无数次的决策，而反思的机会却没有。一般而言，未来教师在开始正式教学前，很少到教室去，师资培训人员往往只有有限的时间与未来教师一起在教室里观察和评论他们的教学。通过用多种媒体捕捉复杂的课堂互动过程，技术有助于克服这些局限。例如，师范生可以重放课堂教学过程的录像，学习掌握微妙的课堂教学方法，发现在第一次观摩课时所忽视的重要特征。

数据库已经建立起来，它可以在许多学科领域辅助教师的教学。其中有一个数据库是由专家马格德蕾·兰珀特和德博拉·鲍尔执教的三年级和五年级的数学课音像库(1998)。这些课的设计面向探究式教学，让学生解决问题、推理和参与解决数学问题的热烈讨论。这个录像带允许师范生在播放过程中随时停下来，与同班同学和老师一起讨论教师课堂表现的微妙之处。与这堂课有关的教师们的评注和同学们的作业库进一步丰富了资源。

使用大量的教学和课堂管理策略的专家教师录像剪辑多媒体数据库已由印第安纳大学和北部中心地区教育实验室建立起来(Duffy, 1997)。每一堂课都有教师的教案、校外专家的评论和相关研究论文等资料。另一个技术资源是一套基于录像、用于阅读教学的案例（在VCD和CD-ROM上），它们向未来教师们展示了各种不同的阅读教学方法。这项计划还包括有关学校和社区环境的信息、学校校长的教育理念、粗略介绍开学前教师们所做的事情，以及整个学年中学生作业的记录（例如，Kinzer et al., 1992; Risko and Kinzer, 1998）。

在交互式的多媒体数据库中展示的另一种方法举例说明了数学和科学的教学，它是由范德比尔特大学开发的。例如,两个教学片断提供了同一个老师教两节二年级科学课的录像带。在一堂课上,教师和学生们讨论教科书某一章节里提出的绝缘概念;在另一堂课上,教师带领学生们对由不同材料做的杯子所具有的绝缘量进行实际调查。从表面上看,教师似乎在两堂课上都满腔热情、表达清晰,学生们也表现得不错。但是,重复观看录像带,就会发现在第一堂课上学生们能够重复说出的正确单词中可能掩饰着一些经常出现的错误概念。这些错误概念在第二节课上就明显多了(Barron and Goldman,1994)。

在技术支持教师职前培训的另一种方法中,在伊利诺斯大学上学的教育专业的学生(他们报名参加低级分类的科学课程,如生物)以电子方式与中小学的课堂连接在一起,回答中小学学生有关学科领域的问题。大学生们帮助中小学学生探索科学。尤为重要的是,教育专业的学生们借此了解小学生或中学生提出的学科领域的问题类型,从而,激励教育专业的学生们去获得他们大学科学课程之外的更多的知识(Levin et al.,1994)。

小 结

技术已成为教育的一个重要工具。基于计算机的技术在提高知识的获取和用作促进学习的手段方面都具有很好的发展前景。信息技术集聚和组织大量知识的能力已经抓住了公众的想象力;信息网络的前景鼓舞着人们,例如,因特网将全球的学生连接在一起形成了一个学习者共同体。

人们还没有完全理解的是基于计算机的技术能够成为强有力的教育工具——它不仅仅是丰富的信息资源,而且可以延伸人类的能力和拓展支持学习的社交环境。使用计算机来促进学习的过程不仅是技术方面的事——只与教育硬件和软件的特性有关。像一本教科书或其他的文化对象一样,用于教育的技术资源——不管是科学模拟的软件还是交互式的阅读练习——通过与同伴和教师的学习交流为中介,它可以在一个社会化的环境中发挥作用。

与考虑适宜儿童学习发展的产品同样重要的问题是对把产品用作促进学习工具的那些人(即教师)产生影响的问题。在考虑技术的过程中,创建学习环境的框架是十分有用的,它们是以学习者、知识、评价和共同体为中心的。利用技术为教师和他们所教的学生创建这类环境的方法有许多。在考虑如何培训教师有效地使用新技术时产生了许多问题。他们需要了解有关学习过程方面的哪些知识？有关技术，他们需要知道什么？哪种培训是最有效的，可以帮助教师使用高质量的教学程序？使用计算机促进教师学习的最佳方法是什么？

在充分理解学习原理的基础上开发优秀教育软件和支持教师的工具还未形成规范。软件开发者们一般受游戏和娱乐市场的驱使甚于他们产品的教育潜力的驱使。软件出版商、学习专家和教育政策制定者需要一起合作，迎接挑战，挖掘基于计算机的技术潜力，以改进学习。有关使用技术的潜力还有许多方面需要研究；为了达到这一目标，对学习的研究将需要一直与软件开发相伴。

第四部分

学习科学未来发展走向

第十章 结　论

当人们的讨论转向学习和教育的问题时,科学发展的速度有时候似乎令人吃惊的缓慢和让人不安,而人们对学习和教育的期望却很高涨。在学习领域,过去的二十五年是研究有重大进展的一个阶段。由于有许多新进展,我们需要对本书涉及的结论进行研究,以便对人类学习的科学知识基础和它在教育中的应用进行评估。我们评估了有关学习、教学和学习环境的最佳的和最新的研究资料。分析的目的在于了解学习者需要掌握哪些知识和技能才能来达到深入的理解,确定哪些内容可以通向有效教学,以及评价导致教与学的支持性环境的条件。

对学习的科学理解包括理解学习过程、学习环境、教学、社会文化加工和许多促进学习的其他因素。在现场和在实验室里对所有这些课题的研究都为理解和实现教育变革提供了重要的知识基础。

本书讨论了与深入理解学生学习过程有关的六个领域的研究:在学习中先前知识的作用;基于大脑发展的早期经验的可塑性和相关问题;学习是一个主动过程;理解性学习;适应性专业知识;学习需要付出时间和精力。本书考查了另外五个与支持有效学习的教学和环境有关的研究:社会文化环境的重要性;迁移和广泛应用所学知识的条件;学科内容独特性;支持学习的评价;新型教育技术。

学习者与学习

发展与学习能力

孩子出生时就具有了某种学习的本能。他们能够识别人的声音、区分有生命和无生命物体,他们对空间、动作、数字、因果关系具有一种本能的认识。婴儿的这些原始能力是由新生儿的周围环境造成的。当家长吸引婴儿注意他们母语的声音时,这些环境提供了信息,也提供了信息的结构。

因此,发展过程会涉及儿童的早期能力和与其所在环境之间的相互作用以及人际间的支持,这些支持有助于增强与儿童周围环境有关的能力,并削弱与儿童周围环境无关的能力。儿童的生理特征和他们的生活环境促进和调控了学习。从分子的水平上看,儿童的大脑是生理因素与生态因素相互作用的产物。心理是在这个过程中建立起来的。

"发展"一词是理解儿童概念形成过程中发生变化的关键。认知的改变不仅仅是信息量的增加而造成的,而且还源于概念重组的过程。来自许多领域的研究发现早期认知能力与学习相关。这些关键发现有:

- "特惠领域":儿童主动地了解他们的世界。在有些领域,诸如语言(最明显)、生物和物质因果关系以及数字,儿童似乎有学习的偏爱。
- 儿童是无知的,但并不愚笨:儿童缺乏知识,但他们具有利用他们理解的知识进行推理的能力。
- 儿童是问题的解决者,因好奇产生疑惑和问题:儿童试图解决他们所面临的问题,他们也寻求新的挑战。他们坚持不懈,因为成功和理解是自我激励的。
- 儿童很早就发展他们自己的学习能力——元认知。这种元认知能力使他们能够计划和监控成功的学习,以及修正错误(如有必要)。
- 儿童天生的学习能力需要加以引导:儿童的早期能力有赖于催化和调教。成人在激发儿童的好奇心和增强儿童的坚持性方面起着关键的作用,其做法是引导儿童的注意力、组织儿童的经验、支持儿童学习的努力、调整信息的复杂程度和难度。

神经认知研究提供了有利的证据,即学习会对大脑的发展与成熟产生影响,能改变大脑的结构。例如,当小鼠与刺激性的物质环境和交互性的社会群体保持直接接触时,小鼠大脑皮层的重量和厚度会改变。神经细胞自身的结构也随之发生变化:在有些条件下,向神经元提供支撑的细胞和向神经元提供血液的毛细血管也可能发生改变。学习特定任务似乎可以改变与这个任务相对应的大脑特定区域。例如,人的大脑功能重组已经在聋哑人的语言功能方面获得证实,在康复的中风病人身上得到反映,在先天盲人的视觉皮层上得以展示。这些研究发现表明大脑是一个动态的器官,其构造在很大程度上取决于个人的体验和所为。

学习的迁移

学校教育的主要目标是让学生为灵活地适应新问题和新情境做好准备。学生们将所学的知识迁移到新情境的能力是判断学习的适应性和灵活性的重要指标;了解学生的迁移程度有助于教育工作者评估和改进他们的教学。当衡量学习的唯一标准就是识记具体传授的事实知识时,许多教学方法看起来是相同的。当我们评估学生将所学的知识迁移到新问题和新情境的程度时,教学的差异就变得明显多了。我们可以从各种层面来考查迁移,包括从一组概念到另外一组概念的迁移、从一门学科到另一门学科的迁移、从一个学年到另一学年的迁移,以及跨越不同学校间和不同校外日常活动间的迁移。

人们将所学知识进行迁移的能力取决于如下因素:

- 人们必须达到足以支撑迁移的初始学习的一个最低限度。这一观点显而易见但又常常被人忽视,它可以导致人们对各种教学方法的效度做出错误的判断。学习复杂的学科知识需要时间,对迁移的评价必须考虑最初的理解性学习所达到的程度。
- 把更多的时间用于("花在任务上")学习并不足以确保学习的有效性。实践和熟悉学科知识要花费时间,但最重要的是人们在学习时如何利用他们的时间。例如"有准备的实践"概念强调了帮助学生调控他们自己学习的重要性,这样学生可以寻找反馈,并积极地评价他们的学习策略和当前的理解水平。这些活动完全不同于简单的阅读和反复阅读课文。
- 比起记忆课文或课堂的信息来说,理解性学习更能促进迁移。许多课堂活动重记忆轻理解性学习。同样,许多课堂活动关注事实与细节,而忽视事件的原因与结果这类更大的主题。如果考试只是测试识记方面,这些教学方法的缺点不会太明显,但是当测试学习的迁移能力时,理解性学习的优势就可能显现出来。
- 在多元情境而非单一情境中学到的知识更有利于灵活的迁移。当学习特定情境的范例,信息便会"受制于情境"。当知识在多元情境中呈现时,人们更能汲取概念的相关特征,也更能灵活地表征适应面广的知识。
- 如果学生学会从练习中提取潜在的主题和原理,那么他们便可以根据时间、地点、原因和方法灵活地应用他们的知识来解决新问题。理解知识应用的方式和时间——这叫做应用的条件——它是专业知识的一个重要特征。在多元情境中学习尤其能够影响这种迁移。
- 学习的迁移是一个积极的过程。学习和迁移不应该用仅有的一次迁移测试来进行评价。另一种方法是把评价放在学习对后继学习的影响上,例如在一个新领域,学习速度加快了。通常,在人们有机会学习新领域后,正迁移的迹象才开始出现,然后迁移发生了,这显然表现在学习者以更快的速度掌握新信息的能力上。

- 所有的学习都包括来自以往经验的迁移。即使是最初的学习也包括基于以往经验和先前知识的迁移。迁移不能简单归结为:在最初的学习发生后就会出现或可能不出现的事情。例如,与一个特定的学习任务有关的知识不会自动地被学习者激活,可能不会成为学习新信息的正迁移的一个来源。有效教师努力支持正迁移,他们的方法是主动指出学生带到学习环境中的优势,依据这些优势进行教学,从而在学生的已有知识和老师制定的学习目标之间建立联系的桥梁。

- 有时候人们带到新情境中的知识会阻碍后继的学习,因为它会把人的思维引向错误的方向。例如,儿童日常的以数数为基础的算术知识使他们很难理解有理数(分子的数目大于分母与分母的数目大于分子不是一回事);基于日常经验的假设使学生们难以理解物理概念(他们认为一块石头比一片叶子下落得快,是因为日常经验涉及到其他的变量,例如阻力,而它在物理学家研究的真空条件下是不存在的)。在这些情境下,教师必须帮助学生改变他们原有的概念,而不是简单地把错误概念作为进一步理解的基础,或者不把新学习的材料与当前的理解联系起来。

能力与专业表现

认知科学的研究有助于我们理解学习者学习时是如何建立知识基础的。学科领域的新手可以通过一系列的学习过程成长为那个领域的能人。理解知识的结构为帮助学习者有效地掌握知识基础提供了指导方法。以下八个因素影响着专业知识和能力表现的发展:

- 相关的知识可以帮助人们用便于记忆的方法来组织信息。
- 学习者不总是把他们拥有的知识与新的学习任务联系在一起,尽管它们之间存在这种潜在的关系。这种"不关联"对于理解可用的知识(这种知识是专家已建立的知识)与组织不良的知识(这种知识往往是"惰性知识")之间的差异有着重要的意义。
- 相关的知识有助于人们超越给定的信息,去思考问题的表征,去从事推理活动,去收集各种相关信息形成结论。
- 知识影响行为表现主要是通过影响人们对问题和情境的表征来实现的。对同一个问题的不同表征会使问题变得容易、困难,或者不可能解决。
- 专家们对复杂问题的表征靠的是组织良好的知识结构。专家们知道应用知识的条件,他们能够非常轻松地获取相关的知识。
- 不同领域的知识,例如科学、数学和历史,都有不同的组织特点。因此,要深入地把握某个领域,就必需了解这个学科的相关知识,以及了解该学科更宽泛的结构化知识。
- 有才能的学习者和问题解决者监控和调节他们自己的学习过程,必要时改变他们的学习策略。他们能够估计,并进行"教学预测"。
- 研究一般人的日常认知,能为我们提供有关日常环境中能力认知表现的有用信息。像专家们的工作一样,工具和社会规范有利于日常才能的形成,社会规范允许人们在特定的情境中完成任务,而人们常常不能在其他情境中完成这个任务。

小　结

每个人的学习是建立在理解、资源和兴趣之上的。学习一个主题并非是从无知开始,然后进行全新的学习。许多方式的学习需要转化已有的理解,当需要把某人的理解应用到新情境中时尤为如此。在帮助学习者理解、依据学习者的理解开展教学、纠正他们的错误概念,以及在学习过程中观察学习者和与他们交往方面,教师起着至关重要的作用。

学习者之间的互动和学习者与教师的互动的观念来自于对学习机制和促进理解的条件的概括。这个观念首先明确了:很多情境中都存在着学习。当学习者将他们所学的知识迁移到各种不同的新情境时,最有效的学习就发生了。这个学习观没有明确提出:儿童带着先前知识来到学校,有的先前知识促进学习,而有的先前知识阻碍学习。它对学校教育的影响是多方面的,其中最重要的就是教师必须正视儿童先前知识的多层次知识和观念(即儿童带着所有的不精确知识和错误概念来到学校)。

- 有效的理解和思考需要对任何学科中的组织性原理进行连贯的理解;对各门学科问题的基本特征的理解将促使学生更好地进行推理和解决问题;早期能力是后续学习的基础;自我调整的学习过程有助于学习者对自己进行自我监控和调

控学习。
- 学习的迁移及其广泛的应用最有可能在以下情况下发生：当学习者对所学材料有了结构化的、连贯的理解时；当迁移的情境与最初学习的结构相通时；当学习者掌握和实践了学科知识时；当学科领域交错在一起和学科领域共享认知要素时；当教学特别注意潜在的原理时；当教学明显地和直接地强调迁移时。
- 学习者的学习和理解通过以下方法得到促进：强调知识体系的结构性和连贯性（这些知识包括特定的事实和细节）；帮助学习者学习如何迁移他们的学习；帮助他们应用所学的知识。
- 对某一领域的深入理解，就必须了解该领域详细的事实性知识。专业知识的关键特征是对某个特定领域内的重要事实能够详细地、结构化地理解。教育必须使儿童充分掌握特定学科的详细知识，这样他们就有了在那些领域开展进一步探索的基础。
- 学习者的专业知识可以得到提升。体现专家身份的主要标志是：他在掌握某一学科内容上所花的时间。其次，某人对一个学科的了解越多，他就越容易学习其他知识。

教师与教学

我们所勾勒的人类学习和认知概貌强调了为深刻理解而开展学习。变革理解性学习所蕴含的主要思想对教学也有影响。

为深层学习而教

传统教育往往强调对课文的记忆和掌握。然而，对发展专业知识的研究表明，要达到深层理解仅凭普通的问题解决技能和大量的事实记忆是远远不够的。专业知识涉及到对概念、原理和探究过程等知识的精心组织。各门学科领域的组织方式不同，探究的方法也不一样。我们通过讨论历史、数学和科学三门学科领域的学习，来说明知识领域的结构是如何指导学习与教学的。

新教学方法的支持者通过让学生参与各种活动来建构学科领域的知识基础。这些方法包括一组事实和清晰定义的原理。教师的目标是培养学生对给定主题的理解，也帮助他们成为独立思考的问题解决者。达到这一目标的一种途径是告诉学生他们已经掌握了相关知识。在解决老师布置的各种难题时,学生理解了支配主题的原则。

例如,在低年级(一、二年级)学生的数学课上,以认知主导的教学通过开展许多课堂活动,让学生领悟数数和计算的原理,如让学生分配快餐以掌握分数、计算午餐以解决数数、计算出勤人数以体验部分与整体关系等。通过这些活动,教师有许多机会可以观察学生学会了什么以及他们如何解决问题,引入常见的错误概念以激发学生的思考,以及在学生有所准备的时候可以提出更高层次的问题供他们讨论。

对于高年级学生,基于模型的数学推理是一种有效的教学方法。这个方法是以建立物质模型开始的,后来发展到基于抽象符号系统的模型,例如代数方程式或基于几何的解决方案。基于模型的方法包括选择和探索模型的特点,然后应用这个模型来回答学生所关心的问题。这种重要的方法强调超越常规记忆的理解,它向学生提供了一种学习工具,使学生能够在旧方法无效时想出新的解决方案。

数学教学的新方法使用了如下一些知识:学习包括对新情境的拓展性理解——迁移的一个指导原则(第三章);儿童带着早期的数学概念来到学校(第四章);学习者不会总是确认和回忆起相关的知识(第二、第三和第四章);通过鼓励学生尝试他们带到学校学习环境中的观念和策略来促进学习(第六章)。使用新教学方法的学生不是通过坐在课桌前、仅仅做计算题来学习数学的。相反,教师应该鼓励他们去探索他们自己的知识、发现解决问题的策略、与其他人讨论他们的解题策略有效或者无效的原因。

新的科学教学方法的一个关键方面是强调帮助学生克服根深蒂固的错误概念对学习的干扰。尤其在人们的物理知识中,凭个人经验和观察建构的先前知识(例如重的物体比轻的物体下落得快)显然会与新的学习内容发生冲突。不经意的观察对于解释一块石头比一片叶子下落得快的问题十分管用,但是它们会导致难以克服的错误概念。然而错误概念却是用新教学方法教学生科学思维的起点。通过探究学生的观念,帮助他们掌握解决观念冲突的方法,教师可以引导学生建构对科学概念的连贯把握和广泛理解。这种新教学方法和其他的教学方法是科学教学的重要突破。学生常常会在隐含着需要做出理解的测验中回答出基于事实的问题,但是当学生面对有关科学概念的问题时,错误概念便会暴露出来。

切克科恩法(Chèche Konnen)(海地克利奥尔语中的"探索知识")是小学生学习科学的一种新的教学范例。这种方法强调将学生的个人知识作为意义建构的基础。此外,这种方法还强调语言的特殊作用,学生可以使用自己的语言(而非英语进行)交流;

强调在培养技能(如何论证他们得出的科学证据)方面语言的作用;强调在共享信息和向他人学习时对话的作用;最后强调学科知识中特殊的、科学的语言(包括术语和定义)如何促进对概念的深入理解。

为深层理解而开展的历史教学已产生了一些新的教学方法,这些教学方法认为学生需要学习历史学家把历史事件和他的思维图示连接为叙述故事所作的假设。这种加工包括把历史看作是一段历史而非历史本身的学习。引导历史学习的一个核心概念是如何从能够列举出的所有事实中挑选出重要的事实。"确定历史重要性的规则"成为了用一种创新的历史教学方法开展课堂讨论的一个亮点。通过这个过程,学生们学会理解历史的解释性特征和把历史理解为知识的一个证据形式。这种教学方法反对把历史描述成需要学生记忆的大量固定的名字和日期。与切克科恩科学学习的范例一样,掌握历史分析的概念、建立一个有根据的基础以及对证据进行辩驳都成为了学生随身携带的历史工具箱中的工具,用来分析和解决问题。

专家教师

专家教师了解他们所教学科中的知识结构。这种知识向他们提供了引导学生完成给定作业的认知路标,用以评定学生进步的评价方法以及教室里以问答形式提出的问题。专家教师对学生特别难以掌握和容易掌握的学科知识领域是敏感的:他们了解可能阻碍学习的概念屏障,所以他们会密切关注这些学生错误概念所暴露的症状。以这种方式,学生的先前知识和教师的学科知识都成为了学习者成长的关键组成部分。

学科专业知识需要精心组织的知识概念和探索过程。同样,教学研究得出结论,即专业知识不仅仅是由能应用到各门学科的一般方法组成的。这两组基于研究的发现同常见的错误概念(即为设计有效的学生学习环境,教师所需要了解的知识)相矛盾。学科知识和教学法知识对于专家教学都是重要的,这是因为这些知识领域具有独特的结构和相应的探索方法。

资深的教师和学生一起评价自己的教学效果。他们反思课堂上发生的一切并对他们的教学计划做出相应的调整。教学不是一个抽象的或深奥的活动,对于专业发展来说,教学是一个经过严格训练的、系统的方法。通过教师独自地或与其他有批判意识的同事一起对自己的教学实践进行反思和评价,他们逐渐掌握了改进教学实践的方法,正如通过反馈来学习一样。

小 结

- 教师需要学科专业知识,也需要教学专业知识。
- 教师需要了解知识理论(认识论),这些理论可以指导他们所教的学科。
- 教师需要把教育学理解为反映学习原理的智力学科,包括学习者的文化观念和个性如何影响学习的知识。
- 教师是学习者,学习原理和学生学习的迁移同样适用于教师。
- 教师需要有机会学习儿童认知发展和儿童思维发展的理论(儿童的认识论),以便了解教学实践如何依赖于学习者的先前知识。
- 教师需要建立他们自己的基于终身学习的专业发展模式,而不是基于一个"更新的"学习模式,以便拥有指导他们职业规划的框架。

学习环境

技术工具

技术已成为教育中的一个重要工具。基于计算机的技术在增加知识的获取渠道和促进学习的手段方面大有前途。公众的想象力已经被信息技术聚集和组织大量知识的能力所折服;人们对信息网络(例如因特网)将全球学生连接起来形成学习者共同体的前景感到兴奋不已。

技术在创建有效学习环境方面有五种迎接挑战的途径:

- 通过使用录像、演示、模拟和与具体的数据、实践科学家进行因特网连接,把真实世界的问题带入课堂。
- 提供"支架"支持,可以拓展学习者在通向理解路途上所做的实践和推理。支架允许学习者参与复杂的认知活动,例如科学直观性学习和基于模型的学习。如果没有技术支持,这是很难或者是不可能做到的。
- 学习者有更多的机会获得来自软件导师、教师和同伴的反馈;反思他们自己学习的过程;接受循序渐进式的指导,提高其学习和推理水平。
- 创建包括教师、管理者、学生、家长和其他有兴趣的学习者在内的本地共同体和全球共同体。
- 扩大教师学习的机会。

新技术的一个重要功能是作为表征的工具。表征性思维对于深层理解是重要的,问题表征是区分学科专家与学科新手的众多技能之一。许多工具也具有为学习者(学生和教师)的学习和迁移提供多重情境和机会的潜力。技术可以用作学习和问题解决的工具,促进独立学习,以及学习者与实践工作者之间的网络合作。

在课堂里使用新技术,或者使用任何学习辅助工具,绝非仅仅是技术的问题。新型电子技术,像任何其他教育资源一样,需要在社会化的环境中使用,因此,它们在学生间和学生与教师间的交流中起到中介作用。

开发和使用教育软件需要对学习和发展心理学原理有充分的理解。当人们开始思考如何培训教师有效地使用新技术时,许多新问题产生了:教师们需要了解哪些有关学习过程和技术的知识?哪种培训对于帮助教师使用高质量的教学程序是最有效的?理解影响教师使用新技术的问题与理解技术对儿童的学习潜力和适当性问题一样紧迫。

支持学习的评价

评价和反馈对于帮助人们学习是至关重要的。与学习和理解原理相一致的评价应该:

- 反映出优良的教学;
- 持续地进行,但不能中断,并作为教学的组成部分;
- (向教师、学生和家长)提供有关学生所达到的理解程度的信息。

评价应该反映出学生思维的品质和他们已学习的特定内容。为达到这个目的,学业测评应该考虑绩效认知理论(cognitive theories of performance)。例如,在评价科学学科学业成绩中,把认知和情境融合在一起的框架描述了学生的绩效表现,它是根据学科的内容和过程任务需求以及在特定的评价情境中可能观察到的认知活动的特征和范围来描述的。这个框架为研究旨在测评学生推理、理解和综合问题解决能力的绩效评估提供了基础。

一个评价的性质和目标也会影响学生所参与的特定认知活动。有些评价任务强调某种特殊的绩效表现(如做出解释),但它不重视绩效的其他方面(如自我监控)。评价什么样的学科内容和任务的过程需求,就会在评价情境中观察到什么样的认知活动类型和质量。同样,对过程技能的任务要求可以理解为一个从限制到开放的连续体。在开放的情境中,明确的指导会被降至最低程度,以便了解学生在他们解决问题的过程中是如何形成和运用适当的过程技能的。根据能力的组成部分和学科的内容、过程需求来描述评价的特征将为评价的目标带来具体、特殊的要素,例如"高水平思维"和"深入理解"。这种方法把特定的学科内容与基本的认知过程和教师心目中的绩效目标联系在一起。随着目标的确立和对任务特征与认知活动之间的一致性的理解,学科内容和任务的过程需求也要求与绩效目标相一致。

有效教师注意到在日常课堂学习情境中的评价机会。他们不断地试图了解学生的思维和理解,并使之与当前的学习任务相关。在在线调控课堂小组活动和个人行为表现方面,教师们做了大量的工作,他们试图把当前的活动与课程的其他部分联系起来,与学生的日常生活经验联系起来。

不同年级的学生,尤其是那些随年级递增而取得进步的学生,都把精力集中在课程的考试内容上。事实上,至少在获得好成绩的意义上,成为一个好学生的本领与预测考查内容的能力连接在一起,这就意味着考试内容对引导学生的学习有极大的影响。如果教师强调理解的重要性,但却考查学生对事实和过程的记忆,那么学生真正关注的是后者。许多由教师建立的评价过分强调对过程和事实的记忆;相反,专家教师把评价实践与深层理解的教学目标相匹配。

学习与社区连接

在正规学校环境之外,儿童参与到许多能够促进它们学习的机构中。对于这样一些机构,促进学习是他们目标的组成部分,这些校外项目有男女童子军、4—H俱乐部(译者注:4—H指的是以H开头的四个英语单词,Head, Heart, Hand, and Health。4—H俱乐部即"四健会"——青少年组织,由美国农业部支持赞助并对农村青少年提供农业和家政等方面的科学技术教育,其提出四个目标:健全头脑、内心、双手以及促进健康成长)、博物馆和宗教教育。在其他机构或活动中,学习更随意,但是学习确实发生了。这些学习经验对儿童和成人的生活来说,是极其重要的,因为他们融入到构成他们日常活动的文化和社会结构中。下面所提到的校外学习机构的重要性的观点,不应该用来削弱学校的核心作用,也不应该由此而否定在学校里能够最有效地传授的那类信息。

学习的一个关键环境是家庭。在美国,许多家庭为孩子制定一个学习计划,并在社区中寻找让他们的孩子获得技能、思想和信息的机会。即使当家庭成员无意关注教学功能时,他们还是通过家庭活动为孩子学习提供与校内外观念相关的资源,通过家庭和社区提供丰富的知识,让他们体验到家庭成员对学校教育所传授的技能和价值的态度。

家庭作为一个学习环境,最适合儿童的早期发展,这一观点为学校的改革提供了启示和指导。从出生到四五岁,儿童的快速成长通常由家庭的交流来支撑,在家庭交流中儿童通过观察和与其他人的相互作用,在共同参与的努力中学习。围绕着共同感兴趣的事件,与可信赖的、老练的成人和同伴间的交谈和相互影响是一种特别有效的学习环境。许多对学校改革的建议可以看作家庭学习活动的拓展。此外,把家庭纳入到课堂活动和教育计划的建议,有望把这两个支持儿童学习的强大系统融合在一起。

与那些对所从事的工作感兴趣的家长和社区成员交流可以对课堂环境产生积极的影响。当教师和学生愿意与来自校外的人士讨论他们的项目和项目安排时,他们更容易形成社群感。校外人士可以帮助学生了解教室环境与每天的生活环境之间的相似性和相异性;并通过列举和说明他们所掌握的知识的许多应用情景,使这些经验促进学习的迁移。

家长和公司领导代表着对学生学习产生重要影响的校外人士。广泛地参与基于学校的学习不是偶尔为之。它需要有明确的目标、进度表,以及相关的课程,这些课程为成人帮助孩子学习提供了方法指导。

小 结

设计有效的学习环境包括考虑学习的目标和学生的目标。这一对比强调了一个事实,即要达到学习的目标有各种手段,此外,学生的目标会随着时间而改变。当目标已经改变时,针对有效学习的研究基础和学生使用的工具也会改变。这些年来学生人数已发生了变化。考虑到学生人数、技术工具和社会需求已发生了诸多变化,为了满足强调儿童中心、文化敏感性的新型教学方法的需要,不同的课程就应运而生,其目标是促进有效学习和适应性(迁移)。教师需要应对众多的挑战,这种需求表明了评价为什么需要成为一种有助于教师确定学生是否达标的工具。评价可以指导教师调整他们的教学,以适合个别学生的学习需要,评价也间接地告诉了家长孩子的进步。

- 支持性的学习环境是学生和教师可以操作的社会组织结构,它需要强调影响学习的课堂环境的特征;强调由教师创建的用于学习和反馈的环境;强调学生在校内或校外参与学习环境的范围。
- 与那些影响学习者的人接触交流能够对课堂环境产生积极的影响,特别是与家庭和社区成员就学校的学习目标进行交流。

- 新技术工具在许多方面都具有促进学习的潜力。技术工具正在营造一种新的学习环境,我们需要对这种环境进行谨慎的评估,包括评估利用技术来促进学习的方法、为了把工具与课堂实践整合成教师所需帮助的类型、为使用技术所必需的课堂结构的改变,以及使用新工具的认知结果、社会结果和学习结果。

第十一章 后续研究

本书的主要目的是要拓展原版《人是如何学习的》的内容,探究如何把对学习研究的发现应用到课堂实践中去。以下的研究议程包括对原版的建议以及关注研究与实践相结合的大范围的项目研究领域。

研究对实践的影响途径见图11.1。在有限的程度上,当教师和研究者合作设计实验或感兴趣的教师把研究得出来的观点应用到他们的课堂实践时,研究会直接影响到课堂实践。参见图11.1,这是研究与实践直接连接的唯一线路。更具有代表性的是,通过教育材料,通过职前和在职教师和管理人员的教育项目,通过国家、州、校区层面的政策,通过从传媒和自己在学校的体验而得来的对学习与教学的大众观念,使研究的观点得以过滤。这是中介图11.1中研究与实践联系的四个领域。大众包括教师(他们的观念受研究普及程度的影响),也包括父母(他们的学习与教学观念受课堂实践的影响)。

图11.1有几个方面值得注意。首先,研究四个中介领域的影响力——教育材料、职前和在职教师和管理者的教育项目、国家政策、舆论和媒介——因多种原因已经被削弱了。教育家并不指望研究能给他们带来什么指引。研究者所关心的是研究的效度和强度,他们也关注解释学习的基本概念。他们的观念与教育家的观念不同,教育家所关心的是在学生众多、时间有限、要求不同的真实课堂情景中如何应用这些观念。即使研究者所使用的语言也与教师的不一样。教师的时间表排得满满的,没有时间验证和拜读研究。这些因素导致教师表达这样的一种态度,即研究与他们所从事的工作没有多大的联系(Fleming, 1988)。如果对基于研究的学习和教学理论没有清晰的了解和沟通,不同利益相关者所持有的操作理论(operational theories)是不相容的。教师、管理者和父母之间在学习的本质及其对有效教学的启示方面的看法常常相左。

其次,教师与研究者在实验设计方面合作的例子相对较少,图11.1的这些标示研究和实践关系的箭头都是单向的。这反映了从业者很少有机会制定研究议程,并对形成

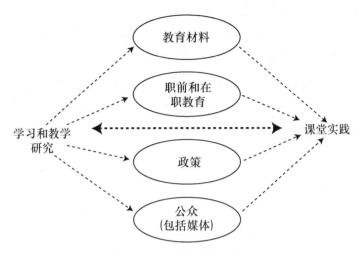

图 11.1 研究影响课堂实践的路径。

学习和教学的知识基础有所为。连接研究与实践的任务需要一个议程,让信息、观点、研究问题双向流动;需要一个议程,来巩固知识基础,强化知识基础与影响实践的每一个成分的连接。

唐纳德·斯特罗克思(Donald Strokes)在他的《巴斯德的象限》(*Pasteur's Quadrant*,1997)一书中提出了连接理论与实践的潜在好处。他观察到许多科学的进步都是与探究解决实践问题的方法相联系的。巴斯德之所以出现在该书的标题上,这是因为他明白科学理解的重要性,同时又关注实践问题。这样的研究是"使用驱动"(use-inspired)的。正如巴斯德的例子所述,当进行这样的研究,并使之成为系统的、策略性的调查项目的一部分时,研究可以支持人们在最基础和基本的科学层面上的新理解。

斯特罗克思论点的中心主题是:作为从基础到应用序列的典型线性研究概念是对大多数研究特征的不准确描述,它极大地限制了人们对研究议程的想象力。他提出了两维空间象限,在此人们既要思考应用问题,又要探究基本的理解,这样就规定了各自的水平和垂直轴线。象限使研究的基础价值和应用价值得到提升。

从这一点来看,人们可以想象出,他们需要使用驱动的策略性研究和开发的综合性项目,其关注点在于改进课堂学习与教学的问题。事实上,学校和课堂是人们的关注点,促进学习和实践是理想的目标。在完善"人是如何学习的"的理论基础时,这些事实使研究项目显得尤为重要。确实,本书所描述的许多变革都是由使用驱动的研究与发展的结果,强调解决课堂实践问题。

值得注意的是,来自行为主义和社会科学的大批质性和量性研究方法也被运用到教育研究上。这些研究方法因学习本质、所研究的教学问题以及问题研究的精细程度而异。教育的问题是复杂的,在真实的情景中人们很难控制变量,因此这种"使用驱动"的研究必须运用不同的方法,包括个案研究的控制设计、得出结论和推论的分析法(包括质性和量性研究步骤)。要使研究与实践有效地连接,研究方法的多样性不仅是合理的,也是必备的。任何一种单一的研究方法都是不够的。

主 题

关注课堂学习与教学问题的使用驱动的策略性研究和开发,这是一种组织和判断以下所描述的具体项目领域的强有力方法。五个主题可作为我们的指引,来理解这种有效连接研究与实践所需的变革。其中三个主题指向有助于巩固研究与实践连接的知识。

1. 详细描述本书的观点和内容,使它们对教育者和政策制定者有用。

在前面章节中呈现的结果和发现以及它们的启示需要更加详细的描述,在它们对课堂的影响产生之前,首先使之与课程、教具和评价工具结合起来。如果目标是透彻理解和学习迁移,了解学科信息必须与相关概念相联系还是不够的,教师必须意识到具体概念与他们所教授的学科的密切相关。他们需要课程材料来支撑信息与概念的联系。同样,政策制定者需要具体知道如何把这里所提到的原则与州际标准联系起来。在这一意义上,议程的发展方面是关键。

2. 更加有效地交流本书的观点和内容,使每一个读者都能影响教育实践。

采用不同教学方法的教师以及支持不同教学模式的管理者和政策制定者,需要有机会了解所介绍的变革,需要理解变革的目的。研究的方法必须有效,即与教师、管理者和政策制定者交流这些观点和看法,他们中的每一个人都有不同的信息需要,不同的学习方法。同样,参与本研究的教师、管理者和政策制定者都强调,公众对教育的看法会影响他们的工作方式。他们建议,研究如何向公众交流本书的关键观点。

3. 把本书的原则作为一面镜子,来评价现有的教育实践和政策。

如前所述,许多现有的学校实践和政策与人们对学习的理解是不一致的。教育的前景由改革的努力、产生新观点和新教材的机构和中心所点缀。教育者、管理者和政策制定者在梳理已有的东西时急需帮助。他们想知道当前实践、训练项目和政策中的哪些与本书所提的原则相一致,哪些明显地违反了这些原则。

此外,参与这一研究的教育者强调,要把新观点介绍到每一个学校,而教师对任何新的改革尝试都优于原来的这种想法感到厌倦,表示怀疑。过分提升最新的观点常常会忽略现有实践的成功一面。确定这类实践将会给予长期参与理解教学的教师以支持。

这三个主题表明,研究与实践的有效连接需要一个学习与教学所建构的或长期积累的牢固知识基础。在图 11.1 中对概念进行了详细的描述,这一知识基础凸显在图 11.2 的中心位置。知识基础是由研究支持的,它是以容易存取和有效学习的方式组织、综合、理解和交流研究发现的。关注知识基础与模式的每一个成分之间的交流和信息连接增强了研究观点与实践结合的希望。

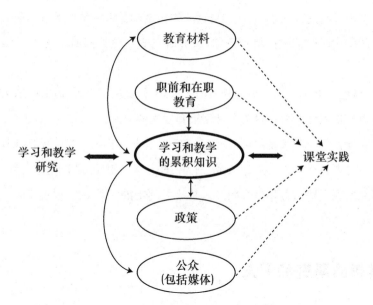

图 11.2　强化研究与实践联系的建议模式。

4. 以研究者的专业知识与从业者的智慧结合的形式进行研究。

连接研究与实践的工作重点是教师教育和职业发展、课程、教学和支持教学的评价工具、确定教学环境的政策。在这些领域中,从业者拥有大量的知识和经验。因此,重要的是让教育者和研究者合作参与这些研究项目。这种伙伴关系使教师的观点和知识得以开发,使他们关注课堂环境状态和需要的研究。由于这种伙伴关系对许多研究者来说还很陌生,因此需要开发一些范例和指导原则,使研究团队伙伴关系的项目和行动获得成功。

5. 通过扩大课堂实践研究,来拓展学习研究的前沿。

正如前面对斯特罗克思的研究的讨论所示,研究始于对发生在课堂中的学习观察,会以重要和有用的方式推进学习科学的理解。

后两个建议表明,研究与实践的连接应该是双向的。研究者的智慧有助于从业者理解的形成,而从业者的智慧有助于研究议程和研究者智慧的形成。此外,每个领域与知识基础的联系都是双向流动的。把教材、教师教育、管理、国家政策、舆论与知识基础整合一起,这是正在并反复进行的研究的一部分,研究的主题是新观点的实施、教学方法以及交流形式等。

以下的议程指出,研究和开发有助于巩固知识基础,能够建构知识基础与影响实践的每一个领域间的双向联系。但是,这一知识基础是由一般性的学习研究和课堂实践所支撑的。建议议程包括附加研究,这些研究能强化人们对本书以外领域学习的理解。

最后,既然交流和获取知识是联系的关键,人们提出了一种新的建议,采用互动技术来促进源自研究和开发项目的各种结果和发现的交流。

在许多建议研究和开发的领域,研究工作已经在进行中。我们提到议程中所包括的内容并不是要忽略其他已经完成或进行中的研究。相反,议程是包容性的,目的是要表明研究发现需要综合和整合到知识基础中,它们的启示需要通过不断反复研究来测试。

教育材料的研究和开发

在本领域中建议研究和开发的目标是:以本书的发现为基础,详细描述这些发现,使之处于"就绪应用"状态,可供开发课程、教学和评价材料的人使用。其意图是完成三个内相关的目标:(1)确定符合以上章节建议的学习原则的教育材料,开发和检测需要领域的新材料;(2)把这里所描述的研究拓展到需要详细分析的课程、教学方法和评价等附加领域,通过这种方法推进知识基础;(3)通过各种技术(如,文本、电子数据库、互动网站)以适当的方式向教育材料设计者和教师交流本书内容。本节所描述的建议研究包括七个项目领域。

分析现有的实践

1. 分析符合本书所论述的原则的当前课程、教学方法和评价的样本。

建议设计具体原则的专家团队、教育学和认知科学研究者、教师分析广泛使用的课程样本，以及在理解性教学方面享有盛名的课程。预设的研究包括两个阶段，可在一个项目或序列项目中进行。

第一阶段：这些课程以及它们的教学方法和评价应该仔细评估，重点关注它们与这里提到的学习原则的一致性问题。分析包括课程内容的深度在多大程度上超过其宽度；提供掌握学科主要概念机会的效度；课程所提供探究学科前概念机会的程度；课程所提供的事实知识基础的分量；建构在课程中的形成性评价过程的程度；测试理解和能力迁移而非事实记忆的累积性评价的程度。

支持学习的特征应该突出并加以解释，冲突的特征也应如此。本研究报告应该完成两个目标：第一，确定与学习原则相符的课程成分例子、教学方法和评价。第二，提供支持或抵触学习原则的特征的阐述，阐述应该充分，能使报告作为教育领域选择和使用教学与评价工具的人的学习设备。这样，在思考新课程和评价时，就可以作为参照文件。

第二阶段：前景看好的课程在实践中应用之前应该进行评价，以决定它们的有效性。在论文中高度评价的课程也许对教师来说很难使用，或在课堂实践中不能达到课程设计的理解水平。对学生成绩的测量是核心阶段。成绩不仅仅反映学生对事实知识的掌握，而且反映学生对学科概念的理解以及把这些概念运用到新的、相关材料上去的能力。如果现有的评价不能测量概念的理解和知识的迁移，那么本阶段就需要改进和测试这些测量。除了学业分数之外，来自使用这些材料的教师和课程主管的反馈为第二阶段提供附加的输入。

课程的分析可在几个层面进行：课程单元层面，需要几周的教学时间；一学期和一学年的单元序列层面；多年级层面，使学生有机会在几年的时间里不断加深理解。

课程分析不应该仅限于印刷的材料。作为它的一个子集，应该进行多媒体课程分析。学校计算机数目正在迅速增加，学校要用这些设备来支撑学习，就必须确定能够提升课堂教学和任务的基于计算机的项目。

- 确定与理解学习原则一致的技术项目或基于计算机的课程。确定的项目应该超越事实信息的堆积或只是以娱乐的方式提供信息。这种研究应该探究如何把项目作为工具来支撑研究单元中的知识建构，以及如何才能进一步提升对单元的主要概念的理解。研究也应该探究如何为项目学习以及对在课堂情景中使用项目给予支持两个方面提供足够的机会。
- 通过实验研究项目对成绩和其他期望结果的特殊贡献,评估作为与教授/学习工具相一致的项目。
- 研究计算机项目,这些项目似乎是有效的教学设备,但与学习原则并非明显一致。

通过开发和测验新的教育材料来拓展知识基础

2. 在课程开发薄弱领域,设计和评价新课程,提供评估工具,教授和测量深层理解。

作为项目1的一种拓展,或在某些情况下作为一种替代,应该对反映学习原则的新课程和评估材料的开发和评价进行研究。这种开发应该由学科专家、认知科学研究者、课程开发者和专家教师来完成。理想的是,这一范畴的研究始于原有的课程,并进行必要的修改,使之更好地反映主要的学习原则。然而,在某种情况下,特殊学科的范例课程也许不存在,因此需要团队创造出来。这种研究和开发要与国家科学基金所进行的努力协调,确保研究的互补性而非重复性。

课程设计应该是支持理解性学习。它们大致强调课程的深度超过宽度。这些设计应该让学生参与原创理解,促进他们在一般概念框架的情景中建构事实知识基础,鼓励他们发展元认知技能。

课程的教师手册应该包括"元指导"(meta-guide),即解释它与学习原则的联系,反映与课程相关的教育学内容知识,有利于教师灵活使用课程。指导包括对原有知识的讨论(包括典型的前概念),对要求学生达到的能力的讨论,也包括进行形成性评价的方法的讨论。如果使用课程的教师没有得到充分的支持,潜在的优秀课程也会失败。尽管教学指导不能替代教师培训,元指导作为一种补充应该是全面的以及教师容易掌握使用的。最后,对学习和迁移的形成性累积性测试也应该提出。

一旦开发,应该进行课程实施的现场试验,以收集学生学习和教师满意度的数据,确定要改进的地方。显然,短单元的现场试验要比长单元的容易实施。不同的研究小组研究不同年龄层的相同话题(如,小学、初中、高中的代数),这样他们就可以探究每一部分是如何形成一个连贯的整体。

再者,应该特别关注评价学习的标准,这种学习是由材料以及连带教育支撑的。

应该通过测试概念的理解和把学习迁移到新的相关领域的能力来确定学生的学业成绩。

3. 进行形成性评价的研究。

建议对形成性评价进行不同的研究。本书以及以上的建议强调,重要的是经常给学生评价、反馈、修改的机会,以及教导学生参与自我评价,通过这些方法使学生的思维可视化。但是如何才能有效地做到这一点的知识基础还是非常薄弱的。为了促进形成性评价的理解,使之能够更有效地进入课程,本研究应该:

- 制定形成性评价的原则,促进连贯的、组织良好的知识的开发。这些评价的目的是增进理解而非对过程和事实的记忆。
- 试验拓展学生和教师形成性评价和自我评价观点的途径,并把评价作为提供能够增长有用信息的机会,而非把评价看成测量成功或失败的结果。
- 探究新技术的潜能,提供实用、有效且容易掌握的方式把形成性评价整合到教学中去。

这种研究也应该考虑形成性评价和累积性评价的关系。如果学习的目标是为了获得深层的理解,那么形成性评价应该确定达到目标的问题和进展,而累积性评价应该测量达到目标的成功水平。显然,它们的过程相同而阶段有别,应该通过设计和目的把它们紧密联系。

4. 为 K-12 教育体系中广泛教授的普通课程单元,开发和评价录像示范课。

在美国,许多课程和单元学习几乎都是以传授的方式教给学生的。例如,科学课中的雨带、物理课中的地心引力、历史课中的内战和英语课中的麦克白(莎士比亚悲剧《麦克白》主人公)。应该选择相同教学话题的例子来说明与本书发现相容的教学方法。这种研究和开发应该由学科专家、教育学专家、老教师、录像专家团队参与。由委员会构想的示范课应该:

- 阐明一种获得和研究学生前概念以及评估理解能力提高的方法。
- 呈现理解和组织新材料的概念框架。
- 提供明确的机会把知识迁移到相关的领域。
- 提供元认知技能使用方面的指导。
- 包括在培养理解力方面共同使用的例子,阐明获得课堂共享专业知识的本质(和潜在优点)。

示范单元要有前言和大量注释,以指导读者的理解。注释包括学科内容和教学技巧。应该开发配套的评价工具,以测量学生对课程中所教授的核心概念的理解。建议在不同学校情景中教授同一单元时采用多元模式。首先,录像模式的目标是要体现大众化的有效教学途径,而非仅仅局限于具体单元的教学。这种学习更有可能发生在允许采用不同形式教授课文的多元例子中,使有效教学的重要原则保持不变。

其次,课程状态和学生的准备水平在不同的学校差别很大。教师很难在一个与他或她所教授班级不同的录像课里发现相关的教学。最后,教学艺术要求教师在回应学生询问和反应时要有灵活性。许多例子可以展示教师对具体学生作出反应时的灵活性。

提供多元模式是否真的能够达到目的,这还是一个值得探究的问题。这种研究应该测试所提供的每一个附加模式在理解关键学习和教学概念层面上的效果,以及测试使观众取得弹性理解的模式间的变化程度。

一旦课程的实验版设计出来,就要进行严格的现场试验(研究项目包括修改和再试验的时间)。作为国家职业教学标准机构(National Board for Professional Teaching Standards)培训和评价发展过程的一部分,录像材料已经开发和使用,我们应该把这些材料看作进一步研究这一过程的可能的候选材料。

示范课应该以大众能广泛接触的电视录像形式和多媒体图书馆形式组织,其目的是:

- 可以把课作为职前和在职教师和管理者讨论的锚,因为他们设法理解和掌握伴随本书所述的新学习形式的教学法。
- 在管理培训项目中,课要有教育性。负责招聘和评价教师的学校管理者需要好的实践模式,让他们熟悉评价。
- 加上一些已修改的注释,课能够让家长了解促进理解性学习的教学技巧。如果新方法与家长对学习过程的感知背道而驰,那么改变课堂教学就是有问题的。示范课有助于家长了解所支持的教学方法的教学目的。

5. 通过小范围的研究和大范围的评价,拓宽评价研究,以确定目标、设想、课堂中技术的应用以及这些应用与学习原则和学习迁移之间的匹配或不匹配性。

因为许多基于计算机的技术相对课堂来说还很陌生,使用这些工具来学习的基本前提需要根据本书所描述的学习原则进行分析研究。

通过对主要研究发现的详细阐述和开发,拓宽知识基础

6. 对 K-12 教育中教授的学科单元的主要概念框架进行研究。

在本书所分析的研究中,有一个主要的发现:深层理解——迁移学习是它的特征之一——需要教授的学科要与理解学科所使用的关键概念和组织原则相联系。某一主题的教学目标不仅仅是传递事实信息,尽管信息是必要的成分。与学科基本概念相关的信息意义、与回答"你怎么知道"问题相关的分析方法、学科领域中的术语都是能力发展的成分。

为了便于举例说明,让我们分析小学低年级所教授的海洋哺乳动物的话题。这一单元可能包括对不同海洋哺乳动物的辨认、有关海洋哺乳动物与鱼类的区别特征的信息、或有关鲸鱼的不同类型和大小以及雄鲸鱼与雌鲸鱼体型的详细信息等等。对海洋生物学家来说,这些信息是更长的故事的有趣细节,以这样的问题开始:"为什么海洋有哺乳动物?"围绕这一问题所组织的单元把学生吸引到进化故事上,把海洋动物适应陆地生活作为跌宕起伏的故事:现在陆地哺乳动物适应海洋生活。生物学中的核心概念"适应性"和"物竞天择"成了故事的中心。学生可以理解使科学家困惑不解的海洋哺乳动物难题:海洋动物是否能够进化成生活在陆地的哺乳动物,然后再进化成生活在海洋的哺乳动物?他们会理解科学圈子里的争论以及发现有关证据。他们会挑战那种广为流传的误解,即进化是一个单向的过程。

把海洋哺乳动物的信息与在科学的这一分支里的概念、语言以及认识方法联系起来的方法可以运用到其他科学领域、其他学科。但是,为具体学科提供框架的概念和组织原则只是容易被学科专家理解。学科取向的研究应该在历史、数学、自然科学和社会科学中进行,系统分析在 K-12 课程中出现的学习单元,指定单元应该结合的概念框架。这样做的结果是教师和课程开发专家可以观察到一般概念基础是否在不同的学习单元中存在。明确主要概念有助于学生建构促进迁移的理解模式。

值得一提的是,学科专家组评述每个学科的研究工作,目的是确定意见一致和引起争议的地方。在某种程度上,如果在一个学科中应用到课堂学习单元的组织结构高度一致,该研究的结果就会对设计和评价课程,以及教授课程的人非常有用。

7. 确定和强调学科领域的前概念。

本书所评述的研究证明,新学习是建构在对学习科目的原有知识和先入之见的基础上。引发先前的理解,就能促进学习。如果这些理解准确,新知识就可以直接与已知知识建立联系。如果这些理解准确,就要让学生意识到他们原有概念的不足,并为

他们提供更牢固的选择。教师和课程设计者能够把学习体验融入到课程中去,这种课程挑战传统的错误概念,引发和作用于无法预测的前概念。所建议的学科领域研究如下:

- 确定在不同的教育水平上学生带到课堂中去的一般前概念。
- 确定学习者现有的理解与学科知识可能存在的联系,如果它们相一致的话。
- 确定积累性学习的顺序,让学生建立学科生疏理解与成熟理解之间的联系。

分别进行数学、自然科学、社会科学和人类学的研究。研究小组由学科专家与认知科学家、专家教师和课程设计者组合。每一个学科领域的话题范围应该能够让学生探究该领域的主要概念,正如在K-12课程中所覆盖的课程话题一样。

在某些学科(如物理),确定错误概念的研究已经完成。该项目应该建立在这些错误概念的基础上,通过开发和测试前概念的策略加以拓展,为教师提供课堂教学的工具和技术。

该研究应该包括几个阶段:

- 第一阶段涉及学习领域和主要概念的确定,这些概念是学生了解每一个学科领域所必须理解的。测试学生对这些概念理解程度的评价工具,包括学生对支持新学习(迁移)的理解程度的测试,也在这一阶段开发。
- 第二阶段是对现有研究(这些研究探究学生带到学科领域的前概念)的评述,以及把研究扩展到没有充分涉足的领域。
- 第三阶段涉及学习机会的创设以及基于或挑战前概念的教学策略的开发。这些包括与原来理解不符的物理实验或历史研究的任务,这些任务从多维的角度来看待同一事件,挑战好人与坏人的旧框框。
- 第四阶段涉及对新开发的学习工具和教学策略的实验测试,以在第一阶段开发的评价工具为测量理解的工具。

每一学科领域的研究成果包括研究结果报告,以及对已经测试过的处理学生前概念的教学技术的描述。这些发现应用到录像示范课(见以上项目领域4),或者(项目领域15所提到的)实验室示范课上。

开发有效交流学习原则(即应用于教育材料设计的学习原则)的工具

8. 拓展交流平台,提供学科领域课程信息。

研究的参与者对选择和评价课程的任务感到十分困惑。课程信息的核心资源及其主要特征会受到高度评价。满足这种需要的方法是拓展与维护相互交流的平台,为有效的课程设计原则提供必要的信息,并把这些原则与学科领域中的具体课程相联系。以上课程评述与开发为创立平台奠定了坚实的信息基础。

比较和评价课程是一项艰巨的任务。好的课程需要平衡信息的覆盖面与探究概念的深度。但是不存在奇妙的平衡点。某个课程也许会提供探究有趣科学故事的机会,而另一课程为有价值的试验提供更多的机会。但是如果评价课程的难度意味着从比较和评价中完全退缩出来,那么那些必须选择课程的人所面临的信息就会减少。成千上万所学校和教师就必须承受更重的负担。

提倡采用一种综合的评价过程,课程不分等级排列,只是根据相关特征进行评价。本书所选择的包含这些特征的范例涉及由课程所引发的前概念的程度;课程是否包括嵌入评价(形成性和积累性评价),课程把信息放置到相关概念框架的程度;课程模块重新配置,使教师能够达到目标,满足需要的程度;促进元认知技能发展的程度。其他有关课程的有用信息包括实施现场测试的程度和结果、所用时间、采纳的学校或校区数、教师学习机会、使用课程的教师能够获得的支持度和种类。有关学生对课程的反应和兴趣的信息也非常有用。

在相关特征与本书所提到的原则的一致性方面,对课程的评价正在大规模进行。成功与否,这些评价需要反映来自不同领域专家的意见,包括学科老教师、学习和教育专家、课程开发者。使用发表这些意见的相互交流平台的人可以掂量一下,在指导课程选择方面哪些专业知识最有用。平台欢迎使用课程(这些信息导致他们作出选择)的经验反馈。交流平台使教师容易获取直接与他们的具体目标和需要相关的信息。

成功需要大批支持者和专家的支持,他们能够用本书所提到的这些原则来评价课程。

对职前和在职教育的研究

本节所提出的研究和开发设计要达到三个目标:(a)首先从本书的视角分析现有的实践,(b)通过教师的职前准备与学习原则的结合,提高他们的理解水平,(c)使本研究的发现更容易获得和理解。所提议的研究包括七个项目领域。

从本书的视角分析现有的实践

9. 分析与学习原则相结合的教师教育结构和实践。

结合学习原则的教师教育和职业发展项目（program）需要培养教师思考教学职业，把它建立在现有的知识基础和学生的前概念基础之上，教授一些能引发和作用于现有理解的技能，在深层理解目标上不断评价学生的进步。项目需要为学生提供开发自己对将要教授的学科的深层理解机会，培养学生把知识迁移到相关领域的能力。项目需要让教师意识到和直接教授元认知技能。项目需要传递作为学生的教师模范，不断开发弹性和适应性的专业知识。

这些是学校教育和职业发展应该教授的内容。在这些项目中，如果是根据这些原则去教授他们的话，学生的学习会更有效。因此，本书的原则和发现对学校教育如何运作有启发意义。那些学校有反映这里提到的学习原则的项目结构和实践吗？

建议评价研究应该从本书的角度分析学校教育当前的项目结构和实践。不仅仅是综合已知的教师培训项目，而且要进行新的评价。选择学校的样本应该反映宽泛项目模式（包括大学生和研究生项目设计），以及差异性大的入学人口统计（包括超过100所能提供教师认证书项目的高等院校）。本研究的目标基本上是描述性的：为了更好地理解与当前对学习、教学和专业知识发展理解相关的教师受训方式；当今教师教育项目的差别以及造成这种差别的因素。特别需要关注的是，与本书的原则相冲突的项目结构、课程内容、教学实践。建议研究也应该关注与学习原则相符的以及提高未来教师把原则运用于实践能力的教师教育项目特征。

10. 分析职业发展项目，结合学习原则，相对有效地改变教学实践。

教师的准备性很快就成为政策领域重点关注的问题之一。专业发展项目是有关法律制定者的重要政策工具。但是专业发展模式差异很大，而人们对明显改变教师行为表现和学生学业成就所需的数量和类型知之甚少。关于这些方面的现有研究需要拓展和建立。

建议专业发展的其他模式需要与学习原则联系起来进行评论。推进和违背原则的特征必须加以强调。研究应该检查专业发展培训的其他类型和数量在教师行为表现和学生学业成就上的效果。正如展望那样，研究可以：

- 界定少量专业发展的一般模式，包括个人工作坊、长时间的在职项目和大学课程。它们应该包括某一具体课程的培训和教学技能的培训。
- 评论那些项目特征是否支持学习，包括提供以下的机会：探究教师前概念，评价教师教学过程中所学习的东西,在课堂环境中应用所学的知识时教师提供反馈和不断接受支持。
- 界定教师知识和行为表现的测评,预计这些知识和表现会随学习机会的结果而发生变化。
- 界定学生学业成就的测评,预计这些学业成就会随教学变化的结果而发生变化。
- 估计培训量和类型对教师行为表现和学生学业成就的影响。

预计研究需要收集的主要数据。要取得成功,需要研究者与校区进行长期密切合作。在各州和校区都增加了职业发展费用,因此合作条件已经成熟。

这一研究的结果需要分别向三个团体进行详细描述,他们有可能发现这些东西有用:(a)提供专业发展项目的人,这些结果应作为反馈来改进他们的项目设计;(b)管理者和政策的制定者,这些结果应为评价专业发展项目提供指引;(c)研究者,这些结果应该详细报告以支持今后的元分析研究。

11. 探究涉及学校管理者的不同类型专业发展活动的功效。

在个别学校和校区层面的管理者有责任促进教师学习,评价教师的行为表现。如果他们要支持教师把学习原则应用到课堂教学实践,他们需要专业发展机会来理解学习原则以及在课堂环境中的行为规范。

建议研究确定培养管理者能力(即区分能够和不能够与人是如何学习的知识结合起来的教学实践能力)的专业发展数量和类型。研究应该超越这种努力,即确定某一具体的专业发展机会是否有效地改变管理者对教师行为表现的评价。应该变动这种培训的数量和培训所采用的模式(精细的工作坊、一年时间每月一次的讨论会等等)。应该在培训之前,在项目完成时以及在项目完成一年之后,测量管理者对教学的理解程度,以确定时间变化的影响以及前理念对后培训(post-training)行为表现的影响。

通过详细阐述和开发关键成果来拓展知识基础

12. 进行有关教师学习过程的前概念研究。

成年人和小孩都有前概念,这归咎到他们理解观点和现象的方式以及对所承担的任务所作的决定。因为,在思考和执行教学过程中,教师存在着差异,他们需要学习,而学习原则就可以起到指导的作用。因此,建议:
- 应该进行这样的研究,即探究教师以及将要成为教师的那些人的前概念和理念,确定现任教师和未来教师所使用的普通教学模式。
- 开发学习机会挑战有关人是如何学习的错误概念,支持根据学习研究开发的新模式。
- 评价那些改变理解和概念实践的学习机会的效度。

研究的结果应包括描述关于学习的一般前概念,研究前概念的测试技能,这些技能可以应用于学校教育课程和职业发展项目。

13. 在小学、中学和高中教授该学科所需的教育水平和类型方面,进行具体学科的研究。

本书清楚表明,要在任何学科进行有效的教学,教师必须把要教授的信息与该学科主要的组织原则联系起来。为了实现这一目标,必须给教师提供具体的学科培训,让他们能够深入了解那些原则。这种教学现在并非教师培训项目的一贯特征。

建议进行具体学科研究,研究内容知识培训的数量和类型,为了理解教学,教师在不同学校教育(小学、中学和高中)层面需要这些知识。提供这样培训的挑战是,给未来教师配备内容知识以及了解孩子在不同的发展阶段的学科领域思维。每一个方面都是学科领域进行有效教学的关键成分。根据这种双重要求,内容知识可以在学科课程中很好地获得,这些课程是服务于学科专业呢,还是服务于学校教育课程,或是强调对学科内容进行有效教学的联合课程?当内容和教学方法分别教授时,教师是否能够把两者相联系?当一起来完成时,是否对学科内容给予足够的关注?

进而建议具体学科研究团队评价用来评估教师内容知识和具体学科发展轨迹知识的现有工具,使建议得到充分的体现。

开发教师教育中有效交流学习原则的工具

14. 检查职业发展活动的功效。

大多数传统的正规教师职业发展的途径是与促进教师教学培训相对立的。

人们需要通过研究来确定不同类型的职业发展活动的功效,包括职前和在职研讨会、工作坊和暑期学校。研究应该包括职业活动,这些活动随时间而拓展,贯穿教师学习共同体,目的是要确定教师学习共同体发展的过程和机制。

15. 开发典型教学实验室。

在许多领域,科学原则必须应用于实践,实验室体验提供了应用一般和具体原则的实验机会。实验室的费用是正当的,因为实验室使质量不同的体验成为可能,当一个观点的界限可以测试,以及与实验室或基于领域的情景中发生联系时。

在学校教育中,为了培养学生学习人是如何学习的科学原则,实验室体验可以提供机会去测试原则,熟悉原则的界限,以及学习如何使原则变得可操作。建议开发导向性教学实验室。

参与这项研究的教师强调,首次课堂体验胜过一名教师,以至于在预备项目中所学的东西很快就被遗忘。学校的操作规范能够很快被用作生存的技能,不管这些规范与学习原则的分歧如何。实验体验可以提供实践的机会,以及观察和诊断事件的机会,这些事件可能在课堂情景中发生,可以使课堂过渡更加平缓,使基于学校的学习更容易向教师实践迁移。

正如展望的那样,实验室具有多种目的,最重要的目的就是提供教学实践。实验室需要与学生群体不断发展联系(如与当地学校或周六学习班发展伙伴关系)。这种关系是如何建立和维护的,我们应该给予密切的关注,为这样的实验室提供建议。充当实验室职员的专家教师给教师所上的课提供反馈和诊断意见。在这一过程中,可以通过录像把整个教学录制下来,也可以分析其他教师的录像教学。培训教师可以通过不断反复的反馈和修正来改进课堂教学。

实验室是帮助教师发展形成性评价技巧能力的理想场所。教师必须能够说明和分析学生的前概念,评估他们在理解上的进步。在有指导的教学下,实验室给他们提供发展这些技能的机会。

正如展望的那样,实验室不提供教学实习基地或充当职业发展学校。相反,它为初为人师的教师提供机会,让他们实验与教学实践相关的学习原则。目标不是去情景(decontextualize)的教学,而是营造这样的一个环境:课堂的直接需要不会妨碍教师对学习过程的反思或探究。可以为实验室设计练习,这些练习涉及与教学相关的认知科学发现:记忆、信息的组织、元认知策略的使用、支持和不支持迁移的知识检索。除了建构学习科学的深层理解外,这些机会要求教师像科学家那样思考,像科学家那样观察和反思学习。而就这些技能迁移到课堂的程度来看,继续学习和反思实践的目标得到很好的满足。

实验室也可以作为受训教师、共同体从业教师、学习科学研究者获取信息的场所。"记录材料"或诊断和理解材料可以存放在这里。这些材料包括示范课或单元(项目领域4),可以把它们融入诊断和理解能力的教学中去。它们也包括学生创造性的科学思维、见解、新手与专家的推理、迁移失败、负迁移、分布认知、在课堂中使用父母亲的知识储备、具体的和操作性的思维、因果关系的推理等。这些记录材料提供了教与学的生动例子和案例。（由第三届国际数学和科学研究项目制作的其他国家的教学录像课也可以随时提供。教师导向的课程项目根据学习原则开发课程评价体系，并把它们放到互动交流网上（如上项目领域8所述）让更多的人使用。）

技术中心也可以设在实验室里。支持课堂学习和基于技术的课程的计算机程序可以提供用于这一场所的探究。人们也可以探究连接教师和研究者共同体与网络的机会。从这些项目毕业的学生被派到学校，在那里他们教授一种与校外共同体联系的能力，这些共同体拥有许多校区没有的相关知识。

装备良好的实验室是职业发展活动和职前培训的有用资源。因此，实验室可以一年到头使用。

16. 开发在职教育的工具，促进本书所提到的学习原则交流。

为了把学习原则应用到课堂实践，从业教师是主要的观众，也是非常忙碌的观众。要面临的核心挑战是设计与教师有效进行交流的方法和途径。建议对本书为教师所提供的信息内容以及与课堂场景相关的例子进行研究和开发。这些信息内容应该以不同的形式（包括文本、录音带、录像带、CD-ROM和基于网络的资源）交流。

研究者应该设计和研究不同媒体在交流主要观点方面的有效性，以及教师对不同媒体和后续实践变化的满意度。这样的研究也应该关注材料的形式。例如，案例可以采用课本和讲座等经常使用的启发式教学方法。

教育政策研究

本书建议对教育进行更深远的改革。这对以下几点很有启发：课堂教学内容、教学方式、师生关系、评价内容和作用、对从事令人生畏的课堂教学教师的培训。然而，这并非是重新设计学校的蓝图。

设计该研究的政策制定者对这里提到的关键变革成分，以及相关的费用饶有兴趣。假如他们面临这一任务，这种关注是能够理解的。但是正如医生建议健康饮食、减少压力、运动、足够休息却不能说哪样对健康至关重要一样，研究者也不能确定哪些教育变革至关重要。体系的各个部分不能割裂，它们之间的相互作用对结果产生重要的影响。

正如运动要求没有单一的附属价值——运动可以是超越公园的跑步或在豪华的

网球俱乐部进行室内网球比赛——一样,理解性教学也没有明显的附加价值。小班比大班教学更容易引出和处理学生的观点和前概念,正如在运动俱乐部里运动比在恶劣的天气下户外运动更加容易。但是对不同的客户,医生尽可能把关注点放在提高一段时间的心跳率的原理上,而不是放在传授达到目的的方法上。同样,我们关注理解性教学的原则,承认在不同的学校教育场景中,这些原则的展示不尽相同。这并不是说要削弱我们确切知道的东西:理解性教学有清楚的目标,以及几个定义明确的成分(在第一章中有讨论)。

这里我们关注那些对达到目标有直接影响的政策。已经建议的许多研究有助于人们对政策的了解。例如,对职业发展项目的效度研究有助于政策制定者提出为此获取基金的要求。在政策制定者和参与这项研究的教育家的迫切要求下,提出了进一步研究的设想:评论国家层面的标准和评价,检查州一级和国家层面的教师资格要求。

在地方层面,要实施或推进改革有相当的难度。为了确定政策是否有利于或妨碍新教学实践的应用和推广,建议对成功实施改革的学校和校区进行案例研究。尽管我们不能展望蓝图,但是这些学校都有组织特征、运作政策或奖励机制,能够营造有利于变革的氛围。

所建议的研究在五个项目领域有描述。

州级标准和评价

17. 从本书的视角评论州级教育标准和测量要求的评价工具。

目前,49个州都有一套学校的教育标准,大部分州已有或正在开发评价工具,让校区对实施标准负有责任。标准在以下几个方面存在一定的差异:对所教内容的控制程度、要求的内容以及他们提示的学习模式。建议为以下目的从本书的视角评论一个州立标准的样本:

- 确定支持和违反学习原则的标准特征。
- 评价州立标准的满意特征与用来测量要求的评价工具的一致性。
- 评价支持和违反学习原则的评价特征。
- 确定支持有效教育目标和削弱目标的奖罚措施。

18. 进行学生学业成就测量方面的研究,以反映本书的原则以及能够被各州用来为绩效责任服务。

对学生学业成就的测试可以在不同的学校大范围均匀地实施,这些测试是政策制定者让学校承担责任的关键机制。本书对测量学生学业成就有着清晰的启示。例如，认为仅把对事实信息的记忆作为测量学生的深层理解或把学习迁移到新情景或问题作为能力的标示是不够的。

传统心理学和教育学测试是上世纪初能力和智力理论的产物。心理测量学在测量方面变得越来越复杂，然而它未能观察到大脑"黑盒子"里面的东西。既然更新的认知发展科学改变了我们对学习和专家知识发展的理解。测量理论与实践需要重新思考。传统的方法也有许多有价值的东西，包括对测量的客观性和信度的关注。问题是测量什么？

作为重新考虑教育测试过程的第一步，委员会建议设计和测试评价，目的是测量深层理解和事实知识的习得。这既是谨慎的开始也是一项具有挑战性的任务。为了对政策有用，这些评价应该以这种形式出现：实施面广，评分客观，符合效度和信度的标准。这些要求可能与深层理解的测量不一致，至少从当前技术水平来看。但是重要的是人们开始发现解决的办法来达到理解评价与客观评分之间的平衡。我们需要进行各种实验，如对新型标准化测试的实验（包括允许基于计算机的"虚拟"实验教学）和其他评价的实验（档案袋评价），这些在最近几年十分流行。

建议对不同的评价工具进行研究，以确定：

- 测量学生学业成就的其他评价是否可以产生完全不同的结果或高度相关的结果。
- 如何结合其他评价测量以提供学生学业成就的平衡观点。

19. 评述教学资格和重新获取资格的要求。

目前，50个州中的42个州把教师评价作为资格和认证过程的一部分。但是，各州在标准的使用和要求评价的数量和类型上存在着很大的差异。联邦政府还对高级资格评价过程提供支持，这是由国家职业教学标准理事会开发和管理的。建议对州的一个范例（范例的选择反映差异性）中的教师资格要求进行研究。具体关注当前在教师发展统一体中使用的评价类型，从初级证书到高级身份。这包括标准测试、开发中的基于行为表现的评价（州际新教师评价和支持协会）和全国委员会评价。应该努力确定：

- 与本书原则一致和对立的资格特征。
- 拥有数据的程度、资格与学生学习增加之间的关系。

如果恰当的话，这个项目也应该能提供改革资格过程的策略方面的建议，从而为理解性教学任务提供教师准备方面的信号。

研究地区层面上的政策

20. 进行成功扩大新课程应用方面的案例研究。

校区制定各种影响教师工作环境的政策。即使一门新课程的试行测试结果是正面的,也很难把该课程应用到该地区的其他学校,有时甚至是同一学校的其他班级。建议进行成功扩大课程应用方面的案例研究,以确定哪些地区层面和学校层面的政策有利于改革。案例研究应该包括教师认为阻碍改革的特征方面的信息:

- 教师在其工作日中有多少预定时间(不是课堂时间)能够用来反思、学习或与其他教师讨论?
- 采用新课程需要给教师提供多少培训?是否为那些在实施新课程期间遇到问题的教师不断提供支持?在实施的过程中是否对教师的成功进行评价?
- 学校内或外是否有共同体,能提供支持、反馈和教师间讨论的机会?现有的研究认为,作为校园文化的一部分,职业共同体的发展是学校成功重构以实施更富挑战性课程的决定因素(Elmore,1995;Elmore and Burney,1996)。这些研究应该关注把共同体组合在一起的特征。有没有关键的表演者?我们从这些成功中学到什么(即通过使用因特网工具促进教师加入学习共同体的机会)?
- 学校是否尝试让家长和其他共同体成员参与这场变革?

一些此类案例研究已经完成或正在进行中。扩大这一领域知识基础的尝试应该与综合研究结果的尝试结合,让对改革感兴趣的共同体更容易接触这些东西。

开发有效地向政策制定者交流本书原则的工具

21. 进行有效地向政策制定者交流研究结果的研究。

政策制定者不是按部就班地把研究看作是信息和观点的资源。在政策制定过程中存在着研究机遇之窗。研究这一问题的研究者认为,在危机期间,当面临新问题而政策制定者还没有做好充分准备时,或当问题陷入僵局时,机遇之窗很有可能向他们敞开。当机会到来时,必须向政策的制定者交流信息,以优化机会使他们能够从研究结果中学习。

建议进行以下研究:

- 评价教育政策制定者关于K-12教育目标和达到目标的策略的前概念。这些前概念与本书学习原则是否一致?
- 确定涉及政策制定者前概念的例子(如果这些前概念与研究人是如何学习的发现不一样的话),测试它们改变原有理解的效果。
- 确定交流的方法,这些方法有可能送达和传授给政策制定者。
- 比较其他途径的效度,包括简明的书面材料、个人接触、简报和研讨会。

该研究的成果应该是关于政策制定者有效学习的发现报告,以及能够用来向政策制定者交流的简明书面材料。

舆论和媒体

通过媒体向大众交流的信息能够在两个方面影响实践。一方面,公众意识到学习研究对课题实践启示的程度,教师、管理者和政策制定者得到更多对本书所提出的变革形式的支持。一方面,许多教师、管理者和政策制定者受大众媒体观点的影响。本书并不是一份众多教育家和政策制订者都能读到的文件。建议以更加通俗的形式呈现信息,使之更好地传到这些读者那里。

22. 为家长和公众撰写本书的通俗版本。

每个人都有学习过程的前概念和教育的有效方法。当我们规范小孩的行为,或给合作者提供指导或向朋友解释问题时,这些理论在日常生活中发挥作用。这些模式可能受到个人经验的影响。

这些基于经验的模式向课堂教学评价迁移会导致期望与研究得出的学习原则发生冲突。例如,习惯于直接法教育小孩的家长会对数学作业感到困惑,因为作业要求小孩找到五个两位数相加的方法,而不是指导小孩学习将这些数字纵向排列,依次相加这一纵列数字。重要的是,抓住问题,寻找解决办法,这种抓住问题的做法鲜为家长所知。

本书提出的许多概念和观点,可以让家长明白基于研究的学习模式,因而影响到家长判断课堂实践所使用的标准。但是这些观点写在报告里,这些报告并不是专门为家长而设计的。因此建议撰写本书的通俗版本。通俗版应该强调公众对学习的一般前概念。应该用多个例子来表达研究发现,这些例子与家长观察不同年龄层的小孩相关。应该帮助那些对理解和评价学校感兴趣的家长表达问题,作出决定。

应该以某种方式突出一些特别有效的例子以及它们对教学的启示,使他们更容易从文本中提取。在第一章提到的"鱼就是鱼"可以作为一个有效的例子。

在故事里,青蛙到陆地历险,回来后描述所看到的。倾听青蛙的描述,鱼把每一个描述都与鱼联系起来:把人想象为具有鱼的躯体,能直立行走的人等等。视觉图像反映了呈现新信息而没有考虑学习者现有概念的问题。这样的例子表明应让大众媒体向更多没有读到本书的公众传达这些重要的观点。

本书的通俗版应该成为一个研究的主题。项目的第二阶段应该涉及这样的研究:评价通俗版本是否能有效地向家长传达它的信息。

超出《人是如何学习的》范围

到目前为止,所提出的研究和发展议程主要关注如何把本书的观点与教育实践相结合。《人是如何学习的》是集体合作的结晶,为学习科学提供了基础。但是还需要许多工作来拓展这个基础。

23. 在认知、学习和教学上承担基础性研究项目。

本书表明,投入以下话题的研究已得到了回报:学习者原有知识在习得新信息方面起着重要的作用;学习具有可塑性和适应性;社会和文化情景在学习中非常重要;了解学习迁移的条件;学科的组织结构是如何影响学习的;时间、熟悉度和探究是如何影响学习的以及其他话题。这些领域已经产生了大量的研究发现,然而研究还没有完成。人们在先前的研究中已建构了框架;为了通过提炼原则来提升学习科学,现在还需要提供许多细节。

24. 在新的领域建立新的研究项目,包括技术、神经认知和中介学习的社会文化因素。需要研究学习与学习环境、教与学的相互关系。

该研究应该建立在以下领域的研究发现上:小孩在遇到新信息时是如何应用他们的能力的;早期的能力与后期的学校学习是如何联系的;支持知识支架的条件和经验;新技术工具(如,可视认知)是如何挑战表征体系的以及其他符号思维。

25. 进行新的评价研究,重点放在改进和实施形成性评价。

研究结论显示,教师需要各种支持和学习机会来使他们的课堂评价能够支持学习。需要回答的研究问题包括:教师是如何使用评价的?为了能够使用形成性评价来改进他们的教学,教师需要哪些技能?学习和采用革新的评价过程,教师需要哪些支持?

26. 探究科学学习的基础。

建议研究关注以下问题:

- 如何才能达到成功地展示研究性课程,使它们能够在许多不同的场景中由不同的教师指导实施?
- 哪些因素影响我们在真实的场景中把研究转化为有效的教学方法?
- 科学教育的策略能否用来改进其他学科领域的教学?
- 如何帮助学龄前的小孩发展表征结构,从而在早期和后期学校学习中建立桥梁而不是壕沟?
- 如何组织合作学习环境,来抵消社会成见,把多元化作为学习的积极资源?
- 哪些评价可以有效地测量新的科学学习?
- 在课堂中,建构主义课程特征是如何与其他社会因素相互作用的?
- 新技术是如何影响学校的行为表现的?

27. 强化学习科学的方法论。

与学习科学相关的研究领域很广,包括认知发展、认知科学、发展心理学、神经科学、人类学、社会心理学、社会学、跨文化研究、学科领域(如科学、数学、历史)学习研究和有效教学研究、教育学以及学习环境设计。我们需要评价学习的新技术,追踪学习的进步,而不仅是事实的积累。开发有效的研究方法对不同学科方向的研究尤其重要。学习研究方法的进步是分析这类不同的复杂数据的关键。

政府机构和研究基金会应该建立一些支持机制,来加强学习科学方法论的支持力度。这些机制应该包括:跨领域的合作、实习制、访问学者项目、对年轻学者进行多学科方法的培训,以及其他促进合作学习和开发新方法的步骤,这些方法能够导致学习科学的调查研究更加严谨。

我们也需要进行旨在开发新的测量和方法并使之标准化的研究。研究应该在不同的人群中进行和确认。应该开发新的统计技术来分析复杂的学习体系。我们也需要新的质性测量技术,这是一项新的研究,重点放在整合学习科学的质性和量化方法上。

28. 促进学习科学方面的合作。

本书强调影响学习者知识领域的宽度,以及跨学科合作研究所带来的巨大进步。这种合作是进一步促进学习科学发展的关键。建议政府机构和研究基金会明确支持在学习科学方面进行各种跨学科合作。这种合作也包括教师。

学习研究领域需要整合重点,把相关的领域结合在一起,进行跨学科合作。在这方面,需要机制来造就新一代的学习科学家,支持跨学科培训让学生和科学家一起工作。重要的是要拓展研究范围,使基础研究者和教育研究者一起研究基础的应用问题,推动教师和研究者的合作。通过共同的努力,在神经科学和认知科学领域已经取得了重要的进展,然而研究者在进行新研究之前必须学习每个学科的方法论和技能。为了促进这样的跨学科学习,需要实施直接培训项目。

建议建立鼓励合作的国家数据库,充分利用信息体系的新进展。不同学科的科学家应该联合起来,教师应该包括进这些虚拟的对话中。除了通过电子联系之外,科学家应该一起分享数据库,通过电子手段进入国家数据库。

把物理研究者与物理课教学联系起来的数据库,有能力把两部分人吸引到该领域的核心问题上。基础研究者的理解能力较差,不能理解为什么学习者未能掌握该领域的基础概念;教师常常未能发现核心概念之间的关系,如果从理论的视角来看能很好理解,这可能有利于教师。国家数据库能够促进跨学科合作和跨学科数据的使用;促进对跨数据可测试的问题进行广泛的探究;通过保持准确和统一的记录增加数据的质量以及通过分享研究数据促进经费的使用效率。加之,国家数据库是根据变化中的学校人数的代表样本建立起来的,存在着拓宽研究发现的范围和能力的潜能。

29. 研究成功的、创造性的教育实践。

有许多例外的教学个案,教育者常常不需要教育研究者的帮助也能创造革新和成功的课堂、项目、课程和教学技能。建议进行个案研究,探究成功教育实验中的学习原则。本书所提供的概念框架可以作为观察实践的镜头,这些案例研究挑战并丰富了学习科学。

该研究具有一些潜在的好处。它必须与可靠的理论革新结合,而那些革新常常是孤立存在的,不能用传统的方法评价,也不能解释其他的革新。这一研究有助于理解为什么要革新,也许会对此有所改进。此外,它会刺激研究者探究新的认知理论问题。在革新的课堂里,学生参与目前认知理论不能预测的各种形式和水平的学习。通过研究这些课堂和学习,研究者会修正他们的学习概念。

30. 研究合作学习在课堂中的潜在好处以及它对设计的挑战。

在课堂之外,大多数学习和问题解决是以个体与他人合作的形式发生的,个体咨询那些拥有技能和专业知识的人,使用周围环境中的资源和工具。可以在课堂中体现"分布认知"(distributed cognition)的优点,当学生合作解决问题或研究项目,相互交流观点,并通过表达意见和争论来形成自己的看法时(Vye et al., 1998),一些研究表明,小组解决问题要优于个人解决问题(如,Evans, 1989; Newstead and Evans, 1995),认知的发展变化可以在同伴的争论中产生(Goldman,1994;Habermas,1990;Kuhn,1991;Moshman,1995a,1995b;Salmon and Zeitz,1995;Youniss and Damon,1992),在互动中产生(Dinant and Bearison,1991;Kobayashi,1994)。由于这些原因,第一章描述了共同体中心的课堂,在这样的课堂中学生相互学习,受益良多。

但是,小组学习也会使学习退步,尤其是在低年级。社会成见和班级声誉可以决定谁是领头者,谁的观点应该受到尊重或置之不理。气质的差异可以产生领导者和追随者。小组学习能够增进每个成员对问题的理解,也可以掩盖部分缺乏理解的现象。

建议由认知科学家、发展心理学家、课程开发者和教师组成的团队研究课堂合作学习的潜在好处,以及必须强调的对所有学生都有利的问题。研究应该探究和现场测试其他设计策略。研究结果应该以学术研究的形式呈现,以及以讨论的形式向那些对课堂合作学习感兴趣的教师传达。

31. 研究认知能力和动机因素的相互作用。

大多数学习研究是在课堂外进行的。在课堂里,认知问题与学习动机问题常常纠缠在一起。当今世界的学习挑战要求人们从低年级就要进行训练学习解决问题。为了迎接挑战,学习者必须有较强的听课、完成作业和参与思考的动机。

认知心理学家长期以来一直强调学习与动机的关系,但是他们很少关注后者,尽管后者是教师所关心的问题。人们已经对动机进行了研究,但是没有形成大家普遍接受的理论,亦没有把已知的理论体系应用于教育实践(National Research Council,1999b)。

建议研究说明学生的兴趣、自觉性、自我调节、情感是如何与认知能力相互作用的。该研究应该把社会和发展心理学家与认知心理学家的努力结合起来,应该思考各种途径,如对部分学生个体进行个案研究,对教师的课堂教学实践进行研究,包括那些能提高一般学生学业成绩的教师和那些容易失败的教师的课堂教学实践。

32. 研究知识的组织和表征与学习这些知识的目的的关系。

认知科学的研究认为知识的组织因使用知识的不同而异。换言之,知识和记忆的结构以及提取知识的条件是与知识使用相适应的。同样,所谓理解指的是过程而非目的本身。如同没有完整的线路图,只有执行具体任务和回答具体问题的有用线路图一样,也不会有完美无缺的理解,只有或多或少对具体任务和问题有用的知识组织。

例如,对黄金概念的肤浅认识,足以区分金表和银表。但却不足把真金手表与用金色金属或合金制作的手表,或冒牌手表区分开来。

这种经验见解对教育组织、教师教育和课程开发具有深远的启示。建议通过研究加深人们对支持具体活动的知识组织的理解。例如，需要了解植物保护的生物知识（如知道什么时间、在哪里以及如何在不同的气候、土壤条件下种植）与遗传工程所需知识是有差别的。

当考虑到教师教授不同学科需要内容知识的本质时，这类问题尤其重要。例如，对中学数学教师最有用的知识可能不是来自于传统数学序列中的高级课程，尤其是如果这种课程是为数学和工程学生使用这些知识而设计的，他们用这些知识来解决那些学科研究活动的问题。相反，它是来自于把数学与涉及设计具体探究活动和其他任务的整合课程。

这些思考对课程设计也非常重要。研究调查可以产生更好的理解，指导我们的课程设计，这样学习者在一门课程的体验中学来的知识，可以在这类知识所使用的预期情景中很好地提取。例如，人们很少知道在哪类活动中受教育者——不是未来科学家——需要使用他们在科学课程中所学来的科学知识。

研究知识的交流

当人们思考研究对实践的影响方式的复杂性时，所研究的不同类型观众和他们相去甚远的需要是显而易见的。正如前面所提到的，本卷把学习原则应用到实践的方法给职前和在职教育、教育材料、政策和公众（包括媒体）提出了独特的问题。研究知识所经过的路径和必须为每个观众所做的转化是对交流设计提出的重大挑战。为了有效性，这些交流不能仅仅作为研究知识的分发。为每个观众翻译和解释这些知识已经成了整个议程的主题。在最后一节里，我们建议要使更多的人能够接触这些翻译。

33. 设计和评价容易获得积累知识基础的方法。

强烈需要合适的学习科学交流，以满足不同观众对出自于研究知识的需要。要使这样的对话能在研究共同体与那些不同的支持者之间进行，就需要进行基于网络的交流论坛的实验。

网络正在成为不同共同体活动的社交场所，不仅仅是供人浏览和下载信息的数字图书馆。目前拥有成千上万成员的电子共同体（electronic communities）能够分享信息并就广泛的话题进行讨论。需要使用学习科学方面的高质资源来活跃共同体的在线讨论，并听取有关如何使涉及学习科学的交流更好地满足那些使用这些成果的人的需要（Pea, 1999）。今天人们也许会发现更多的网站在为教育服务。但是，很少有网站为推进研究服务,更少的是网站没有提供教育材料、实践或政策方面的联系。

建议开发和不断改进国家交流论坛,交流学习与教学方面的研究知识。这种新的媒体交流论坛可以通过网络进入,提供说明性案例以及可用的信息,这些信息是有关本书所描述的研究和随后研究不断出现的新发现。在建立"虚拟地方"的在线方面,需要进行实验,把那些地方不同的小组聚集一起,反思如何使这些研究进展能用来改进教育和学习实践。这样的一个"改进学习的大门"(learning improvement portal)可以提供必须的国家资源,指导改进教育的研究。

小　结

这里提议的研究努力体现了研究共同体的力量与从课堂实践的智慧和挑战中获得的见解相结合的真诚努力。我们所建议的研究不是要表明,基础研究应该首先单独进行,然后交给从业者。相反,我们建议研究者和从业者一起合作去确定要探究的重要问题,界定最适合两组人的研究种类和交流策略。

加之,人们也在研究和交流的结合方面做出了许多努力,两者常常被分作不同领域考虑。但是交流的目标是学习,本书为有效交流提供指导。对每个观众来说,预期的理解必须通过交流来确认和强调。包含与这类观众相关的体验观点的例子至关紧要。

为提议项目整合专家知识将是一个挑战。研究者作为伙伴与教师、管理者和交流开发者(拍摄示范课、开发网站、制作小册子)一起工作的场所相对较少。但是,为了更有效率,改革教育的系统努力要求形成更多这样的伙伴关系。研究和开发基金对现有的伙伴关系进行奖励,鼓励形成新的伙伴关系,这些基金提供了急需的动力支持。

最后,所提议的议程非常广泛。许多提议项目需要集中时间,经过多年的研究才能完成。国家的分权教育体系非常广阔。用《人是如何学习的》来评价该体系的不同方面本身是一项令人敬畏的任务。我们还提议开发和测试新的课堂教学工具,培训教师和管理者的技能,进一步研究人的学习,以及应用技术。这些能够提供动力机制,来把人是如何学习和教学的研究进展融入不断协调和改进的循环体系中。我们相信,从改进教育的利益出发,通过这些合力把研究和实践结合一起。

参考文献

CHAPTER 1

Anderson, J. R.
 1982 Acquisition of cognitive skill. *Psychological Review* 89: 369-406.
 1987 Skill acquisition: Compilation of weak-method problem solutions. *Psychological Review* 94: 192-210.

Bloom, B. S.
 1964 *Stability and Change in Human Characteristics*. New York: Wiley.

Bransford, J. D., and B. S. Stein
 1993 *The IDEAL Problem Solver* (2nd ed.). New York: Freeman.

Brice-Heath, S.
 1981 Toward an ethnohistory of writing in American. Pp. 25-45 in *Writing: The Nature, Development, and Teaching of Written Communication* (Vol. 1), M. F. Whiteman, ed. Hillsdale, NJ: Erlbaum.
 1983 *Ways with Words: Language, Life and Work in Communities and Classrooms*. Cambridge, England: Cambridge University Press.

Brown, A. L.
 1975 The development of memory: Knowing, knowing about knowing, and knowing how to know. In *Advances in Child Development and Behavior* (Vol. 10), H. W. Reese, ed. New York: Academic Press.

Brown, A. L., and J. C. Campione
 1994 Guided discovery in a community of learners. Pp. 229-270 in *Classroom Lessons: Integrating Cognitive Theory and Classroom Practices*, K. McGilly, ed. Cambridge, MA: MIT Press.

Carey, S., and R. Gelman
 1991 *The Epigenesis of Mind: Essays on Biology and Cognition*. Hillsdale, NJ: Erlbaum.

Chase, W. G., and H. A. Simon
 1973 Perception in chess. *Cognitive Psychology* 1: 33-81.

Chi, M. T. H., P. J. Feltovich, and R. Glaser
 1981 Categorization and representation of physics problems by experts and novices. *Cognitive Science* 5: 121-152.

Clement, J.
 1982 Student preconceptions of introductory mechanics. *American Journal of Physics* 50: 66-71.

Cobb, P.
 1994 Theories of Mathematical Learning and Constructivism: A Personal View. Paper presented at the Symposium on Trends and Perspectives in Mathematics Education, Institute for Mathematics, University of Klagenfurt, Austria.

Cole, B.
 1996 Characterizing On-line Communication: A First Step. Paper presented at the Annual Meeting of the American Educational Research Association, April 8-12, New York, NY.

Confrey, J.
 1990 A review of research on student conceptions in mathematics, science programming. In *Review of Research in Education* 16: 3-55, C. B. Cazden, ed. Washington, DC: American Educational Research Association.

deGroot, A. D.
 1965 *Thought and Choice in Chess*. The Hague, the Netherlands: Mouton.
 1969 *Methodology: Foundations of Inference and Research in the Behavioral Sciences*. New York and the Hague, the Netherlands: Mouton.

Diamat, R. J., and D. J. Bearison
 1991 Development of formal reasoning during successive peer interactions. *Developmental Psychology* 27: 277-284.

DiSessa, A.
 1982 Unlearning Aristotelian physics: A study of knowledge-base learning. *Cognitive Science* 6: 37-75.

Duckworth, E.
 1987 *"The Having of Wonderful Ideas" and Other Essays on Teaching and Learning*. New York: Teachers College Press, Columbia University.

Dweck, C. S.
 1989 Motivation. Pp. 87-136 in *Foundation for a Psychology of Education*, A. Lesgold and R. Glaser, eds. Hillsdale, NJ: Erlbaum.

Dweck, C., and E. Legget

1988 A social-cognitive approach to motivation and personality. *Psychological Review* 95: 256–273.

Elmore, R. F., P. L. Peterson, and S. J. McCarthey
1996 *Restructuring in the Classroom: Teaching, Learning, and School Organization*. San Francisco: Jossey-Bass.

Erickson, F.
1986 Qualitative methods in research on teaching. Pp. 119–161 in *Handbook of Research on Teaching*. New York: Macmillan.

Ericsson, K. A., and N. Charness
1994 Expert performance: Its structure and acquistion. *American Psychologist* 49: 725–745.

Evans, J. St. B. T.
1989 *Bias in Human Reasoning*. Hillsdale, NJ: Erlbaum.

Flavell, J. H.
1973 Metacognitive aspects of problem-solving. In *The Nature of Intelligence*, L. B. Resnick, ed. Hillsdale, NJ: Erlbaum.

Gardner, H.
1991 *The Unschooled Mind: How Children Think and How Schools Should Teach*. New York: Basic Books.

Gelman, R., and C. R. Gallistel
1978 *The Children's Understanding of Number*. Cambridge, MA: Harvard University Press.

Goldman, A. I.
1994 Argument and social epistemology. *Journal of Philosophy* 91: 27–49.

Greenfield, P. M., and R. R. Cocking
1996 *Interacting with Video*. Norwood, NJ: Ablex.

Greeno, J.
1991 Number sense as situated knowing in a conceptual domain. *Journal for Research in Mathematics Education* 22(3): 170–218.

Habermas, J.
1990 *Moral Consciousness and Communicative Action*. Cambridge, MA: MIT Press.

Hammersly, M., and P. Atkinson
1983 *Ethnography: Principles and Practices*. London: Travistock.

Harvard-Smithsonian Center for Astrophysics, Science Education Department
1987 *A Private Universe*. Video. Cambridge, MA: Science Media Group.

Hatano, G., and K. Inagaki
1986 Two courses of expertise. In *Child Development and Education in Japan*, H. Stevenson, H. Azuma, and K. Hakuta, eds. New York: W. H. Freeman.

Heath, S.
1982 Ethnography in education: Defining the essential. Pp. 33–58 in *Children In and Out of School*, P. Gilmore and A. Gilmore, eds. Washington, DC: Center for Applied Linguistics.

Holyoak, K. J.
1984 Analogical thinking and human intelligence. Pp. 199–230 in *Advances in the Psychology of Human Intelligence* (Vol. 2), R. J. Sternberg, ed. Hillsdale, NJ: Erlbaum.

Hull, C. L.
1943 *Principles of Behavior*. New York: Appleton-Century-Crofts.

Hutchins, E.
1995 *Cognition in the Wild*. Cambridge, MA: MIT Press.

James, W.
1890 *Principles of Psychology*. New York: Holt.

Kuhn, D.
1991 *The Skills of Argument*. Cambridge, England: Cambridge University Press.

Lamon, M., D. Caswell, M. Scardamalia, and R. Chandra
1997 Technologies of Use and Social Interaction in Classroom Knowledge Building Communities. Paper presented at the Symposium on Computer-Supported Collaborative Learning: Advancements and Challenges, K. Lonka, chair, European Association for Research in Learning and Instruction, August, Athens, Greece.

Lave, J.
1988 *Cognition in Practice: Mind, Mathematics, and Culture in Everyday Life*. Cambridge, MA: Cambridge University Press.

Lave, J., and E. Wegner
1991 *Situated Learning: Legitimate Peripheral Participation*. New York: Cambridge University Press.

Lehrer, R., and D. Chazan
1998a *Designing Learning Environments for Developing Understanding of Geometry and Space*. Mahwah, NJ: Erlbaum.
1998b *New Directions for Teaching and Learning Geometry*. Hillsdale, NJ: Erlbaum.

Lincoln, Y. S., and E. G. Guba
1985 *Naturalistic Inquiry*. Beverly Hills, CA: Sage.

Lionni, L.
1970 *Fish Is Fish*. New York: Scholastic Press.

Marshall, C., and G. B. Rossman
1955 *Designing Qualitative Research*. Thousand Oaks, CA: Sage.

McClelland, J. L., and M. Chappell
 1998 Familiarity breeds differentiation: A subject-likelihood approach to the effects of experience in recognition memory. *Psychological Review*. 105: 724 - 760.

McClelland, J. L., B. L. McNaughton, and R. C. O'Reilly
 1995 Why there are complementary learning systems in hippocampus and neocortex: Insights from the successes and failures of connectionist models of learning and memory. *Psychological Review* 102: 419 - 447.

Mestre, J. P.
 1994 Cognitive aspects of learning and teaching science. Pp. 3 - 1—3 - 53 in *Teacher Enhancement for Elementary and Secondary Science and Mathematics: Status, Issues, and Problems*, S. J. Fitzsimmons and L. C. Kerpelman, eds. NSF 94 - 80. Arlington, VA: National Science Foundation.

Miles, M. B., and A. M. Huberman
 1984 *Qualitative Data Analysis: A Sourcebook of New Methods*. Newbury Park, CA: Sage.

Minstrell, J. A.
 1989 Teaching science for understanding. Pp. 130 - 131 in *Toward the Thinking Curriculum: Current Cognitive Research*, L. B. Resnick and L. E. Klopfer, eds. Alexandria, VA: Association for Supervision and Curriculum Development.

Moll, L. C.
 1986a Creating Strategic Learning Environments for Students: A Community-Based Approach. Paper presented at the S. I. G. Language Developed Invited Symposium Literacy and Schooling, Annual Meeting of the American Educational Research Association, San Francisco, California.
 1986b Writing as a communication: Creating strategic learning environments for students. *Theory into Practice* 25: 102 - 108.
 1990 *Vygotsky and Education*. New York: Cambridge University Press.

Moll, L. C., J. Tapia, and K. F. Whitmore
 1993 Living knowledge: The social distribution of cultural sources for thinking. Pp. 139 - 163 in *Distributed Cognitions*, G. Salomon, ed. Cambridge, UK: Cambridge University Press.

Moshman, D.
 1995a Reasoning as self-constrained thinking. *Human Development* 38: 53 - 64.
 1995b The construction of moral rationality. *Human Development* 38: 265 - 281.

Munkata, Y., J. L. McClelland, M. H. Johnson, and R. S. Siegler
 1997 Rethinking infant knowledge: Toward an adaptive process account of successes and failures in object permanence tasks. *Psychological Review* 104: 686 - 713.

Newell, A., and H. A. Simon
 1972 *Human Problem Solving*. Englewood Cliffs, NJ: Prentice-Hall.

Newstead, S. E., and J. St. B. T. Evans, eds.
 1995 *Perspectives on Thinking and Reasoning: Essays in Honour of Peter Wason*. Hillsdale, NJ: Erlbaum.

Norman, D. A.
 1980 Twelve issues for cognitive science. *Cognitive Science* 4: 1 - 32.
 1993 *Things That Make Us Smart: Defending Human Attributes in the Age of the Machine*. New York: Addison-Wesley.

Novick, L. R., and K. J. Holyoak
 1991 Mathematical problem solving by analogy. *Journal of Experimental Psychology: Learning, Memory, and Cognition* 17(3)(May): 398 - 415.

Palincsar, A. S., and A. L. Brown
 1984 Reciprocal teaching of comprehension monitoring activities. *Cognition and Instruction* 1: 117 - 175.

Piaget, J.
 1952 *The Origins of Intelligence in Children*. M. Cook, trans. New York: International Universities Press.
 1973a *The Child and Reality: Problems of Genetic Psychology*. New York: Grossman.
 1973b *The Language and Thought of the Child*. London: Routledge and Kegan Paul.
 1977 *The Grasp of Consciousness*. London: Routledge and Kegan Paul.
 1978 *Success and Understanding*. Cambridge, MA: Harvard University Press.

Plaut, D. C., J. L. McClelland, M. S. Seidenberg, and K. E. Patterson
 1996 Understanding normal and impaired word reading: Computational principles in quasi-regular domains. *Psychological Review* 103: 56 - 115.

Prawaf, R. S., J. Remillard, R. T. Putnam, and R. M. Heaton
 1992 Teaching mathematics for understanding: Case study of four fifth-grade teachers. *Elementary School Journal* 93: 145 - 152.

Redish, E. F.
 1996 Discipline-Specific Science Education and Educational Research: The Case of Physics. Paper prepared for the Committee on Developments in the Science of Learning, for The Sciences of Science Learning: An Interdisciplinary Discussion.

Rogoff, B.
 1990 *Apprenticeship in Thinking: Cognitive Development in Social Context*. New York: Oxford University Press.

Rogoff, B., J. Mistry, A. Goncu, and C. Mosier
 1993 Guided Participation in Cultural Activity by Toddlers and Caregivers. *Monographs of the Society for Research in Child Development* 58(7): Serial No. 236.

Salmon, M. H., and C. M. Zeitz
 1995 Analyzing conversational reasoning. *Informal Logic* 17: 1 - 23.

Scardamalia, M., and C. Bereiter
  1991 Higher levels of agency for children in knowledge-building: A challenge for the design of new knowledge media. *Journal of the Learning Sciences* 1: 37-68.
Scardamalia, M., C. Bereiter, and R. Steinbach
  1984 Teachability of reflective processes in written composition. *Cognitive Science* 8: 173-190.
Schauble, L., R. Glaser, R. Duschl, S. Schulze, and J. John.
  1995 Students' understanding of the objectives and procedures of experimentation in the science classroom. *Journal of the Learning Sciences* 4(2): 131-166.
Schoenfeld, A. H.
  1983 Problem solving in the mathematics curriculum: A report, recommendation and annotated bibliography. *Mathematical Association of America Notes* No. 1.
  1984 *Mathematical Problem Solving*. Orlando, FL: Academic Press.
  1991 On mathematics as sense making: An informal attack on the unfortunate divorce of formal and informal mathematics. Pp. 331-343 in *Informal Reasoning and Education*, J. F. Voss, D. N. Perkins, and J. W. Segal, eds. Hillsdale, NJ: Erlbaum.
Schwartz, D. L., and J. D. Bransford
  1998 A time for telling. *Cognition and Instruction* 16(4): 475-522.
Simon, H. A.
  1996 Observations on the Sciences of Science Learning. Paper prepared for the Committee on Developments in the Science of Learning for the Sciences of Science Learning: An Interdisciplinary Discussion. Department of Psychology, Carnegie Mellon University.
Skinner, B. F.
  1950 Are theories of learning necessary? *Psychological Review* 57: 193-216.
Spence, K. W.
  1942 Theoretical interpretations of learning. In *Comparative Psychology*, F. A. Moss, ed. New York: Prentice-Hall.
Spradley, J.
  1979 *The Ethnographic Interview*. New York: Harcourt, Brace, Javanovich.
Suina, J. H., and L. B. Smolkin
  1994 From natal culture to school culture to dominant society culture: Supporting transitions for Pueblo Indian students. Pp. 115-130 in *Cross-cultural Roots of Minority Child Development*, P. M. Greenfield and R. R. Cocking, eds. Hillsdale, NJ: Erlbaum.
Thorndike, E. L.
  1913 *Educational Psychology* (Vols. 1 and 2). New York: Columbia University Press.
Vosniadou, S., and W. F. Brewer
  1989 The Concept of the Earth's Shape: A Study of Conceptual Change in Childhood. Unpublished paper. Center for the Study of Reading, University of Illinois, Champaign.
Vye, N. J., S. R. Goldman, C. Hmelo, J. F. Voss, S. Williams, and Cognition and Technology Group at Vanderbilt
  1998a Complex mathematical problem solving by individuals and dyads. *Cognition and Instruction* 15(4).
Vye, N. J., D. L. Schwartz, J. D. Bransford, B. J. Barron, L. Zech, and Cognition and Technology Group at Vanderbilt
  1998b SMART environments that support monitoring, reflection, and revision. In *Metacognition in Educational Theory and Practice*, D. Hacker, J. Dunlosky, and A. Graessner, eds. Mahwah, NJ: Erlbaum.
Vygotsky, L. S.
  1962 *Thought and Language*. Cambridge, MA: MIT Press.
  1978 *Mind in Society: The Development of the Higher Psychological Processes*. Cambridge, MA: The Harvard University Press. (Originally published 1930, New York: Oxford University Press.)
Warren, B., and A. Rosebery
  1996 This question is just too, too easy: Perspectives from the classroom on accountability in science. Pp. 97-125 in the *Contributions of Instructional Innovation to Understanding Learning*, L. Schauble and R. Glaser, eds. Mahwah, NJ: Erlbaum.
Watson, J. B.
  1913 Psychology as a behaviorist views it. *Psychological Review* 20: 158-177.
Wellman, H. M.
  1990 *The Child's Theory of Mind*. Cambridge, MA: MIT Press.
White, B. Y., and J. R. Fredrickson
  1997 *The ThinkerTools Inquiry Project: Making Scientific Inquiry Accessible to Students*. Princeton, New Jersey: Center for Performance Assessment, Educational Testing Service.
  1998 Inquiry, modeling, and metacognition: Making science accessible to all students. *Cognition and Science* 16: 90-91.
Youniss, J., and W. Damon.
  1992 Social construction in Piaget's theory. Pp. 267-286 in *Piaget's Theory: Prospects and Possibilities*, H. Berlin and P. B. Pufal, eds. Hillsdale, NJ: Erlbaum.

CHAPTER 2

American Association for the Advancement of Science
  1989 *Science for All Americans: A Project 2061 Report on Literacy Goals in Science, Mathematics, and Technology*. Washington, DC: American Association for the Advancement of Science.

Anderson, J. R.
   1981   *Cognitive Skills and Their Acquisition*. Hillsdale, NJ: Erlbaum.
   1982   Acquisition of cognitive skill. *Psychological Review* 89: 369-406.
Beck, I. L., M. G. McKeown, and E. W. Gromoll, et al.
   1989   Learning from social studies texts. *Cognition and Instruction* 6: 99-158.
Beck, I. L., M. G. McKeown, G. M. Sinatra, and J. A. Loxterman
   1991   Revising social studies text from a text-processing perspective: Evidence of improved comprehensibility. *Reading Research Quarterly* 26: 251-276.
Bransford, J. D.
   1979   *Human Cognition: Learning, Understanding, and Remembering*. Belmont, CA: Wadsworth.
Bransford J., T. Hasselbring, B. Barron, S. Kulweicz, J. Littlefield, and L. Goin
   1988   Uses of macro-contexts to facilitate mathematical thinking. Pp. 125-147 in *The Teaching and Assessing of Mathematical Problem Solving*, R. I. Charles and E. A. Silver, eds. Hillsdale, NJ: Erlbaum.
Bransford, J. D., J. J. Franks, N. J. Vye, and R. D. Sherwood
   1989   New approaches to instruction: Because wisdom can't be told. In *Similarity and Analogical Reasoning*, S. Vosniadou and A. Ortony, eds. Cambridge, UK: Cambridge University Press.
Bransford, J. D., and B. S. Stein
   1993   *The IDEAL Problem Solver* (2nd ed.). New York: Freeman.
Brophy, J. E.
   1983   Research on the self-fulfilling prophecy and teacher expectations. *Journal of Educational Psychology* 61: 365-374.
Brown, A. L.
   1980   Metacognitive development and reading. In *Theoretical Issues in Reading Comprehension: Perspectives from Cognitive Psychology, Linguistics, Artificial Intelligence, and Education*, R. J. Spiro, B. C. Bruce, and W. F. Brewer, eds. Hillsdale, NJ: Erlbaum.
Brown, J. S., A Collins, and P. Durgid
   1989   Situated cognition and the culture of learning. *Educational Researcher* 18: 32-41.
Case, R.
   1978   Implications of developmental psychology for the design of effective instruction. Pp. 441-463 in *Cognitive Psychology and Instruction*, A. M. Lesgold, J. W. Pellegrino, S. D. Fokkema, and R. Glaser, eds. New York: Plenum.
Chase, W. G., and H. A. Simon
   1973   Perception in chess. *Cognitive Psychology* 1: 33-81.
Chi, M. T. H.
   1978   Knowledge structures and memory development. Pp. 73-96 in *Children's Thinking: What Develops*, R. Siegler, ed. Hillsdale, NJ: Erlbaum.
Chi, M. T. H., P. J. Feltovich, and R. Glaser
   1981   Categorization and representation of physics problems by experts and novices. *Cognitive Science* 5: 121-152.
Chi M. T. H., R. Glaser, and E. Rees
   1982   Expertise in problem solving. In *Advances in the Psychology of Human Intelligence* (Vol. 1), R. J. Sternberg, ed. Hillsdale, NJ: Erlbaum.
Cognition and Technology Group at Vanderbilt
   1997   *The Jasper Project: Lessons in Curriculum, Instruction, Assessment, and Professional Development*. Mahwah, NJ: Erlbaum.
deGroot, A. D.
   1965   *Thought and Choice in Chess*. The Hague, the Netherlands: Mouton.
Dweck, C. S.
   1989   Motivation. Pp. 87-136 in *Foundations for a Psychology of Education*, A. Lesgold and R. Glaser, eds. Hillsdale, NJ: Erlbaum.
Egan, D. E., and B. J. Schwartz
   1979   Chunking in recall of symbolic drawings. *Memory and Cognition* 7: 149-158.
Ehrlich, K., and E. Soloway
   1984   An empirical investigation of the tacit plan knowledge in programming. Pp. 113-134 in *Human Factors in Computer Systems*, J. Thomas and M. L. Schneider, eds. Norwood, NJ: Ablex.
Ericsson, K. A., and H. A. Simon
   1993   *Protocol Analysis: Verbal Reports as Data*. 1984/1993. Cambridge, MA: MIT Press.
Ericsson, K. A., and J. J. Staszewski
   1989   Skilled memory and expertise: Mechanisms of exceptional performance. Pp. 235-267 in *Complex Information Processing: The Impact of Herbert A. Simon*, D. Klahr and K. Kotovsky, eds. Hillsdale, NJ: Erlbaum.
Flavell, J. H.
   1985   *Cognitive Development*. Englewood Cliffs, NJ: Prentice Hall.
   1991   Understanding memory access. Pp. 281-299 in *Cognition and the Symbolic Processes: Applied and Ecological Perspectives*, R. Hoffman and D. Palermo, eds. Hillsdale, NJ: Erlbaum.
Getzels, J., and M. Csikszentmihalyi
   1976   *The Creative Vision*. New York: Wiley.
Glaser, R.
   1992   Expert knowledge and processes of thinking. Pp. 63-75 in *Enhancing Thinking Skills in the Sciences and Mathematics*, D. F. Halpern, ed.

Hillsdale, NJ: Erlbaum.

Glaser, R., and M. T. H. Chi
 1988 Overview. Pp. xv-xxvii in *The Nature of Expertise*, M. T. H. Chi, R. Glaser, and M. J. Farr, eds. Hillsdale, NJ: Erlbaum.

Grossman, P. L.
 1987 A Tale of Two Teachers: The Role of Subject Matter Orientation in Teaching. Paper presented at the meeting of the American Educational Research Association, Washington, DC.
 1990 *The Making of a Teacher*. New York: Teachers College Press, Columbia University.

Hasselbring, T. S., L. Goin, and J. D. Bransford
 1987 Effective mathematics instruction: Developing automaticity. *Teaching Exceptional Children* 19(3): 30-33.

Hatano, G.
 1990 The nature of everyday science: A brief introduction. *British Journal of Developmental Psychology* 8: 245-250.

Hinsley, D. A., J. R. Hayes, and H. A. Simon
 1977 From words to equations: Meaning and representation in algebra word problems. Pp. 89-106 in *Cognitive Processes in Comprehension*, M. A. Just and P. A. Carpenter, eds. Hillsdale, NJ: Erlbaum.

LaBerge, D., and S. J. Samuels
 1974 Toward a theory of automatic information processing in reading. *Cognitive Psychology* 6: 293-323.

Larkin, J. H.
 1979 Information processing models in science instruction. Pp. 109-118 in *Cognitive Process Instruction*, J. Lochhead and J. Clement, eds. Hillsdale, NJ: Erlbaum.
 1981 Enriching formal knowledge: A model for learning to solve problems in physics. Pp. 311-334 in *Cognitive Skills and Their Acquisition*, J. R. Anderson, ed. Hillsdale, NJ: Erlbaum.
 1983 The role of problem representation in physics. Pp. 75-98 in *Mental Models*, D. Gentner and A. L. Stevens, eds. Hillsdale, NJ: Erlbaum.

Larkin, J., J. McDermottt, D. P. Simon, and H. A. Simon
 1980 Expert and novice performance in solving physics problems. *Science* 208: 1335-1342.

Larkin, J. H., and H. A. Simon
 1987 Why a diagram is (sometimes) worth ten thousand words. *Cognitive Science* 11: 65-69.

Lesgold, A. M.
 1984 Acquiring expertise. Pp. 31-60 in *Tutorials in Learning and Memory: Essays in Honor of Gordon Bower*, J. R. Anderson and S. M. Kosslyn, eds. Hillsdale, NJ: Erlbaum.
 1988 Problem solving. In *The Psychology of Human Thoughts*, R. J. Sternberg and E. E. Smith, eds. New York: Cambridge University Press.

Lesgold, A. M., H. Rubison, P. Feltovich, R. Glaser, D. Klopfer, and Y. Wang
 1988 Expertise in a complex skill: Diagnosing x-ray pictures. Pp. 311-342 in *The Nature of Expertise*, M. T. H. Chi, R. Glaser, and M. Farr, eds. Hillsdale, NJ: Erlbaum.

Miller, G. A.
 1956 The magical number seven, plus or minus two: Some limits on our capacity to process information. *Psychological Review* 63: 81-87.

Miller, R. B.
 1978 The information system designer. Pp. 278-291 in *The Analysis of Practical Skills*, W. T. Singleton, ed. Baltimore, MD: University Park Press.

National Research Council
 1996 *National Science Education Standards*. Washington, DC: National Academy Press. Available: http://www.nap.edu.

Paige, J. M., and H. A. Simon
 1966 Cognition processes in solving algebra word problems. Pp. 119-151 in *Problem Solving*, B. Kleinmutz, ed. New York: Wiley.

Redish, E. F.
 1996 Discipline-specific Science Education and Educational Research: The Case of Physics. Paper prepared for the Committee on Developments in the Science of Learning for the Sciences of Science Learning: An Interdisciplinary Discussion.

Reusser, K.
 1993 Tutoring systems and pedagogical theory: Representational tools for understanding, planning, and reflection in problem solving. Pp. 143-177 in *Computers as Cognitive Tools*, S. P. Lajoie and S. J. Derry, eds. Hillsdale, NJ: Erlbaum.

Robinson, C. S., and J. R. Hayes
 1978 Making inferences about relevance in understanding problems. In *Human Reasoning*, R. Revlin and R. E. Mayer, eds. Washington, DC: Winston.

Sabers, D. S., K. S. Cushing, and D. C. Berliner
 1991 Differences among teachers in a task characterized by simultaneity, multidimensionality, and immediacy. *American Educational Research Journal* 28(1): 63-88.

Schmidt, W. H., C. C. McKnight, and S. Raizen
 1997 *A Splintered Vision: An Investigation of U. S. Science and Mathematics Education*. U. S. National Research Center for the Third International Mathematics and Science Study. Dordrecht/Boston/London: Kluwer Academic Publishers. Available: gopher://gopher.wkap.nl.70/00gopher_root1%3A%5B book. soci. f500%5Df5101601. txt.

Schneider, W., and R. M. Shiffrin
 1977 Controlled and automatic human information processing: Detection, search and attention. *Psychological Review* 84: 1-66.
 1985 Categorization (restructuring) and automatization: Two separable factors. *Psychological Review* 92(3): 424-428.

Schneider, W. , H. Gruber, A. Gold, and K. Opivis
  1993 Chess expertise and memory for chess positions in children and adults. *Journal of Experimental Child Psychology* 56: 323 – 349.
Shulman, L.
  1986 Those who understand: Knowledge growth in teaching. *Educational Researcher* 15(2): 4 – 14.
  1987 Knowledge and teaching: Foundations of the new reform. *Harvard Educational Review* 57: 1 – 22.
Simon, D. P. , and H. A. Simon
  1978 Individual differences in solving physics problems. Pp. 325 – 348 in *Children's Thinking: What Develops?* R. Siegler, ed. Hillsdale, NJ: Erlbaum.
Simon, H. A.
  1980 Problem solving and education. Pp. 81 – 96 in *Problem Solving and Education: Issues in Teaching and Research*, D. T. Tuma and R. Reif, eds. Hillsdale, NJ: Erlbaum.
Spiro, R. J. , P. L. Feltovich, M. J. Jackson, and R. L. Coulson
  1991 Cognitive flexibility, constructivism, and hypertext: Random access instruction for advanced knowledge acquisition in ill-structured domains. *Educational Technology* 31(5): 24 – 33.
Voss, J. F. , T. R. Greene, T. A. Post, and B. C. Penner
  1984 Problem solving skills in the social science. In *The Psychology of Learning and Motivation: Advances in Research Theory* (Vol. 17), G. H. Bower, ed. New York: Academic Press.
Whitehead, A. N.
  1929 *The Aims of Education*. New York: MacMillan.
Wineburg, S. S.
  1991 Historical problem solving: A study of the cognitive processes used in the evaluation of documentary and pictorial evidence. *Journal of Educational Psychology* 83(1): 73 – 87.
  1998 Reading Abraham Lincoln: An expert-expert study in the interpretation of historical texts. *Cognitive Science* 22: 319 – 346.
Wineburg, S. S. , and J. E. Fournier
  1994 Contextualized thinking in history. Pp. 285 – 308 in *Cognitive and Instructional Processes in History and the Social Sciences*, M. Carretero and J. F. Voss, eds. Hillsdale, NJ: Erlbaum.

CHAPTER 3
Allen, B. , and A. W. Boykin
  1992 African American children and the educational process: Alleviating cultural discontinuity through prescriptive pedagogy. *School Psychology Review* 21(4): 586 – 596.
Anderson, J. R. , L. M. Reder, and H. A. Simon
  1996 Situated learning and education. *Educational Researcher* 25: 4(May)5 – 96.
Au, K. , and C. Jordan
  1981 Teaching reading to Hawaiian children: Finding a culturally appropriate solution. Pp. 139 – 152 in *Culture and the Bilingual Classroom: Studies in Classroom Ethnography*, H. Tureba, G. Guthrie, and K. Au, eds. Rowley, MA: Newbury House.
Barron, B. J. , D. L. Schwartz, N. J. Vye, A. Moore, A. Petrosino, L. Zech, J. D. Bransford, and Cognition and Technology Group at Vanderbilt
  1998 Doing with understanding: Lessons from research on problem and project-based learning. *Journal of Learning Sciences* 7(3 and 4): 271 – 312.
Barrows, H. S.
  1985 *How to Design a Problem-Based Curriculum for the Preclinical Years*. New York: Springer.
Bassok, M. , and K. J. Holyoak
  1989a Interdomain transfer between isomorphic topics in algebra and physics. *Journal of Experimental Psychology: Learning, Memory, and Cognition* 15: 153 – 166.
  1989b Transfer of domain-specific problem solving procedures. *Journal of Experimental Psychology: Learning, Memory, and Cognition* 16: 522 – 533.
Bassok, M. , and K. L. Olseth
  1995 Object-based representations: Transfer between cases of continuous and discrete models of change. *Journal of Experimental Psychology: Learning, Memory, and Cognition* 21: 1522 – 1588.
Behr, M. J. , G. Harel, T. R. Post, and R. Lesh
  1992 Rational number, ratio, and proportion. Pp. 308 – 310 in *Handbook of Research on Mathematics Teaching and Learning: A Project of the National Council of Teachers of Mathematics*, D. A. Grouws, ed. New York: Macmillan.
Bereiter, C.
  1997 Situated cognition and how to overcome it. Pp. 281 – 300 in *Situated Cognition: Social, Semiotic, and Psychological Perspectives*, D. Kirshner and J. A. Whitson, eds. Hillsdale, NJ: Erlbaum.
Biederman, I. , and M. M. Shiffrar
  1987 Sexing day-old chicks: A case study and expert systems analysis of a difficult perceptual-learning task. *Journal of Experimental Psychology: Learning, Memory, and Cognition* 13(4)(October): 640 – 645.
Bielaczyc, K. , P. Pirolli, and A. L. Brown
  1995 Training in self-explanation and self-regulation strategies: Investigating the effects of knowledge acquisition activities on problem solving. *Cognition and Instruction* 13: 221 – 252.
Bjork, R. A. , and A. Richardson-Klavhen

1989 On the puzzling relationship between environment context and human memory. In *Current Issues in Cognitive Processes: The Tulane Flowerree Symposium on Cognition*, C. Izawa, ed. Hillsdale, NJ: Erlbaum.

Blake, I. K.
1994 Language development and socialization in young African-American children. Pp. 167–195 in *Cross Cultural Roots of Minority Child Development*, P. M. Greenfield and R. R. Cocking, eds. Hillsdale, NJ: Erlbaum.

Boykin, A. W., and F. Tom
1985 Black child socialization: A conceptual framework. Pp. 33–51 in *Black Children: Social, Educational, and Parental Environments*, H. McAdoo and J. McAdoo, eds. Beverly Hills, CA: Sage.

Bransford, J. D.
1979 *Human Cognition: Learning, Understanding, and Remembering*. Belmont, CA: Wadsworth.

Bransford, J. D., J. J. Franks, N. J. Vye, and R. D. Sherwood
1989 New approaches to instruction: Because wisdom can't be told. In *Similarity and Analogical Reasoning*, S. Vosniadou and A. Ortony, eds. Cambridge, UK: Cambridge University Press.

Bransford, J. D., and R. Johnson
1972 Contextual prerequisites for understanding: Some investigations of comprehension and recall. *Journal of Verbal Learning and Verbal Behavior* 11: 717–726.

Bransford, J. D., and D. Schwartz
1999 Rethinking transfer: A simple proposal with multiple implications. *Review of Research in Education* 24: 61–100.

Bransford, J. D., and B. S. Stein
1993 *The IDEAL Problem Solver* (2nd ed.). New York: Freeman.

Bransford, J. D., B. S. Stein, N. J. Vye, J. J. Franks, P. M. Auble, K. J. Mezynski, and G. A. Perfetto
1983 Differences in approaches to learning: An overview. *Journal of Experimental Psychology: General* 3(4): 390–398.

Bransford, J. D., L. Zech, D. Schwartz, B. Barron, N. J. Vye, and Cognition and Technology Group at Vanderbilt
1998 Designs for environments that invite and sustain mathematical thinking. In *Symbolizing, Communicating, and Mathematizing: Perspectives on Discourse, Tools, and Instructional Design*, P. Cobb, ed. Mahwah, NJ: Erlbaum.

Brice-Heath, S.
1981 Toward an ethnohistory of writing in American education. Pp. 25–45 in *Writing: The Nature, Development and Teaching of Written Communication* (Vol. 1), M. F. Whiteman, ed. Hillsdale, NJ: Erlbaum.
1983 *Ways with Words: Language, Life and Work in Communities and Classrooms*. Cambridge, UK: Cambridge University Press.

Broudy, H. S.
1977 Types of knowledge and purposes in education. Pp. 1–17 in *Schooling and the Acquisition of Knowledge*, R. C. Anderson, R. J. Spiro, and W. E. Montague, eds. Hillsdale, NJ: Erlbaum.

Brown, A. L.
1975 The development of memory: Knowing, knowing about knowing, and knowing how to know. In *Advances in Child Development and Behavior* (Vol. 10), H. W. Reese, ed. New York: Academic Press.

Brown, A. L., J. D. Bransford, R. A. Ferrara, and J. C. Campione
1983 Learning, remembering, and understanding. Pp. 78–166 in *Handbook of Child Psychology: Vol. 3 Cognitive Development* (4th ed.), J. H. Flavell and E. M. Markman, eds. New York: Wiley.

Brown, G.
1986 Investigating listening comprehension in context. *Applied Linguistics* 7(3)(Autumn): 284–302.

Bruer, J. T.
1993 *Schools for thought*. Cambridge, MA: MIT Press.

Byrnes, J. P.
1996 *Cognitive Development and Learning in Instructional Contexts*. Boston: Allyn and Bacon.

Campione, J., and A. L. Brown
1987 Linking dynamic assessment with school achievement. Pp. 82–114 in *Dynamic Assessment: An Interactional Approach to Evaluating Learning Potential*, C. S. Lidz, ed. New York: Guilford.

Carraher, T. N.
1986 From drawings to buildings: Mathematical scales at work. *International Journal of Behavioural Development* 9: 527–544.

Carraher, T. N., D. W. Carraher, and A. D. Schliemann
1985 Mathematics in the street and in school. *British Journal of Developmental Psychology* 3: 21–29.

Cazden, C.
1988 *Classroom Discourse*. Portsmouth, NH: Heinemann.

Cazden, C., S. Michaels, and P. Tabors
1985 Spontaneous repairs in sharing-time narratives: The intersection of metalinguistic awareness, speech event and narrative style. In *The Acquisition of Written Language: Revision and Response*, S. Freedman, ed. Norwood, NJ: Ablex.

Chase, W. G., and H. A. Simon
1973 Perception in chess. *Cognitive Psychology* 1: 33–81.

Chi, M. T. H., M. Bassok, M. W. Lewis, P. Reimann, and R. Glaser
1989 Self-explanations: How students study and use examples in learning to solve problems. *Cognitive Science* 13: 145–182.

Chi, M. T. H., N. deLeeuw, M. Chiu, and C. LaVancher

　　　　1994　Eliciting self-explanations improves understanding. *Cognitive Science* 18: 439-477.
Clement, J. J.
　　　　1982a　Algebra word problem solutions: Thought processes underlying a common misconception. *Journal of Research in Mathematics Education* 13: 16-30.
　　　　1982b　Students' preconceptions in introductory mechanics. *American Journal of Physics* 50: 66-71.
Cognition and Technology Group at Vanderbilt
　　　　1996　Looking at technology in context: A framework for understanding technology and education research. Pp. 807-840 in *The Handbook of Educational Psychology*, D. C. Berliner and R. C. Calfee, eds. New York: Simon and Schuster-MacMillan.
　　　　1997　*The Jasper Project: Lessons in Curriculum, Instruction, Assessment, and Professional Development*. Mahwah, NJ: Erlbaum.
　　　　1998　Designing environments to reveal, support, and expand our children's potentials. Pp. 313-350 in *Perspectives on Fundamental Processes in Intellectual Functioning* (Vol. 1), S. A. Soraci and W. McIlvane, eds. Greenwich, CN: Ablex.
Cohen, P.
　　　　1983　*A Calculating People: The Spread of Numeracy in Early America*. Chicago: University of Chicago Press.
Dooling, D. J., and R. Lachman
　　　　1971　Effects of comprehension on retention of prose. *Journal of Experimental Psychology* 88: 216-222.
Dunbar, K.
　　　　1996　Problem Solving Among Geneticists. Paper prepared for the Committee on Developments in the Science of Learning for the Sciences of Science Learning: An Interdisciplinary Discussion.
Dweck, C. S.
　　　　1989　Motivation. Pp. 87-136 in *Foundations for a Psychology of Education*, A. Lesgold and R. Glaser, eds. Hillsdale, NJ: Erlbaum.
Eich, E.
　　　　1985　Context, memory, and integrated item/context imagery. *Journal of Experimental Psychology: Learning, Memory, and Cognition* 11: 764-770.
Erickson, F., and G. Mohatt
　　　　1982　Cultural organization and participation structures in two classrooms of Indian students. Pp. 131-174 in *Doing the Ethnography of Schooling*, G. Spindler, ed. New York: Holt, Rinehart and Winston.
Ericsson, K., W. Chase, and S. Faloon
　　　　1980　Acquisition of a memory skill. *Science* 208: 1181-1182.
Ericsson, K. A., R. T. Krampe, and C. Tesch-Romer
　　　　1993　The role of deliberate practice in the acquisition of expert performance. *Psychological Review* 100: 363-406.
Fasheh, M.
　　　　1990　Community education: To reclaim and transform what has been made invisible. *Harvard Educational Review* 60: 19-35.
Fishbein, E., M. Deri, M. S. Nello, and M. S. Marino
　　　　1985　The role of implicit models in solving verbal problems in multiplication and division. *Journal for Research in Mathematics Education* 16(1) (January): 3-17.
Flavell, J. H.
　　　　1973　Metacognitive aspects of problem-solving. In *The Nature of Intelligence*, L. B. Resnick, ed. Hillsdale, NJ: Erlbaum.
Gagné, R., and J. J. Gibson
　　　　1947　Research on the recognition of aircraft. In *Motion Picture Training and Research*, J. J. Gibson, ed. Washington, DC: U. S. Government Printing Office.
Garner, W. R.
　　　　1974　*The Processing of Information and Structure*. Potomac, MD: Erlbaum.
Gee, J. P.
　　　　1989　What is literacy? *Journal of Education* 171: 18-25.
Gelman, R.
　　　　1967　Conservation acquisition: A problem of learning to attend to the relevant attributes. *Journal of Experimental Child Psychology* 7: 167-187.
Gibson, J. J., and E. J. Gibson
　　　　1955　Perceptual learning: Differentiation or enrichment. *Psychological Review* 62: 32-51.
Gick, M. L., and K. J. Holyoak
　　　　1980　Analogical problem solving. *Cognitive Psychology* 12: 306-355.
　　　　1983　Schema induction and analogical transfer. *Cognitive Psychology* 15: 1-38.
Gragg, C. I.
　　　　1940　Because wisdom can't be told. *Harvard Alumni Bulletin* (October 19): 78-84.
Greenfield, P. M., and L. K. Suzuki
　　　　1998　Culture and human development: Implications for parenting, education, pediatrics, and mental health. Pp. 1059-1109 in *Handbook of Child Psychology* (Vol. 4), I. E. Sigel and K. A. Renninger, eds. New York: Wiley and Sons.
Hallinger, P., K. Leithwood, and J. Murphy, eds.
　　　　1993　*Cognitive Perspectives on Educational Leadership*. New York: Teachers College Press, Columbia University.
Heath, S. B.
　　　　1983　*Ways with Words: Language, Life, and Work in Communities and Classrooms*. Cambridge, UK: Cambridge University Press.
Hendrickson, G., and W. H. Schroeder

    1941   Transfer of training in learning to hit a submerged target. *Journal of Educational Psychology* 32: 205-213.
Hestenes, D., M. Wells, and G. Swackhamer
    1992   Force concept inventory. *The Physics Teacher* 30(March): 159-166.
Hmelo, C. E.
    1995   Problem-based learning: Development of knowledge and reasoning strategies. Pp. 404-408 in *Proceedings of the Seventeenth Annual Conference of the Cognitive Science Society*. Pittsburgh, PA: Erlbaum.
Holyoak, K. J.
    1984   Analogical thinking and human intelligence. Pp. 199-230 in *Advances in the Psychology of Human Intelligence* (Vol. 2), R. J. Sternberg, ed. Hillsdale, NJ: Erlbaum.
Judd, C. H.
    1908   The relation of special training to general intelligence. *Educational Review* 36: 28-42.
Klahr, D., and S. M. Carver
    1988   Cognitive objectives in a LOGO debugging curriculum: Instruction, learning, and transfer. *Cognitive Psychology* 20: 362-404.
Klausmeier, H. J.
    1985   *Educational Psychology* (5th ed.). New York: Harper and Row.
Lave, J.
    1988   *Cognition in Practice: Mind, Mathematics, and Culture in Everyday Life*. Cambridge, MA: Cambridge University Press.
Lave, J., M. Murtaugh, and O. de la Rocha
    1984   The dialectic of arithmetic in grocery shopping. Pp. 67-94 in *Everyday Cognition*, B. Rogoff and J. Lave, eds. Cambridge, MA: Harvard University Press.
Lee, C. D., and D. Slaughter-Defoe
    1995   Historical and sociocultural influences of African American education. Pp. 348-371 in *Handbook of Research on Multicultural Education*, J. A. Banks and C. M. Banks, eds. New York: Macmillan.
Lionni, L.
    1970   *Fish Is Fish*. New York: Scholastic Press.
Littlefield, J., V. Delclos, S. Lever, K. Clayton, J. Bransford, and J. Franks
    1988   Learning LOGO: Method of teaching, transfer of general skills, and attitudes toward school and computers. Pp. 111-135 in *Teaching and Learning Computer Programming*, R. E. Mayer, ed. Hillsdale, NJ: Erlbaum.
Luchins, A. S. and Luchins, E. H.
    1970   *Wertheimer's Seminar Revisited: Problem Solving and Thinking* (Vol. 1). Albany, NY: State University of New York.
Mayer, R. E.
    1988   Introduction to research on teaching and learning computer programming. Pp. 1-12 in *Teaching and Learning Computer Programming: Multiple Research Perspectives*, R. E. Mayer, ed. Hillsdale, NJ: Erlbaum.
McCombs, B. L.
    1996   Alternative perspectives for motivation. Pp. 67-87 in *Developing Engaged Readers in School and Home Communities*, L. Baker, P. Afflerback, and D. Reinking, eds. Mahwah, NJ: Erlbaum.
Mestre, J. P.
    1994   Cognitive aspects of learning and teaching science. Pp. 3-1—3-53 in *Teacher Enhancement for Elementary and Secondary Science and Mathematics: Status, Issues, and Problems*, S. J. Fitzsimmons and L. C. Kerpelman, eds. NSF 94-80. Arlington, VA: National Science Foundation.
Michaels, S.
    1981a   "Sharing time," children's narrative styles and differential access to literacy. *Language in Society* 10: 423-442.
    1981b   Discourses of the Seasons. Technical report. Urbana, IL: Reading Research and Education Center.
    1986   Narrative presentations: An oral preparation for literacy with first graders. Pp. 94-115 in *The Social Construction of Literacy*, J. Cook-Gumperz, ed. New York: Cambridge University Press.
Moll, L. C., J. Tapia, and K. F. Whitmore
    1993   Living knowledge: The social distribution of cultural sources for thinking. Pp. 139-163 in *Distributed Cognitions*, G. Salomon, ed. Cambridge, UK: Cambridge University Press.
Moll, L. C., and K. F. Whitmore
    1993   Vygotsky in classroom practice: Moving from individual transmission to social transaction. Pp. 19-42 in *Contexts for Learning*, E. A. Forman, N. Minick, and C. A. Stone, eds. New York: Oxford University Press.
National Research Council
    1994   *Learning, Remembering, Believing: Enhancing Human Performance*, D. Druckman, and R. A. Bjork, eds. Committee on Techniques for the Enhancement of Human Performance, Commission on Behavioral and Social Sciences and Education. Washington, DC: National Academy Press.
Newman, D., P. Griffin, and M. Cole
    1989   *The Construction Zone: Working for Cognitive Change in School*. New York: Cambridge University Press.
Norman, D. A.
    1993   *Things That Make Us Smart: Defending Human Attributes in the Age of the Machine*. New York: Addison-Wesley.
Novick, L. R., and K. J. Holyoak
    1991   Mathematical problem solving by analogy. *Journal of Experimental Psychology: Learning, Memory, and Cognition* 17(3)(May):

398-415.

Palinscar, A. S., and A. L. Brown
 1984 Reciprocal teaching of comprehension monitoring activities. *Cognition and Instruction* 1: 117-175.

Papert, S.
 1980 *Mindstorms: Computers, Children, and Powerful Ideas*. New York: Basic Books.

Patel, V. L., D. R. Kaufman, and S. A. Magder
 1996 The acquisition of medical expertise in complex dynamic environments. Pp. 127-165 in *The Road to Excellence: The Acquisition of Expert Performance in the Arts and Sciences, Sports and Games*, K. A. Ericsson, ed. Mahwah, NJ: Erlbaum.

Perfetto, G. A., J. D. Bransford, and J. J. Franks
 1983 Constraints on access in a problem solving context. *Memory and Cognition* 11: 24-31.

Pezdek, K. and L. Miceli
 1982 Life span differences in memory integration as a function of processing time. *Developmental Psychology* 18(3)(May): 485-490.

Pintrich, P. R., and D. Schunk
 1996 *Motivation in Education: Theory, Research and Application*. Columbus, OH: Merrill Prentice-Hall.

Polya, G.
 1957 *How to Solve It: A New Aspect of Mathematical Method*. Princeton, NJ: Princeton University Press.

Resnick, L. B.
 1987 *Education and Learning to Think*. Committee on Mathematics, Science, and Technology Education, Commission on Behavioral and Social Sciences and Education, National Research Council. Washington, DC: National Academy Press. Available: http://www.nap.edu.

Resnick, L. B., V. L. Bill, S. B. Lesgold, and M. N. Leer
 1991 Thinking in arithmetic class. Pp. 27-53 in *Teaching Advanced Skills to At-Risk Students*, B. Means, C. Chelemer, and M. S. Knapp, eds. San Francisco: Jossey-Bass.

Rogoff, B.
 1990 *Apprenticeship in Thinking: Cognitive Development in Social Context*. New York: Oxford University Press.
 1998 Cognition as a collaborative process. Pp. 679-744 in *Handbook of Child Psychology: Cognition, Perception, and Language* (5th ed.), W. Damon, D. Kuhn, and R. S. Siegler, eds. New York: Wiley.

Saxe, G. B.
 1990 *Culture and Cognitive Development: Studies in Mathematical Understanding*. Hillsdale, NJ: Erlbaum.

Scardamalia, M., C. Bereiter, and R. Steinbach
 1984 Teachability of reflective processes in written composition. *Cognitive Science* 8: 173-190.

Schliemann, A. D., and N. M. Acioly
 1989 Mathematical knowledge developed at work: The contribution of practice versus the contribution of schooling. *Cognition and Instruction* 6: 185-222.

Schoenfeld, A. H.
 1983 Problem solving in the mathematics curriculum: A report, recommendation and an annotated bibliography. *Mathematical Association of America Notes*, No. 1.
 1985 *Mathematical Problem Solving*. Orlando, FL: Academic Press.
 1991 On mathematics as sense-making: An informal attack on the unfortunate divorce of formal and informal mathematics. Pp. 311-343 in *Informal Reasoning and Education*, J. F. Voss, D. N. Perkins, and J. W. Segal, eds. Hillsdale, NJ: Erlbaum.

Schwartz, D., and J. D. Bransford
 1998 A time for telling. *Cognition and Instruction* 16(4): 475-522.

Schwartz, D. L., X. Lin, S. Brophy, and J. D. Bransford
 1999 Toward the development of flexibly adaptive instructional designs. Pp. 183-213 in *Instructional Design Theories and Models: Volume II*, C. M. Reigelut, ed. Hillsdale, NJ: Erlbaum.

Scribner, S.
 1984 Studying working intelligence. Pp. 9-40 in *Everyday Cognition*, B. Rogoff and J. Lave, eds. Cambridge, MA: Harvard University Press.

Silver, E. A., L. J. Shapiro, and A. Deutsch
 1993 Sense making and the solution of division problems involving remainders: An examination of middle school students' solution processes and their interpretations of solutions. *Journal for Research in Mathematics Education* 24(2): 117-135.

Simon, H. A.
 1972 On the development of the processes. In *Information Processing in Children*, L. B. Resnick and L. E. Klopfer, eds. Alexandria, VA: ASCD Books.

Simon, H. A., and W. G. Chase
 1973 Skill in chess. *American Scientist* 61: 394-403.

Singley, K., and J. R. Anderson
 1989 *The Transfer of Cognitive Skill*. Cambridge, MA: Harvard University Press.

Spiro, R. J., P. L. Feltovich, M. J. Jackson, and R. L. Coulson
 1991 Cognitive flexibility, constructivism, and hypertext: Random access instruction for advanced knowledge acquisition in ill-structured domains. *Educational Technology* 31(5): 24-33.

Suina, J. H.
 1988 And then I went to school. Pp. 295-299 in *Cultural and Linguistic Influences on Learning Mathematics*, R. R. Cocking and J. P. Mestre,

eds. Hillsdale, NJ: Erlbaum.

Suina, J. H., and L. B. Smolkin
1994 From natal culture to school culture to dominant society culture: Supporting transitions for Pueblo Indian students. Pp. 115-130 in *Cross-cultural Roots of Minority Child Development*, P. M. Greenfield and R. R. Cocking, eds. Hillsdale, NJ: Erlbaum.

Tate, W.
1994 Race, retrenchment, and the reform of school mathematics. *Phi Delta Kappan* 75: 477-486.

Taylor, O., and D. Lee
1987 Standardized tests and African American children: Communication and language issues. *Negro Educational Review* 38: 67-80.

Thorndike, E. L.
1913 *Educational Psychology* (Vols. 1 and 2). New York: Columbia University Press.

Thorndike, E. L., and R. S. Woodworth
1901 The influence of improvement in one mental function upon the efficiency of other functions. *Psychological Review* 8: 247-261.

Vosniadou, S., and W. F. Brewer
1989 The Concept of the Earth's Shape: A study of Conceptual Change in Childhood. Unpublished paper. Center for the Study of Reading, University of Illinois, Champaign, Illinois.

Wandersee, J. H.
1983 Students' misconceptions about photosynthesis: A cross-age study. Pp. 441-465 in *Proceedings of the International Seminar on Misconceptions in Science and Mathematics*, H. Helm and J. Novak eds. Ithaca, NY: Cornell University.

Wason, P. C., and P. N. Johnson-Laird
1972 *Psychology of Reasoning: Structure and Content*. Cambridge, MA: Harvard University Press.

Wertheimer, M.
1959 *Productive Thinking*. New York: Harper and Row.

White, B. Y., and J. R. Frederickson
1998 Inquiry, modeling and metacognition: Making science accessible to all students. *Cognition and Instruction* 16(1): 3-117.

White, R. W.
1959 Motivation reconsidered: The concept of competence. *Psychological Review* 66: 297-333.

Williams, S. M.
1992 Putting case-based instruction into context: Examples from legal and medical education. *The Journal of the Learning Sciences* 2(4): 367-427.

Wineburg, Samuel S.
1989a Are cognitive skills context-bound? *Educational Researcher* 18(1): 16-25.
1989b Remembrance of theories past. *Educational Researcher* 18: 7-10.
1996 The psychology of learning and teaching history. Pp. 423-437 in *Handbook of Research in Educational Psychology*, D. Berliner and R. Calfee, eds. NY: Macmillan.

Woodworth, R. S.
1938 *Experimental Psychology*. New York, NY: Holt.

CHAPTER 4

Ashcraft, M. H.
1985 Is it farfetched that some of us remember arithmetic facts? *Journal for Research in Mathematical Education* 16: 99-105.

Au, K.
1981 Participant structures in a reading lesson with Hawaiian children. *Anthropology and Education Quarterly* 2: 91-115.

Au, K., and C. Jordan
1981 Teaching reading to Hawaiian children: Finding a culturally appropriate solution. Pp. 139-152 in *Culture and the Bilingual Classroom: Studies in Classroom Ethnography*, H. Tureba, G. Guthrie, and K. Au, eds. Rowley, MA: Newbury House.

Bahrick, L. E., and J. N. Pickens
1988 Classification of bimodal English and Spanish language passages by infants. *Infant Behavior and Development* 11: 277-296.

Baillargeon, R.
1995 Physical reasoning in infancy. Pp. 181-204 in *The Cognitive Neurosciences*, M. S. Gazzaniga, ed. Cambridge, MA: MIT Press.

Baillargeon, R., A. Needham, and J. DeVos
1992 The development of young infants' intuitions about support. *Early Development Parenting* 1: 69-78.

Bates, E., V. Carlson-Luden, and I. Bretherton
1980 Perceptual aspects of tool using in infancy. *Infant Behavior and Development* 3: 127-140.

Belmont, J. M., and E. C. Butterfield
1971 Learning strategies as determinants of memory deficiencies. *Cognitive Psychology* 2: 411-420.

Bereiter, C., and M. Scardamalia
1989 Intentional learning as a goal of instruction. Pp. 361-392 in *Knowing, Learning, and Instruction*, L. B. Resnick, ed. Hillsdale, NJ: Erlbaum.

Bertenthal, B. I.
1993 Infants' perception of biomechanical motions: Instrinsic image and knowledge-based constraints. In *Carnegie-Mellon Symposia in Cognition*, Vol. 23: *Visual Perception and Cognition in Infancy*, C. E. Granrud, ed. Hillsdale, NJ: Erlbaum.

Bidell, T. R., and K. W. Fischer
  1997 Between nature and nurture: The role of human agency in the epigenesis of intelligence. Pp. 193 – 242 in *Intelligence, Heredity, and Environment*, R. J. Sternberg and E. L. Grigorenko, eds. New York: Cambridge University Press.
Bijou, S., and D. M. Baer
  1961 *Child Development: Vol. 1: A Systematic and Empirical Theory*. New York: Appleton-Century-Crofts.
Brown, A. L.
  1975 The development of memory: Knowing, knowing about knowing, and knowing how to know. In *Advances in Child Development and Behavior* (Vol. 10), H. W. Reese, ed. New York: Academic Press.
  1978 Knowing when, and how to remember: A problem of metacognition. Pp. 77 – 165 in *Advances in Instructional Psychology* (Vol. 1), R. Glaser, ed. Hillsdale, NJ: Erlbaum.
  1990 Domain-specific principles affect learning and transfer in children. *Cognitive Science* 14: 107 – 133.
Brown, A. L., and J. C. Campione
  1994 Guided discovery in a community of learners. Pp. 229 – 270 in *Classroom Lessons: Integrating Cognitive Theory and Classroom Practice*, K. McGilly, ed. Cambridge, MA: MIT Press.
  1996 Psychological theory and the design of innovative learning environments: On procedures, principles, and systems. Pp. 289 – 325 in *Innovations in Learning: New Environments for Education*, L. Schauble and R. Glaser, eds. Mahwah, NJ: Erlbaum.
Brown, A. L., and J. D. Day
  1984 Macrorules for summarizing texts: The development of expertise. *Journal of Verbal Learning and Verbal Behavior* 22: 1 – 14.
Brown, A. L., J. D. Bransford, R. A. Ferrara, and J. C. Campione
  1983 Learning, remembering, and understanding. Pp. 78 – 166 in *Handbook of Child Psychology: Vol. 3 Cognitive Development* (4th ed.), J. H. Flavell and E. M. Markman, eds. New York: Wiley.
Brown, A. L., and J. S. DeLoache
  1978 Skills, plans, and self-regulation. Pp. 3 – 35 in *Children's Thinking: What Develops?* R. Siegler, ed. Hillsdale, NJ: Erlbaum.
Brown, A. L., and S. Q. C. Lawton
  1977 The feeling of knowing experience in educable retarded children. *Developmental Psychology* 11: 401 – 412.
Brown, A. L., and R. A. Reeve
  1987 Bandwidths of competence: The role of supportive contexts in learning and development. Pp. 173 – 223 in *Development and Learning: Conflict or Congruence?* The Jean Piaget Symposium Series, L. S. Liben, ed. Hillsdale, NJ: Erlbaum.
Brown, R.
  1958 *Words and Things*. Glencoe, IL: Free Press.
Bruner, J. S.
  1972 Toward a sense of community. Review of Gartner et al. (1971), "Children Teach Children." *Saturday Review* 55: 62 – 63.
  1981a Intention in the structure of action and interaction. In *Advances in Infancy Research*, Vol. 1, L. P. Lipsitt, ed. Norwood, NJ: Ablex.
  1981b The organization of action and the nature of adult-infant transaction: Festschrift for J. R. Nuttin. Pp. 1 – 13 in *Cognition in Human Motivation and Learning*, D. d'Ydewalle and W. Lens, eds. Hillsdale, NJ: Erlbaum.
  1983 *Child's Talk: Learning to Use Language*. New York: Norton.
Byrnes, J. P.
  1996 *Cognitive Development and Learning in Instructional Contexts*. Boston: Allyn and Bacon.
Callanan, M. A.
  1985 How parents label objects for young children: The role of input in the acquisition of category hierarchies. *Child Development* 56: 508 – 523.
Canfield, R. L., and E. G. Smith
  1996 Number-based expectations and sequential enumeration by 5-month-old infants. *Developmental Psychology* 32: 269 – 279.
Carey, S., and R. Gelman
  1991 *The Epigenesis of Mind: Essays on Biology and Cognition*. Hillsdale, NJ: Erlbaum.
Case, R.
  1992 *The Mind's Staircase: Exploring the Conceptual Underpinning of Children's Thought and Knowledge*. Hillsdale, NJ: Erlbaum.
Chapman, R. S.
  1978 Comprehension strategies in children. Pp. 308 – 329 in *Speech and Language in the Laboratory, School, and Clinic*, J. Kavanaugh and W. Strange, eds. Cambridge, MA: MIT Press.
Chi, M. T. H.
  1978 Knowledge structures and memory development. Pp. 73 – 96 in *Children's Thinking: What Developes*, R. Siegler, ed. Hillsdale, NJ: Erlbaum.
Cognition and Technology Group at Vanderbilt
  1994 From visual word problems to learning communities: Changing conceptions of cognitive research. Pp. 157 – 200 in *Classroom Lessons: Integrating Cognitive Theory and Classroom Practice*, K. McGilly, ed. Cambridge, MA: MIT Press/Bradford Books.
Cohen, A.
  1994 The Effect of a Teacher-Designed Assessment Tool on an Instructor's Cognitive Activity While Using CSILE. Unpublished paper.
Cohen, M. N.
  1995 *Lewis Carroll: A Biography*. New York: Knopf.
Colombo, J., and R. S. Bundy
  1983 Infant response to auditing familiarity and novelty. *Infant Behavior* 6: 305 – 311.

Cooney, J. B., H. L. Swanson, and S. F. Ladd
    1988   Acquisition of mental multiplication skill: Evidence for the transition between counting and retrieval strategies. *Cognition and Instruction* 5(4): 323-345.
Coyle, T. R., and D. F. Bjorklund
    1997   The development of strategic memory: A modified microgenetic assessment of utilization deficiencies. *Cognitive Development* 11(2): 295-314.
DeLoache, J. S.
    1984   What's this? Maternal questions in joint picturebook reading with toddlers. *Quarterly Newsletter of the Laboratory for Comparative Human Cognition* 6: 87-95.
DeLoache, J. S., D. J. Cassidy, and A. L. Brown
    1985a   Precursors of mnemonic strategies in very young children's memory. *Child Development* 56: 125-137.
DeLoache, J. S., K. F. Miller, and S. L. Pierroutsakos
    1998   Reasoning and problem-solving. Pp. 801-850 in *Handbook of Child Psychology* (Vol. 2), D. Kuhn and R. S. Siegler, eds. New York: Wiley.
DeLoache, J. S., S. Sugarman, and A. L. Brown
    1985b   The development of error correction strategies in young children's manipulative play. *Child Development* 56: 928-939.
Dichter-Blancher, T. B., N. A. Bush-Rossnagel, and Knauf-Jensen
    1997   Mastery-motivation: Appropriate tasks for toddlers. *Infant Behavior and Development* 20(4): 545-548.
Dweck, C. S.
    1989   Motivation. Pp. 87-136 in *Foundations for a Psychology of Education*, A. Lesgold and R. Glaser, eds. Hillsdale, NJ: Erlbaum.
Dweck, C., and E. Elliott
    1983   Achievement motivation. Pp. 643-691 in *Handbook of Child Psychology, Vol. IV: Socialization, Personality, and Social Development*, P. H. Mussen, ed. New York: Wiley.
Dweck, C., and E. Legget
    1988   A social-cognitive approach to motivation and personality. *Psychological Review* 95: 256-273.
Edwards, C. P.
    1987   Culture and the construction of moral values: A comparative ethnography of moral encounters in two cultural settings. Pp. 123-150 in *Emergence of Morality in Young Children*, J. Kagan and L. Lamb, eds. Chicago: University of Chicago Press.
Eimas, P. D., E. R. Siqueland, P. W. Jusczyk, and J. Vigorito
    1971   Speech perception in infants. *Science* 171: 303-306.
Eisenberg, A. R.
    1985   Learning to describe past experiences in conversation. *Discourse Processes* 8: 177-204.
Engle, S.
    1995   *The Stories Children Tell: Making Sense of the Narratives of Childhood*. New York: Freeman.
Fantz, R. L.
    1961   The origin of form perception. *Scientific American* 204: 66-72.
Flavell, J. H., and H. M. Wellman
    1977   Metamemory. Pp. 3-33 in *Perspectives on the Development of Memory and Cognition*, R. V. Kail and J. W. Hagen, eds. Hillsdale, NJ: Erlbaum.
Gardner, H.
    1983   *Frames of Mind*. New York: Basic Books.
    1991   *The Unschooled Mind: How Children Think, and How Schools Should Teach*. New York: Basic Books.
    1997   *Extraordinary Minds: Portraits of Exceptional Individuals and an Examination of Our Extraordinariness*. New York: Basic Books.
Geary, D.
    1994   *Children's Mathematical Development: Research and Practice Applications*. Washington, DC: American Psychological Association.
Geary, D. C., and M. Burlingham-Dubree
    1989   External validation of the strategy choice model for addition. *Journal of Experimental Child Psychology* 47: 175-192.
Gelman, R.
    1990   First principles organize attention to and learning about relevant data: Number and the animate-inanimate distinction as examples. *Cognitive Science* 14: 79-106.
Gelman, R., and A. L. Brown
    1986   Changing views of cognitive competence in the young. Pp. 175-207 in *Discoveries and Trends in Behavioral and Social Sciences*, N. Smelser and D. Gerstein, eds. Commission on Behavioral and Social Sciences and Education, National Research Council. Washington, DC: National Academy Press.
Gelman, R., and C. R. Gallistel
    1978   *The Child's Understanding of Number*. Cambridge, MA: Harvard University Press.
Gelman, S. A.
    1988   The development of induction within natural kind and artifact categories. *Cognitive Psychology* 20: 65-95.
Gibson, E. J.
    1969   *Principles of Perceptual Learning and Development*. New York: Appleton-Century-Crofts.
Goldman, S. R., J. W. Pellegrino, and D. L. Mertz

1988 Extended practices of basic addition facts: Strategy changes in learning disabled students. *Cognition and Instruction* 5: 223–265.

Gopnik, M.
1990 Feature-blind grammar and sysphasia. *Nature* 344: 615.

Griffin, S., and R. Case
1997 Wrap-Up: Using peer commentaries to enhance models of mathematics teaching and learning. *Issues in Education* 3(1): 115–134.

Griffin, S., R. Case, and A. Capodilupo
1992 Rightstart: A program designed to improve children's conceptual structure on which this performance depends. In *Development and Learning Environments*, S. Strauss, ed. Norwood, NJ: Ablex.

Groen, G. J., and L. B. Resnick
1977 Can preschool children invent addition algorithms? *Journal of Educational Psychology* 69: 645–652.

Hatano, G., and K. Inagaki
1996 Cultural Contexts of Schooling Revisited: A Review of the Learning Gap from a Cultural Psychology Perspective. Paper presented at the Conference on Global Prospects for Education: Development, Culture and Schooling. University of Michigan.

Heath, S. B.
1981 Questioning at home and school: A comprehensive study. In *Doing Ethnography: Educational Anthopology in Action*, G. Spindler, ed. New York: Holt, Rinehart, and Winston.
1983 *Ways with Words: Language, Life, and Work in Communities and Classrooms*. Cambridge, England: Cambridge University Press.

Hoff-Ginsberg, E., and M. Shatz
1982 Linguistic input and the child's acquisition of language. *Psychological Bulletin* 92(1)(July): 3–26.

John-Steiner, V.
1984 Learning styles among Pueblo children. *Quarterly Newsletter of the Laboratory of Comparative Human Cognition* 6: 57–62.

Jorm, A. F., and D. L. Share
1983 Phonological recoding and reading acquisition. *Applied Psycholinguistics* 4(2)(June): 103–147.

Kahah, I. D., and D. D. Richards
1986 The effects of context on referential communication strategies. *Child Development* 57(5)(October): 1130–1141.

Kalnins, I. V., and J. S. Bruner
1973 The coordination of visual observation and instrumental behavior in early infancy. *Perception* 2: 307–314.

Karmiloff-Smith, A.
1992 *Beyond Modularity: A Developmental Perspective on Cognitive Science*. Cambridge, MA: MIT Press.

Karmiloff-Smith, A., and B. Inhelder
1974 If you want to get ahead, get a theory. *Cognition* 3: 195–212.

Klahr, D., and J. G. Wallace
1973 The role of quantification operators in the development of conservation of quantity. *Cognitive Psychology* 4: 301–327.

Kolstad, V., and R. Baillargeon
1994 Appearance-and Knowledge-Based Responses to Containers in 5 1/2- to 8 1/2-Month-Old Infants. Unpublished paper.

Kuhara-Koijma, K., and G. Hatano
1989 Strategies of recognizing sentences among high and low critical thinkers. *Japanese Psychological Research* 3(1): 1–9.

Kuhl, P. K., K. A. Williams, F. Lacerda, N. Stevens, and B. Lindblom
1992 Linguistic experience alters phonetic perception in infants by 6 months of age. *Science* 255: 606–608.

Kuhn, D., ed.
1995 Development and learning: Reconceptualizing the intersection: Introduction. *Human Development* 38(special issue): 293–294.

Lave, J., and E. Wenger
1991 *Situated Learning: Legitimate Peripheral Participation*. New York: Cambridge University Press.

Lehrer, R., and L. Schauble
1996 Developing Model-Based Reasoning in Mathematics and Science. Paper prepared for the Workshop on the Sciences of Science of Learning. National Research Council, Washington, DC.

Lemaire, P., and R. S. Siegler
1995 Four aspects of strategic change: Contributions to children's learning of multiplication. *Journal of Experimental Psychology: General* 124(1)(March): 83–97.

Leslie, A. M.
1994a Pretending and believing: Issues in the theory ToMM. *Cognition* 50: 211–238.
1994b ToMM, ToBy, and agency: Core architecture and domain specificity. Pp. 119–148 in *Domain Specificity in Cognition and Culture*, L. A. Hirshfeld and S. Gelman, eds.

Lewis, M., and R. Freedle
1973 Mother-infant dyad: The cradle of meaning. Pp. 127–155 in *Communication and Affect*, P. Pliner, ed. New York: Academic Press.

Linberg, M.
1980 The role of knowledge structure in the ontogeny of learning. *Journal of Experimental Child Psychology*, 30: 401–410.

MacNamara, J.
1972 Cognitive bases of language learning in infants. *Psychological Review* 79(1): 1–13.

Mandler, J. M.
1996 Development of categorization: Perceptual and conceptual categories. In *Infant Development: Recent Advances*, G. Bremner, A. Slater, and

G. Butterworth, eds. Hove, England: Erlbaum.

Massey, C. M., and R. Gelman
　1988　Preschoolers decide whether pictured unfamiliar objects can move themselves. *Developmental Psychology* 24: 307-317.

Mayes, L. C., R. Feldman, R. N. Granger, M. H. Bornstein, and R. Schottenfeld
　1998　The effects of polydrug use with and without cocaine on the mother-infant interaction at 3 and 6 months. *Infant Behavior and Development* 20(4): 489-502.

McNamee, G. D.
　1980　The Social Origins of Narrative Skills. Unpublished doctoral dissertation. Northwestern University.

Mehan, H.
　1979　*Learning Lessons: Social Organization in the Classroom*. Cambridge, MA: Harvard University Press.

Mehler, J., and A. Christophe
　1995　Maturation and learning of language in the first year of life. Pp. 943-954 in *The Cognitive Neurosciences*, M. S. Gazzaniga, ed. Cambridge, MA: MIT Press.

Mervis, C. B.
　1984　Early lexical development: The contributions of mother and child. Pp. 339-370 in *Origins of Cognitive Skills*, C. Sophian, ed. Hillsdale, NJ: Erlbaum.

Miller, G. A.
　1956　The magical number seven, plus or minus two. Some limits on our capacity to process information. *Psychological Review* 63: 81-87.

Moll, L. C., and K. Whitmore
　1993　Vygotsky in classroom practice: Moving from individual transmission to social transaction. Pp. 19-42 in *Contexts for Learning*, E. A. Forman, N. Minick, and C. A. Stone, eds. New York: Oxford University Press.

National Research Council
　1998　*Preventing Reading Difficulties in Young Children*, C. E. Snow, M. S. Burns, and P. Griffin, eds. Committee on Prevention of Reading Difficulties in Young Children. Washington, DC: National Academy Press.

Needham, A., and R. Baillargeon
　1993　Intuitions about support in 4 1/2-month-old infants. *Cognition* 47: 121-148.

Nelson, K.
　1986　*Event Knowledge: Structure and Function in Development*. Hillsdale, NJ: Erlbaum.

Newell, A., J. C. Shaw, and H. A. Simon
　1958　Elements of a theory of human problem solving. *Psychological Review* 65: 151-166.

Newell, A., and H. A. Simon
　1972　*Human Problem Solving*. Englewood Cliffs, NJ: Prentice-Hall.

Newman, D., P. Griffin, and M. Cole
　1989　*The Construction Zone: Working for Cognitive Change in School*. New York: Cambridge University Press.

Newsweek
　1996　How kids are wired for music, math, and emotions, by E. Begley. *Newsweek* (February 19): 55-61.

Ninio, A., and J. S. Bruner
　1978　The achievement and antecedents of labeling. *Child Development* 24(2): 131-144.

Ochs, E., and B. B. Schieffelin
　1984　Language acquisition and socialization: Three developmental stories and their implications. Pp. 276-320 in *Culture and Its Acquisition*, R. Shweder and R. Levine, eds. Chicago: University of Chicago Press.

Ohlsson, S.
　1991　Young Adults' Understanding of Evolutional Explanations: Preliminary Observations. Unpublished paper. Learning Research and Development Center, University of Pittsburgh.

Palinscar, A. S., and A. L. Brown
　1984　Reciprocal teaching of comprehension monitoring activities. *Cognition and Instruction* 1: 117-175.

Papousek, M., H. Papousek, and M. H. Bornstein
　1985　The naturalistic vocal environment of young infants. Pp. 269-298 in *Social Perception in Infants*, T. M. Field and N. Fox, eds. Norwood, NJ: Ablex.

Pascual-Leone, J.
　1988　Affirmations and negations, disturbances and contradictions in understanding Piaget: Is his later theory causal? *Contemporary Psychology* 33: 420-421.

Piaget, J.
　1952　*The Origins of Intelligence in Children*, M. Cook, trans. New York: International Universities Press.
　1970　Piaget's theory. In *Carmichael's Manual of Child Psychology*, P. H. Musen, ed. New York: Wiley.
　1977　*The Grasp of Consciousness*. London: Routledge and Kegan Paul.
　1978　*Success and Understanding*. Cambridge, MA: Harvard University Press.

Pressley, M. J., P. B. El-Dinary, M. B. Marks, R. Brown, and S. Stein
　1992　Good strategy instruction is motivating and interesting. Pp. 333-358 in *The Role of Interest in Learning and Development*, K. A. Renninger, S. Hidi, and A. Krapp, eds. Hillsdale, NJ: Erlbaum.

Reder, L., and J. R. Anderson

  1980 A comparison of texts and their summaries: Memorial consequences. *Journal of Verbal Learning and Verbal Behavior* 198: 121－134.
Resnick, L. B. , and W. W. Ford
  1981 *The Psychology of Mathematics Instruction*. Hillsdale, NJ: Erlbaum.
Resnick, L. B. , and S. Nelson-LeGall
  1998 Socializing intelligences. In *Piaget, Vygotsky, and Beyond: Future Issues for Developmental Psychology and Education*, L. Smith, J. Dockrell, and P. Tomlinson, eds. London, UK: Routledge.
Rogoff, B.
  1990 *Apprenticeship in Thinking: Cognitive Development in Social Context*. New York: Oxford University Press.
Rogoff, B. , C. Malkin, and K. Gilbride
  1984 Interaction with babies as guidance in development. Pp. 31－44 in *Children's Learning in the "Zone of Proximal Development,"* B. Rogoff and J. V. Wertsch, eds. San Francisco: Jossey-Bass.
Rogoff, B. , J. Mistry, A. Goncu, and C. Mosier
  1993 Guided Participation in Cultural Activity by Toddlers and Caregivers. *Monographs of the Society for Research in Child Development* 58(7): Serial no. 236.
Rogoff, B. , and J. V. Wertsch, eds.
  1984 *Childrens' Learning in the "Zone of Proximal Development."* San Francisco: Jossey-Bass.
Rovee-Collier, C.
  1989 The joy of kicking: Memories, motives, and mobiles. Pp. 151－180 in *Memory: Interdisciplinary Approaches*, P. R. Solomon, G. R. Goethals, C. M. Kelly, and B. R. Stephens, eds. New York: Springer-Verlag.
Salomon, G.
  1993 No distribution without individuals' cognition: A dynamic interactional view. Pp. 111－138 in *Distributed Cognitions*. New York: Cambridge University Press.
Saxe, G. B. , M. Gearhart, and S. B. Guberman
  1984 The social organization of early number development. Pp. 19－30 in *Children's Learning in the "Zone of Proximal Development,"* B. Rogoff and J. V. Wertsch, eds. San Francisco: Jossey-Bass.
Schaffer, H. , ed.
  1977 *Studies in Infant-Mother Interaction*. London: Academic Press.
Schauble, L.
  1990 Belief revision in children: The role of prior knowledge and strategies for generating evidence. *Journal of Experimental Child Psychology* 49: 31－57.
Schilling, T. H. , and R. K. Clifton
  1998 Nine-month-old infants learn about a physical event in a single session: Implications for infants' understanding of physical phenomena. *Cognitive Development* 133: 165－184.
Shultz, T. R.
  1982 Rules for causal attribution. *Monographs of the Society for Research in Child Development* 47: serial no. 194.
Siegler, R. S.
  1988 Individual differences in strategy choices: Good students, not-so-good students, and perfectionists. *Child Development* 59: 833－851.
  1996 A grand theory of development. *Monographs of the Society for Research in Child Development* 61: 266－275.
Siegler, R. S. , ed.
  1978 *Children's Thinking: What Develops?* Hillsdale, NJ: Erlbaum.
Siegler, R. S. , and K. Crowley
  1991 The microgenetic method: A direct means for studying cognitive development. *American Psychologist* 46: 606－620.
  1994 Constraints on learning in nonprivileged domains. *Cognitive Psychology* 27: 194－226.
Siegler, R. S. , and K. McGilly
  1989 Strategy choices in children's time-telling. In *Time and Human Cognition: A Life-span Perspective*, I. Levin and D. Zakay, eds. Amsterdam, the Netherlands: Elsevier.
Siegler, R. S. , and M. Robinson
  1982 The development of numerical understanding. In *Advances in Child Development and Behavior*, H. W. Reese and L. P. Lipsitt, eds. New York: Academic Press.
Simon, H. A.
  1972 On the development of the processes. In *Information Processing in Children*, S. Farnham-Diggory, ed. New York: Academic Press.
Skinner, B. F.
  1950 Are theories of learning necessary? *Psychological Review* 57: 193－216.
Sophian, C.
  1994 *Children's Numbers*. Madison, WI: WCB Brown and Benchmark.
Spelke, E. S.
  1990 Principles of object perception. *Cognitive Science* 14: 29－56.
Starkey, P.
  1992 The early development of numerical reasoning. *Cognition* 43: 93－126.
Starkey, P. , and R. Gelman
  1982 The development of addition and subtraction abilities prior to formal schooling. In *Addition and Subtraction: A Developmental Perspective*,

T. P. Carpenter, J. M. Moser, and T. A. Romberg, eds. Hillsdale, NJ: Erlbaum.

Starkey, P., E. S. Spelke, and R. Gelman
1990 Numerical abstraction by human infants. *Cognition* 36: 97-127.

Suina, J. H.
1988 And then I went to school. Pp. 295-299 in *Cultural and Linguistic Influences on Learning Mathematics*, R. R. Cocking and J. P. Mestre, eds. Hillsdale, NJ: Erlbaum.

Suina, J. H., and L. B. Smolkin
1994 From natal culture to school culture to dominant society culture: Supporting transitions for Pueblo Indian students. Pp. 115-130 in *Cross-Cultural Roots of Minority Child Development*, P. M. Greenfield and R. R. Cocking, eds. Hillsdale, NJ: Erlbaum.

Vygotsky, L. S.
1978 *Mind in Society*. Cambridge: Harvard University Press.

Walden, T. A., and T. A. Ogan
1988 The development of social referencing. *Child Development* 59: 1230-1240.

Ward, M.
1971 *Them Children*. New York: Holt, Rinehart and Winston.

Wellman, H. M.
1990 *The Child's Theory of Mind*. Cambridge, MA: MIT Press.

Wellman, H. M., and S. A. Gelman
1992 Cognitive development: Foundational theories of core domains. *Annual Review of Psychology* 43: 337-375.

Wellman, H. M., and A. K. Hickey
1994 The mind's "I": Children's conceptions of the mind as an active agent. *Child Development* 65: 1564-1580.

Wellman, H. M., K. Ritter, and J. H. Flavell
1975 Deliberate memory behavior in the delayed reactions of very young children. *Developmental Psychology* 11: 780-787.

White, R. W.
1959 Motivation reconsidered: The concept of competence. *Psychological Review* 66: 297-333.

Wood, D., J. S. Bruner, and G. Ross
1976 The role of tutoring in problem-solving. *Journal of Child Psychology and Psychiatry* 17: 89-100.

Wright, J. C., and A. C. Huston
1995 Effects of Educational TV Viewing of Lower Income Preschoolers on Academic Skills, School Readiness, and School Adjustment One to Three Years Later. A report to Children's Television Workshop. Lawrence, KS: University of Kansas.

Wynn, K.
1990 Children's understanding of counting. *Cognition* 36: 155-193.
1992a Addition and subtraction by human infants. *Nature* 358: 749-750.
1992b Evidence against empirical accounts of the origins of numerical knowledge. *Mind and Language* 7: 209-227.
1996 Infants' individuation and enumeration of actions. *Psychological Science* 7: 164-169.

Yarrow, L. J., and D. J. Messer
1983 Motivation and cognition in infancy. Pp. 451-477 in *Origins of Intelligence: Infancy and Early Childhood*, M. Lewis, ed. New York: Plenum.

CHAPTER 5

Bach-y-Rita, P.
1980 Brain plasticity as a basis for therapeutic procedures. In *Recovery of Function: Theoretical Considerations for Brain Injury Rehabilitation*, P. Bachy-Rita, ed. Baltimore, MD: University Park Press.
1981 Brain plasticity as a basis of the development of rehabilitation procedures for hemiplegia. *Scandinavian Journal of Rehabilitation Medicine* 13: 73-83.

Beaulieu, C., and M. Colonnier
1987 Effects of the richness of the environment on the cat visual cortex. *Journal of Comparative Neurology* 266: 478-494.

Beaulieu, C., and M. Cynader
1990 Effect of the richness of the environment on neurons in cat visual cortex. I. Receptive field properties. *Developmental Brain Research* 53: 71-81.

Bellugi, U.
1980 Clues from the similarities between signed and spoken language. In *Signed and Spoken Language: Biological Constraints on Linguistic Form*, U. Bellugi and M. Studdert-Kennedy, eds. Weinheim, Germany: Venlag Chemie.

Black, J. E., K. R. Isaacs, B. J. Anderson, A. A. Alcantara, and W. T. Greenough
1990 Learning causes synaptogenesis, whereas motor activity causes angiogenesis, in cerebellar cortex of adult rats. *Proceedings of the National Academy of Sciences U. S. A.* 87: 5568-5572.

Black, J. E., A. M. Sirevaag, and W. T. Greenough
1987 Complex experience promotes capillary formation in young rat visual cortex. *Neuroscience Letters* 83: 351-355.

Blakemore, C.
1977 *Mechanics of the Mind*. Cambridge, UK: Cambridge University Press.

Bruer, J. T.

    1997   Education and the brain: A bridge too far. *Educational Researcher* 26(8)(November): 4-16.
Cardellichio, T., and W. Field
    1997   Seven strategies to enhance neural branching. *Educational Leadership* 54(6)(March).
Ceci, S. J.
    1997   Memory: Reproductive, Reconstructive, and Constructive. Paper presented at a symposium, Recent Advances in Research on Human Memory, April 29, National Academy of Sciences, Washington, DC.
Chang, F. L., and W. T. Greenough
    1982   Lateralized effects of monocular training on dendritic branching in adult split-brain rats. *Brain Research* 232: 283-292.
Crill, W. E., and M. E. Raichle
    1982   Clinical evaluation of injury and recovery. In *Repair and Regeneration of the Nervous System*, J. G. Nicholls, ed. New York: Springer-Verlag.
Eisenberg, L.
    1995   The social construction of the human brain. *American Journal of Psychiatry* 152: 1563-1575.
Ferchmin, P. A., E. L. Bennett, and M. R. Rosenzweig
    1978   Direct contact with enriched environment is required to alter cerebral weights in rats. *Journal of Comparative and Psysiological Psychology* 88: 360-367.
Friedman, S. L., and R. R. Cocking
    1986   Instructional influences on cognition and on the brain. Pp. 319-343 in *The Brain, Cognition, and Education*, S. L. Friedman, K. A. Klivington, and R. W. Peterson, eds. Orlando, FL: Academic Press.
Gibson, E. J.
    1969   *Principles of Perceptual Learning and Development*. New York: Appleton-Century-Crofts.
Greenough, W. T.
    1976   Enduring brain effects of differential experience and training. Pp. 255-278 in *Neural Mechanisms of Learning and Memory*, M. R. Rosenzweig and E. L. Bennett, eds. Cambridge, MA: MIT Press.
Greenough, W. T., J. M. Juraska, and F. R. Volkmar
    1979   Maze training effects on dendritic branching in occipital cortex of adult rats. *Behavioral and Neural Biology* 26: 287-297.
Hunt, J. M.
    1961   *Intelligence and experience*. New York: Ronald Press.
Huttenlocher, P. R., and A. S. Dabholkar
    1997   Regional differences in synaptogenesis in human cerebral cortex. *Journal of Comparative Neurology* 387: 167-178.
Jones, T. A., and T. Schallert
    1994   Use-dependent growth of pyramidal neurons after neocortex damage. *Journal of Neuroscience* 14: 2140-2152.
Juraska, J. M.
    1982   The development of pyramidal neurons after eye opening in the visitual cortex of hooded rats: A quantitative study. *Journal of Comparative Neurology* 212: 208-213.
Kleim, J. A., E. R. Lussnig, E. R. Schwarz, T. A. Comery, and W. T. Greenough
    1996   Synaptogenesis and Fos expression in the motor cortex of the adult rat following motor skill learning. *Journal of Neuroscience* 16: 4529-4535.
Kolb, B.
    1995   *Brain Plasticity and Behavior*. Hillsdale, NJ: Erlbaum.
Kuhl, P. K.
    1993   Innate predispositions and the effects of experience in speech perception: The native language magnet theory. Pp. 259-274 in *Developmental Neurocognition: Speech and Face Processing in the First Year of Life*, B. deBoysson-Bardies, S. deSchonen, P. Juscyzyk, P. McNeilage, and J. Morton, eds. Dordrecht, NL: Kluwer Academic Publishers.
Lichtenstein, E. H., and W. F. Brewer
    1980   Memory for goal-directed events. *Cognitive Psychology* 12: 415-445.
Neville, H. J.
    1984   Effects of early sensory and language experience on the development of the human brain. In *Neonate Cognition: Beyond the Blooming Buzzing Confusion*, J. Mehler and R. Fox, eds. Hillsdale, NJ: Erlbaum.
    1995   Effects of Experience on the Development of the Visual Systems of the Brain on the Language Systems of the Brain. Paper presented in the series Brain Mechanisms Underlying School Subjects, Part 3. University of Oregon, Eugene.
Newsweek
    1996   How kids are wired for music, math, and emotions, by E. Begley. *Newsweek* (February 19): 55-61.
    1997   How to build a baby's brain, by E. Begley. *Newsweek* (Summer special issue): 28-32.
Roediger, H.
    1997   Memory: Explicit and Implicit. Paper presented at the Symposium, Recent Advances in Research on Human Memory, National Academy of Sciences. Washington, DC.
Rosenzweig, M. R., and E. L. Bennett
    1972   Cerebral changes in rats exposed individually to an enriched environment. *Journal of Comparative and Physiological Psychology* 80: 304-313.
    1978   Experiential influences on brain anatomy and brain chemistry in rodents. Pp. 289-330 in *Studies on the Development of Behavior and the*

Nervous System: Vol. 4. Early Influences, G. Gottlieb, ed. New York: Academic Press.

Schacter, D. L.
   1997 Neuroimaging of Memory and Consciousness. Paper presented at the Symposium: Recent Advances in Research on Human Memory, National Academy of Sciences, Washington, DC.

Squire, L. R.
   1997 Memory and Brain Systems. Paper presented at the Symposium: Recent Advances in Research on Human Memory, National Academy of Sciences, Washington, DC.

Sylwester, R.
   1995 A Celebration of Neurons: An Educator's Guide to the Human Brain. Association for Supervision and Curriculum Development, Alexandria, VA.

Time
   1997a The day-care dilemma, by J. Collins. *Time* (February 3): 57-97.
   1997b Fertile minds, by J. M. Nash. *Time* (February 3): 49-56.

Turner, A. M., and W. Greenough
   1985 Differential rearing effects on rat visual cortex synapses. I. Synaptic and neuronal density and synapses per neuron. *Brain Research* 328: 195-203.

CHAPTER 6

Alcorta, M.
   1994 Text writing from a Vygotskyan perspective: A sign-mediated operation. *European Journal of Psychology of Education* 9: 331-341.

American Association for the Advancement of Science
   1989 *Science for All Americans: A Project 2061 Report on Literacy Goals in Science, Mathematics, and Technology*. Washington, DC: American Association for the Advancement of Science.

Au, K., and C. Jordan
   1981 Teaching reading to Hawaiian children: Finding a culturally appropriate solution. Pp. 139-152 in *Culture and the Bilingual Classroom: Studies in Classroom Ethnography*, H. Tureba, G. Guthrie, and K. Au, eds. Rowley, MA: Newbury House.

Bakhtin, M.
   1984 *Problems of Dostoevsky's Poetics*. Minneapolis: University of Minnesota Press.

Ballenger, C.
   1997 Social identities, moral narratives, scientific argumentation: Science talk in a bilingual classroom. *Language and Education* 11(1): 1-14.

Barron, B.
   1991 Collaborative Problem Solving: Is Team Performance Greater Than What Is Expected from the Most Competent Member? Unpublished doctoral dissertation. Vanderbilt University.

Barron, B. J., D. L. Schwartz, N. J. Vye, A. Moore, A. Petrosino, L. Zech., J. D. Bransford, and Cognition and Technology Group at Vanderbilt
   1998 Doing with understanding: Lessons from research on problem and project-based learning. *Journal of Learning Sciences* 7(3 and 4): 271-312.

Barth, R. S.
   1988 School as a community of leaders. In *Building a Professional Culture in Schools*, A. Lieberman, ed. New York: Teachers College Press.
   1991 *Improving Schools from Within: Teachers, Parents, and Principals Can Make the Difference*. San Francisco: Jossey-Bass Publishers.

Baxter, G. P., and R. Glaser
   1997 A Cognitive Framework for Performance Assessment. CSE Technical Report. National Center for Research on Evaluation, Standards, and Student Testing, Graduate School of Education, University of California, Los Angeles.

Beck, I. L., M. G. McKeown, and W. E. Gromoll
   1989 Learning from social studies texts. *Cognition and Instruction*, 6: 99-158.

Beck, I. L., M. G. McKeown, G. M. Sinatra, and J. A. Loxterman
   1991 Revising social studies text from a text-processing perspective: Evidence of improved comprehensibility. *Reading Research Quarterly* 26: 251-276.

Bell, A. W.
   1982a Diagnosing students' misconceptions. *The Australian Mathematics Teacher* 1: 6-10.
   1982b Treating students' misconceptions. *The Australian Mathematics Teacher* 2: 11-13.
   1985 Some implications of research on the teaching of mathematics. Pp. 61-79 in *Theory, Research and Practice in Mathematical Education*, A. Bell, B. Low, and J. Kilpatrick, eds. Proceedings of Fifth International Congress on Mathematical Education, Adelaide, South Australia. Nottingham, England: Shell Centre for Mathematical Education, University of Nottingham.

Bell, A. W., D. O'Brien, and C. Shiu
   1980 Designing teaching in the light of research on understanding. In *Proceedings of the Fourth International Conference for the Psychology of Mathematics Education*, R. Karplus, ed. ERIC Document Reproduction Service No. ED 250 186. Berkeley, CA: The International Group for the Psychology of Mathematics.

Bell, A. W., K. Pratt, and D. Purdy
   1986 Teaching by Conflict Discussion — A Comparative Experiment. Shell Centre for Mathematical Education, University of Nottingham, England.

Bell, A. W., and D. Purdy
   1985 Diagnostic Teaching — Some Problems of Directionality. Shell Centre for Mathematical Education, University of Nottingham, England.

Bennett, K. P., and M. D. LeCompte

1990 *The Way Schools Work: A Sociological Analysis of Education*. New York: Longman.

Bereiter, C., and M. Scardamalia
1989 Intentional learning as a goal of instruction. Pp. 361-392 in *Knowing, Learning, and Instruction: Essays in Honor of Robert Glaser*, L. B. Resnick, ed. Hillsdale, NJ: Erlbaum.

Black, P., and William, D.
1998 Assessment and classroom learning. In *Assessment and Education*. Special issue of Assessment in Education: Principles, policy and practice 5(1): 7-75. Carfax Pub. Co.

Bransford, J. D., with Cognition and Technology Group at Vanderbilt
1998 Designing environments to reveal, support, and expand our children's potentials. Pp. 313-350 in *Perspectives on Fundamental Processes in Intellectual Functioning* (Vol. 1), S. A. Soraci and W. McIlvane, eds. Greenwich, CT: Ablex.
2000 Adventures in anchored instruction: Lessons from beyond the ivory tower. In *Advances in Instructional Psychology* (Vol. 5), R. Glaser, ed. Mahwah, NJ: Erlbaum.

Bray, M. H.
1998 Leading in Learning: An Analysis of Teachers' Interactions with Their Colleagues as They Implement a Constructivist Approach to Learning. Unpublished doctoral dissertation. Vanderbilt University, Peabody College, Nashville, TN.

Brown, A. L., and J. C. Campione
1994 Guided discovery in a community of learners. Pp. 229-270 in *Classroom Lessons: Integrating Cognitive Theory and Classroom Practice*, K. McGilly, ed. Cambridge, MA: MIT Press.
1996 Psychological theory and the design of innovative learning environments: On procedures, principles, and systems. Pp. 289-325 in *Innovations in Learning: New Environments for Education*, L. Schauble and R. Glaser, eds. Mahwah, NJ: Erlbaum.

Bruer, J. T.
1993 *Schools for Thought*. Cambridge, MA: MIT Press.

Bruner, J.
1981 The organization of action and the nature of adult-infant transaction: Festschrift for J. R. Nuttin. Pp. 1-13 in *Cognition in Human Motivation and Learning*, D. d'Ydewalle and W. Lens, eds. Hillsdale, NJ: Erlbaum.

Callahan, R. E.
1962 *Education and the Cult of Efficiency*. Chicago: University of Chicago Press.

Case R., and J. Moss
1996 Developing Children's Rational Number Sense: An Approach Based on Cognitive Development Theory. Paper presented at the annual conference on the Psychology of Mathematics Education, Orlando, Florida.

Cobb, P., E. Yackel, and T. Wood
1992 A constructivist alternative to the representational view of mind in mathematics education. *Journal for Research in Mathematics Education* 19: 99-114.

Cognition and Technology Group at Vanderbilt
1997 *The Jasper Project: Lessons in Curriculum, Instruction, Assessment, and Professional Development*. Mahwah, NJ: Erlbaum.

Collins, A., J. Hawkins, and S. M. Carver
1991 A cognitive apprenticeship for disadvantaged students. Pp. 216-243 in *Teaching Advanced Skills to At-Risk Students*, B. Means, C. Chelemer, and M. S. Knapp, eds. San Francisco: Jossey-Bass.

Covey, S. R.
1990 *Principle-Centered Leadership*. New York: Simon and Schuster.

Crago, M. B.
1988 Cultural Context in the Communicative Interaction of Young Inuit Children. Unpublished doctoral dissertation. McGill University.

Dewey, J.
1916 *Democracy and Education*. New York: Macmillan.

Deyhle, D., and F. Margonis
1995 Navajo mothers and daughters. Schools, jobs, and the family. *Anthropology and Education Quarterly* 26: 135-167.

Dorr, A.
1982 Television and the socialization of the minority child. In *Television and the Socialization of the Minority Child*, G. L. Berry and C. Mitchell-Kernan, eds. New York: Academic Press.

Duckworth, E.
1987 *"The Having of Wonderful Ideas" and Other Essays on Teaching and Learning*. New York: Teachers College Press, Columbia University.

Festinger, L.
1957 *A Theory of Cognitive Dissonance*. Stanford, CA: Stanford University Press.

Fuchs, L. S., D. Fuchs, and C. L. Hamlett
1992 Computer applications to facilitate curriculum-based measurement. *Teaching Exceptional Children* 24(4): 58-60.

Greenfield, P. M.
1984 *Mind and Media: The Effects of Television, Video, Games, and Computers*. Cambridge, MA: Harvard University Press.

Greeno, J.
1991 Number sense as situated knowing in a conceptual domain. *Journal for Research in Mathematics Education* 22(3): 170-218.

Griffin, P., and M. Cole
1984 Current activity for the future: The zo-ped. Pp. 45-64 in *Children's Learning in the "Zone of Proximal Development,"* B. Roscoff and

J. Wertsch, eds. San Francisco: Jossey-Bass.

Hardiman, P., R. Dufresne, and J. P. Mestre
   1989 The relation between problem categorization and problem solving among experts and novices. *Memory & Cognition* 17(5): 627-638.

Hasselbring, T. S., L. Goin, and J. D. Bransford
   1987 Effective mathematics instruction: Developing automaticity. *Teaching Exceptional Children* 19(3): 30-33.

Hatano, G., and K. Inagaki
   1996 Cultural Contexts of Schooling Revisited: A Review of the Learning Gap from a Cultural Psychology Perspective. Paper presented at the conference on Global Prospects for Education: Development, Culture and Schooling. University of Michigan.

Heath, S. B.
   1983 *Ways with Words: Language, Life, and Work in Communities and Classrooms*. Cambridge, UK: Cambridge University Press.

Holt, J.
   1964 *How Children Fail*. New York: Dell.

Johnson, D. W., and R. Johnson
   1975 *Learning Together and Alone: Cooperation, Competition, and Individualization*. Englewood Cliffs, NJ: Prentice-Hall.

Kliebard, H. M.
   1975 Metaphorical roots of curriculum design. In *Curriculum Theorizing: The Reconceptualists*, W. Pinar, ed. Berkeley: McCutchan.

LaBerge, D., and S. J. Samuels
   1974 Toward a theory of automatic information processing in reading. *Cognitive Psychology* 6: 293-323.

Ladson-Billings, G.
   1995 Toward a theory of culturally relevant pedagogy. *American Educational Research Journal* 32: 465-491.

Lee, C. D.
   1991 Big picture talkers/words walking without masters: The instructional implications of ethnic voices for an expanded literacy. *Journal of Negro Education* 60: 291-304.
   1992 Literacy, cultural diversity, and instruction. *Education and Urban Society* 24: 279-291.

Lehrer, R., and D. Chazan
   1998 *Designing learning environments for developing understanding of geometry and space*. Mahwah, NJ: Erlbaum.

Lehrer, R., and L. Schauble
   1996a Developing Model-Based Reasoning in Mathematics and Science. Paper prepared for the Workshop on the Science of Learning, National Research Council, Washington, DC.
   1996b Building Bridges Between Mathematics and Science: Progress Report to James S. McDonnell Foundation. Meeting of Cognitive Studies for Educational Practice Program Investigators, November, Vanderbilt University, Nashville, TN.

Lehrer, R., and L. Shumow
   1997 Aligning the construction zones of parents and teachers for mathematics reform. *Cognition and Instruction* 15: 41-83.

Lemke, J.
   1990 *Talking Science: Language, Learning and Values*. Norwood, NJ: Ablex.

Leonard, W. J., R. J. Dufresne, and J. P. Mestre
   1996 Using qualitative problem-solving strategies to highlight the role of conceptual knowledge in solving problems. *American Journal of Physics* 64: 1495-1503.

Linn, M. C.
   1992 The computer as learning partner: Can computer tools teach science? In *This Year in School Science, 1991*. Washington, DC: American Association for the Advancement of Science.
   1994 Teaching for Understanding in Science. Paper presented at the National Science Foundation Conference on Research Using a Cognitive Science Perspective to Facilitate School-Based Innovation in Teaching Science and Mathematics, May 5-8, Sugarloaf Conference Center, Chestnut Hill, PA.

MacCorquodale, P.
   1988 Mexican American women and mathematics: Participation, aspirations, and achievement. Pp. 137-160 in *Linguistic and Cultural Influences on Learning Mathematics*, R. R. Cocking and J. P. Mestre, eds. Hillsdale, NJ: Erlbaum.

McLaughlin, M. W.
   1990 The Rand change agent study revisited: Macro perspectives and micro realities. *Educational Researcher* 19(9): 11-16.

Moll, L. C.
   1986a Creating Strategic Learning Environments for Students: A Community-Based Approach. Paper presented at the S. I. G. Language Development Invited Symposium Literacy and Schooling, Annual Meeting of the American Educational Research Association, San Francisco, CA.
   1986b Writing as a communication: Creating strategic learning environments for students. *Theory into Practice* 25: 102-108.

Moll, L. C., ed.
   1990 *Vygotsky and Education*. New York: Cambridge University Press.

National Center for Research in Mathematical Sciences Education and Freudenthal Institute, eds.
   1997 *Mathematics in Context: A Connected Curriculum for Grades 5-8*. Chicago: Encyclopaedia Britannica Educational Corporation.

National Council of Teachers of Mathematics
   1989 *Curriculum and Evaluation Standards for School Mathematics*. Reston, VA: National Council of Teachers of Mathematics.

National Research Council
   1990 *Reshaping School Mathematics*. Mathematical Sciences Education Board. Washington, DC: National Academy Press. Available: http://

www. nap. edu.
- 1996 *National Science Education Standards*. Washington, DC: National Academy Press: Available: http: //www. nap. edu.

Newcomb, A. F. , and W. E. Collins
- 1979 Children's comprehension of family role portrayals in televised dramas: Effect of socio-economic status, ethnicity, and age. *Developmental Psychology* 15: 417 – 423.

O'Brien, C. L.
- 1981 The Big Blue Marble story. *Television and Children* 4/5: 18 – 22.

Palinscar, A. S. , and A. L. Brown
- 1984 Reciprocal teaching of comprehension monitoring activities. *Cognition and Instruction* 1: 117 – 175.

Peterson, P. , S. J. McCarthey, and R. F. Elmore
- 1995 Learning from school restructuring. *American Educational Research Journal* 33(1): 119 – 154.

Piaget, J.
- 1973 *The Child and Reality: Problems of Genetic Psychology*. New York: Grossman.

Porter, A. C. , M. W. Kirst, E. J. Osthoff, J. S. Smithson, and S. A. Schneider
- 1993 Reform Up Close: A Classroom Analysis. Draft final report to the National Science Foundation on Grant No. SPA – 8953446 to the Consortium for Policy Research in Education. Wisconsin Center for Education Research, University of Wisconsin-Madison.

Prawat, R. S. , J. Remillard, R. T. Putnam, and R. M. Heaton
- 1992 Teaching mathematics for understanding: Case study of four fifth-grade teachers. *Elementary School Journal* 93: 145 – 152.

Redish, E. F.
- 1996 Discipline-Specific Science Education and Educational Research: The Case of Physics. Paper prepared for the Committee on Developments in the Science of Learning for the Sciences of Science Learning: An Interdisciplinary Discussion.

Resnick, D. P. , and L. B. Resnick
- 1977 The nature of literacy: An historical exploration. *Harvard Educational Review* 47: 370 – 385.

Resnick, L. B.
- 1987 *Education and Learning to Think*. Committee on Mathematics, Science, and Technology Education, Commission on Behavioral and Social Sciences and Education, National Research Council. Washington, DC: National Academy Press. Available: http: //www. nap. edu.

Rogoff, B. , J. Mistry, A. Goncu, and C. Mosier
- 1993 Guided Participation in Cultural Activity by Toddlers and Caregivers. *Monographs of the Society for Research in Child Development* 58(7), serial no. 236.

Romberg, T. A.
- 1983 A common curriculum for mathematics. Pp. 121 – 159 in *Individual Differences and the Common Curriculum: Eighty-second Yearbook of the National Society for the Study of Education*, Part I. G. D. Fenstermacher and J. I. Goodlad, eds. Chicago: University of Chicago Press.

Schauble, L. R. Glaser, R. Duschl, S. Schulze, and J. John
- 1995 Students' understanding of the objectives and procedures of experimentation in the science classroom. *The Journal of the Learning Sciences* 4(2): 131 – 166.

Scheffler, I.
- 1975 Basic mathematical skills: Some philosophical and practical remarks. In *National Institute of Education Conference on Basic Mathematical Skills and Learning*, Vol. 1. Euclid, OH: National Institute of Education.

Schmidt, W. H. , C. C. McKnight, and S. Raizen
- 1997 *A Splintered Vision: An Investigation of U. S. Science and Mathematics Education*. U. S. National Research Center for the Third International Mathematics and Science Study. Dordrecht/Boston/London: Kluwer Academic Publishers. Available: gopher: //gopher. wkap. nl. 70/00gopher_root1%3A%5 Bbook. soci. f500%5Df5101601. txt.

Schneuwly, B.
- 1994 Tools to master writing: Historical glimpses. Pp. 137 – 147 in *Literacy and Other Forms of Mediated Action*, Vol. 2: *Explorations in Socio-Cultural Studies*, J. V. Wertsch and J. D. Ramirez, eds. Madrid: Fundación Infanciay Aprendizaje.

Schoenfeld, A. H.
- 1983 Problem solving in the mathematics curriculum: A report, recommendation, and an annotated bibliography. *Mathematical Association of American Notes*, No. 1.
- 1985 *Mathematical Problem Solving*. Orlando, FL: Academic Press.
- 1988 When good teaching leads to bad results: The disasters of well taught mathematics classes. *Educational Psychologist* 23(2): 145 – 166.
- 1991 On mathematics as sense-making: An informal attack on the unfortunate divorce of formal and informal mathematics. Pp. 311 – 343 in *Informal Reasoning and Education*, J. F. Voss, D. N. Perkins, and J. W. Segal, eds. Hillsdale, NJ: Erlbaum.

Schofield, J. W. , D. Evans-Rhodes, and B. R. Huber
- 1990 Artificial intelligence in the classroom: The impact of a computer-based tutor on teachers and students. *Social Science Computer Review* 8(1): 24 – 41 (Special issue on Computing: Social and Policy Issues).

Schwab, J.
- 1978 Education and the structure of the disciplines. In *Science, Curriculum, and Liberal Education: Selected Essays of Joseph J. Schwab*, I. Westbury and N. Wilkof, eds. Chicago: University of Chicago Press.

Simon, H. A.
- 1969 *The Sciences of the Artificial*. Cambridge, MA: MIT Press.
- 1996 Observations on The Sciences of Science Learning. Paper prepared for the Committee on Developments in the Science of Learning for the

Sciences of Science Learning: An Interdisciplinary Discussion.

Slavin, R.
1987 Grouping for instruction in the elementary school: Equity and effectiveness. *Equity and Excellence* 23: 31-36.

Suina, J. H. , and L. B. Smolkin
1994 From natal culture to school culture to dominant society culture: Supporting transitions for Pueblo Indian students. Pp. 115-130 in *Cross-Cultural Roots of Minority Child Development*, P. M. Greenfield and R. R. Cocking, eds. Hillsdale, NJ: Erlbaum.

Talbert, J. E. , and M. W. McLaughlin
1993 Understanding teaching in context. Pp. 167-206 in *Teaching for Understanding: Challenges for Policy and Practice*, D. K. Cohen, M. W. McLaughlin, and J. E. Talbert, eds. San Francisco: Jossey-Bass.

Vye, N. J. , S. R. Goldman, J. F. Voss, C. Hmelo, S. Williams, and Cognition and Technology Group at Vanderbilt
1998a Complex mathematical problem solving by individuals and dyads. *Cognition and Instruction* 15(4).

Vye, N. J. , D. L. Schwartz, J. D. Bransford, B. J. Barron, L. Zech, and Cognition and Technology Group at Vanderbilt
1998b SMART environments that support monitoring, reflection, and revision. In *Metacognition in Educational Theory and Practice*, D. Hacker, J. Dunlosky, and A. Graesser, eds. Mahwah, NJ: Erlbaum.

Warren, B. , and A. Rosebery
1996 This question is just too, too easy: Perspectives from the classroom on accountability in science. Pp. 97-125 in the *Contributions of Instructional Innovation to Understanding Learning*, L. Schauble and R. Glaser, eds. Mahwah, NJ: Erlbaum.

Webb, N. , and T. Romberg
1992 Implications of the NCTM Standards for mathematics assessment. In *Mathematics Assessment and Evaluation*, T. Romberg, ed. Albany, NY: State University of New York Press.

Wertsch, J. V.
1991 *Voices of the Mind*. Cambridge, MA: Harvard University Press.

Wineburg, S. S.
1996 The psychology of learning and teaching history. Pp. 423-437 in *Handbook of Research in Educational Psychology*, D. C. Berliner and R. C. Calfee, eds. NY: Macmillan.

Wiske, M. S.
1997 *Teaching for Understanding: Linking Research with Practice*. San Francisco: Jossey-Bass.

Wolf, D. P.
1988 Becoming literate. *Academic Connections: The College Board* 1(4).

Wright, J. C. , and A. C. Huston
1995 Effects of Educational TV Viewing of Lower Income Preschoolers on Academic Skills, School Readiness, and School Adjustment One to Three Years Later. Report to Children's Televsion Workshop, Center for Research on the Influence of Television on Children. University of Kansas.

CHAPTER 7

Anderson, C. W. , and E. L. Smith
1987 Teaching science. Pp. 84-111 in *Educators' Handbook: A Research Perspective*, V. Richardson-Koehler, ed. White Plains, NY: Longman.

Ball, D. L.
1993 With an eye on the mathematical horizon: Dilemmas of teaching elementary school mathematics. *Elementary School Journal* 93: 373-397.

Barth, R. S.
1991 *Improving Schools from Within: Teachers, Parents, and Principals Can Make the Difference*. San Francisco: Jossey-Bass.

Brasell, H.
1987 The effect of real-time laboratory graphing on learning graphic representations of distance and velocity. *Journal of Research in Science Teaching* 24: 385-395.

Brophy, J. E.
1990 Teaching social studies for understanding and higher-order applications. *Elementary School Journal* 90: 351-417.

Brown, A. L. , and A. S. Palinscar
1989 Guided, cooperative learning and individual knowledge acquisition. Pp. 393-451 in *Knowing, Learning, and Instruction: Essays in Honor of Robert Glaser*, L. Resnick, ed. Hillsdale, NJ: Erlbaum.

Brown, C. A.
1985 A Study of the Socialization to Teaching of a Beginning Secondary Mathematics Teacher. Unpublished doctoral dissertation. University of Georgia.

Brown, D.
1992 Using examples to remediate misconceptions in physics: Factors influencing conceptual change. *Journal of Research in Science Teaching* 29: 17-34.

Brown, D. , and J. Clement
1989 Overcoming misconceptions via analogical reasoning: Factors influencing understanding in a teaching experiment. *Instructional Science* 18: 237-261.

Carpenter, T. , and E. Fennema
1992 Cognitively guided instruction: Building on the knowledge of students and teachers. Pp. 457-470 in *International Journal of Educational Research. Special issue: The Case of Mathematics in the United States*, W. Secada, ed.

Carpenter, T. , E. Fennema, and M. Franke

1996 Cognitively guided instruction: A knowledge base for reform in primary mathematics instruction. *Elementary School Journal* 97(1): 3–20.

Chi, M. T. H., P. J. Feltovich, and R. Glaser
1981 Categorization and representation of physics problems by experts and novices. *Cognitive Science* 5: 121–152.

Clement, J.
1989 Learning via model construction and criticism. Pp. 341–381 in *Handbook of Creativity: Assessment, Theory, and Research*, G. Glover, R. Ronning and C. Reynolds, eds. New York: Plenum.
1993 Using bridging analogies and anchoring intuitions to deal with students' preconceptions in physics. *Journal of Research in Science Teaching* 30(10): 1241–1257.

diSessa, A.
1988 Knowledge in pieces. Pp. 49–70 in *Constructivism in the Computer Age*, G. Forman and P. Pufall, eds. Hillsdale, NJ: Erlbaum.
1993 Toward an epistemology of physics. *Cognition and Instruction* 10(2): 105–125.

Dufresne, R. J., W. J. Gerace, P. Hardiman, and J. P. Mestre
1992 Constraining novices to perform expertlike problem analyses: Effects of schema acquisition. *The Journal of Learning Sciences* 2(3): 307–331.

Dufresne, R. J., W. J. Gerace, W. J. Leonard, J. P. Mestre, and L. Wenk
1996 Classtalk: A classroom communication system for active learning. *Journal of Computing in Higher Education* 7: 3–47.

Eylon, B. S., and F. Reif
1984 Effects of knowledge organization on task performance. *Cognition and Instruction* 1: 5–44.

Fennema, E., T. Carpenter, M. Franke, L. Levi, V. Jacobs, and S. Empson
1996 A longitudinal study of learning to use children's thinking in mathematics instruction. *Journal for Research in Mathematics Education* 27(4): 403–434.

Gamoran, M.
1994 Content knowledge and teaching innovation curricula. Paper presented at the annual meeting of the American Educational Research Association, New Orleans, Louisiana.

Grossman, P. L., S. M. Wilson, and L. S. Shulman
1989 Teachers of substance: Subject matter for teaching. Pp. 23–36 in *Knowledge Base for the Beginning Teacher*, M. C. Reynolds, ed. New York: Pergamon Press.

Heller, J. I., and F. Reif
1984 Prescribing effective human problem solving processes: Problem description in physics. *Cognition and Instruction* 1: 177–216.

Hestenes, D.
1992 Modeling games in the Newtonian world. *American Journal of Physics* 60: 440–454.

Hiebert, J., T. Carpenter, E. Fennema, K. Fuson, H. Murray, A. Oliver, P. Human, and D. Wearne
1997 *Designing Classrooms for Learning Mathematics with Understanding*. Portsmouth, NH: Heinemann Educational Books.

Inagaki, K., and G. Hatano
1987 Young children's spontaneous personification as analogy. *Child Development* 58: 1013–1020.

Lampert, M.
1986 Knowing, doing, and teaching multiplication. *Cognition and Instruction* 3: 305–342.

Lehrer, R., and T. Romberg
1996a Exploring children's data modeling. *Cognition and Instruction* 14: 69–108.
1996b Springboards to geometry. Pp. 53–61 in *Perspectives on the Teaching of Geometry for the 21st Century*, G. Mammana and V. Villani, eds. Norwell, MA: Kluwer Academic Publishers.

Lehrer, R., and L. Schauble
1996a Building Bridges Between Mathematics and Science. Progress report to James S. McDonnell Foundation. Meeting of Cognitive Studies for Educational Practice Program Investigators, November. Vanderbilt University, Nashville, TN.
1996b Developing Model-Based Reasoning in Mathematics and Science. Paper presented at the Workshop on the Science of Learning, September, National Research Council, Washington, DC.

Leinhardt, G., and J. G. Greeno
1991 The cognitive skill of teaching. Pp. 233–268 in *Teaching Knowledge and Intelligent Tutoring*, Peter Goodyear, ed. Norwood, NJ: Ablex.
1994 History: A time to be mindful. Pp. 209–225 in *Teaching and Learning in History*, G. Leinhardt, I. L. Beck, and C. Stainton, eds. Hillsdale, NJ: Erlbaum.

Leonard, W. J., R. J. Dufresne, and J. P. Mestre
1996 Using qualitative problem-solving strategies to highlight the role of conceptual knowledge in solving problems. *American Journal of Physics* 64: 1495–1503.

McDonald, J. P., and P. Naso
1986 Teacher as Learner: The Impact of Technology. Educational Technology Center, Graduate School of Education, Harvard University.

Medawar, P.
1982 *Pluto's Republic*. Oxford, UK: Oxford University Press.

Mestre, J. P.
1994 Cognitive aspects of learning and teaching science. Pp. 3-1—3-53 in *Teacher Enhancement for Elementary and Secondary Science and Mathematics: Status, Issues, and Problems*, S. J. Fitzsimmons and L. C. Kerpelman, eds. NSF 94-80. Arlington, VA: National Science Foundation.

Mestre, J. P., W. J. Gerace, R. J. Dufresne, and W. J. Leonard
  1997 Promoting active learning in large classes using a classroom communication system. Pp. 1019-1036 in *The Changing Role of Physics Departments in Modern Universities: Proceedings of the International Conference on Undergraduate Physics Education*. Woodbury, NY: American Institute of Physics.
Minstrell, J.
  1982 Explaining the "at rest" condition of an object. *The Physics Teacher* 20: 10.
  1989 Teaching science for understanding. Pp. 129-149 in *Toward the Thinking Curriculum: Current Cognitive Research*, L. B. Resnick and L. E. Klopfer, eds. Alexandria, VA: Association for Supervision and Curriculum Development.
  1992 Facets of students' knowledge and relevant instruciton. Pp. 110-128 in *Proceedings of the International Workshop on Research in Physics Education: Theoretical Issues and Empirical Studies*, R. Duit, F. Goldberg, and H. Niedderer, eds. Kiel, Germany: Institüt für die Pädagogik der Naturwissenshaften.
National Council of Teachers of Mathematics
  1989 *Curriculum and Evaluation Standards for School Mathematics*. Reston, VA: National Council on Teachers of Mathematics.
Ravitch, D. R., and C. E. Finn
  1987 *What Do Our 17-Year-Olds Know? A Report on the First National Assessment in History and Literature*. New York: Harper and Row.
Resnick, L. B., V. L. Bill, S. B. Lesgold, and M. N. Leer
  1991 Thinking in arithmetic class. Pp. 27-53 in *Teaching Advanced Skills to At-Risk Students*, B. Means, C. Chelemer, and M. S. Knapp, eds. San Francisco: Jossey-Bass.
Rosebery, A. S., B. Warren, and F. R. Conant
  1992 Appropriating scientific discourse: Findings from language minority classrooms. *The Journal of the Learning Sciences* 2(1): 61-94.
Schauble, L., R. Glaser, R. Duschl, S. Schulze, and J. John
  1995 Students' understanding of the objectives and procedures of experimentation in the science classroom. *The Journal of the Learning Sciences* 4(2): 131-166.
Secules, T., C. D. Cottom, M. H. Bray, L. D. Miller, and the Cognition and Technology Group at Vanderbilt
  1997 Schools for thought: Creating learning communities. *Educational Leadership* 54(6): 56-60.
Shulman, L.
  1986 Paradigms and research programs in the study of teaching: A contemporary perspective. In *Handbook of Research in Teaching*, 3rd ed., M. C. Witrock, ed. New York: Macmillan.
  1987 Knowledge and teaching: Foundations of the new reform. *Harvard Educational Review* 57: 1-22.
  1996 Teacher Development: Roles of Domain Expertise and Pedagogical Knowledge. Paper prepared for the Committee on Developments in the Science of Learning for The Sciences of Science Learning: An Interdisciplinary Discussion.
Sokoloff, D. R., and R. K. Thornton
  1997 Using interactive lecture demonstrations to create an active learning environment. *The Physics Teacher* 35(6)(September): 340-347.
Stein, M. K., J. A. Baxter, and G. Leinhardt
  1990 Subject matter knowledge and elementary instruction: A case from functions and graphing. *American Educational Research Journal* 27(4): 639-663.
Talbert, J. E., and M. W. McLaughlin
  1993 Understanding teaching in context. Pp. 167-206 in *Teaching for Understanding: Challenges for Policy and Practice*, D. K. Cohen, M. W. McLaughlin, and J. E. Talbert, eds. San Francisco: Jossey-Bass.
Thompson, A. G.
  1992 Teachers' beliefs and conceptions: A synthesis of the research. Pp. 127-146 in *Handbook of Research in Mathematics Teaching and Learning*, D. A. Grouws, ed. New York: Macmillan.
Thornton, R. K., and D. R. Sokoloff
  1998 Assessing student learning of Newton's laws: The force and motion conceptual evaluation and the evaluation of active learning laboratory and lecture curricula. *American Journal of Physics* 64: 338-352.
Vygotsky, L. S.
  1978 *Mind in Society: The Development of the Higher Psychological Processes*. Cambridge, MA: The Harvard University Press.
Wenk, L., R. Dufresne, W. Gerace, W. Leonard, and J. Mestre
  1997 Technology-assisted active learning in large lectures. Pp. 431-452 in *StudentActive Science: Models of Innovation in College Science Teaching*, C. D'Avanzo and A. McNichols, eds. Philadelphia, PA: Saunders College Publishing.
Wilson, M.
  1990a Investigation of structured problem solving items. Pp. 137-203 in *Assessing Higher Order Thinking in Mathematics*, G. Kulm, ed. Washington, DC: American Association for the Advancement of Science.
  1990b Measuring a van Hiele geometry sequence: A reanalysis. *Journal for Research in Mathematics Education* 21: 230-237.
Wilson, S. M., and S. S. Wineburg
  1993 Wrinkles in time and place: Using performance assessments to understand the knowledge of history teachers. *American Educational Research Journal* 30(4)(Winter): 729-769.
Wineburg, S. S.
  1991 Historical problem solving: A study of the cognitive processes used in evaluating documentary and pictorial evidence. *Journal of Educational Psychology* 83(1): 73-87.
Wineburg, S. S, and S. M. Wilson

1988 Peering at history through different lenses: The role of disciplinary perspectives in teaching history. *Teachers College Record* 89(4): 525 – 539.

1991 Subject matter knowledge in the teaching of history. Pp. 303 – 345 in *Advances in Research on Teaching*, J. E. Brophy, ed. Greenwich, CT: JAI Press.

CHAPTER 8

Ball, D., and S. Rundquist
  1993 Collaboration as a context for joining teacher learning with learning about teaching. Pp. 13 – 42 in *Teaching for Understanding: Challenges for Policy and Practice*, D. K. Cohen, M. W. McLaughlin, and J. E. Talbert, eds. San Francisco: Jossey-Bass.

Baratta-Lorton, M.
  1976 *Math Their Way*. Boston: Addison-Wesley.

Barone, T., D. Berliner, J. Blanchard, U. Casanova, and T. McGowan
  1996 A future for teacher education: Developing a strong sense of professionalism. Pp. 1108 – 1149 in *Handbook of Research on Teacher Education* (2nd ed.), J. Silula, ed. New York: Macmillan.

Barrows, H. S.
  1985 *How to Design a Problem-Based Curriculum for the Preclinical Years*. New York: Springer.

Bay Area Writing Project
  1979 Bay Area Writing Project/California Writing Project/National Writing Project: An Overview. Unpublished paper, ED184123. University of California, Berkeley.

Bunday, M., and J. Kelly
  1996 National board certification and the teaching profession's commitment to quality assurance. *Phi Delta Kappan* 78(3): 215 – 219.

Carini, P.
  1979 The Art of Seeing and the Visibility of the Person. Unpublished paper, North Dakota Study Group on Evaluation, University of North Dakota, Grand Forks, ND.

Carpenter, T., and E. Fennema
  1992 Cognitively guided instruction: Building on the knowledge of students and teachers. Pp. 457 – 470 in *International Journal of Educational Research* (Special issue: The Case of Mathematics in the United States, W. Secada, ed.).

Carpenter, T., E. Fennema, and M. Franke
  1996 Cognitively guided instruction: A knowledge base for reform in primary mathematics instruction. *Elementary School Journal* 97(1): 3 – 20.

Carpenter, T. P., E. Fennema, P. L. Peterson, C. P. Chiang, and M. Loef
  1989 Using knowledge of children's mathematics thinking in classroom teaching: An experimental study. *American Educational Research Journal* 26: 499 – 532.

Case, R.
  1996 Introduction: Reconceptualizing the nature of children's conceptual structures and their development in middle childhood. Pp. 1 – 26 in The role of central conceptual structures in the development of children's thought. *Monographs of the Society for Research in Child Development*, serial no. 246. 61(nos. 1 – 2).

Cochran-Smith, M., and S. Lytle
  1993 *Inside/Outside: Teacher Research and Knowledge*. New York: Teachers College Press, Columbia University.

Cognition and Technology Group at Vanderbilt
  1997 *The Jasper Project: Lessons in Curriculum, Instruction, Assessment, and Professional Development*. Mahwah, NJ: Erlbaum.

Cohen, D. K.
  1990 A revolution in one classroom: The case of Mrs. Oublier. *Educational Evolution and Policy Analysis* 12: 330 – 338.

Cole, R.
  1996 Characterizing On-line Communication: A First Step. Paper presented at the Annual Meeting of the American Educational Research Association, April 8 – 12, New York, NY.

Darling-Hammond, L.
  1997 School reform at the crossroads: Confronting the central issues of teaching. *Educational Policy* 11(2): 151 – 166.

Dewey, J.
  1963 *Experience and Education*. New York: Collier.

Elmore, R., and G. Sykes
  1992 Curriculum policy. Pp. 185 – 215 in *Handbook of Research on Curriculum*, P. W. Jackson, ed. New York: Macmillan.

Feiman-Nemser, S., and M. Parker
  1993 Mentoring in context: A comparison of two US programs for beginning teachers. *International Journal of Educational Research* 19(8): 699 – 718.

Feldman, A.
  1993 Teachers Learning from Teachers: Knowledge and Understanding in Collaborative Action Research. Unpublished dissertation. Stanford University.
  1994 Erzberger's dilemma: Validity in action research and science teachers' need to know. *Science Education* 78(1): 83 – 101.
  1996 Enhancing the practice of physics teachers: Mechanisms for the generation and sharing of knowledge and understanding in collaborative action research. *Journal of Research in Science Teaching* 33(5): 513 – 540.

Feldman, A., and J. Atkin

  1995 Embedding action research in professional practice. In *Educational Action Research: Becoming Practically Critical*, S. Noffke and R. Stevenson, eds. New York: Teachers College Press.

Feldman, A., and A. Kropf
  1997 The Evaluation of Minds-On Physics: An Integrated Curriculum for Developing Concept-Based Problem Solving in Physics. Unpublished paper. Physics Education Research Group, Amherst, MA.

Fredericksen, J., and B. White
  1994 Mental models and understanding: A problem for science education. In *New Directions in Educational Technology*, E. Scanlon and T. O'Shea, eds. New York: Springer-Verlag.

Freedman, S. W., ed.
  1985a The role of Response in the Acquisition of Written Language. Final Report. Graduate School of Education, University of California, Berkeley.
  1985b *The Acquisition of Written Language: Response and Revision.* Harwood, NJ: Ablex.

Goodlad, J.
  1990 *Teachers for Our Nation's Schools.* San Francisco: Jossey-Bass.

Greeno, J. G., A. M. Collins, and L. B. Resnick
  1996 Cognition and learning. Pp. 15-46 in *Handbook of Educational Psychology*, D. C. Berliner and R. C. Calfee, eds. NY: Macmillan.

Heaton, R. M.
  1992 Who is minding the mathematics content? A case study of a fifth-grade teacher. *Elementary School Journal* 93: 151-192.

Hollingsworth, S.
  1994 *Teacher Research and Urban Literacy: Lessons and Conversations in a Feminist Key.* New York: Teachers College Press.

Hollins, E.
  1995 Research, Culture, Teacher Knowledge and Development. Paper presented at the annual meeting of the American Educational Research Association, April, San Francisco.

Holmes Group
  1986 Tomorrow's Teachers: A Report of the Holmes Group. Unpublished paper, Holmes Group, East Lansing, Michigan.

Kearns, D. T.
  1988 An education recovery plan for America. *Phi Delta Kappan* 69(8): 565-570.

Knapp, N. F., and P. L. Peterson
  1995 Meanings and practices: Teachers' interpretation of "CGI" after four years. *Journal for Research in Mathematics Education* 26(1): 40-65.

Koppich, J. E., and M. S. Knapp
  1998 *Federal Research Investment and the Improvement of Teaching: 1980-1997.* Seattle, WA: Center for the Study of Teaching and Policy.

Lampert, M.
  1998 Studying teaching as a thinking practice. Pp. 53-78 in *Thinking Practices*, J. Greene and S. G. Goldman, eds. Hillsdale, NJ: Erlbaum.

Lave, J., and E. Wenger
  1991 *Situated Learning: Legitimate Peripheral Participation.* New York: Cambridge University Press.

Leonard, W. J., R. J Dufresne, W. J. Gerace, and J. P Mestre
  1999a *Minds on Physics: Motion Activities and Reader.* Dubuque, IA: Kendall/Hunt Publishing.
  1999b *Minds on Physics: Motion-Teacher's Guide.* Dubuque, IA: Kendall/Hunt Publishing.
  1999c *Minds on Physics: Interactions-Activities and Reader.* Dubuque, IA: Kendall/Hunt Publishing.
  1999d *Minds on Physics: Interactions-Teacher's Guide.* Dubuque, IA: Kendall/Hunt Publishing.
  1999e *Minds on Physics: Conservation Laws and Concept-Based Problem Solving-Activities and Reader.* Dubuque, IA: Kendall/Hunt Publishing.
  1999f *Minds on Physics: Conservation Laws and Concept-Based Problem Solving-Teacher's Guide.* Dubuque, IA: Kendall/Hunt Publishing.

Little, J. W.
  1990 The mentor phenomenon and the social organization of teaching. *Review of Research in Education*, 16: 297-351.

Lucido, H.
  1988 Coaching physics. *Physics Teacher* 26(6): 333-340.

Marsh, D., and J. Sevilla
  1991 An Analysis of the Implementation of Project SEED: An Interim Report. Technical report. University of Southern California.

Minstrell, J. A.
  1989 Teaching science for understanding. In *Toward the Thinking Curriculum: Current Cognitive Research*, L. B. Resnick and L. E. Klopfer, eds. Alexandria, VA: ASCD Books.

National Commission on Teaching and America's Future
  1996 What Matters Most: Teaching for America's Future. New York: Teachers College, Columbia University.

Natriello, G., C. J. Riehl, and A. M. Pallas
  1994 Between the Rock of Standards and the Hard Place of Accommodation: Evaluation Practices of Teachers in High Schools Serving Disadvantaged Students. Center for Research on Effective Schooling for Disadvantaged Students, Johns Hopkins University.

Noffke, S.
  1997 Professional, personal, and political dimensions of action research. *Review of Research in Education* 22: 305-343.

Perkins, D.
  1992 *Smart Schools: From Training Memories to Educating Minds.* New York: Free Press.

Peterson, P. L., and C. Barnes
  1996 Learning together: Challenges of mathematics, equity, and leadership. *Phi Delta Kappan* 77(7): 485-491.

Peterson, P., T. Carpenter, and E. Fennema
 1989 Teachers' knowledge of students' knowledge in mathematics problem solving: Correlational and case analyses. *Journal of Educational Psychology* 81: 558-569.

Renyi, J.
 1996 Teachers Take Charge of Their Learning: Transforming Professional Development for Student Success. Unpublished paper. National Foundation for the Improvement of Education, Washington, DC.

Ruopp, R.
 1993 *LabNet: Toward a Community of Practice*. Hillsdale, NJ: Erlbaum.

Schifter, D., and C. T. Fosnot
 1993 *Reconstructing Mathematics Education: Stories of Teachers Meeting the Challenge of Reform*. New York: Teachers College Press.

Schön, D.
 1983 *The Reflective Practitioner: How Professionals Think in Action*. New York: Basic Books.

Shulman, L.
 1986 Those who understand: Knowledge growth in teaching. *Educational Researcher* 15(2): 4-14.

Stake, R., and C. Migotsky
 1995 Evaluation Study of the Chicago Teachers Academy: Methods and Findings of the CIRCE Internal Evaluation Study. Paper presented at the Annual Meeting of the American Educational Research Association, April 18-22, San Francisco, California.

U. S. Department of Education
 1994 National Assessment of Educational Progress (NAEP), 1994 Long-Term Assessment. Office of Educational Research and Improvement, U. S. Department of Education, Washington, DC.

Van Hise, Y.
 1986 Physics teaching resource agent institute reports of regional convocations. *AAPT Announcer* 16(2): 103-110.

Wilson, S., L. Shulman, and A. Richert
 1987 '150 different ways' of knowing: Representations of knowledge in teaching. Pp. 104-124 in *Exploring Teachers' Thinking*, J. Calderhead, ed. London: Cassell.

Wiske, M. S.
 1998 *Teaching for Understanding: Linking Research with Practice*. San Francisco: Jossey-Bass.

Yerushalmy, M., D. Chazan, and M. Gordon
 1990 Guided inquiry and technology: A yearlong study of children and teachers using the Geometry Supposer. Newton, MA: Education Development Center, Center for Learning Technology.

Zeichner, K.
 1981 Reflective teaching and field-based experience in teacher education. *Interchange* 12: 1-22.

Zeichner, K., and Liston, D.
 1990 *Reflective teaching: An Introduction*. Mahwah, NJ: Erlbaum.

CHAPTER 9

Anderson, J. R., C. F. Boyle, A. Corbett, and M. W. Lewis
 1990 Cognitive modeling and intelligent tutoring. *Artificial Intelligence* 42: 7-49.

Anderson, J. R., A. T. Corbett, K. Koedinger, and R. Pelletier
 1995 Cognitive tutors: Lessons learned. *The Journal of Learning Sciences* 4: 167-207.

Atkinson, R.
 1968 Computerized instruction and the learning process. *American Psychologist* 23: 225-239.

Bachelard, G.
 1984 *The New Scientific Spirit*. Boston: Beacon Press.

Barron, B., N. Vye, L. Zech, D. Schwartz, J. Bransford, S. Goldman, J. Pellegrino, J. Morris, S. Garrison, and R. Kantor
 1995 Creating contexts for community based problem solving: The Jasper Challenge Series. Pp. 47-71 in *Thinking and Literacy: The Mind at Work*, C. Hedley, P. Antonacci, and M. Rabinowitz, eds. Hillsdale, NJ: Erlbaum.

Barron, B. J., D. L. Schwartz, N. J. Vye, A. Moore, A. Petrosino, L. Zech, J. D. Bransford, and Cognition and Technology Group at Vanderbilt
 1998 Doing with understanding: Lessons from research on problem and project-based learning. *Journal of Learning Sciences* 7(3 and 4): 271-312.

Barron, L. C., and E. S. Goldman
 1994 Integrating technology with teacher preparation. Pp. 81-110 in *Technology and Education Reform*, B. Means, ed. San Francisco: Jossey-Bass.

Bauch, J. P., ed.
 1997 The Bridge Project: Connecting Parents and Schools Through Voice Messaging. Report on the Pilot Projects. Vanderbilt University and Work/Family Directions, Inc., Nashville, TN.

Bereiter, C., and M. Scardamalia
 1993 *Surpassing Ourselves: An Inquiry into the Nature and Implicaitons of Expertise*. Chicago and La Salle, IL: Open Court Publishing.

Bonney, R., and A. A. Dhondt
 1997 FeederWatch: An example of a student-scientist partnership. In *Internet Links for Science Education: Student-Scientist Partnerships*, K. C. Cohen, ed. New York: Plenum.

Brodie, K. W., L. A. Carpenter, R. A. Earnshaw, J. R. Gallop, R. J. Hubbold, A. M. Mumford, C. D. Osland, and P. Quarendon

    1992   *Scientific Visualization*. Berlin: Springer-Verlag.

Brown, A. L., and J. C. Campione
    1987   On the importance of knowing what you are doing: Metacognition and mathematics. In *Teaching and Evaluating Mathematical Problem Solving*, R. Charles and E. Silver, eds. Reston, VA: National Council of Teachers of Mathematics.

Bryson, M., and M. Scardamalia
    1991   Teaching writing to students at risk for academic failure. Pp. 141–167 in *Teaching Advanced Skills to At-Risk Students: Views from Research and Practice*, B. Means, C. Chelemer, and M. S. Knapp, eds. San Francisco: Jossey Bass.

Char, C., and J. Hawkins
    1987   Charting the course: Involving teachers in the formative research and design of the Voyage of the Mimi. Pp. 211–222 in *Mirrors of Minds: Patterns of Experience in Educational Computing*, R. D. Pea and K. Sheingold, eds. Norwood, NJ: Ablex.

Classroom, Inc.
    1996   *Learning for Life Newsletter* (Sept. 24): 1–10, B. Lewis, ed. NY: Classroom, Inc.

Clauset, K., C. Rawley, and G. Bodeker
    1987   STELLA: Softward for structural thinking. *Collegiate Microcomputer* 5(4): 311–319.

Cognition and Technology Group at Vanderbilt
    1992   The Jasper series as an example of anchored instruction: Theory, program description, and assessment data. *Educational Psychologist* 27: 291–315.
    1993   The Jasper series: Theoretical foundations and data on problem solving and transfer. Pp. 113–152 in *The Challenge in Mathematics and Science Education: Psychology's Response*, L. A. Penner, G. M. Batsche, H. M. Knoff, and D. L. Nelson, eds. Washington, DC: American Psychological Association.
    1994   From visual word problems to learning communities: Changing conceptions of cognitive research. Pp. 157–200 in *Classroom Lessons: Integrating Cognitive Theory and Classroom Practice*, K. McGilly, ed. Cambridge, MA: MIT Press/Bradford Books.
    1996   Looking at technology in context: A framework for understanding technology and education research. Pp. 807–840 in *The Handbook of Educational Psychology*, D. C. Berliner and R. C. Calfee, eds. New York: Macmillan.
    1997   *The Jasper Project: Lessons in Curriculum, Instruction, Assessment, and Professional Development*. Mahwah, NJ: Erlbaum.
    1998a Adventures in anchored instruction: Lessons from beyond the ivory tower. Burgess 1996 study in *Advances in Instructional Psychology*, Vol. 5, R. Glaser, ed. Mahwah, NJ: Erlbaum.
    1998b Designing environments to reveal, support, and expand our children's potentials. Pp. 313–350 in *Perspectives on Fundamental Processes in Intellectual Functioning* (Vol. 1), S. A. Soraci and W. McIlvane, eds. Greenwich, CT: Ablex.

Cohen, K. C., ed.
    1997   *Internet Links for Science Education: Student-Scientist Partnerships*. New York: Plenum.

Collins, A.
    1990   Cognitive apprenticeship and instructional technology. Pp. 121–138 in *Dimensions of Thinking and Cognitive Instruction*, B. F. Jones and L. Idol, eds. Hillsdale, NJ: Erlbaum.

Collins, A., and J. S. Brown
    1988   The computer as a tool for learning through reflection. Pp. 1–18 in *Learning Issues for Intelligent Tutoring Systems*, H. Mandl and A. Lesgold, eds. New York: Springer-Verlag.

Collins, A., J. S. Brown, and S. E. Newman
    1989   Cognitive apprenticeship: Teaching the crafts of reading, writing, and mathematics. Pp. 453–494 in *Knowing, Learning, and Instruction: Essays in Honor of Robert Glaser*, L. B. Resnick, ed. Hillsdale, NJ: Erlbaum.

Coon, T.
    1988   Using STELLA simulation software in life science education. *Computers in Life Science Education* 5(9): 57–71.

Crews, T. R., G. Biswas, S. R. Goldman, and J. D. Bransford
    1997   Anchored interactive learning environments. *International Journal of Artificial Intelligence in Education* 8: 142–178.

Dede, C., ed.
    1998   Introduction. Pp. v-x in *Association for Supervision and Curriculum Development (ASCD) Yearbook: Learning with Technology*. Alexandria, VA: Association for Supervision and Curriculum Development.

Derry, S. P., and A. M. Lesgold
    1996   Toward a situated social practice model for instructional design. Pp. 787–806 in *Handbook of Educational Psychology*, R. C. Calfee and D. C. Berliner, eds. New York: Macmillan.

Duffy, T. M.
    1997   Strategic teaching framework: An instructional model for learning complex interactive skills. Pp. 571–592 in *Instructional Development State of the Art: Vol. 3, Paradigms and Educational Technology*, C. Dills and A. Romiszowski, eds. Englewood Cliffs, NJ: Educational Technology Publications.

Edelson, D. C., R. D. Pea, and L. Gomez
    1995   Constructivism in the collaboratory. Pp. 151–164 in *Constructivist Learning Environments: Case Studies in Instructional Design*, B. G. Wilson, ed. Englewood Cliffs, NJ: Educational Technology Publications.

Education Policy Network
    1997   The Daily Report Card, December 5. Available: http://www.negp.gov.

Finholt, T., and L. S. Sproull
    1990   Electronic groups at work. *Organizational Science* 1: 41–64.

Fishman, B., and L. D'Amico
 1994 Which way will the wind blow? Network computer tool for studying the weather. Pp. 209 – 216 in *Educational Multimedia and Hypermedia, 1994: Proceedings of the Ed-Media '94*, T. Ottman and I. Tomek, eds. Charlottesville, VA: AACE.

Forrester, J.
 1991 Systems dynamics: Adding structure and relevance to pre-college education. In *Shaping the Future*, K. R. Manning, ed. Boston, MA: MIT Press.

Friedler, Y., R. Nachmias, and M. C. Linn
 1990 Learning scientific reasoning skills in microcomputer-based laboratories. *Journal of Research on Science Teaching* 27: 173 – 191.

Gabrys, C., A. Weiner, and A. Lesgold
 1993 Learning by problem solving in a coached apprenticeship system. Pp. 119 – 147 in *Cognitive Science Foundations of Instruction*, M. Rabinowitz, ed. Hillsdale, NJ: Erlbaum.

Galegher, J., R. E. Kraut, and C. Egido, eds.
 1990 *Intellectual Teamwork: The Social and Technological Foundations of Cooperative Work*. Hillsdale, NJ: Erlbaum.

Glass, L., and M. Mackey
 1988 *From Clocks to Chaos*. Princeton: Princeton University Press.

Goldman, S., and J. N. Moschkovich
 1995 Environments for collaborating mathematically. Pp. 143 – 146 in *Proceedings of the First International Conference on Computer Support for Collaborative Learning*. October. Bloomington, Indiana.

Gordin, D., D. Edelson, and R. D. Pea
 1996 The Greenhouse effect visualizer: A tool for the science classroom. *Proceedings of the Fourth American Meteorological Society Education Symposium*.

Gordin, D. N., D. C. Edelson, L. M. Gomez, E. M. Lento, and R. D. Pea
 1996 Student conference on global warming: A collaborative network-supported ecologically hierarchic geosciences curriculum. *Proceedings of the Fifth American Meteorological Society Education Symposium*.

Gordin, D. N., and R. D. Pea
 1995 Prospects for scientific visualization as an educational technology. *The Journal of the Learning Sciences* 4: 249 – 279.

Gordin, D., J. Polman, and R. D. Pea
 1994 The Climate Visualizer: Sense-making through scientific visualization. *Journal of Science Education and Technology* 3: 203 – 226.

Greenfield, P. M., and R. R. Cocking, eds.
 1996 *Interacting with Video*. Greenwich, CT: Ablex.

Haken, H.
 1981 *Chaos and Order in Nature. Proceeding of the International Symposium on Synergetics*. New York: Springer-Verlag.

Hestenes, D.
 1992 Modeling games in the Newtonian world. *American Journal of Physics* 60: 440 – 454.

Hmelo, C., and S. M. Williams, eds.
 1998 Special issue: Learning through problem solving. *The Journal of the Learning Sciences* 7(3 and 4).

Hoadley, C. M., and P. Bell
 1996 Web for your head: The design of digital resources to enhance lifelong learning. *D-Lib Magazine*. September. Available: http://www.dlib.org/dlib/september96/kie/09hoadley.html

Holland, J. H.
 1995 *Hidden Order: How Adaptation Builds Complexity*. New York: Addison-Wesley.

Hunt, E., and Minstrell, J.
 1994 A cognitive approach to the teaching of physics. Pp. 51 – 74 in *Classroom Lessons: Integrating Cognitive Theory and Classroom Practice*, K. McGilly, ed. Cambridge, MA: MIT Press.

Jackson, S., S. Stratford, J. Krajcik, and E. Soloway
 1996 Making system dynamics modeling accessible to pre-college science students. *Interactive Learning Environments* 4: 233 – 257.

Kafai, Y. B.
 1995 *Minds in Play: Computer Game Design as a Context for Children's Learning*. Hillsdale, NJ: Erlbaum.

Kaput, J. J.
 1987 Representation systems and mathematics. In *Problems of Representation in the Teaching and Learning of Mathematics*, C. Jonvier, ed. Hillsdale, NJ: Erlbaum.

Kaufmann II, W. J., and L. L. Smarr
 1993 *Supercomputing and Transformation of Science*. New York: Scientific American Library.

Keating, T.
 1997 Electronic Community: The Role of an Electronic Network in the Development of a Community of Teachers Engaged in Curriculum Development and Implementation. Unpublished doctoral dissertation, Stanford University.

Keating, T., and A. Rosenquist
 1998 The Role of an Electronic Network in the Development of a Community of Teachers Implementing a Human Biology Curriculum. Paper presented at the annual meeting of the National Association for Research in Teaching, San Diego, CA.

Kinzer, C. K., V. Risko, J. Carson, L. Meltzer, and F. Bigenho
 1992 Students' Perceptions of Instruction and Instructional Needs: First Steps Toward Implementing Case-based Instruction. Paper presented at the

42nd annual meeting of the National Reading Conference, San Antonio, Texas, December.

Koedinger, K. R. , J. R. Anderson, W. H. Hadley, and M. A. Mark
 1997 Intelligent tutoring goes to school in the big city. *International Journal of Artificial Intelligence in Education* 8: 30-43.

Lampert, M. , and D. L. Ball
 1998 *Teaching, Multimedia, and Mathematics: Investigations of Real Practice*. New York: Teachers College Press.

Lawless, J. G. , and R. Coppola
 1966 GLOBE: Earth as our backyard. *Geotimes* 41(9): 28-30.

Lederberg, J. , and K. Uncapher, eds.
 1989 Towards a National Collaboratory: Report of an Invitational Workshop at the Rockefeller University, March 17-18. National Science Foundation Directorate for Computer and Information Science, Washington, DC.

Lesgold, A. , S. Chipman, J. S. Brown, and E. Soloway
 1990 Prospects for information science and technology focused on intelligent training systems concerns. Pp. 383-394 in *Annual Review of Computer Science*. Palo Alto, CA: Annual Review Press.

Levin, J. , M. Waugh, D. Brown, and R. Clift
 1994 Teaching teleapprenticeships: A new organizational framework for improving teacher education using electronic networks. *Journal of Machine-Mediated Learning* 4(2 and 3): 149-161.

Linn, M. C.
 1991 The computer as lab partner: Can computer tools teach science? In *This Year in School Science 1991*, L. Roberts, K. Sheingold, and S. Malcolm, eds. Washington, DC: American Association for the Advancement of Science.

Linn, M. C. , N. B. Songer, and B. S. Eylon
 1996 Shifts and convergences in science learning and instruction. Pp. 438-490 in *Handbook of Educational Psychology*, R. C. Calfee and D. C. Berliner, eds. Riverside, NJ: Macmillan.

Mandinach, E.
 1989 Model-building and the use of computer simulation of dynamic systems. *Journal of Educational Computing Research* 5(2): 221-243.

Mandinach, E. , M. Thorpe, and C. Lahart
 1988 *The Impact of the Systems Thinking Approach on Teaching and Learning Activities*. Princeton, NJ: Educational Testing Service.

McDonald, J. P. , and P. Naso
 1986 Teacher as Learner: The Impact of Technology. Unpublished paper, Educational Technology Center, Harvard Graduate School of Education. May.

Means, B. , E. Coleman, A. Klewis, E. Quellamlz, C. Marder, and K. Valdes.
 1997 *GLOBE Year 2 Evaluation*. Menlo Park, CA: SRI International.

Means, B. , T. Middleton, A. Lewis, E. Quellmaiz, and K. Valdes
 1996 *GLOBE Year 1 Evaluation*. Menlo Park, CA: SRI International.

Means, B. , and K. Olson
 1995a Technology's role in student-centered classrooms. In *New Directions for Research on Teaching*, H. Walberg and H. Waxman, eds. Berkeley, CA: McCutchan.
 1995b *Technology's Role in Education Reform: Findings from a National Study of Innovating Schools*. Menlo Park, CA: SRI International.

Means, B. , K. Olson, and R. Singh
 1995 Beyond the classroom: Restructuring schools with technology. *Phi Delta Kappan* (September): 69-72.

Merrill, D. C. , B. J. Reiser, M. Ranney, and J. G. Trafton
 1992 Effective tutoring techniques: A comparison of human tutors and intelligent tutoring systems. *Journal of the Learning Sciences* 2(3): 277-305.

Mestre, J. P. , W. J. Gerace, R. J. Dufresne, and W. J. Leonard
 1997 Promoting active learning in large classes using a classroom communication system. Pp. 1019-1036 in *The Changing Role of Physics Departments in Modern Universities: Proceedings of the International Conference on Undergraduate Physics Education*. Woodbury, NY: American Institute of Physics.

Miller, A. I.
 1986 *Imagery in Scientific Thought*. Cambridge, MA: MIT Press.

Mintz, R.
 1993 Computerized simulation as an inquiry tool. *School Science and Mathematics* 93(2): 76-80.

Nemirovsky, R. , C. Tierney, and T. Wright
 1995 Body Motion and Graphing. Paper presented at the 1995 Annual Conference of the American Educational Research Association, San Francisco, California, April.

Neumann, E. K. , and P. Horwitz
 1997 Linking Models to Data: Hypermodels for Science Education. Association for the Advancement of Computing in Education. Available: http://copernicus. bbn. com/genscope/neumann/link_paper/link. html

O'Neill, D. K. , R. Wagner, and L. M. Gomez
 1996 Online Mentors: Experiments in Science Class. *Educational Leadership* 54(3): 39-42.

O'Neill, K.
 1996 Telementoring: One researcher's perspective. The newsletter of the BBN National School Network Project, #12. Electronic document. April.

Paolucci, M. , D. Suthers, and A. Weiner

    1996   Automated advice-giving strategies for scientific inquiry. In *Intelligent Tutoring Systems: Lecture Notes in Computer Science* #1086: 372 - 381, C. Frasson, G. Gauthier, and A. Lesgold, eds. Berlin: Springer-Verlag.

Pea, R. D.
    1985   Beyond amplification: Using computers to reorganize human mental functioning. *Educational Psychologist* 20: 167 - 182.
    1993a   Distributed multimedia learning environments: The Collaborative Visualization Project. *Communications of the ACM* 36(5): 60 - 63.
    1993b   Learning scientific concepts through material and social activities: Conversational analysis meets conceptual change. *Educational Psychologist* 28(3): 265 - 277.

Pea, R. D., L. M. Gomez, D. C. Edelson, B. J. Fishman, D. N. Gordin, and D. K. O'Neill
    1997   Science education as a driver of cyberspace technology development. Pp. 189 - 220 in *Internet Links for Science Education: Student-Scientist Partnerships*, K. C. Cohen, ed. New York: Plenum.

Pea, R. D., and D. M. Kurland
    1987   Cognitive technologies for writing development. Pp. 71 - 120 in *Review of Research in Education*, Vol. 14. Washington, DC: AERA Press.

Pellegrino, J. W., D. Hickey, A. Heath, K. Rewey, N. J. Vye, and the Cognition and Technology Group at Vanderbilt
    1991   Assessing the Outcome of an Innovative Instructional Program: The 1990 - 91 Implementation of the "Adventures of Jasper Woodbury." Technology Report No. 91 - 1. Nashville, TN: Vanderbilt Learning Technology Center.

Pollak, H.
    1986   The School Mathematics Curriculum: Raising National Expectations: Summary of a Conference. November 7 - 8, 1986. Paper presented at the conference on the School Mathematics Curriculum, University of California, Los Angeles.

President's Committee on Advisors on Science and Technology
    1997   *Report to the President on the use of technology to strengthen K - 12 education in the United States.* Washington, DC: U. S. Government Printing Office.

Resnick, L. B.
    1987   *Education and Learning to Think.* Committee on Mathematics, Science, and Technology Education, Commission on Behavioral and Social Sciences and Education, National Research Council. Washington, DC: National Academy Press. Available: http://www.nap.edu.

Riel, M.
    1992   A functional analysis of educational telecomputing: A case study of Learning Circles. *Interactive Learning Environments* 2(1): 15 - 29.

Riel, M. M., and J. A. Levin
    1990   Building global communities: Success and failure in computer networking. *Instructional Science* 19: 145 - 169.

Risko, V. J., and C. K. Kinzer
    1998   *Multimedia cases in reading education.* Boston, MA: McGraw-Hill.

Roberts, N., and T. Barclay
    1988   Teaching model building to high school students: Theory and reality. *Journal of Computers in Mathematics and Science Teaching* (Fall) 13 - 24.

Roschelle, J., and J. Kaput
    1996   Educational software architecture and systemic impact: The promise of component software. *Journal of Educational Computing Research* 14(3): 217 - 228.

Rubin, A.
    1992   *The Alaska QUILL Network: Fostering a Teacher Community Through Telecommunication.* Hillsdale, NJ: Erlbaum.

Ruopp, R., S. Gal, B. Drayton, and M. Pfister
    1993   *LabNet: Toward a Community of Practice.* Hillsdale, NJ: Erlbaum.

Scardamalia, M., and C. Bereiter
    1991   Higher levels of agency for children in knowledge-building: A challenge for the design of new knowledge media. *Journal of the Learning Sciences* 1: 37 - 68.
    1993   Technologies for knowledge-building discourse. *Communications of the ACM* 36(5): 37 - 41.

Scardamalia, M., C. Bereiter, and M. Lamon
    1994   The SCILE Project: Trying to bring the classroom into World 3. Pp. 201 - 228 in *Classroom Lessons: Integrating Cognitive Theory and Classroom Practice*, K. McGilly, ed. Cambridge, MA: MIT Press.

Scardamalia, M., C. Bereiter, R. S. McLean, J. Swallow, and E. Woodruff
    1989   Computer-supported intentional learning environments. *Journal of Educational Computing Research* 5(1): 51 - 68.

Schlager, M. S., and P. K. Schank
    1997   TAPPED IN: A new on-line teacher community concept for the next generation of Internet technology. Proceedings of CSCL '97, The Second International Conference on Computer Support for Collaborative Learning, Toronto, Canada.

Schofield, J.
    1995   *Computers and Classroom Culture.* Cambridge, UK: Cambridge University Press.

Schwartz, D. L., X. Lin, S. Brophy, and J. D. Bransford
    1999   Toward the development of flexibly adaptive instructional designs. Pp. 183 - 213 in *Instructional Design Theories and Models: Volume II*, C. M. Reigelut, ed. Hillsdale, NJ: Erlbaum.

Schwartz, J. L.
    1994   The role of research in reforming mathematics education: A different approach. In *Mathematical Thinking and Problem Solving*, A. H. Schoenfeld, ed. Hillsdale, NJ: Erlbaum.

Skovsmose, O.

1985 Mathematical education versus critical education. *Educational Studies in Mathematics* 16: 337-354.

Songer, N. B.
1993 Learning science with a child-focused resource: A case study of kids as global scientists. Pp. 935-940 in *Proceedings of the Fifteenth Annual Meeting of the Cognitive Science Society*. Hillsdale, NJ: Erlbaum.

Steed, M.
1992 STELLA, a simulation construction kit: Cognitive process and educational implications. *Journal of Computers in Mathematics and Science Teaching* 11: 39-52.

Suppes, P., and M. Morningstar
1968 Computer-assisted instruction. *Science* 166: 343-350.

Suthers, D., A. Weiner, J. Connelly, and M. Paolucci
1995 Belvedere: Engaging students in critical discussion of science and public policy issues. II-Ed 95, the 7th World Conference on Artificial Intelligence in Education, Washington, DC, August 16-19.

Thornton, R. K., and D. R. Sokoloff
1998 Assessing student learning of Newton's laws: The force and motion conceptual evaluation and the evaluation of active learning laboratory and lecture curricula. *American Journal of Physics* 64: 338-352.

Tinker, R., and B. Berenfeld
1993 A Global Lab Story: A Moment of Glory in San Antonio. *Hands On!* 16(3)(Fall).
1994 Patterns of US Global Lab Adaptations. *Hands On!* Available: http://hou.lbl.gov

University of California Regents
1997 Hands-On Universe. Available: http://hou.lbl.gov/

University of Illinois, Urbana-Champaign (UIUC)
1997 University of Illinois WW2010: The WeatherWorld2010 Project. Available: http://ww2010.atmos.uiuc.edu

U. S. Congress, Office of Technology Assessment
1995 *Teachers and Technology: Making the Connection*. OTA-EHR-6i16. April. Washington, DC: U. S. Government Printing Office. Available: ftp://gandalf.isu.edu/pub/ota/teachers.tech/

U. S. Department of Education
1994 National Assessment of Educational Progress (NAEP), 1994 Long-Term Assessment. Office of Educational Research and Improvement, U. S. Department of Education, Washington, D. C.

Vosniadou, N. J., E. DeCorte, R. Glaser, and H. Mandl, eds.
1996 *International Perspectives on the Design of Technology-supported Learning Environments*. Mahwah, NJ: Erlbaum.

Vye, N. J., D. L. Schwartz, J. D. Bransford, B. J. Barron, L. Zech, and Cognition and Technology Group at Vanderbilt
1998 SMART environments that support monitoring, reflection, and revision. In *Metacognition in Educational Theory and Practice*, D. Hacker, J. Dunlosky, and A. Graesser, eds. Mahwah, NJ: Erlbaum.

Wagner, R.
1996 Expeditions to Mount Everest. In *Tales from the Electronic Frontier: First-Hand Experiences of Teachers and Students Using the Internet in K-12 Math and Science*, R. W. M. Shinohara and A. Sussman, eds. San Francisco: WestEd.

Watts, E.
1985 How Teachers Learn: Teachers' Views on Professional Development. Paper presented at the annual meeting of the American Educational Research Association, Chicago. April.

Wertheimer, R.
1990 The geometry proof tutor: An "intelligent" computer-based tutor in the classroom. *Mathematics Teacher* 83: 308-317.

White, B. Y.
1993 ThinkerTools: Causal models, conceptual change, and science education. *Cognition and Instruction* 10(1): 1-100.

White, B. Y., and J. R. Fredericksen
1994 Using assessment to foster a classroom research community. *Educator* Fall: 19-24.
1998 Inquiry, modeling, and metacognition: Making science accessible to all students. *Cognition and Instruction* 16(1): 3-118.

CHAPTER 11

Elmore, R. F.
1995 Getting to Scale with Successful Education Practices: Four Principles and Some Recommended Actions. Paper commissioned by the Office of Reform Assistance and Dissemination, U. S. Department of Education.

Elmore, R. F., Consortium for Policy Research in Education, and D. Burney
1996 Staff Development and Instructional Improvement Community District 2, New York City. Paper prepared for the National Commission on Teaching and America's Future.

Evans, J. St. B. T.
1989 *Bias in Human Reasoning*. Hillsdale, NJ: Erlbaum.

Goldman, A. I.
1994 Argument and social epistemology. *Journal of Philosophy* 91: 27-49.

Habermas, J.
1990 *Moral Consciousness and Communicative Action*. Cambridge, MA: MIT Press.

Hendrickson, G., and W. H. Schroeder

Judd, C. H.
    1941   Transfer of training in learning to hit a submerged target. *Journal of Education Psychology* 32: 205 – 213.

Judd, C. H.
    1908   The relation of special training to general intelligence. *Education Review* 36: 28 – 42.

Kobayashi, Y.
    1994   Conceptual acquisition and change through social interaction. *Human Development* 37: 233 – 241.

Kuhn, D.
    1991   *The Skills of Argument*. Cambridge, England: Cambridge University Press.

Lin, X. D. , and J. Lehman
    1999   Supporting learning of variable control in a computer-based biology environment: Effects of prompting college students to reflect on their own thinking. *Journal of Research in Science Teaching*.

Moshman, D.
    1995a   Reasoning as self-constrained thinking. *Human Development* 38: 53 – 64.
    1995b   The construction of moral rationality. *Human Development* 38: 265 – 281.

National Research Council
    1999   *Improving Student Learning: A Strategic Plan for Education Research and Its Utilization*. Committee on Feasibility Study for a Strategic Education Research Program. Washington, DC: National Academy Press.

Newstead, S. E. , and J. St. B. T. Evans, eds.
    1995   *Perspectives on Thinking and Reasoning: Essays in Honour of Peter Wason*. Hillsdale, NJ: Erlbaum.

Pea, R. D.
    1999   New media communication forums for improving education research and practice. In *Issues in Education Research: Problems and Possibilities*, E. C. Lagemann and L. S. Shulman, eds. San Francisco: Jossey Bass.

Salmon, M. H. , and C. M. Zeitz
    1995   Analyzing conversational reasoning. *Informal Logic* 17: 1 – 23.

Stokes, D. E.
    1997   *Pasteur's Quadrant: Basic Science and Technological Innovation*. Washington, DC: Brookings Institution Press.

Vye, N. J. , S. R. Goldman, C. Hmelo, J. F. Voss, S. Williams, and Cognition and Technology Group at Vanderbilt
    1998   Complex mathematical problem solving by individuals and dyads. *Cognition and Instruction* 15(4).

Youniss, J. , and W. Damon.
    1992   Social construction in Piaget's theory. Pp. 267 – 286 in *Piaget's Theory: Prospects and Possibilities*, H. Berlin and P. B. Pufal, eds. Hillsdale, NJ: Erlbaum.

学习科学发展委员会成员的个人简介

约翰·D·布兰思福特(JOHN D. BRANSFORD)(联合主席)是范德比尔特大学乔治·皮博迪学院学习技术中心联合主任、心理学终身教授。他也是该大学约翰·F·肯尼迪中心的高级研究员和公共政策研究所的资深研究员。他的研究主要关注于思维和学习的本质和它们的促进作用,他特别强调利用技术增强学习的重要性。他研究开发的项目包括了基于录像的伍德伯里·贾斯珀问题解决系列、小行星识字系列和其他涉及利用技术在文学、科学、历史和其他领域中增强思维和学习的项目。布兰思福特担任多家杂志的编委,曾撰写了许多心理学和教育学领域的专著和论文。他是全美教育学会的成员,在明尼苏达大学获得了认知心理学博士学位。

安·L·布朗(ANN L. BROWN)(联合主席)曾担任加利福尼亚大学伯克利分校的伊夫琳·洛伊斯·科里教授职位。她长期热衷于研究学业危机儿童的学习和理解,目前她的研究主要关注于在更广泛的学习者共同体中作为研究者的学生的作用和教师的作用。由于布朗对教育研究作出了杰出的贡献,她在美国和英国荣获了许多的荣誉和奖励,包括古根海姆研究基金、斯宾塞高级研究基金、美国教育研究学会颁发的终生成就奖、1995年美国心理学学会应用心理学杰出科学奖,1997年因杰出的应用心理学工作获美国心理学界詹姆斯·麦基恩·卡特尔会员奖。布朗曾是全美教育学会的成员,担任美国教育研究学会的主席职务。她已经出版了大量的有关记忆策略、阅读理解、类比思维和元认知的研究成果。她在英国伦敦大学获得心理学学士学位和博士学位。

约翰·R·安德森(JOHN R. ANDERSON)是卡内基梅隆大学的心理学和计算机科学教授。他目前的研究工作涉及认知技能的获得和对人类认知如何适应于环境的信息处理要求的理解。他开发出了ACT-R制作系统,并把它应用于记忆、问题解决和视觉信息处理的各个方面。他出版了大量有关人类联想记忆、语言、记忆、认知和思维适应性特征的研究成果。他在斯坦福大学获得了哲学博士学位。

罗德尼·R·科金(RODNEY R. COCKING)是国家研究院的高级项目官员,也是行为、认知和知觉科学理事会的主席。他曾是国家心理健康研究所特殊人口办公室的社会科学分析家。他的研究工作集中在记忆和学习中认知和跨文化问题,以及有计划行为高级认知过程。他与欧文·E·西格尔一起共同创立和共同编辑了应用发展心理学杂志。科金是美国心理学学会(发展心理学)的成员。他在康奈尔大学获得了发展心理学和认知学博士学位。

罗切尔·盖尔曼(ROCHEL GELMAN)是加利福尼亚大学洛杉矶分校的心理学教授。她是行为科学高级研究中心的成员,也是宾夕法尼亚大学艺术和科学研究生办公室副主任。她担任多家杂志的编委,已出版了大量的有关学习的研究成果,内容涉及到理论与课堂实践。她是古根海姆基金会成员、美国心理学学会(APA)威廉·詹姆斯基金会成员,因杰出的科学贡献而荣获美国心理学学会的奖励。她也在国家研究院心理科学国际联合会美国委员会、行为与社会科学基础研究委员会、行为、认知和知觉科学理事会中担任职务。她在洛杉矶加利福尼亚大学获得哲学博士学位。

赫伯特·P·金斯博格(HERBERT P. GINSBURG)是哥伦比亚大学教师学院雅各布·H·席弗基金会心理学和教育学教授。他的工作集中于儿童的智力发展和教育,尤其是贫穷与少数民族儿童。他曾主持研究儿童认知与数学思维的发展,检查数学与评价对早期教育的意义等研究项目。他的出版物包括《数学思维开发》(1983)、《皮亚杰的智力发展理论》(1988)、《儿童的算术》(1989)、《走进儿童的心理:心理学研究和实践中的临床访谈》(1997)和《课堂教学中教师灵活访谈指南》(1998)。金斯博格博士就职于国家研究院的早期教育委员会和可行性研究策略委员会。获得了北卡罗莱纳大学发展心理学博士学位,曾在康乃尔大学、马里兰大学和罗切斯特大学任教。

罗伯特·格拉泽(ROBERT GLASER)是杰出的大学教授和匹兹堡大学学习研究与发展中心的创始人。他是教育实践认知研究詹姆斯·S·麦克唐奈基金会顾问团的成员,目前他还担任国家研究院评价基金会委员会的联合主席职务。他也在国家研究院其他部门任职,包括科学教育标准与评价委员会和数学、科学与技术教育研究委员会。格拉泽也是《教学心理学的进展》丛书的编著者。他在印第安纳大学获得心理测量和学习理论博士学位。

威廉·T·格里诺(WILLIAM T. GREENOUGH)是伊利诺斯大学乌尔班纳分校贝克曼学院斯旺鲁德中心心理学、精神病学和细胞与结构生物学的高级研究教授。目前他是该大学跨学科神经科学博士点主任。格里诺还是国家科学院的成员。他在洛杉矶加利福尼亚大学获得哲学博士学位。

格洛丽亚·拉德森-比林斯(GLORIA LADSON-BILLINGS) 是威斯康星大学麦迪逊分校课程与教学系教授和布朗大学安嫩伯格学校改革研究所城市教育的高级成员。她的研究方向是文化与学校教育的相互关系,特别是非洲裔美国学生的成功教学和学习。她出版专著,发表大量文章和参与编写著作。目前她是美国教育研究杂志教学、学习与人类发展栏目的编辑。她在斯坦福大学获得课程与教师教育博士学位。

巴巴拉·M·米恩斯(BABARA M. MEANS) 是国际 SRI 政策部副主任。她在 SRI 的研究活动集中在技术对课堂教学和学习的影响。她主持了改善环境的全球性学习和观察(GLOBE)项目和硅谷挑战 2000(通过主动使用多媒体技术来改革学校和促进学生学习的公立—私营合作项目)的评价研究部分。她也是创新学习技术国家科学基金立项中心的联合首席研究员。她的早期成果包括国家技术与教育改革研究。米恩斯还是洛克菲勒大学人类认知比较实验室的访问研究员。她在加利福尼亚大学伯克利分校获得教育心理学博士学位。

乔斯·P·梅斯特(JOSÉ P. MESTRE) 是马萨诸塞大学阿姆赫斯特分校的物理学和天文学教授。他的研究方向包括物理问题解决的认知研究,重点放在专家和新手获取知识和使用知识的方法。最近,他的研究工作集中在将研究发现应用于教学策略的设计和物理课程的开发上,其目的是要促进上物理大课的学生的学习主动性,并通过问题解决促进学生概念的发展。他曾是国家研究院数学科学教育委员会的成员;学院董事会科学顾问委员会、学术能力测验委员会、学术事务理事会的成员;教育测量监督委员会成员;物理教育委员会美国物理教师研究会的成员和《物理教师》杂志的编委;联邦科学、工程和技术专家团体协调理事会的成员。他在马萨诸塞大学阿姆赫斯特分校获得物理学博士学位。

琳达·内森(LINDA NATHAN) 是新成立的波士顿公立学校——波士顿视觉与表演艺术学院的校长。以前,她担任马萨诸塞州波士顿芬威中级学院高级中学的联合主任和教师,芬威中学是一所因重视学业准备的创新性课程和国家认可的就业准备计划而闻名全国的学校。起初在波士顿内森作为一名双语数学教师和戏剧教师,帮助成立了波士顿第一所表演艺术学院。她还协助成立了合作教育中心,是这个机构的高级助理。她的研究方向包括课程评价的新概念。内森在爱默生学院获得戏剧艺术硕士学位和在哈佛大学获得教育学博士。

罗伊·D·皮(ROY D. PEA) 是加利福尼亚门洛帕克国际SRI学习技术中心的主任和斯坦福大学教育学院的顾问教授。他主持了创新学习技术多边组织中心，为了促进用于研究者、学校和企业中改进利用技术的学习的最佳实践和新设计，该中心致力于创建全国性知识网络。皮以前是西北大学约翰·埃文斯(John Evans)教育和学习科学教授，在那里他成立和主持了学习科学博士点并担任教育和社会政策学院的院长。他是使用先进技术(特别重视科学、数学和技术)整合理论、研究和有效的学习环境设计的认知科学家。他也是行为科学高级研究中心的成员，美国心理学学会的成员。他在英国牛津大学获得发展心理学博士学位，是罗氏奖学金的获得者。

佩内罗珀·L·彼得森(PENELOPE L. PETERSON) 是西北大学教育与社会政策学院的院长、约翰·埃文斯(John Evans)教育学教授。她以前是密歇根大学教育学杰出教授和麦迪逊威斯康星大学西尔斯-巴斯科姆(Sears-Bascom)教育学教授。彼得森是美国教育研究学会的前任主席。她近期出版的专著关注于课堂结构和学校组织。她在斯坦福大学获得教育心理学研究博士学位。

巴巴拉·罗格弗(BARBARA ROGOFF) 目前是加利福尼亚大学圣克鲁兹分校UCSC心理学基金教授和教育学教授。她也是犹他大学教授、旧金山奥谢探究会员、行为科学高级研究中心的成员、凯洛格会员以及斯宾塞会员。罗格弗是《人类发展》的编辑，她的专著《思维中的认知学徒》(1990，Oxford)获得了美国教育研究学会颁发的斯克里布纳(Scribner)奖。她还是美国心理学学会、美国人类学协会和美国心理学协会的成员。她在哈佛大学获得发展心理学博士学位。

托马斯·A·龙伯格(THOMAS A. ROMBERG) 是威斯康星大学麦迪逊分校西尔斯·鲁伯克—巴斯科姆基金教育学教授，他主持了美国教育部改善学生数学与科学学习成绩国家中心。他是许多教育和认知学杂志的评论员，在有关学习、评估和评价的认知学方面广泛地撰写了许多文章。他在国家研究院的职务包括数学科学教育委员会的成员和国家数学评价高峰会议的筹划指导委员会的成员。他在斯坦福大学获得数学教育博士学位。

塞缪尔·S·瓦尼博格(SAMUEL S. WINEBURG) 是华盛顿大学教育心理学副教授和历史学副教授。他曾经是斯宾塞博士前基金会的成员和全国斯宾塞教育研究学会会员。他的专著包括历史学习与教学的心理学、历史学中的情景化思维、有关历史的问题解决和历史教学中的智慧模型。他最近的研究工作集中在历史理解中专业知识的特征。他在斯坦福大学获得教育心理学博士学位。

学习研究与教育实践委员会成员的个人简介

约翰·D·布兰思福特(JOHN D. BRANSFORD)(联合主席)是范德比尔特大学乔治·皮博迪学院学习技术中心联合主任、心理学终身教授。他也是该大学约翰·F·肯尼迪中心的高级研究员和公共政策研究所的资深研究员。他的研究主要关注于思维和学习的本质和它们的促进作用,他特别强调利用技术增强学习的重要性。他研究开发的项目包括了基于录像的伍德伯里·贾斯珀问题解决系列、小行星识字系列和其他涉及利用技术在文学、科学、历史和其他领域中增强思维和学习的项目。布兰思福特担任多家杂志的编委,曾撰写了许多心理学和教育学领域的专著和论文。他是全美教育学会的成员。他在明尼苏达大学获得了认知心理学博士学位。

詹姆斯·W·佩勒格林诺(JAMES W. PELLEGRINO)(联合主席)是范德比尔特大学皮博迪教育与人类发展学院弗兰克·W·梅伯恩认知研究教授。他的研究聚焦于将认知研究结果和技术应用于有关人类认知和认知发展的教学问题。佩莱格里诺博士目前就职于国家研究院教育与心理评估基金会。他曾任教于匹兹堡大学和拉加利福尼亚大学圣巴巴分校。他在高露洁大学获得文学学士学位,在科罗拉多大学获得实验与测量心理学的硕士和博士学位。

大卫·伯利纳(DAVID BERLINER)是亚利桑那州教育领导与政策研究、课程与教学以及教育心理学教授。他目前的研究集中于教学、教师教育和教育政策。他的研究成果有:《使研究在你的学校中起作用》(1993)、《教师教育的未来》(1996)。伯利纳博士目前就职于国家研究院测量与评估理事会。他获得过多项奖励,其中由美国教育研究学会授予的实践研究奖和全美中学校长协会授予的杰出服务奖最为著名。他担任过美国教育研究学会和美国心理学会的教育心理学分会的主席。他在斯坦福大学获得了教育心理学博士学位,并曾在加利福尼亚州立大学圣何塞分校、马萨诸塞大学和亚利桑那大学任教。

默娜·S·库尼(MYRNA S. COONEY)是一位有35年以上教龄的教师。她目前在爱荷华州塞达拉皮兹的塔夫脱中学教授六、七年级,是语言艺术和社会研究委员会委员。她以前任教于位于雪松拉佩兹的克利夫兰小学,教四、五、六年级。库尼女士在Coe学院获得教育学学士学位,还在爱荷华大学获得教育学硕士学位。她是爱荷华大学在职教师项目的教员,范德比尔特大学的驻地教师。

M·苏珊妮·多诺万(M. SUZANNE DONOVAN)(研究主任)是全美研究会行为与社会科学和教育委员会的高级项目官员、特殊教育的少数代表委员会的研究主任。她的兴趣包括教育和公共政策问题。她拥有加利福尼亚大学伯克利分校和公共政策学院的博士学位,以前她是哥伦比亚大学公共和国际事务学院的教师。

亚瑟·艾森克拉夫特(ARTHUR EISENKRAFT)是科学协调员(6—12年级)和纽约贝德福德的贝德福德公立学校的物理教师。他在各类学校教授中学物理有24年之久。艾森克拉夫特博士目前工作于州际新教师评估和支持协会科学标准起草委员会和全美研究会科学、数学和工程教育中心的顾问团。他是全美科学基金会支持的全美物理协会活动物理课程项目和全美物理教师协会的编辑和项目经理。他的出版物包括有关激光应用的实验文本、发现核裂变历史的录音带、初中和高中的课程材料以及许多音像制品。他拥有激光视觉检测系统的美国专利。艾森克拉夫特博士就职于许多科学颁奖委员会,他还是国际物理奥林匹克执行主任。他拥有纽约大学科学教育的博士学位,1986年由于杰出的科学教学,他获得总统奖。

赫伯特·P·金斯伯格(HERBERT P. GINSBURG)是哥伦比亚大学教师学院雅各布·H·席弗基金会心理学和教育学教授。他的工作关注于儿童的智力发展和教育,尤其是贫穷的和少数族裔儿童。他曾主持研究儿童数学思维和认知的发展,考察早期教育的教学和评估的影响。他的出版物包括《数学思维的发展》(1983)、《智能发展的皮亚杰理论》(1988)、《儿童的算术》(1989)、《走进儿童的心理:心理学研究和实践中的临床访谈》(1997)和《课堂中灵活访谈的教师指南》(1998)。金斯博格博士就职于全美研究会的幼儿教育学委员会和策略性教育研究项目灵活性研究委员会。他拥有查布尔希尔的北卡罗莱纳大学获得的发展心理学博士学位,并曾在科内尔大学、马里兰大学和罗切斯特大学任教。

保罗·D·戈伦(PAUL D. GOREN)是约翰·D和凯瑟琳·T·麦克阿瑟基金会儿童和青年发展、人类和社区发展项目的主任。他曾担任明尼阿波利斯公立学校政策和策略性服务的执行主任,教授中学历史和数学两年。他还曾是全美主管者协会教育政策研究分会的主任和斯坦福教师教育项目的规划和研究协调员。1991年他获斯坦福大学教育学院的博士学位,1984年他获德克萨斯大学林登·B·约翰逊公共事务学院的公共行政学硕士。

乔斯·P·梅斯特(JOSÉ P. MESTRE)是马萨诸塞大学阿姆赫斯特分校的物理学和天文学教授。他的研究方向包括物理问题解决的认知研究,重点放在专家和新手获取知识和使用知识的方法。最近,他的研究工作集中在将研究发现应用于教学策略的设计和物理课程的开发上,其目的是要促进上物理大课的学生的学习主动性,并通过问题解决促进学生概念的发展。他曾是国家研究院数学科学教育委员会的成员;学院董事会科学顾问委员会、学术能力测验委员会、学术事务理事会的成员;教育测量监督委员会成员;物理教育委员会美国物理教师研究会的成员和《物理教师》杂志的编委;联邦科学、工程和技术专家团体协调理事会的成员。他在马萨诸塞大学阿姆赫斯特分校获得物理学博士学位。

安玛丽·苏莉万·佩琳科萨(ANNEMARIE SULLIVAN PALINCSAR)拥有密歇根大学教育学院的教授职位,在那里她培养教师、教师教育者和在异质课堂中工作的研究者。她主持有关问题解决获得中同伴合作、促进自我调控的教学、特殊需求的学习者的素养发展和整个教学日中素养的使用的拓展性研究。她是《策略性教与学和作为思维的阅读教学》一书的编著者。她的有关交互教学(reciprocal teaching)(1984年与安·布朗合著)的认知和教学论文是经典的。佩琳科萨博士目前就职于全美研究会预防儿童阅读困难委员会。1988年她获得了美国新西兰学会授予的早期贡献奖,1991年她又获得美国教育研究协会的一个奖励。1992年她被选为学习障碍国际研究会的高级会员。她在伊利诺斯大学获得特殊教育的硕士和博士学位。

罗伊·D·皮(ROY D. PEA)是加利福尼亚门洛帕克国际SRI学习技术中心的主任和斯坦福大学教育学院的顾问教授。他还主持了创新学习技术多边组织中心,为了促进用于研究者、学校和企业中改进利用技术的学习的最佳实践和新设计,该中心致力于创建全国性知识网络。皮以前是西北大学约翰·埃文斯(John Evans)教育和学习科学教授,在那里他成立和主持了学习科学博士点并担任教育和社会政策学院的院长。他是使用先进技术(特别重视科学、数学和技术)整合理论、研究和有效的学习环境设计的认知科学家。他也是行为科学高级研究中心的成员,美国心理学学会的成员。他在英国牛津大学获得发展心理学博士学位,是罗氏奖学金的获得者。

志　谢

　　这项研究工作令人激动之处是人们看到了与教育相关的基础科学。根据这一结合点，委员会在 1996 年举办了一次研讨会——"科学学习的科学"——目的是扩展我们对认知科学对科学和数学教与学的影响的理解。我们从研讨会上收到的论文和所进行的讨论中受到了极大的启发，受益匪浅，这和其他人运用这种形式所获得的收益是相同的。我们特别感谢在那次研讨会上提交论文和引发讨论的下列同行：纽约大学心理学系苏珊·凯里(Susan Carey)、洛杉矶加利福尼亚大学化学系奥维尔·L·查普曼(Orville L. Chapman)、麦卡吉尔大学心理学系凯文·邓巴(Kevin Dunbar)、卡内基梅隆大学心理学系吉尔·H·拉金(Jill H. Larkin)、伊利诺斯大学贝克曼学院凯文·米勒(Kevin Miller)、马里兰大学天文与物理学系爱德华·F·雷迪什(Edward F. Redish)、麦迪逊威斯康星大学教育心理学系利昂娜·肖博尔(Leona Schauble)、斯坦福大学教育学院李·S·舒尔曼(Lee S. Shulman)、卡内基梅隆大学心理学系赫伯特·A·西蒙(Herbert A. Simon)、奥斯汀得克萨斯大学达纳数学与科学教育中心菲利普·尤里·特雷斯曼(Philip Uri Treisman)。

　　以个体或集体的形式，委员会的成员与很多领域的专家就很多问题与主题展开了广泛的讨论，我们希望在此表达我们对那些为我们提供建议改进我们的集体思维的专家们的感激之情。我们尤其要感谢安·罗斯伯里(Ann Rosebery)和贝丝·沃伦(Beth Warren)这两位来自剑桥 TERC 的专家的帮助，他们在学习和教学科学问题方面为我们提供了帮助。印第安纳大学教育学院研究与开发系副主任凯瑟琳·A·布朗(Catherine A. Brown)加深了我们数学教与学的讨论，我们也得到了来自多伦多大学儿童学习研究所罗比·凯斯(Robbie Case)有关儿童思维的有益的帮助，卡内基梅隆大学心理学系罗伯特·西格勒(Robert Siegler)有关儿童学习策略的帮助，我们对教师学习和专业发展的工作得益于马萨诸塞大学教育学院阿兰·费尔德曼(Allan Feldman)的建议，在此深表感谢。

虽然这项研究对于委员会的每一位参加者来说都是一种智能上的投入,我们仍然不能忘怀为这项研究提供资助的赞助者的重要作用。美国教育部教育研究与提高办公室授权本委员会对全国的研究投入和如何决定使科研投入能够获得高回报做出回顾与评估。我们感谢约瑟夫·科纳蒂(Joseph Conaty)、朱迪思·西格尔(Judith Segal),他们为委员会提供了个人的和官方的支持。

最后,国家研究院的几位工作人员和其他人为我们的工作作出了显著的贡献。国家研究院行为与社会科学及教育分会教育、劳工和人的工作效率研究室(CBASSE)主任亚历山德拉·威格多(Alexandra Wigdor)最早促使本研究的开展并在研究进行中给予了多方援助,为本研究的顺利完成提供了必不可少的帮助。CBASSE副主任尤金妮亚·格罗曼(Eugenia Grohman)非常耐心地和我们一起几易初稿,使文稿得到有效的改进。CBASSE项目高级助理珍妮·菲利普斯(Jane Philips)为我们提供了关键性的支持,另外,我们也得到范德比尔特大学尼尔·巴克斯特(Neale Baxter)、苏珊·M·科克(Susan M. Coke)、法阿皮奥·波(Faapio Poe)、加利福尼亚大学伯克利分校卡罗尔·坎农(Carol Cannon)等的大力支持,他们这些"幕后英雄"为本书的完成起了关键性作用,我们对他们表示我们由衷的感谢。

亚历山德拉·威格多(Alexandra Wigdor)是最初激发我们灵感去启动当年那个研究项目的人,正是那个研究项目才有《人是如何学习的——架起研究与实践之间的桥梁》这一研究成果。她出色的组织与领导才能是学习研究与教育实践委员会成功的核心基础。将研究的视角对准课堂教学实践的愿景是由C·肯特·麦圭尔(C. Kent McGuire)提出的,他是美国教育部教育研究与改进机构的助理书记。罗德尼·科金(Rodney Cocking)是学习科学开发项目委员会的研究主任,他为本委员会致力于学习研究与教育实践的努力提供了支持。温德尔·格兰特(Wendell Grant)是项目助理,长时间地为本项目的研究提供后勤保障,整理委员会的活动及会议记录,为本委员会的研究报告、草案等提供行政支持。克里斯廷·麦克沙恩(Christine McShane)用她那娴熟的编辑技术提高了本报告的质量。我们还要感谢卡罗林·斯塔尔卡普(Carolyn Stalcup)为我们的设计所作出的支持和桑德拉·尤查克(Sandra Yurchak)担任我们的秘书,为我们所作出的帮助。

学习研究与教育实践委员会于1998年12月举行了一次研讨会,将我们前期的研究成果《人是如何学习的》呈现给与会的教育工作者、政策制定者、研究者们,征求他们的反馈意见,以及在他们看来阻碍将研究成果应用于教育实践的障碍是什么。国家研究院(NRC)和美国教育部教育研究与提高办公室(OERI)联合资助了本次研讨会,国家研究院主席布鲁斯·阿尔伯茨出席。美国教育部教育研究与提高办公室(OERI)助理书记C·肯特·麦圭尔为研讨会的成功作出了贡献。美国教育部教育研究与提高办公室(OERI)的约瑟夫·康纳特(Joseph Conaty)、卢纳·莱文森(Luna Levinson)参与了会议的组织与协调工作。卡伦·富森(Karen Fuson)、委员会成员安玛丽·佩林克萨(Annemarie Palincsar)、罗伯特·贝恩在本次研讨会上演示了如何将本研究成果中所提出的一些原理应用到教学中的方法。参加研讨会的成员们对架起研究与课堂教学实践之间的桥梁所面对的挑战做了深入的探讨,大卫·伯林纳(David Berliner)、迪安娜·伯尼(Deanna Burney)、贾尼斯·杰克逊(Janice Jackson)、吉恩·克鲁思(Jean Krusi)、露西·韦斯特(Lucy West)以及罗伯特·莫尔斯(Robert Morse)都在本次研讨会上提供了教师对此的观点。在本次研讨会上从政策制定角度提出看法的有:罗恩·考埃尔(Ron Cowell)、路易斯·戈梅斯(Louis Gomez)、保罗·戈伦(Paul Goren)、杰克·詹宁斯(Jack Jennings)、克里·马佐尼(Kerri Mazzoni)以及卡罗尔·斯图尔特(Corol Stewart)。

本委员会还举办过一次工作坊,目的是能够更加聚焦我们的研究以帮助建构研究与实践之间的桥梁。工作坊为期两天,既有大会交流,又有小组活动,主要将本研究成果所涉及的研究领域进行深入地实践探讨。我们对参加本次工作坊并作出卓越贡献的所有人员深表谢忱。他们是:艾米·阿尔瓦拉多(Amy Alvarado)、卡伦·巴乔佛(Karen Bachofer)、罗伯特·贝恩(Robert Bain)、吉恩·克鲁思(Jean Krusi)、卢纳·莱文森(Luna Levinson)、罗伯特·莫尔斯(Robert Morse)、巴巴拉·思考特·尼尔森(Barbara Scott Nelson)、艾里斯·罗特博格(Iris Rotberg)、利昂娜·肖博尔(Leona Schauble)、卡罗尔·斯图尔特(Corol Stewart)以及露西·韦斯特(Lucy West)。

《人是如何学习的——大脑、心理、经验及学校》和《人是如何学习的——架起研究与实践之间的桥梁》这两个研究成果的原稿都经过挑选出来的专家们的评审并做出独立的鉴定,他们都是一些持不同观点和不同技术领域的行家。这是国家研究院(NRC)报告评估委员会规定的程序,其目的是为了提出公正、批判性的评论以使作者和国家研究院尽可能在报告出版前使报告达到客观、准确和负责的学术标准。他们对报告内容所做的评论的原稿被秘密地保存着,以确保协商过程的完整性。

我们感谢下列个人,他们或是以官方身份或是受国家研究院的委托参与这份研究报告的审议过程:斯坦福大学教育学院肯基·哈库塔(Kenji Hakuta)、斯坦福大学国际研究所唐纳德·肯尼迪(Donald Kennedy)、加利福尼亚大学数学行为科学研究所R·邓肯·卢斯(R. Duncan Luce)、加利福尼亚大学教育系迈克尔·马丁内斯(Michael Martinez)、伊利诺斯大学心理学系凯文·米勒、俄勒冈大学心理学系迈克尔·波斯纳(Michael I. Posner)、威斯康星大学教育学院利昂娜·肖博尔(Leona Schauble)、卡内基梅隆大学心理学系赫伯特·A·西蒙(Herbert A. Simon)、斯坦福大学名誉教授帕特里克·萨普斯(Patrick Suppes)、南加利福尼亚大学神经科学研究理查德·汤普森(Richard F. Thompson)。

我们还要感谢以下个人,他们参与了《人是如何学习的——架起研究与实践之间的桥梁》的评审:安纳代尔拉丝教学中心的桃乐西·福勒(Dorothy Fowler)、华盛顿大学数学系的拉梅森·甘高利(Ramesh Gangolli)、威斯康星-麦迪逊大学教育心理学系的理查德·莱恩(Richard Lehren)、欧文加利福尼亚大学教育系的迈克尔·马丁内斯(Michael Martinez)、斯沃索莫尔学院教育规划处的K·安·伦宁格(K. Ann Renninger)、威斯康星-麦迪逊大学数学教育研究中心的托马斯·A·龙伯格(Thomas A. Romberg)、斯坦福大学语言与信息研究中心的帕特里克·萨普斯(Patrick Suppes)等。

虽然以上人员为本研究提供了很多建设性的意见和建议,报告最终的内容完全由本研究委员会的作者和国家研究院负责。

约翰·D·布兰思福特

詹姆斯·W·佩勒格林诺

罗德尼·R·科金

M·苏珊娜·多诺万

索 引

A

抽象推理	Abstract reasoning, 74, 78, 89
绩效责任	Accountability, 20, 271-272
行动研究	Action research, 191, 199-200, 257
主动学习	Active learning, 10, 12-13, 80, 182, 218
适应性专业知识	Adaptive expertise, 45-46, 50, 51, 73, 133, 140, 233
管理者,学校	Administrators, schools, 243, 248, 251, 252, 259, 265, 266
成人学习	Adult learning, 26-27. *See also* teacher learning
非洲裔美国人	African Americans, 72, 73, 109, 110, 135
代数	Algebra, 58, 63, 65, 137-138, 213-214, 225
《爱丽丝漫游仙境》/《爱丽丝镜中奇遇记》	*Alice in Wonderland / Through the Looking Glass* book, 105-107
美国物理教师协会	American Association of Physics Teachers, 191
类比推理	Analogical reasoning, 62, 64, 65-66, 110
安嫩伯格关键朋友计划	Annenberg Critical Friends Project, 197-198
学徒式学习	Apprenticeship learning, 109, 191, 214, 220-221
评估,又见方法论,学习评估,自我评估	Assessments. *See also* Methodologies, learning assessment; Self-assessment
绩效责任	accountability, 20, 271-272
选择性	alternative, 192
条件化知识	conditionalized knowledge and, 43
内容加工框架	content-process framework, 143-144
文化敏感性	cultural sensitivity in, 72, 110-111, 146
反馈的	with feedback, 19, 43, 140-141, 154
形成性的	formative, 19, 24-25, 140-141, 142, 152, 154, 167, 217, 219, 257-258, 268, 277
分级练习	grading practices, 146
初始学习的	of initial learning, 55, 56, 57
学习环境中心	learning environments centered on, 139-144, 154, 188, 196-197
学习目标	learning goals and, 18-19
记忆焦点	memorization focus, 9, 140, 141, 152, 189, 245
多项选择测试	multiple-choice tests, 140
档案袋	portfolio, 142, 220
原则	principle, 139-140
研究建议	research recommendations, 251, 254-257, 258-259, 261-263
科学教育	science education, 143-144, 277

---

* 索引中的数字,均为英文原版页码,即本书边码。——编辑

策略性能力的	of strategic competence, 97
标准化测试	standardized tests, 21, 132, 140, 150, 189, 210-211, 220, 271-272
州教育标准	state education standards, 271
总结性的	summative, 140, 141, 154, 189
教师培训	teacher training, 27, 197-198, 246-247, 264-266, 267-268
证书项目	certification programs, 197, 272-273
理论框架	theoretical frameworks, 142-144
理解的,格式	of understanding, formats for, 56, 141, 142, 143
用法	uses, 140
胶质细胞	Astrocytes, 119, 126
技能的自动化	Automaticity of skills, 139
轴突	Axons, 116

B

邦克大街学院	Bank Street College, 208, 227
海湾地区和全国写作计划	Bay Area and National Writing Project, 195, 197
行为主义	Behaviorism, 6-8
信仰,教师	Beliefs, teachers, 48, 60, 61, 146, 147
观景楼体系	Belvedere system, 214
生物上的因果关系	Biological causality, 4, 88-89, 90, 112, 233
生物学	Biology, 68, 70-71, 174-177, 184-186, 187, 193, 216, 227, 233
大脑发展(开发)	Brain development, 235
基础	basics, 116-117
血管构造	blood vessel formation, 118-120, 126
学习的环境	environment for learning and, 119
练习	exercise and, 117-119, 120
经验	experiences and, 117-119, 120, 121, 124-125, 126-127, 233
功能性组织	functional organization, 120-121, 122-123, 126
教学	instruction and, 121-123
语言	language and, 121-124, 127
学习	learning and, 4, 114-115, 119-121
错误概念	misconceptions about, 114
神经活动	neural activity and, 119-120, 127, 276
可塑性	plasticity, xix, 123, 233, 276
社会互动	social interactions, 119, 126
突触连接	synaptic connections, 116-118, 119-120, 122, 126
时间表	timetable for, 121-122, 126-127
大脑加工	Brain processes
记忆	memory and, 124-126
静区	silent areas, 114
面包写作计划	Breadloaf Writing Project, 198
面包网	BreadNet, 198
搭桥策略	Bridging strategy, 179, 180, 187
约翰·布鲁尔	Bruer, John, 127
万尼瓦尔·布什	Bush, Vanevar, 213

C

微积分	Calculus, 66
基于案例的学习	Case-based learning, 62, 77
猫的学习	Cat learning, 6-8

因果关系	Causality
生物的	biological, 4, 88-89, 90, 112
物质的	physical, 84-88

挑战2000多媒体计划　　　　　　　Challenge 2000 Multimedia Project, 222
国际象棋　　　　　　　　　　　　Chess, 32, 34-36, 43, 56
芝加哥数学与科学教师学会　　　　Chicago Teachers Academy for Mathematics and Science, 195
儿童学习，又见婴儿认知　　　　　Children's learning. See also Infant cognition, 234-235
　生物因果关系　　　　　　　　　 biological causality, 4, 88-89, 90, 112, 233
　照看人与儿童的互动　　　　　　 caregiver-child interactions, 103-104, 112-113
　儿童的智力概念　　　　　　　　 children's conceptions of intelligence and, 82, 101-102
　选择策略　　　　　　　　　　　 choosing strategies, 99-101
　共同体环境　　　　　　　　　　 community environments, 82, 111, 113
　交谈的　　　　　　　　　　　　 conversational, 109-110
　交际中的文化多样性　　　　　　 cultural factor, 23, 108-111, 113, 233, 276
　旁听　　　　　　　　　　　　　 eavesdropping, 109-110
　指导性学习　　　　　　　　　　 guided learning, 102-111
　基于探究的　　　　　　　　　　 inquiry-based, 107, 110-111
　语言　　　　　　　　　　　　　 language, 4, 91-95, 102, 109, 112, 121
　数学　　　　　　　　　　　　　 mathematics, 4, 12, 69, 71, 91, 92, 112, 137-138, 196
　记忆力　　　　　　　　　　　　 memory capacity and, 18, 58, 95-96
　元认知　　　　　　　　　　　　 metacognition, 18-19, 21, 47, 82, 97-98
　动机　　　　　　　　　　　　　 motivation, 61, 77, 101-102, 112
　多重智力　　　　　　　　　　　 multiple intelligence and, 82, 101
　多种策略的应用　　　　　　　　 multiple-strategy usage, 98-101
　非自我指导的　　　　　　　　　 non-self-directed, 102
　数的概念　　　　　　　　　　　 number concepts, 4, 91, 92, 112
　观察的　　　　　　　　　　　　 observational, 109
　物质概念　　　　　　　　　　　 physical concepts, 87-88, 102, 112
　前概念　　　　　　　　　　　　 preconceptions, 10-12, 14-16, 19-20, 24, 70-71, 136, 153, 218, 236-237, 255, 261-262, 263
　先前知识　　　　　　　　　　　 prior knowledge, 10-11, 14, 53, 54-55, 68-73, 78, 233
　特惠领域能力　　　　　　　　　 privileged-domain competencies, 81-82, 84-95, 102, 112
　加工时间　　　　　　　　　　　 processing time, 58
　阅读　　　　　　　　　　　　　 reading, 105-108
　推理的复杂性　　　　　　　　　 reasoning complicity, 99, 138, 153
　科学　　　　　　　　　　　　　 science, 138, 183-186
　自我指导的　　　　　　　　　　 self-directed, 102
　讲故事　　　　　　　　　　　　 story-telling, 108
　策略能力　　　　　　　　　　　 strategic competence, 82, 95, 96-98, 112
　电视　　　　　　　　　　　　　 television and, 26, 82, 150
　工具使用　　　　　　　　　　　 tool use, 87-88

组块/集块技术　　　　　　　　　　Chunking/clustering technique, 32-33, 38, 52, 96-97
课堂行动研究网络　　　　　　　　Classroom Action Research Network, 199
教室（班级）　　　　　　　　　　Classrooms
　通讯技术（传播技术）　　　　　 communications technology for, 182, 219, 247
　共同体联系　　　　　　　　　　 community connections, 25-26, 207-208, 224-226, 246
　学生的竞争力　　　　　　　　　 competitiveness of students, 146
　学习环境　　　　　　　　　　　 environments for learning, 23-24, 144-147, 154, 246, 247
　环球实验室　　　　　　　　　　 Global Lab, 209
　规范和期望　　　　　　　　　　 norms and expectations, 145-147, 188
　基于……的研究　　　　　　　　 research based in, 199-200, 248, 252-254, 255, 259
课堂发言　　　　　　　　　　　　Classtalk, 182, 219

指导	Coaching, 42, 68, 177-178, 180-182, 222-223
认知的	Cognitive
动机因素	and motivational factors, 280
表征与策略	representations and strategies, 65, 144, 145, 243
科学	science, 8, 234, 244-245, 276, 279
认知指导教学计划	Cognitively Guided Instruction Project, 197
合作学习	Collaborative learning, 279-280
行动研究	action research, 199
计算机技术	computer technology and, 209, 212-213, 219, 221
科学家与学生伙伴关系	scientist-student partnerships, 209, 217
学生	students, 74, 108, 141, 152, 182, 192, 222-223
教师	teachers, 195, 197-199
交际	Communication. *See also* Internet
文化差异	cultural differences, 73, 108-111, 113
互动的	interactive, 207-208, 219, 262-263
大众传媒	mass media, 275-276
网络	network, 220-221
研究建议	research recommendations, 252, 253, 254, 262-263, 274, 282-283
学习者共同体	Communities of learners, 100, 156-157, 168, 182, 199, 204
实践共同体	Communities of practice, 183-184, 197-198, 207-208, 209, 227-229, 243
共同体学习环境	Community learning environments
共同体的广泛联系	broader community connections, 61, 147-149, 154, 224-226, 245-246, 274
儿童学习	children's learning and, 82, 111, 112
教室（班级）	classrooms, 25-26, 144-147, 154, 246
计算机技术	computer technology and, 82, 212-213, 224-226, 227-228
学校	schools, 147, 154
学生与科学家伙伴关系	student-scientist partnerships, 209
教师的	for teachers, 27, 197-199, 204, 227-229
能力，又见策略能力	Competence, 237-238. *See also* Strategic competence
最近发展区	zone of proximal development, 70-71, 72, 108
学生的竞争力	Competitiveness of students, 146
促进理解的活动	Comprehension-fostering activities, 107-108
计算机建模研究	Computational modeling research, 14
计算机语言任务	Computer language tasks, 53, 55, 60, 65
计算机编程专家	Computer programming experts, 33
由计算机支持的有意识的学习环境	Computer-Supported Intentional Learning Environments (CSILE), 219-220, 221, 227
计算机技术	Computer technology
课堂交际系统	classroom communications systems, 182, 247
课堂与社区联系	classroom-community connections, 82, 207-208, 209, 224-226
课程创新	curriculum innovations, 4, 21, 68, 207-213, 262-263
反馈	feedback through, 178, 182, 216-224, 243, 258
游戏	games, 16
重要性	importance, 206-207, 229-230, 233, 243, 247
因特网	Internet, 27, 209, 220, 224-226, 227-228, 243, 270, 282
建议	recommendations, 243-244, 247, 255-256, 257, 258, 262-263, 269, 270, 277, 284
支架和搭建支架	scaffolds and scaffolding, 68, 213-216, 243
学习科学，数据库	science of learning, databases, 278-279
教师学习机会	teacher learning opportunities, 194, 195, 198, 226-229, 269
工具	tools, 21, 68, 74, 207, 213-216, 243-244, 247, 257
辅导环境	tutoring environments, 178, 221-224, 225

概念	Concepts
围绕……组织的知识	knowledge organized around, 9, 33, 36, 38, 42-44, 49, 181-182
表征	representations of, 63, 65-66, 276
概念变化, 又见前概念	Conceptual change. *See also* Preconceptions
科学	science, 179-180, 184-186, 187
理解	understanding, 70-71
概念学习	Conceptual learning, 14-15, 16-17, 20, 50, 165-166, 260-261
概念结构	conceptual structures, 9, 33, 36, 38, 40, 42-44, 49, 59, 65-66, 87, 181-182
条件化知识	Conditionalized knowledge, 42-44, 49, 59-60, 62, 197
意识研究	Consciousness studies, 6
建构主义	Constructivism, 10-11, 192, 195, 199, 277
内容知识, 参见	Content knowledge. *See* Subject-matter
学科知识	(discipline) knowledge
内容加工评估框架	Content-process assessment framework, 143-144
情境(场景)	Context
获取知识	and access to knowledge, 9, 42-44, 49, 77
语言发展	and language development, 94-95
学习的迁移	and transfer of learning, 53, 62-63, 64, 78, 185, 236
情境推理	Contextualized reasoning, 74-75, 78
案例对比策略	Contrasting-cases strategy, 60, 78
交谈式学习	Conversational learning, 109-110, 220, 225-226
合作学习	Cooperative learning, 192
算数	Counting, 71, 78, 83, 91, 92, 98-99, 100, 165-166, 167, 169, 196
文化实践	Cultural practices
儿童学习	and children's learning, 23, 108-111, 113, 233, 276
课堂规范	classroom norms and, 146-147
交际	communications, 73, 108-111, 113
入学人口统计学	enrollment demographics, 264
人种学	ethnography, 110-111
误解	misinterpretation of, 151
学校文化	school culture, 273-274
教师的敏感性	sensitivity of teachers to, 23, 133-134, 135-136, 153
学习的迁移	transfer of learning and, 4, 71-83, 88, 109-111
课程	Curricula
基于计算机的创新	computer-based innovations, 4, 68, 207-213, 262-263
设计方法	design approaches, 43, 138-139, 153, 262-263
传统方法的局限	limitations of traditional approaches, 136-137, 138, 139
元认知	metacognition, 21
多重智力基础	multiple-intelligences basis, 101
真实世界场景	with real-world contexts, 69, 74-76, 169, 171, 207-213
研究建议	research recommendations, 251, 254-259, 260-263, 273-274
按比例提高	scaling up, 273-274
范畴和序列图表	scope and sequence charts, 138

D

戴德教学艺术学会	Dade Academy of the teaching Arts, 198
飞标投掷实验	Dart-throwing experiments, 56
树突场	Dendritic fields, 116
评述	Descriptive Review, 198
发展心理学	Developmental psychology, 24, 82-84, 91, 234, 244, 267, 279-280

约翰·杜威	Dewey, John, 75, 132, 147
诊断式教学	Diagnostic teaching, 134 - 135
专家的图示	Diagramming by experts, 38
话语,教室	Discourse, classroom, 72, 135, 183, 187, 199, 204
正规学科的信条	Doctrine of formal discipline, 51
道奇森(刘易斯·卡罗卡)	Dodgson, C. L. (Lewis Carroll), 105 - 107

E

旁听	Eavesdropping, 109 - 110
教育	Education
目标变化	goal changes, 4 - 5, 131 - 133
学习科学	science of learning and, 4 - 5, 13 - 14
教师职前培养	teacher preservice, 200 - 203, 204, 228, 229
精细加工	Elaboration, 96
实体理论	Entity theories, 102
学习环境	Environments for learning, 4, 23 - 26, 233, 243 - 247, 273 - 274, 276
目标一致性	alignment of goals, 151 - 152, 154
评估中心的	assessment-centered, 139 - 144, 154, 188, 196 - 197
大脑发展(开发)	and brain development, 119
教室	classrooms, 23 - 24, 144 - 147, 154, 246, 247
共同体中心的	community-centered, 25 - 26, 144 - 149, 154, 188, 197 - 199, 245 - 246
教育目标变化	educational goal changes, 131 - 133
家庭	family, 26, 103 - 104, 108 - 111, 112 - 113, 148 - 149, 153, 154, 245 - 246
相互连接的成分	interconnected components, 133, 134, 136, 138, 154
知识中心的	knowledge-centered, 24, 136 - 139, 153, 188, 194 - 195
语言发展	language development and, 93 - 95
学习者中心的	learner-centered, 23 - 24, 133 - 136, 138, 153, 188, 192 - 194, 212 - 213, 233
教师的	for teachers, 4, 192 - 199
电视	television, 26, 149 - 151
人种学	Ethnography, 110 - 111
练习,大脑发展(开发)	Exercise, and brain development, 117 - 119, 120
经验	Experiences
大脑发展(开发)	and brain development, 117 - 119, 120, 121, 124 - 125, 126 - 127, 233
先于,学习的迁移	prior, and transfer of learning, 53, 54 - 55, 68 - 73, 78
专家的行为表现	Expert performance, 237 - 238, 258, 261
适应的	adaptive, 45 - 48, 50, 51, 73, 133, 140, 233
内容知识	content knowledge and, 16 - 17, 24, 45, 50, 156, 157, 159, 161, 163 - 164, 166, 188
情境和知识获取	context and access to knowledge, 9, 42 - 44, 49, 77
元认知	metacognition and, 18, 47 - 48, 50
知识的组织	organization of knowledge, 4, 16 - 17, 36 - 42, 45, 48, 49, 50, 56, 125, 136, 139, 155, 233, 237 - 238, 239, 242
模式识别	pattern recognition, 17, 32 - 36, 44, 48, 50, 56
原理	principles of, 31, 36 - 38, 272
知识的提取	retrieval of knowledge, 32 - 33, 44, 49, 50, 56
概念场的切分	segmentation of perceptual fields, 36
天才(资质)	talent and, 58
教学能力	teaching ability, 4, 33, 36, 37, 44 - 45, 46, 49 - 50, 155 - 157, 159 - 161, 188, 228 - 229, 241 - 242, 258
时间投入	time investment for, 56, 58

| 课外俱乐部和课外组织 | Extracurricular clubs and organizations, 149 |

F

家庭	Family
学校与因特网连接	internet linkages with schools, 224-225
学习环境	learning environment, 26, 103-104, 108-111, 112-113, 148-149, 153, 154, 245-246, 274
学习的通俗版本,出版	popular version of study, publication, of, 275-276
反馈	Feedback, 47
评估	assessments with, 19, 24-25, 43, 140-141, 154
计算机技术	computer technology, 178, 182, 216-224, 243, 258
重要性	importance, 77-78, 243
互动式教学	interactive lectures, 180, 187, 219
同伴	peer, 19, 219-220, 222-223, 243, 279-280
教师学习	teacher-learning from, 196-197, 203, 268
辅导环境	tutoring environments, 177-178, 221
类型	types of, 158, 160-161
鱼就是鱼	*Fish Is Fish*, 10-11, 70, 136
形成性评估	Formative assessments, 19, 24-25, 140-141, 142, 152, 154, 167, 217, 219, 257-258, 268, 277
功能性磁共振成像技术	Functional magnetic resonance imaging, 115, 124, 125

G

遗传范畴计划	GenScope Project, 216
地理信息系统	Geographic information systems, 17, 215
几何学	Geometry, 12, 57, 138, 170, 224
几何学教师	Geometry Tutor, 224
环球实验室	Global Lab, 209, 220
分级练习	Grading practices, 146

H

哈姆雷特	Hamlet, 46
夏威夷儿童	Hawaiian children, 108, 135
启发式问题解决策略	Heuristic problem-solving strategy, 67-68
海马	Hippocampus, 124
历史	History, 132
课程(现有的)	curricula(existing), 136
日期与事实教学法	dates-facts teaching method, 157, 158, 160-161
论据	debating evidence, 161-163, 241
专家	experts, 38, 41-42, 47, 158
解读事件	interpreting events, 158
错误概念	misconceptions about, 15
教师的不同观点	teachers' differing views of, 158, 160-161
教学	teaching, 157-164, 241
霍姆斯小组	Holmes Group, 200
人类生物工程	HumBio Project, 227

I

| 理想的学生原创性 | Ideal student initiative, 100 |

动力理论	Impetus theory, 70
渐进理论	Incremental theories, 102
婴儿的认知	Infant cognition
主动学习	active learning, 10
评估方法	assessment methods, 79, 82–84
生物的因果关系	biological causality, 88
习惯范式	habituation paradigm, 83, 84, 85–86, 88, 91
语言	language, 73, 81, 93, 105
记忆	memory, 83
非营养性吮吸	non-nutritive sucking, 83
数的概念	number concepts, 89, 91
物质概念	physical concepts, 84–88
图式应用	schema use, 87
社会互动	social interactions and, 103
理论	theories of, 79–82
学习的迁移	transfer of learning, 87
视觉期望	visual expectation, 83, 87, 91
推理过程	Intervening processes, 124
信息加工理论	Information processing theories, 80, 91, 95–96
信息系统设计	Information systems design, 45–46, 262–263
初始学习,又见前概念	Initial learning. *See also* Preconceptions
评估	assessment of, 55, 56, 57
助长要素	elements that promote, 53, 55–61
记忆	memorization and, 55–56, 57
监控和反馈	monitoring and feedback, 58–60
动机	motivation and, 60–61
测试	tests of, 66
允许的时间	time allowed for, 56, 58
学习的迁移	and transfer of learning, 51, 53, 55–61, 66, 68, 77, 203
理解	understanding and, 55–56, 57, 236
基于探究的教学	Inquiry-based instruction, 11–12, 16–17, 19, 21, 68, 107, 110–111, 156–157, 217
学习研究所(院)	Institute for Research on learning, 213
教学	Instruction
抽象	abstract, 65–66
大脑发展(开发)	and brain development, 121–123
搭桥策略	bridging strategy, 179, 180, 187
基于案例的	case-based, 62, 64
方法变化	changes in methods, 132–133
指导技术	coaching technique, 42, 68, 177–178, 180–182, 222–223
认知指导的	cognitively guided, 102–111, 138, 197, 240
概念变化策略	conceptual change strategies, 179–180
直接的或讲授形式	direct or lecture forms, 71
流畅性发展	fluency development, 44
基于探究的	inquiry-based, 11–12, 68, 107, 110–111, 156–157, 217, 228–229
交互的	interactive, 179–180, 182, 187, 209, 216, 219
在大班里	in large classes, 182, 219
元认知方法	metacognitive approaches, 12, 21, 57–68, 78, 140, 217
建模	modeling, 67, 68, 185
模式识别	pattern recognition, 44
基于问题的	problem-baled, 62, 63, 64
渐进式现成	progressive formalization, 137–138, 139

支撑技术	prompting, technique, 66
搭建支架	scaffolding, 251, 254-256
策略发展	strategic development and, 100-101
时间	time, 58
音像档案	video archives, 228-229
教学设计	Instructional design, 21-22, 24, 42, 43, 138-139, 153
智力，又见多重智力	Intelligence. *See also* Multiple intelligences
儿童的概念	children's conceptions of, 23, 82, 101-102
因特网	Internet, 27, 209, 220, 224-226, 227-228, 243, 270, 282
因纽特人	Inuits, 146

J

日本的	Japanese
班级文化	classroom culture, 147
语言发展	language development, 121-122
寿司专家	sushi experts, 45
贾斯珀·伍德伯里问题解决系列	Jasper Woodbury Problem Solving series, 208, 209, 210-211, 216-217

K

Kamehameha 学校	Kamehameha School, 135
KEEP 项目	KEEP program, 108
作为全球科学家的儿童研究计划	Kids as Global Scientists research project, 226, 228
认识，理论	Knowing, theory of, 11
知识，又见知识的组织	Knowledge. *See also* Organization of knowledge
获取	access to, 9, 42-44, 49, 77
能力	competence and, 16-17
条件化	conditionalized, 42-44, 49, 59-60, 62, 197
内容，见学科	content. *See* subject-matter (discipline)
文化的	cultural, 72
学习环境	environments for learning, 24, 136-139, 153, 188, 194-195
专业知识	expertise and, 4, 9, 16-17, 24, 36-44, 45, 48, 49, 125, 237-238
多方面	facets, 181-182
教育教学内容	pedagogical content, 45
原有的，又见前概念	pre-existing, 10-12, 14, 69, 78, 233. *See also* Preconceptions
表征，又见图式	representations, 65-66, 78, 276. *See also* Schemas
流畅提取	retrieval fluency, 32-33, 44, 49
标准化考试	standardized tests, 21, 132, 140, 141, 150, 189, 210-211, 220, 271-272
教师学习环境	teacher learning environments, 20, 27, 194-195, 198
知识论坛	Knowledge Forum, 219

L

标示	Labeling, 104, 107
实验室网络计划	Lab Net Project, 198, 227
语言发展	Language development
抽象思维	and abstract thought, 79
成人与婴儿互动	adult-infant interactions, 73, 104
大脑发展（开发）	and brain development, 121-124, 127, 235
切克科恩法	cheche Konnen approach, 241
情境（场景）	context and, 94-95
文化差异	cultural differences in, 109-110, 135-136

早期	early, 4, 73, 81-85, 102, 112, 235
旁听	eavesdropping and, 109-110
学习环境	environments for learning and, 93-95
手语	sign language, 122-123
情境的	situated, 94, 109
讲故事	story-telling, 73, 105, 108
学习者中心的环境	Learner centered environments, 23-24, 133-136, 138, 153, 188, 192-194, 212-213, 233
学习定向的学习者	Learning-oriented learners, 61
学习理论	Learning theories, 3, 14, 48, 51, 53, 63, 65, 131, 199, 203, 204, 250
与……有关的评估	assessment linked to, 142-144
婴儿的能力	infants' capabilities, 79-82
通过合作性可视项目学习	Learning Through Collaborative Visualization(coVis)Project, 212, 215, 221
詹姆斯·莱文	Levin, James, 227-228
识字,定义的变化	Literacy, changes in definition of, 132, 133
文献,教学	Literature, teaching, 46
小行星识字系列	Little Planet Literacy Series, 214
LOGO语言编程实验	LOGO programming experiment, 53, 55, 60

M

大众传媒	Mass media, 275-276
通向数学之路	Math their Way, 194
数学	Mathematics, 132
代数	algebra, 58, 63, 65, 137-138, 198, 213-214, 225
评估	assessments, 141, 210-211
态度	attitudes about, 210-211
微积分	calculus, 66
儿童的知识	children's knowledge of, 12, 69, 71, 81, 92, 112, 137-138, 196
基于计算机的工具和支架	computer-based tools and scaffolds, 213-216, 225, 227, 229
情境推理	contextualized reasoning, 74-76
基于计算的数学	counting-based arithmetic, 78, 98-99
课程(现有的)	curricula(existing), 137
专家	experts, 33, 41, 50
分数	fractions, 71, 72, 74, 91, 112
女童的参与	girls participation in, 145
指导讨论	guided discussion, 168-170, 240
教学时间	instruction time, 58
贾斯珀·伍德伯里系列	Jasper Woodbury series, 208, 209, 210-211
通向数学之路课程	Math their way curriculum, 194
错误概念	misconceptions, 15, 261
基于模型的推理	model-based reasoning, 170-171, 215, 240
乘法	multiplication, 165-166, 167
负数	negative numbers, 166, 168
数的概念	number concepts, 4, 91, 92, 112
匹兹堡城数学项目课程	PUMP curriculum, 225
真实世界的应用	real-world applications, 69, 74-76, 169, 171, 213-214, 225
软件工具	software tools, 213-214
标准	standards, 136
策略性活动	strategic activities, 98-99
教师学习机会	teacher learning opportunities, 194, 195, 197, 198
教学	teaching, 50, 62, 63, 67-68, 108, 137-138, 141, 164-171

能力迁移	transfer of competence, 65
可视档案	video archives, 228–229
情境数学	Mathematics in Context, 136
数学学习计划	Mathematics Learning project, 227
数学在线	Mathline, 198
学习的测量,又见评估	Measures of learning, 51, 77, 78, 140. See also Assessments
媒介,见大众传媒	Media. See Mass media
中前部皮质	Medial frontal cortex, 118
记忆	Memorization, 8–9, 17, 239
基于……的评价	assessments based on, 9, 140, 141, 152, 189, 245
学习的迁移	and transfer of learning, 55–56, 57, 59, 77, 235, 236
记忆,又见知识的组织、知识的提取	Memory. See also Organization of knowledge; Retrieval of knowledge
大脑加工	and brain processes, 124–126
儿童的能力	children's capacity, 18, 58, 95–96
陈述性的	declarative, 124
实验	experiments, 34–35
专家与新手	experts vs novices, 17
假的	false, 125
婴儿	infants, 83
步骤(程序)	procedural, 124
短期	short-term, 33, 34–35, 48
策略	strategies, 96–97
突触连接	synaptic connections and, 117
元认知	Metacognition
儿童学习	children's learning and, 18–19, 21, 47, 82, 97–98, 233
定义为	defined, 12, 47
专业知识	expertise and, 18, 47–48, 50
教学方法	instruction approaches, 12, 21, 22, 67–68, 78, 137, 140, 217, 258
方法论、学习评估	Methodologies, learning assessment
分级激励	graduated prompting, 66
婴儿	infants, 79, 82–84
出声思维	think-aloud, 32, 184
标准化测试	standardized tests, 132
微观遗传学研究	Micro genetic studies, 100
微世界,交互式计算机	Micro worlds, interactive computer, 216
中学数学应用计划	Middle School Mathematics Through Application Projects, 213–214
物理思维	Minds on physics, 193, 194–195
错误概念	Misconceptions, 14–15, 78, 178–179, 185–186, 187, 240
关于大脑的发展	about brain developments, 114
文化的	cultural, 151
数学	mathematics, 15, 261
科学	science, 15, 70, 179–180, 218, 229, 237, 240–241
关于教学	about teaching, 156, 163, 188, 242, 264, 265, 266–267
基于模型的学习	Model-based learning, 10, 63, 67–68, 166, 168, 170–171, 215, 240, 243
建模	Modeling, 67, 68, 258–259, 265
计算机建模研究	computational modeling research, 14
基于技术的工具	technology-based tools, 20–21, 215, 216
模式-It	Model-It, 216
学习的监控	Monitoring of learning, 58–59, 67–68, 78
学习的动机	Motivation to learn
学业成绩/能力	achievement/competence, 61, 102, 103, 212–213

行为主义	behaviorism, 6
儿童的	children's, 61, 77, 101-102, 112
认知能力	cognitive ability and, 280
能力	competence, 60
计算机技术	computer technology and, 210-211, 212-213, 224, 227
学习定向	learning orientation and, 61
行为定向	performance orientation and 61
社会机会	social opportunities and, 61

运动技能　　　　　Motor skills, 56, 65, 119, 121
多项选择测试　　　Multiple-choice tests, 140
多重智力　　　　　Multiple intelligences, 82, 101
多种策略概念　　　Multiple strategies concept, 98-101
乘法、教学　　　　Multiplication, teaching, 165-166

N

国家职业教学标准委员会　　National Board for Professional Teaching Standards, 259
教学与美国未来国家委员会　　National Commission on Teaching and America's Future, 202
国家研究院　　　National Research Council, 138
国家科学基金会　　National Science Foundation, 192
新纹路　　　　　Neostriatum, 124
神经细胞　　　　Nerve cells, 116, 126
神经活动　　　　Neural activity, 119-120, 127, 235, 276
神经意象　　　　Neuroimaging, 115, 124, 125
非自我指导的学习　Non-self-directed learning, 102
新手　　　　　　Novices
　完成的　　　　　accomplished, 48
　与……比较的专家　experts composed with, 31-50
数字　　　　　　Numbers
　早期概念　　　　early concepts, 4, 89-91, 92, 112
　负向的　　　　　negative, 166-168
　理性的　　　　　rational, 71, 72, 74, 91, 112

O

观察学习　　　　　Observational learning, 109, 146
口头技能、口语传统　Oral skills, oral tradition, 73, 105, 108
知识的组织　　　　Organization of knowledge, 32-33, 38, 52, 96-97
　组块/集块技术　　chunking/clustering technique, 32-33, 38, 52, 96-97
　认知活动　　　　cognitive activity and, 143-144
　概念的　　　　　conceptual, 9, 38, 42-44, 49, 181-182
　专家　　　　　　experts, 4, 16-17, 36-42, 45, 48, 50, 56, 125, 136, 139, 155, 233, 237-238, 239, 242
　层级结构　　　　hierarchical structures, 173-177, 216
　在图式中　　　　in schemas, 33, 36, 38, 40, 59, 65-66

P

并行分布式处理　　　　　　　　　Parallel distributed processing, 14
家长参与，见家庭模式识别、专业知识　Pattern recognition, expertise and, 17, 32-36, 44, 48, 50, 56
停顿时间　　　　　　　　　　　　Pause times, 38, 49
教育教学知识　　　　　　　　　　Pedagogical content knowledge, 45, 50, 155-156, 163-164, 166, 168, 188, 242

| 研究 | research, 199, 258 |
| 教师学习机会 | teacher learning opportunities, 194, 199 |

教育学 Pedagogy
    遗传的 generic, 194
    理论 theory of, 11

感知学习 Perceptional learning, 60, 70
行为表现定向 Performance-oriented learners, 61, 245
现象学的本原 Phenomenological primitives, 181
费城教师学习协会 Philadelphia Teachers Learning Cooperative, 199
音素 Phonemes, 121
光合作用 Photosynthesis, 71-72
物质因果关系 Physical causality, 102

物体概念 Physical concepts, 84-88
    儿童的能力 children's competencies, 84-88, 102, 112

物理模型 Physical models, 185

物理学 Physics, 11-12
    理解的评估 assessments of understanding, 141, 142, 143
    微积分 calculus and, 66
    计算机工具 computer tools, 21, 68, 216, 218, 227
    专家 experts, 33, 37-38, 39, 171-172
    层次分析 hierarchical analyses, 172-173
    元认知 metacognition and, 19
    物理课程的看法 Minds on Physics curriculum, 193, 194-195, 197, 199
    教学策略 teaching strategies, 172-182, 187

物理教师行动研究小组 Physics Teacher Action Research Group, 199
物理师资代理项目 Physics Teacher Resource Agent Project, 191
让·皮亚杰 Piaget, Jean, 80, 85, 87
可能的判断 Plausibility judgments, 99
政策制定者 Policy makers, 248, 251, 265-266, 270-275
档案袋评估 Portfolio assessments, 142, 220
正电子放射层面X照相术 Positron emission topography, 115, 124

实践 Practice
    大脑发展(开发) and brain development, 122, 123, 125
    高标准 enhanced normal, 199
    重要性 importance of, 53, 95, 177-178, 236
    语言 language, 95, 122
    监控和反馈 monitoring and feedback with, 58-59
    所需时间 time required for, 56, 58

前概念 Preconceptions
    政策制定者 Policy makers, 274
    学生 student, 10-12, 14-16, 19-20, 24, 70-71, 136, 153, 218, 236-237, 255, 261-262, 263
    教师 teacher, 264, 265, 266-267

原理概念知识 Principled conceptual knowledge, 165-166
原有知识 Prior knowledge, 10-11, 14, 53, 54-55, 68-73, 78, 153, 233, 236-237
特惠领域、早期能力 Privileged domains, early competencies, 81-82, 84-95, 102, 112, 234
基于问题的学习 Problem based learning, 62, 77, 239-240
问题表征 Problem representations, 53, 63, 78, 165-166, 167, 237

问题解决 Problem solving, 23, 234, 236, 244, 250, 279-280
    集体的 collective, 67-68
    专家的方法 expert's approach to, 37-38, 39, 41, 43, 50, 56
    启发式的 heuristic, 67-68

层级分析	hierarchical analysis, 173-177
人的需要	human need for, 102, 103
元认知	metacognition, 19, 21
试误法	trial and error, 6-8
现场模拟	workplace simulations, 209
程序促进策略	Procedural facilitation strategy, 67
专业发展，参见教师学习	Professional development. *See* Teacher learning
渐进式形成	Progressive formalization, 137-138, 139
全球环境利益学习与观察计划	Project GLOBE, 212
即时启动计划	Project Rightstart, 91, 100
科学早期教育发展计划	Project SEED, 195
零计划	Project Zero, 198
激励	Prompting, 66, 67
舆论	Public opinion, 275-276
印第安儿童	Pueblo Indian children, 109
匹兹堡城数学项目课程	PUMP curriculum, 225

Q

问题，质疑，提问	Questions, questioning, question-asking, 11-12, 64, 107, 110-111, 156-157, 217
QUILL 网络	QUILL network, 227

R

激进行为主义	Radical behaviorism, 8
放射专家	Radiology experts, 33
学习准备	Readiness to learn, 81
阅读	Reading, 67, 99, 105-108, 132, 133, 229
真实世界的学习	Real-world learning
计算机技术	computer technology and, 207, 213, 225
数学	mathematics, 69, 74-76, 169, 171, 208, 225
现场模拟	workplace simulations, 209
推理	Reasoning
抽象	abstract, 74, 78, 79
类比的	analogical, 62, 64, 65-66, 110
原因的	causal, 99
情境化的	contextualized, 74-75, 78
遗传的	generic, 182
基于模型的	model-based, 170-171, 185
科学的	scientific, 99, 186-187
空间	spatial, 99
儿童的策略	strategies of children, 99, 138, 153
交互式教学	Reciprocal teaching, 18, 67, 100, 105
交际参照	Referential communications, 99, 106
反思	Reflection, 12, 97-98, 203
复述活动	Rehearsal activities, 96, 98, 99
回忆	Reminiscing, 108
表征	Representations, 106, 276, 281
认知的	cognitive, 65, 144, 145
计算机技术	computer technology, 243
概念的	of concepts, 63, 65-66

问题表征	problem representations, 53, 63, 78, 165 - 166, 167, 237
虚拟模型	virtual models, 215
研究行动	Research, action, 191, 199 - 200, 257
学习研究,又见学习科学	Research on learning. *See also* Science of learning
焦点	focus, 5 - 6
推荐	recommendations, 248 - 270, 276
提取知识	Retrieval of knowledge
组块技术	chunking technique, 32 - 33, 38, 52
原初学习场景	context of original learning and, 62
提示	cueing, 98
专业知识	expertise and, 32 - 33, 44, 49, 50, 56
实践	practice, 98
图式组织	schematic organization and, 66

S

搭建支架	Scaffolding, 67, 68, 104, 108, 182, 213 - 216, 226, 243, 276
图式	Schemas
婴儿的推拉动作	infant push-pull, 87
知识的组织	organization of knowledge in, 33, 36, 38, 40, 59, 65 - 66
学校	Schools, 23 - 24, 251, 266
管理者	administrators, 243, 248, 251, 252, 259, 265, 266
目标一致性	alignment of goals within, 152
作为共同体	as communities, 26, 82, 224 - 226
学校文化	school culture, 273 - 274
日常学习的迁移	transfer of learning to everyday life, 73 - 77, 78
透明的	transparent, 224
科学教育,又见生物学、物理学	Science education, 132 - 133. *See also* Biology; Physics
理解的评估	assessment of understanding, 143 - 144, 277
切克科恩法	cheche Konnen approach, 183 - 184, 187, 241
指导技术	coaching technique, 180 - 182
计算机工具	computer tools, 214, 216, 229
概念变化	conceptual change, 179 - 180, 184 - 186, 187, 229
课程(现有的)	curricula(existing), 136 - 137
女童参与	girls' participation in, 145
大班中的互动教学	interactive instruction in large classes, 182
语言练习	language practices in, 135 - 136
公共政策问题	pubic policy issues, 214
真实世界的学习方法	real-world learning approaches, 212 - 213, 214
研究建议	research recommendations, 261, 277
科学推理	scientific reasoning, 186 - 187
标准	standards, 136
策略	strategies, 138, 171 - 178
学生与科学家伙伴关系	student-scientist partnerships, 209, 217
教师学习机会	teacher learning opportunities, 193 - 194, 195
教学	teaching, 171 - 187
既年少又"处于危机期"的儿童	for young and "at risk" children, 138, 183 - 186
学习科学	Science of learning
主动学习	active learning, 12 - 13
发展	development, 6 - 8
教育含义	educational implications, 4 - 5, 13 - 14
进化	evolution of, 3 - 4, 14

方法研究	methodological research, 277-278
原有知识	pre-existing knowledge, 10-12
研究建议	research recommendations, 276, 277-279, 283-284
理解、强调	understanding, emphasis on, 8-9
自我评价	Self-assessment, 12, 140, 244, 257
自我指导学习	Self-directed learning, 68, 102
自主	Self-regulation, 19, 97-98
理解方法	Sense-making approaches, 12, 137, 159-161, 165, 183-184, 187, 198
芝麻街	Sesame street, 151
福尔摩斯侦探计划	Sherlock Project, 222-223
情境学习	Situated learning, 88, 94, 104, 107-108, 109, 112, 134, 199
"训练思维的特殊多媒体平台"挑战系列	SMART Challenge Series, 217, 219
社会交往	Social interactions, 103, 184, 233, 243
大脑发展（开发）	and brain development, 119, 126
照管人与儿童	caregiver-child, 103-104, 112-113
社会机会、学习动机	Social opportunities, and motivations to learn, 61
社会研究	Social studies, 4, 61, 157, 219
软件、教育的	Software, educational, 4, 68, 182, 207-213, 214, 215, 216, 219-220, 221, 227, 244
拼写	Spelling, 99
刺、树状	Spines, dendritic, 116
标准化测试	Standardized tests, 21, 132, 140, 141, 150, 189, 210-211, 220, 271-272
州教育标准	State education standards, 271
斯特拉建模环境	STELLA modeling environment, 216
墨守成规	Stereotyping, 145, 151
讲故事	Story-telling, 73, 105, 108
策略能力	Strategic competence, 182
评价	assessment of, 97
儿童的	children's, 82, 95, 96-98, 112
选择策略	choosing strategies, 99-101
多种策略	multiple strategies, 98-101
安抚受害者	Stroke victims, 123, 235
结构知识,参见知识的组织	Structural knowledge. *See* Organization of knowledge
全球变暖的学生组织	Student Conference on Global Warming, 212-213
学科知识	Subject-matter(discipline)knowledge, 20, 45
有效的教学	and effective teaching, 45, 50, 156, 157, 159, 161, 163-164, 166, 188
专家知识	expertise and, 16-17, 24, 45, 50, 156, 157, 159, 161, 163-164, 166, 188
教师学习机会	teacher learning, 195, 199, 202-203, 267
概括策略	Summarization strategy, 96
总结性评估	Summative assessments, 140, 141, 154, 189
暑期数学	Summer Math, 195
突触连接	Synaptic connections, 116-118, 119-120, 122, 126

T

白板说	Tabula rasa theory, 79, 80
轮流	Taking turns, 67
教师学习	Teacher learning, 20, 26-27, 242
行动研究	action research, 191, 199-200, 257
评价中心环境	assessment-centered environments, 20, 196-197
评估方法	assessment methods, 27, 197-198, 246-247, 264-266, 267-268
资格证书项目	certification programs, 197, 272-273

小组合作学习	collaborative group work, 195, 197-199, 277-278
共同体中心环境	community-centered environments, 27, 197-199, 204, 227-229, 243
计算机技术	computer technology and, 194, 195, 198, 226-229, 243-244, 269
环境	environments for, 4, 192-199
同伴的反馈	feedback from colleagues, 196-197, 203, 268
在职	inservice, 191, 204, 262-266, 267-268, 269-270
知识中心环境	knowledge-centered environments, 20, 27, 194-195, 198
学习者中心环境	learner-centered environments, 27, 192-194
指导	mentoring, 191, 193, 195, 228
一线教师机会	opportunities for practicing teachers, 191-192, 204
用时	paid time for, 200
教师的前概念	preconceptions of teachers, 264, 265, 266-267
职前教育	preservice education, 200-203, 204, 228, 229, 262-266, 267-269
机会的特质	quality of opportunities, 192-199
建议	recommendations, 242, 243-244, 246-247, 252, 263-270, 272-273, 276
学科	subject matter, 195, 199, 202-203, 267
学习的迁移	and transfer of learning, 203, 242
工作坊	workshops, 193-194, 204

教师职业发展协会　Teacher Professional Development Institute(TAPPED IN), 228
教学,参见教授　Teaching, 21-23, 239-242, 279. *See also* Instruction

切克科恩法	cheche Konnen approach, 183-184, 187, 241
文化敏感	cultural sensitivity in, 133-134, 135-136, 153
诊断的	diagnostic, 134-135
不同的学科观	differential views of subject matter, 158
专家	expert, 4, 33, 36, 37, 44-45, 46, 49-50, 155-157, 159-161, 188, 228-229, 241-242, 258
目标与实践的关系	goals-practices relationship, 12-13
历史	history, 157-164, 241
个体学习者的知识	knowledge of individual learners, 20, 168-170
学习者中心	learner-centered, 23-24, 133-134
左脑/右脑	left brain right brain, 114
数学	mathematics, 50, 164-171, 194
记忆过程	memory processes and, 125
元认知技能	metacognitive skills, 21
错误概念	misconceptions about, 156, 163, 188
教育教学知识	pedagogical content knowledge, 45, 50, 155-156, 163-164, 166, 168, 188, 194, 242
哲学传统	philosophical traditions of, 201
物理学	physics, 172-182, 187
学生的前概念	preconceptions of teachers, 10-12, 14-16, 19-20, 24, 70-71, 136, 153, 218, 236-237, 255, 261-262, 263
教师的前概念	preconceptions of teachers, 264, 265, 266-267
阅读	reading, 67
交互式的	reciprocal, 18, 67, 100, 108
科学	science, 171-187, 191, 193-195, 240-241
学科专业知识	subject-matter expertise, 156, 157, 159, 161, 163-164, 166, 188, 202-203
讲述	by telling, 11, 71
书面作文	written composition, 67

技术,参见计算机技术	Technologies. *See* Computer technology; Video-based learning
基于视像的学习方案	programs
电视	Television, 26, 82, 95, 149-151
文本编辑实验	Text-editor experiment, 65, 66

理论问题的描述	Theoretical problem description, 175-176
心理理论	Theory of mind, 82, 101-102
思维工具探究课程	Thinker Tools Inquiry Curriculum, 21, 217
第三期国际数学与科学研究	Third International Mathematics and Science Study, 42, 137
爱德华·桑代克	Thordike, Edward L., 6-8
年代表	Time capsules, 159
完成任务的时间	Time on task, 18, 56, 58, 77-78, 235-236, 239
学习时间	Time to learn, 56, 58, 67-68
工具	Tools
儿童使用	infant use of, 87-88
研究建议	research recommendations, 251, 255-256, 267-270
技术，又见计算机技术	technology, 68, 74, 213-216, 268-269. See also Computer technology
学习的迁移，又见教学	Transfer of learning, 4, 17, 233, 235-237, 238-239, 251, 258. See also Teaching
主动的方法	active approaches, 66
概念的变化	conceptual change and, 70-71
迁移的条件	conditions of transfer and, 4, 51, 53, 63-66
学习情境	context of learning and, 53, 62-63, 64, 78, 185, 236
文化实践	cultural practices and, 4, 71-73, 78, 109-111
定义为	defined, 51
反馈	feedback and, 59, 77, 78
弹性（灵活性）	flexible, 62-63, 64, 77, 78
婴儿	by infants, 87
初始学习	initial learning and, 51, 53, 55-61, 66, 68, 77, 203
知识基础	knowledge base and, 69, 78
测量	measures of, 51, 77
记忆	memorization and, 51, 55-56, 57, 77, 235, 236
元认知	metacognition and, 67-68, 78
动机	motivation and, 50-51, 77
接近	near, 53
负向的	negative, 53, 54-55
被动的方法	passive approaches, 66
实践	practice and, 53, 58-59
原有的经验	previous experiences and, 53, 54-55, 68-73, 78
问题的表征	problem representations, 53, 63, 78
从学校到日常生活	from school to everyday life, 73-77, 78
教师对学生的角色	teacher role to students, 226-227, 269
测试	tests, 51, 236
必要时间	time necessary for, 56-58, 77-78, 235-236
理解	understanding and, 6, 55-56, 57, 60-61, 77-78, 136, 236
指导的环境	Tutoring environments, 178, 221-224, 225

U

理解	Understanding
评估形式	assessment formats, 56, 141, 142, 143
概念变化	conceptual change, 70-71
对比案例概念	contrasting-cases concept, 60
反馈	feedback on, 59
学习	learning with, 6, 8-9, 136, 137-138, 139, 140, 180-181
对比记忆	memorization contrasted, 55-56, 57, 59-60, 70-71, 77-78, 136
负数	negative numbers, 166-168

物理的因果关系	physical causality, 84-88
问题解决	and problem solving, 41
学习的迁移	and transfer of learning, 55-56, 57, 59-60, 70-71, 77-78, 136
美国教育部	U. S. Department of Education, 192
信息的有用性	Usefulness of information, 61

V

基于视像的学习方案	Video-based learning programs, 196-197, 216-217
可视思维	Visible thinking, 82, 185-186, 220-221, 235
视觉皮质	Visual cortex, 116, 117, 118, 120, 121
视觉学习	Visual learning, 65, 215, 276
迈阿密之旅	Voyage of the Mimi, 208
拉夫·维果斯基	Vygotsky, Lev, 10

W

威斯康星生物学教师提高方案	Wisconsin Teacher Enhancement Program in Biology, 193-194
伍德罗·威尔逊同志会	Woodrow Wilson Fellows, 191
应用题	Word problems, 43, 63, 169, 196
写作	Writing, 67, 132, 195, 214, 222-223, 227

Z

| 最近发展区 | Zone of proximal development, 80-81, 92, 108 |

图书在版编目(CIP)数据

人是如何学习的:扩展版/(美)布兰思福特等编著;程可拉等译. —上海:华东师范大学出版社,2012.8
(21世纪人类学习的革命)
ISBN 978-7-5617-9827-0

Ⅰ.①人… Ⅱ.①布… ②程… Ⅲ.①学习方法-研究 Ⅳ.①G791

中国版本图书馆CIP数据核字(2012)第186003号

"21世纪人类学习的革命"译丛(第二辑)

人是如何学习的:大脑、心理、经验及学校(扩展版)

编　　著　约翰·D·布兰思福特等
翻　　译　程可拉等
项目编辑　彭呈军
审读编辑　张俊玲
责任校对　王丽平
装帧设计　卢晓红
出版发行　华东师范大学出版社
社　　址　上海市中山北路3663号　邮编 200062
网　　址　www.ecnupress.com.cn
电　　话　021-60821666　行政传真 021-62572105
客服电话　021-62865537　门市(邮购)电话 021-62869887
地　　址　上海市中山北路3663号华东师范大学校内先锋路口
网　　店　http://hdsdcbs.tmall.com
印　刷　者　常熟高专印刷有限公司
开　　本　787毫米×1092毫米　1/16
印　　张　21.75
字　　数　418千字
版　　次　2013年1月第1版
印　　次　2025年1月第33次
书　　号　ISBN 978-7-5617-9827-0/G·5812
定　　价　42.00元

出 版 人　王　焰

(如发现本版图书有印订质量问题,请寄回本社客服中心调换或电话021-62865537联系)